JANICE HALPER

STILLE VERZWEIFLUNG

DIE ANDERE SEITE DES ERFOLGREICHEN MANNES

CIP-Titelaufnahme der Deutschen Bibliothek

Halper, Janice:
Stille Verzweiflung : die andere Seite des erfolgreichen Mannes / Janice Halper. [Aus d. Amerikan. übertr. von Dagmar Roth].
– München ; Landsberg am Lech : mvg-Verl., 1989
 Einheitssacht.: Quiet desperation <dt.>
 ISBN 3-478-07470-3

Copyright © by Janice R. Halper. All Rights reserved. Published by Warner Books, Inc. New York, N.Y., A Warner Communications Company, USA
Titel der Originalausgabe: „Quiet Desperation – The Truth About Successful Men"

Aus dem Amerikanischen übertragen von Dagmar Roth

Alle Rechte, insbesondere das Recht der Vervielfältigung und Verbreitung sowie der Übersetzung, vorbehalten. Kein Teil des Werkes darf in irgendeiner Form (durch Fotokopie, Mikrofilm oder ein anderes Verfahren) ohne schriftliche Genehmigung des Verlages reproduziert oder unter Verwendung elektronischer Systeme gespeichert, verarbeitet, vervielfältigt oder verbreitet werden.

© Gesamtdeutsche Rechte bei mvg – Moderne Verlagsgesellschaft mbH
München/Landsberg am Lech
Umschlaggestaltung: Gruber & König, Augsburg
Satz: Hesz Satz Repro GmbH, 8900 Augsburg
Druck und Bindearbeiten: Ebner Ulm
Printed in Germany 070 470/889402
ISBN 3-478-07470-3

Inhalt

Dank 7

Einleitung
Erfolgreiche Männer – eine Studie 9

Teil I
Die Spielregel: Verkaufe deine Seele

Kapitel 1: Ist mein Leben eine Lüge? 21
Kapitel 2: Ich spiele nicht mehr mit! 35

Teil II
Du sollst nicht fühlen: Emotionaler Selbstmord

Kapitel 3: Nur was logisch ist, ist richtig 53
Kapitel 4: Distanz ist Sicherheit 65

Teil III
Erfolgsversprechen: Identitäts- und Selbstwertkonflikte

Kapitel 5: Ohne meine Arbeit bin ich ein Nichts . . . 79
Kapitel 6: Jeden Freitag deprimiert: Der Workaholic . 97
Kapitel 7: Man sagt, ich sei zu streng mit mir:
            Der Perfektionist 115
Kapitel 8: Dem Erfolg opferte ich meine Selbstachtung 135

Teil IV

Die sichere Fassade

Kapitel 9: Konflikte vermeiden um jeden Preis:
Der nette Kerl 153

Kapitel 10: Hier wird gemacht, was ich sage:
Der Autoritäre 175

Kapitel 11: Ich will andere nicht kontrollieren:
Der Fortschrittliche 201

Teil V

Ehefrauen, Geliebte, Kolleginnen . . . und Frauen

Kapitel 12: Ein Feind ist in mein Allerheiligstes
eingedrungen 223

Kapitel 13: Monogamie ist kein natürlicher Zustand . . 237

Kapitel 14: Sie ist die perfekte Ehefrau, aber 265

Kapitel 15: Warum hat sie mich verlassen? 289

Kapitel 16: Sie ist das Beste, was mir in meinem Leben
passiert ist 301

Teil VI

Die Maske abnehmen –
Der Weg zum ehrlicheren Leben

Schlußbetrachtung 317

Anmerkungen 320

Dank

Mein Dank gilt all jenen Männern, die mir ihre Lebensgeschichte anvertraut haben; ohne sie, Gary Moore und John Lazar würde es dieses Buch nicht geben.

Der verstorbene Dr. Carl Rogers regte diese Studie an. Er war ein großartiger Mensch, der starken Einfluß auf meine berufliche Entwicklung hatte.

Meine Agentin Kathy Robbins glaubte bereits an dieses Buch, als der Wandel, der sich im männlichen Bewußtsein vollzogen hat, noch nicht offensichtlich war. Ohne ihren Zuspruch und ihre Ermutigung hätte ich dieses Buch nicht geschrieben. Mein Dank gilt auch den Mitarbeitern von Warner Books, Nancie Neiman, Larry Kirshbaum, Jamie Raab und Bernie Shir-cliff.

Dr. Lynne O'Shea Thybony beste Freundin, Kollegin, Vertraute und Seelenverwandte hat mich ermutigt, angespornt und, wo nötig, kritisiert.

Dr. Nick Cummings, Dr. Herb Freudenberger, Dr. Chip Bell, Bill Ryan und Don Butler glaubten an meine Talente und Fähigkeiten, wenn ich selbst daran zweifelte.

Dr. Warren Bennis und Dr. Edgar Mitchell sind ganz besondere Menschen. Ich bin glücklich, sie als Kollegen und Freunde zu haben. Sie brachten immer Verständnis für meine Arbeit auf.

Meinen Geschäftspartnern, Dr. Doug Wilson und Mr. Robert Gaynor, bin ich für ihre Kritik und Anregungen dankbar.

Leslee Dart hat meine ersten Entwürfe wieder und wieder gelesen. Die heutige Form des Buches ist z.T. auch ihr zu verdanken. Ebenso opferten Arlynn Whitaker, Chuck Rubey, Reagan Gray Dyer, Kathleen McDonough, Dick MacPherson und Bill Ross ihre kostbare Zeit für die Lektüre meiner Entwürfe.

Mary Powelson las das Manuskript Korrektur.

Besonderen Dank schulde ich Victor Friedman und Sara Ann Friedman, die mich während meiner ersten Geschäftsjahre großzügig in ihre Familie aufnahmen.

Susan Hahn Hilgren, Laurel Paris, Fred Suess, Rob Little, Russ Alley, Chris Kalabokes, Joseph Moore, Kathi Gallagher, Louise Bernikow, Beth Milwid, Mark Millan, Rita Gallagher, Ginger Mews, Charlene Battaglia, Christopher Caproni, Karen Myrland, Ruby Peterson, Stephanie Fine, Nancy und Charles Loewenberg, Terry Pettingil und Bob Greber hörten mir immer mit Interesse zu.

Durch Pat Rice Prideaux konnte ich mir ein Bild vom männlichen Rollenverhalten machen.

Mom und Pop Messing, vielen Dank für eure Liebe.

Dieses Buch ist dem verstorbenen Conrad Rice sowie Nick, Herb und Patricia gewidmet.

Die große Masse der Menschen führt ein Leben in stiller Verzweiflung.
Henry David Thoreau

Einleitung

Erfolgreiche Männer – eine Studie

Es war nie meine Absicht, ein Buch zu schreiben. Im Mai 1977 arbeitete ich an einem Projekt, das sich mit Führungsproblemen leitender Angestellter und Manager der größten US-Konzerne beschäftigte. Ich entwickelte ein Trainingsprogramm, das die Zusammenarbeit zwischen Vorgesetzten und Untergebenen verbessern sollte.

Die meisten leitenden Angestellten und Manager, mit denen ich sprach, erwarteten von mir nicht nur eine Beratung bezüglich ihres Führungsstils. Sehr häufig bildeten allgemeine Schwierigkeiten im Berufsleben den Ausgangspunkt für unsere Gespräche. Doch unsere Gespräche verlagerten sich immer wieder auf die Themen: Beziehungen, Ehe, Karriere, Erfolg, Träume, Versagen oder Veränderungen. Die Männer berichteten mir von Problemen und Konflikten, über die sie zuvor niemals gesprochen hatten. Gemeinsam suchten wir nach Gründen für ihre Scham vor einem offenen Gespräch mit ihren Kollegen, Ehefrauen und Freunden. Auch ihre Angst vor im Prinzip erwünschten Veränderungen kam zur Sprache. Die Ehrlichkeit dieser Männer zwang mich zu einer anderen Betrachtungsweise. Von nun an war es mir unmöglich, sie einfach als „Manager" zu behandeln.

Im Zusammenhang mit ihren Klagen über die Belastungen im Beruf und im Privatleben hörte ich oft: „Ich habe keine Ahnung, *wie* ich das ändern kann. Ich weiß nur, *daß* ich es ändern will, egal wie." Ich forderte sie auf, sich diesen Konflikten zu stellen und bot ihnen Hilfe bei der Überwindung ihrer Ängste an. Das Resultat war, daß diese Männer ganz neue Emotionen entwickelten und Aspekte ihres Charakters entdeckten, die sie bisher unterdrückt hatten.

„Stille Verzweiflung" ist das Ergebnis von zehn Jahren Hingabe und Interesse an den Veränderungen, mit denen sich Männer gegenwärtig auseinandersetzen müssen. Es ist ein Buch über den *Prozeß,* den sie dabei durchlaufen; über die Konfrontation mit den Problemen, denen sie zunächst entfliehen wollen, die sie dann in Angriff nehmen, vor denen sie Angst haben, die sie in Frage stellen und schließlich überwinden. Dem Buch liegen 4126 Interviews und eine vertiefte Studie über 43 Topmanager zugrunde, deren Leben ich zwei Jahre lang verfolgt habe. Einige der erfolgreichsten Männer der USA äußern sich in diesem Buch über Macht, Risikobereitschaft, Sicherheit, Wandel, Konkurrenz, außereheliche Affären, Frauen, Liebe, Nähe und Vertrauen.

Es ist ein Buch über und für Männer, die in ihrem Innersten Wege zum wahren Erfolg finden wollen, und für Frauen, die verstehen möchten, was ihre Männer denken und wie sie fühlen.

Beginn der Studie

Ich begann meine Beratungstätigkeit 1976. Zuvor hatte ich in einer Werbeagentur gearbeitet, war Mitarbeiterin des New Yorker Bürgermeisters John Lindsay und Managerin eines Computerunternehmens gewesen. Die Art und Weise, wie Unternehmen ihre Angestellten behandelten, behagte mir ganz und gar nicht.

In dem Jahr, bevor ich mich selbständig machte, durchlebte ich meine eigene Identitätskrise. Mein Vater war beinahe an den Folgen eines Herzinfarkts gestorben. Es war das erste Mal, daß ich so nah mit dem Tod in Berührung kam. Ich fragte mich: „Wenn du morgen sterben mußt, kannst du dann mit Fug und Recht behaupten, du hättest so glücklich wie möglich gelebt?" Die Antwort lautete: „Nein. Ich habe so gelebt, wie ich glaubte, daß ich es müßte." Ich hatte mich nie gefragt, was ich selbst eigentlich wollte. Nun tat ich es.

Während meiner „Identitätskrise" machte ich eine Therapie bei einem bekannten Psychotherapeuten. Der Therapeut erkannte mein noch nicht ausgebildetes Talent und ermutigte mich zu einer Ausbildung als Psychotherapeutin. Also drückte ich noch einmal die Schulbank.

Sehr früh wurde mir klar, daß eine Privatpraxis für mich nicht in Frage kam. Ich wollte die beiden Welten, die mir sehr viel bedeuteten, nämlich Business und Psychologie, miteinander verbinden. Deshalb gründete ich ein Beratungsbüro. Die Nachfrage nach Management-, Kommunikations- und Verkaufstraining war groß. Innerhalb weniger Jahre erreichte mein Büro einen Umsatz von 1,3 Millionen Dollar. Ich führte bald ein Trainingscenter in New York, eine Niederlassung in San Francisco und zehn Mitarbeiter. Zu unseren Kunden gehörten Unternehmen wie die Bank of America, IBM, Xerox, Lucasfilm, Ralston Purina, American Airlines, International Harvester, Citibank sowie mehrere städtische und staatliche Behörden. Seit der Gründung meines Unternehmens habe ich mehr als 10 000 Manager geschult.

Mein Vorteil gegenüber anderen Schulungs- und Beratungsbüros, die damals wie Pilze aus dem Boden schossen, waren meine therapeutische Ausbildung und meine Managementerfahrungen, beides zusammen ergab eine optimale Voraussetzung für eine fundierte Beratung. Nur sehr wenige Psychologen verfügten über Erfahrung im Management, ich hatte in diesem Bereich mehr als fünfzehn Jahre gearbeitet. Und nur wenige Unternehmensberater besaßen psychotherapeutische Erfahrung. Ich war auch mit dieser Disziplin vertraut.

1978 wurde ich Schülerin und später Mitarbeiterin des bedeutenden Psychologen Dr. Carl Rogers. Es war eine Auszeichnung für mich, mit ihm meine Erkenntnisse zu teilen. 1981 beauftragte er mich, seine Theorien auf das Management zu übertragen. Ich erarbeitete keines der üblichen Fünf-Punkte-Programme für eine simple Leistungsbewertung oder Eheberatung. In meinen Workshops und Einzelsitzungen ermutigte ich meine Klienten stets, eigene Lösungen zu finden und selbst zu entscheiden, was richtig für sie war. Ich betonte, daß ich nur Möglichkeiten zur Problemlösung anbieten konnte, daß aber jeder seinen eigenen Weg finden muß.

„Stille Verzweiflung" entstand aus meiner Arbeit mit Managern aus allen Regionen der USA. Anfangs sprach ich mit nur 300 Männern. Im Laufe von acht Monaten führte ich in Boston, Chicago, Dallas, New York, Seattle, San Francisco, Los Angeles, Tampa und Phoenix eine breitangelegte Untersuchung durch, in der ich Männer führender Konzerne befragte. Ihre

Antworten gaben mir das Gefühl, daß ich auf einer „heißen" Spur war. Deshalb beschloß ich, jeden Mann, der sich damit einverstanden erklärte, zu interviewen.

Bei diesen Gesprächen fiel mir auf, daß viele Vorurteile in Verbindung mit erfolgreichen Männern und mit Männern überhaupt auf einem Trugschluß beruhen:

- Männer können ihr Privatleben und ihren Beruf strikt trennen. – *Selten.*
- Männer sind geborene Führungstalente. – *Nicht unbedingt!*
- Männer, die ihre Gefühle unterdrücken, sind stärker als gefühlsbetonte Männer. – *Das stimmt nicht!*
- Erfolgreiche Männer fühlen sich sicherer als weniger erfolgreiche. – *Nicht unbedingt!*
- Männer an der Spitze sind einsam. – *Nicht alle!*

Ich schloß eine weitere Studie an, um meine Erkenntnisse zu überprüfen. Ich stellte vier Gruppen zu je zwanzig Männern zusammen und bat sie um ihren Kommentar zu bestimmten Stichworten und Behauptungen. Wenn ich zum Beispiel sagte „stille Verzweiflung", antworteten die Männer „Das beziehe ich auf mich." Sagte ich „Ohne meine Arbeit bin ich ein Nichts", lautete die Antwort „Soweit bin ich inzwischen auch schon." Wenn ich sagte „Ich habe geträumt, meine Frau würde mich wegen eines anderen verlassen oder bei einem Flugzeugabsturz ums Leben kommen", sagten die Männer „Ich hatte schon ähnliche Gedanken." Als ich über die Resultate meiner Studie sprach, erklärten die meisten Männer „Ich identifiziere mich damit. Das bin ich."

Diese 80 Männer bestätigten also meine Erkenntnisse und machten mir damit Mut, meine Forschung fortzuführen.

Wie fand ich 4000 Männer?

Oft wurde ich gefragt, wie ich denn 4000 Männer für mein Projekt gefunden hätte. Aus welchen Teilen der USA stammen sie? Welche beruflichen Positionen bekleiden sie in welchen Unternehmen? Wie alt sind sie?

Ich habe aus einer Gruppe von 10 000 Managern 4126 Männer ausgewählt. Die befragte Gruppe ist repräsentativ für die gesamten USA, da sich meine Untersuchung über das ganze Land erstreckte. Ich habe Manager und leitende Angestellte aller Führungsebenen geschult. Viele dieser Männer kannte ich aus meinen Kursen und Workshops.

Die Mehrheit arbeitete in Großkonzernen, aber auch Unternehmer, Freiberufler und Techniker wurden in die Studie aufgenommen. Im einzelnen setzt sie sich folgendermaßen zusammen: 1349 Topmanager, 1893 Angestellte des mittleren Managements, 784 freiberuflich Tätige (Rechtsanwälte, Wirtschaftsprüfer und Ärzte), 63 Techniker und 37 Unternehmer. Ihr Alter reicht von 27 bis 78 Jahren.

Nach zweieinhalb Jahren Arbeit (und ungefähr 2000 Interviews) stieß ich auf Schwierigkeiten. Zwar bekam ich durch die gezielte Befragung Einblick in unbewußte Gedanken und Gefühle, aber ich benötigte ein noch tieferes Verständnis bestimmter Faktoren, die Reaktionen und Entscheidungen beeinflußten.

Um dieses Problem zu lösen, fragte ich 56 Klienten, ob sie ein Jahr lang eine kostenlose Beratung wünschten. Als Ausgleich für die Zeit, die sie mir zur Verfügung stellten, bot ich ihnen an, mich sehr intensiv ihren privaten und beruflichen Problemen und Konflikten zu widmen. 43 waren zu dieser Zusammenarbeit bereit. Ich arbeitete mit 15 Direktoren und stellvertretenden Direktoren, 15 Angehörigen des mittleren Managements, neun Freiberuflern und vier Unternehmern. Ihr Alter schwankte zwischen 31 und 75 Jahren. Acht waren ledig, 21 verheiratet, elf geschieden und drei wiederverheiratet.

Warum Frauen nicht aufgenommen wurden

Zum Ärger meiner Freundinnen schloß ich Frauen aus meiner Studie aus, obgleich viele Frauen mit ähnlichen Problemen kämpfen. Die einzigen Frauen, die in dieser Studie zu Wort kommen, sind die Ehefrauen, Freundinnen und Kolleginnen der betreffenden Männer.

Auch aus heutiger Sicht würde ich mich wahrscheinlich nicht anders entscheiden, denn ich glaube, daß es trotz zahlreicher Ähnlichkeiten einige grundlegende Unterschiede in der Lebensweise, in den Einstellungen und in den Problembewältigungsstrategien von Mann und Frau gibt.

Ich wollte mit meiner Untersuchung keine neue Vergleichsstudie über die Geschlechter produzieren. Ich wollte auf keinen Fall die Aussagen der Männer relativieren, denn dafür schienen sie mir zu wichtig.

Sexuelle Präferenzen

Ich habe lange überlegt, ob ich homosexuelle Männer in meine Studie aufnehmen sollte oder nicht. Einerseits werden homosexuelle Männer häufig negativ dargestellt. Meine Erfahrungen mit erfolgreichen Männern, die in diese Studie aufgenommen wurden und *zufällig* homosexuell waren, waren außerordentlich positiv. Homosexuelle Männer müssen nicht nur dieselben Schwierigkeiten meistern wie heterosexuelle Männer, um auf der Karriereleiter nach oben zu klettern, sondern sind darüber hinaus auch noch gezwungen, ihre Sexualität zu unterdrücken. Wenn es aber ums Geschäft geht, um Macht, Berufs- und Identitätsprobleme, überwiegen die Gemeinsamkeiten die in anderer Hinsicht möglicherweise bestehenden Unterschiede bei weitem. Und diese individuellen Unterschiede haben nichts mit sexueller Präferenz zu tun.

Andererseits hatte ich nicht die Absicht, einem heterosexuellen Leser auch nur für einen Augenblick die Möglichkeit offenzulassen, sich vor der Auseinandersetzung mit bestimmten Situationen oder Gefühlen zu drücken, indem er sich von den Äußerungen „schwuler" Männer distanziert. Letzten Endes hätte ich meinen Lesern damit keinen Gefallen getan.

Folglich beschloß ich, diesen Aspekt nicht besonders hervorzuheben. Auch die Erwähnung einer Ehefrau läßt nicht immer konkrete Rückschlüsse zu. Es gibt immer noch viele Männer, die ihre homosexuelle Veranlagung verbergen. Für die Öffentlichkeit – die Nachbarn, Kollegen, Geschäftspartner und für ihre Familien – maskieren sie sich als „heterosexuelle" Männer, ihr „anderes" Leben führen sie im Verborgenen.

Ich bedauere, daß es den meisten Menschen immer noch schwerfällt, Menschen, die anders sind, zu akzeptieren; ob es nun um Unterschiede in der Weltanschauung geht, in der Politik, Sexualität, Rasse oder Religion. Eine Hervorhebung der sexuellen Präferenz hätte mich nur an die Zeiten erinnert, in denen Männer diskriminiert wurden, weil sie nicht an der „richtigen" Universität studiert hatten, nicht in der „richtigen" Verbindung waren oder nicht die „richtige" politische Einstellung hatten. Ich hoffe, daß dieses Buch die Kluft überbrückt, die zwischen vielen Männern besteht, und ihnen hilft, einander zu verstehen und zu akzeptieren. Vor allem hoffe ich, daß gemeinsame Wertvorstellungen wie Integrität oder Interesse für andere, Männer einander näherbringen werden.

Die Interviews

Die meisten Menschen reagieren erstaunt, wenn sie hören, wie viele Männer ich befragt habe. Betrachtet man die Zahl genauer, dann zeigt sich, daß diese Aufgabe durchaus zu bewältigen war. Bei einer 40-Stunden-Woche und einstündigen Interviews hätte ich 103,15 Wochen oder nicht ganz zwei Jahre gebraucht, um 4126 Männer zu interviewen. Über den Zeitraum von fast sechs Jahren verteilt, erscheint die Zahl schon sehr viel realistischer: Ich habe pro Jahr 723 Männer befragt.

Jeder Mann beantwortete Fragen zur Arbeitsatmosphäre im Unternehmen, zu Einzelleistungen, zum Personalmanagement und zur individuellen Einstellung hinsichtlich Verantwortung und Verpflichtungen im Beruf und im Privatleben. Hier eine Auswahl der Fragen:

1. Hatten Sie je das Gefühl, Ihre Firma würde von Ihnen erwarten, daß Sie Ihre ethischen Grundsätze oder Ihre Wertvorstellungen den Firmengrundsätzen anpassen? Wenn ja, inwiefern?
2. Hatten Sie je das Gefühl, daß die Firma, für die Sie arbeiten, sich um das Wohlergehen ihrer Angestellten kümmert?
3. Haben Sie für Ihren Erfolg Opfer gebracht? Würden Sie diese noch einmal in Kauf nehmen?
4. Wie gehen Sie mit Konfliktsituationen um?
5. Stellen Sie sich manchmal vor, Sie würden Ihren augenblicklichen Arbeitsplatz aufgeben und etwas ganz anderes machen? Wenn ja, was?

6. Haben Sie Ihre Mitarbeiter je gefragt, was diese von Ihrem Führungsstil halten?
7. Welchen Wert legen Sie auf Ihre persönliche Weiterentwicklung?
8. Warum haben Sie geheiratet? Hatten Sie je eine außereheliche Beziehung? Wenn ja, wie viele? Aus welchem Grund?
9. Welche Einstellung haben Sie zu Frauen im Berufsleben?
10. Wie reagieren Sie, wenn Sie mit einer Frau beruflich konkurrieren müssen? Wäre es Ihnen lieber, wenn Sie nicht mit Frauen konkurrieren müßten?

Mit den 43 Männern, die sich für eine intensive Befragung entschieden hatten, hatte ich andere Modalitäten vereinbart. Wir waren übereingekommen, daß ich mit jedem einzelnen einmal im Monat zusammenkam. Sollte dies aus terminlichen Gründen absolut unmöglich sein, würden wir uns eine Stunde am Telefon unterhalten. Gemeinsam hatten wir uns verpflichtet, dieser Vereinbarung absolute Priorität einzuräumen. Da ich beruflich häufig unterwegs war, verabredeten wir uns oft direkt am Flugplatz.

Von den rund 4000 befragten Männern erhielt ich allgemein gehaltene Antworten auf meine Fragen, während die 43 Männer der Intensivgruppe einzigartige und wichtige Aspekte zu meiner Studie beitrugen. Zwei Jahre nahm ich direkten Anteil an ihrem Leben, die Standardfragen der Interviews spielten bei der Zusammenarbeit keine Rolle. Weil ich als Beraterin für die Unternehmen, bei denen sie beschäftigt waren, tätig war, kannte ich die Konflikte und die frustrationsauslösenden Situationen an ihrem Arbeitsplatz genau. Meist war ich in vertrauliche Details ihrer geschäftlichen und privaten Probleme eingeweiht, so daß wir gemeinsam Lösungsmöglichkeiten ausarbeiten und auch durchführen konnten. Erfolg oder Mißerfolg wurden gleichfalls gemeinsam ausgewertet.

So fühlte sich ein Abteilungsleiter von seiner Ehefrau abgelehnt und gab offen zu, daß seine beruflichen Fähigkeiten dadurch ernsthaft beeinträchtigt wurden. Sein Mitarbeiterstab bestand aus 23 Frauen und sieben Männern, und er konnte sich ihnen gegenüber nicht durchsetzen, weil er befürchtete, die Frauen im Büro würden ihn ebenso ablehnen wie seine Ehefrau. Wir suchten nach einer Lösung für sein privates Problem und forschten gleichzeitig nach Ursachen, warum es sich so gravierend auf seinen Beruf auswirkte.

Unzählige Male wurde ich gefragt: Wie haben Sie es denn geschafft, daß Männer ganz offen mit Ihnen sprachen? Das war nur selten ein Problem. Im Gegensatz zu einer weitverbreiteten Ansicht sind Männer keine unsensiblen, gefühllosen Kreaturen, sondern fürsorgliche menschliche Wesen auf der Suche nach sich selbst. Nach meiner Erfahrung sehnen sich viele Männer nach einem offenen Gespräch, nach jemandem, der ihnen *nicht* sagt, was sie zu tun haben, sondern ihnen verständnisvoll zuhört. Sie möchten ihren Problemen auf den Grund gehen, ihre eigenen Antworten finden. Meine Fragen verstanden diese Männer nicht als neugierige Schnüffelei, vielmehr vermittelten sie ihnen das Gefühl echten Interesses.

Ich habe sehr viel von diesen Männern gelernt, und ich bin sicher, daß sie wissen, wie sehr ich ihre Ehrlichkeit und ihr Vertrauen schätze.

Was ergab die Studie?

Die Männer, die in diesem Buch zu Wort kommen, imponieren durch ihre Offenheit. Wenn sie ihre Masken abnehmen und ihre Selbstzweifel und Ängste zeigen, nehmen wir Anteil an ihrem Leben.

Ich wurde Zeugin, wie Ehen, die kurz vor der Scheidung standen, sich doch noch zu guten Beziehungen entwickelten. Ich sah Männer, die eine „ideale" Stellung kündigten, um einen langgehegten Traum zu verwirklichen. Ich lernte Männer kennen, die sich von einer Demütigung durch eine Frau wieder erholten, weil sie gelernt haben, zu *überleben* und ihren Kummer nicht nur zu *überstehen*. Ich sah, wie Männer den Gegenbeweis zu dem überlieferten Glauben antraten, Frauen könnten grundsätzlich besser mit Gefühlen umgehen. Ich beobachtete, wie Männer lernten, mit ihren Emotionen umzugehen. Ich traf mit Männern zusammen, die eine steile Karriere machten, nachdem sie ihren Führungsstil geändert hatten.

„Stille Verzweiflung" beschäftigt sich also mit Männern, die ihr überliefertes Rollenbild in Frage stellen, die eine eigene, von ihrem beruflichen Erfolg unabhängige Identität anstreben. Diese

Männer haben ihre Illusionen über die Früchte des Erfolgs verloren, weil ihnen der Erfolg nur allzu oft Leere und Verwirrung eingebracht hat. Der Gedanke, daß Erfolg allein nicht glücklich macht, war ihnen nie gekommen. Anfangs waren sie von dieser Erkenntnis völlig überrascht, inzwischen versuchen viele, ihr Leben zu ändern.

Kurz gesagt, diese Männer laufen vor ihren Konflikten nicht davon, sondern konfrontieren sich mutig mit dem emotionalen Schmerz, durch den man hindurch muß, wenn man inneren Frieden und Selbstvertrauen finden möchte. Sie prägen ein neues Bild vom Mann.

In „Stille Verzweiflung" sprechen Männer über die Probleme, die sie am meisten bedrücken: den Umgang mit Identitäts-, Macht- und Beziehungskonflikten.

Damit bieten sie anderen Männern die Chance, die eigene Wahrheit zu entdecken.

Viele werden sich in den porträtierten Männern wiedererkennen. Wenn wir andere bei ihrem Selbstfindungsprozeß begleiten, können wir aus einer sicheren Position heraus unseren eigenen Gefühlen auf den Grund gehen. Nicht jeder wird sich durchwegs mit den beschriebenen Situationen identifizieren können. Aber auch aus dieser Nicht-Identifikation kann man lernen, wenn man sie als eine Möglichkeit betrachtet, die eigenen Gefühle, Handlungsweisen und Wertvorstellungen zu überprüfen.

„Stille Verzweiflung" ist ein Buch über Männer, die den Mut aufgebracht haben, sich mit den Problemen, die das Leben allen Menschen stellt, auseinanderzusetzen. Es ist ein Buch über Männer, die sich bei ihrer Verabschiedung in den Ruhestand ganz sicher nicht erstaunt die Frage stellen müssen, worauf ihr Leben hinauslief, ob es die Opfer wert war, die sie gebracht haben, oder wie es dazu kam, daß ihnen ihre Kinder völlig fremd sind. Sie haben Karrierefrauen beobachtet, die alles haben wollen, und nun wollen auch sie *ihren* Anteil an allem. Diese Männer werden sich niemals sagen müssen, daß alles, was sie getan haben, im Grunde sinnlos war.

Teil I

Die Spielregel:

Verkaufe deine Seele

Kapitel 1

Ist mein Leben eine Lüge?

Die meisten der von mir befragten Männer haben Veränderungen im stillen und allein vorgenommen. Nur wenige haben den Mut gefunden, mit ihren Frauen oder jemand anderem offen und ehrlich über ihre Gefühle zu reden. Statt dessen meisterten sie ihre innere Unruhe auf typisch männliche Weise, nämlich scheinbar gleichmütig und ohne ein Wort darüber zu verlieren. Aus genau diesem Grund haben sie innerlich gelitten.

Ursache dafür ist, daß Männer nur wenig Bezug zu ihrem wahren Selbst haben. Man hat ihnen beigebracht, ihr innerstes Wesen zu verleugnen, Gefühle zu vermeiden und entsprechend einem vorgeschriebenen Rollenbild zu leben.

Eine stillschweigend akzeptierte Regel bestimmt ihren Umgang miteinander. „Ich werde nie verlangen, daß du dir selbst gegenüber ehrlich bist, denn das ist die Garantie dafür, daß auch du dich hüten wirst, von mir das Gleiche zu verlangen." Auf diese Weise unterstützen sie sich gegenseitig bei ihrem Spiel der Selbstverleugnung und Unehrlichkeit.

Im Verlauf meiner Studie traf ich aber immer wieder auf Männer, die sich gegen die früher bereitwillig akzeptierten Mythen auflehnten. Diese Männer wollten sich nicht mehr länger selbst belügen. Sie trugen damit viel zu diesem Buch bei.

Ehe ich beschreibe, wie sie die Mythen, die so viel Leid über sie gebracht hatten, überwanden, möchte ich den Begriff „Mythos" definieren und ein paar dieser Mythen einer näheren Überprüfung unterziehen, da vielleicht auch Sie sich von ihnen leiten lassen.

Im „American Heritage Dictionary" von 1980 wird Mythos folgendermaßen definiert: *Mythos* – ein Begriff, der mehr auf Tradition oder Gutdünken basiert, als auf Tatsachen; eine überlieferte Vorstellung.

Die Mythen

- *Männer sind geborene Führungskräfte.* – Sehr wenige.
- *Erfolgreiche Männer führen ein angenehmeres Leben als weniger erfolgreiche.* – Nicht unbedingt.
- *Männer an der Spitze sind einsam.* – Nicht alle.
- *Erfolgreiche Männer treffen Entscheidungen nur auf der Grundlage rationalen Denkens.* – Nicht viele.
- *Männer, die ihre Gefühle unterdrücken, sind stärker als ihre gefühlsmäßig reagierenden Geschlechtsgenossen.* – Stimmt nicht.
- *Männer brauchen kein Feedback oder Anerkennung.* – Viele aber doch.
- *Männer sind nicht abhängig von Frauen.* – Viele sind es trotzdem.
- *Affären bedeuten das Ende einer Ehe.* – In den seltensten Fällen.
- *Romantische Liebe ist die Basis einer guten Ehe.* – Manchmal.

Gehen wir doch einmal näher auf diese Mythen ein und stellen sie den Ergebnissen meiner Studie gegenüber. In den nächsten Kapiteln werden dann Einzelbeispiele beschrieben, wie Männer die von ihnen angezweifelten Mythen endgültig über Bord warfen.

Mythen auf dem Prüfstand

Mythos: Männer sind geborene Führungskräfte

Man sagte uns immer, „Männer sind geborene Anführer". Aber von den Männern, mit denen ich sprach, gaben 53 Prozent zu, daß es ihnen schwerfällt, anderen Menschen Anweisungen zu erteilen. 71 Prozent vertraten die Meinung, daß man zum Führer erzogen und nicht geboren wird.

Ich stellte Männern aus dem gehobenen und mittleren Management die Frage: „Wie vermitteln Sie anderen Ihre Erwartungen?" Es stellte sich heraus, daß 68 Prozent der Topmanager ganz einfach voraussetzen, daß ihre Mitarbeiter ihren Anweisungen Folge leisten. Nur drei Prozent fühlten sich unwohl, wenn sie konkrete Instruktionen erteilen müssen, und 29 Prozent waren der Meinung, daß sie auf diesem Gebiet noch einiges verbessern könnten. Von den Männern aus dem mittleren Management erwarteten 55 Prozent, daß ihre Mitarbeiter ohne zu fragen weisungsgemäß handeln, doch die meisten hielten den autoritären Führungsstil für wenig effektiv. 21 Prozent fühlten sich in der Rolle des „Chefs" unbehaglich, und 24 Prozent meinten, daß sie auf diesem Gebiet noch einiges ändern müßten.

Mit anderen Worten, leitende Angestellte und Manager verstecken sich gerne hinter einem Titel oder Status, um Anweisungen durchzusetzen. Ihrer Meinung nach befolgt man ihre Anweisungen aufgrund ihrer Position, aber viele bezweifeln, daß man sie auch ohne Titel oder Status respektieren würde. Dieses Ergebnis ist nicht weiter überraschend, denn über lange Zeit war Autoritätsgläubigkeit eine wesentliche Voraussetzung für den beruflichen Aufstieg. Angestellte lehnen jedoch heute blinden Gehorsam ab und möchten verstärkt eigene Kontrolle über ihre Arbeit ausüben.

In den letzten Jahren wurde vielen Führungskräften bewußt, daß die selbstverständliche Erwartung unbedingten Gehorsams die Arbeitsmoral untergräbt. Sie unternahmen nun ihrerseits Anstrengungen, immer mehr Aufgaben zu delegieren. Das ist kein leichtes Unterfangen, denn wer verzichtet schon gerne auf eine lang ausgeübte Kontrolle. Bob Crandall, Vorsitzender der American Airlines, ist dafür eine Beispiel. Der brillante, entscheidungsfreudige und energische Bob leitete das Unternehmen mit fester Hand. Vor der Umorganisation des Managements arbeitete die Fluggesellschaft routiniert, kalkulierbar und bürokratisch. Die Manager hatten die Aufgabe, den reibungslosen, vorgeschriebenen Ablauf zu gewährleisten. Aber unsere schnellebige Zeit, in der auch die Geschäftspolitik einer Fluggesellschaft sich dem ständigen Wandel anpassen muß, veranlaßte Bob Crandall, „die Entscheidungen an die Leute zu delegieren, die direkt mit den Kunden in Kontakt kommen." Diese Umorganisation kostete ihn sehr viel Energie. Aber das Resultat seiner Anstrengungen war jede Mühe wert, denn die Angestellten arbeiteten daraufhin wieder voller Begeisterung und mit großem Engagement.

Mythos: Erfolgreiche Männer sind glücklich

Daniel Yankelovich erklärte zu diesem Thema: „Ende der siebziger Jahre durchgeführte Untersuchungen ergaben, daß mehr als sieben von zehn Amerikanern (72 Prozent), sehr viel Zeit damit verbringen, über sich selbst und ihr Seelenleben nachzudenken – und das in einer Nation, die einmal für ihre Intoleranz gegenüber der inneren Natur des Menschen berüchtigt war. Die begeisterte Suche nach Selbstverwirklichung hat inzwischen praktisch die gesamte Bevölkerung der Vereinigten Staaten erfaßt."[1]

Auf meine Fragen „Glauben Sie, daß Ihr Leben Sinn hat und auf ein Ziel ausgerichtet ist?" oder „Haben Sie für Ihren Erfolg persönliche Opfer gebracht? Würden Sie diese wieder bringen?" erhielt ich Antworten, die nicht meinen Erwartungen entsprachen.

Nur neun Prozent äußerten Bedauern und würden lieber etwas anders machen. 16 Prozent hätten gerne mehr Zeit für sich gehabt, aber drei von vier behaupteten, sie würden jeden Morgen voller Lebensfreude aufwachen und kein Opfer und keine Entscheidung bereuen. Nur wenige sind Workaholics, die meisten verbringen ihre Wochenenden mit der Familie. Von den Männern in den Spitzenpositionen (1349 von 4126 Befragten) waren 68 Prozent glücklich in ihrem Beruf, hatten aber gleichzeitig das Gefühl, ihr Familienleben würde darunter leiden. Fast die Hälfte davon bedauerte, daß ihre Arbeit sie so sehr in Anspruch nimmt und würde gerne mehr Zeit mit Frau und Kindern verbringen. Viele taten meine Fragen mit ähnlich lautenden (pseudo-)rationalen Begründungen ab, wie etwa: Man darf nicht zurückblicken. Man muß sich für etwas entscheiden. Ich habe getan, was ich tun mußte.

Ein Topmanager sagte mir: „Meine Arbeitsbedingungen sind eigentlich großartig. Ich nehme meine Frau auf allen Geschäftsreisen mit. Aber im Grunde könnte sie genausogut zu Hause bleiben, weil ich praktisch niemals Zeit für sie habe. Wir sind seit 45 Jahren verheiratet, und ich kenne sie kaum. Meine Sekretärin und ich kennen einander besser, obwohl wir keine engere Beziehung haben. Manchmal ist der Job die ganzen Kopfschmerzen nicht wert, die ich mir mache. Ich weiß, wenn ich einmal im Ruhestand bin, wird mein Telefon nicht mehr läuten, weil mich niemand mehr braucht. Ich habe Alpträume, wenn ich daran denke, daß dieser Tag einmal kommt. Aber solange ich täglich zur Arbeit gehe, bin ich glücklich."

58 Prozent der Manager in mittleren Positionen und erfolgreiche Selbständige meinen, daß sie wegen ihrer Karriere gedankenlos Jahre verschwendet haben und nun trotz ihres Erfolgs ein leeres und sinnloses Leben führen. Ihre Väter gingen zur Arbeit, um den Lebensunterhalt zu verdienen, aber die heutige Generation erwartet, sich im Beruf zu verwirklichen. Ihre Vorgesetzten erkennen erst allmählich, daß für ihre Mitarbeiter die Arbeitswelt ein Ort der Herausforderung, der Hingabe, der Verantwortung und des Engagements sein muß.

Jim Gabbert, Eigentümer eines Rundfunk- und Fernsehimperiums an der Westküste der USA und auf Hawaii, erzählte mir: „Ich durchlebte eine richtige Midlifekrise. Ich wachte morgens auf und fragte mich, ob es das alles wert sei. Ich wollte reisen und mehr Zeit für die Menschen haben, die mir wichtig sind. Ich wußte, wenn ich weitermache, würde ich Millionen scheffeln. Da hatte ich nun ein Imperium aufgebaut, aber es bedeutete mir nichts mehr." Als ich Jim fragte, ob er in seinem nächsten Leben etwas an dieser Situation ändern würde, antwortete er: „Das ist nicht so leicht zu beantworten. Ich kann mein Leben nur auf der Grundlage meiner Erfahrungen aufbauen. Eine andere Möglichkeit habe ich doch gar nicht. Deshalb würde ich wahrscheinlich das gleiche tun."

Jim hat einen jungen Mann unter seine Fittiche genommen, den er mit allen Kniffen des Business vertraut macht. Dieser junge Mann, Mark, ist nach Jims Ansicht ein „Workaholic". „Ich sage ihm immer wieder, er solle es langsamer angehen. Er braucht nicht soviel Zeit in seine Arbeit zu stecken, um gut zu sein. Man kann weniger arbeiten und trotzdem dieselbe Leistung bringen. So viele Opfer sind überflüssig. Aber er hört nicht auf mich."

Ich bewundere Jim, weil er nicht sehnsüchtig in die Vergangenheit zurückblickt und sagt „hätte ich damals nur . . .", und trotzdem erkennt, daß ihm sein Leben nicht die Befriedigung bietet, die er sich erträumt hat. Aber statt mit sich selbst zu hadern, strebt er nach einer Umstrukturierung seines Lebens und danach, ein Vorbild für die jungen Aufsteiger in seiner Branche zu sein.

Mythos: Männer an der Spitze sind einsam

Ich glaube, darin liegt ein Körnchen Wahrheit. Allerdings habe ich festgestellt, daß Männer an der Spitze selbst sehr viel zu ihrer eigenen Einsamkeit beitragen.

Ein Abteilungsleiter einer großen Bank sagte zu mir: „Ich traue keinem meiner Mitarbeiter. Ich habe niemanden, mit dem ich reden oder dem ich mich anvertrauen könnte. Sagen Sie mir bloß nicht, daß ich es einfach einmal versuchen sollte. Wie kann man Leute, die man nicht respektiert, nach ihrer Meinung fragen?" Nach kurzem Nachdenken fügte er hinzu: „Ich brauche niemanden, mit dem ich reden kann." Drei Stunden später verließ ich sein Büro. Ich war kaum zu Wort gekommen, aber er hatte mir seine ganze Lebensgeschichte erzählt.

Bei einer passenden Gelegenheit habe ich ihn einmal gefragt, ob er seine Mitarbeiter selbst ausgesucht oder von seinem Vorgänger übernommen habe. Er teilte mir mit, er habe sie persönlich sehr sorgfältig ausgewählt. Von diesem Moment an hatte ich kein Mitleid mehr mit ihm. Es war offensichtlich, daß er das Problem selbst herbeigeführt hatte, denn er hatte nur Leute eingestellt, die ihm nicht das Wasser reichen konnten. Im Verlauf meiner Interviews habe ich festgestellt, daß gerade besonders einsame Männer befürchten, sie könnten von anderen verdrängt werden. Sie haben das dringende Bedürfnis, stets der Beste zu sein und dulden keinen Konkurrenten; aus diesem Grund stellen sie auch nur schwächere Leute ein.

Aber es gibt noch eine Kehrseite der Medaille. Der Direktor einer führenden Computerfirma berichtete mir: „Als ich zum Direktor befördert wurde, hörten meine Mitarbeiter plötzlich auf, sich an mich zu wenden, weil sie der Meinung waren, ich wäre nun so beschäftigt, daß sie mich in Ruhe lassen müßten. Ich mußte dieses Mißverständnis schnell klären. Ich brauche Menschen, mit denen ich meine Ideen besprechen kann, und ich will von ihnen gefordert werden."

Zu diesem speziellen Punkt ist es sehr schwer, exakte statistische Angaben zu machen, denn häufig waren die Antworten unklar und ausweichend; deshalb blieb vieles der Interpretation überlassen. Den meisten Menschen fällt es schwer einzugestehen, daß sie einsam sind. Sie verbinden damit den Makel, nicht geliebt zu werden oder unerwünscht zu sein.

*Mythos: Maßgebende Männer entscheiden nur auf der
Grundlage rationaler Überlegungen*

Das gilt nur für sehr wenige.

Diesem Mythos liegt die Ansicht zugrunde, rationale Entscheidungen seien stets besser als gefühlsmäßige. Aber 73 der interviewten Topmanager waren mit dieser Behauptung nicht einverstanden. Sie gestanden, bei ihren Entscheidungen eher subjektiv als objektiv vorzugehen. Ich sage „gestanden", weil sie sich so verhielten, als beichteten sie eine Sünde. Fast 81 Prozent der Männer gestanden, daß sie anderen gegenüber niemals zugeben würden, daß sie bei ihren Entscheidungen auf ihre innere Stimme oder Intuition hören.

Dabei kursieren die tollsten Geschichten über intuitive und erfolgreiche Geschäftsleute. Andrew Carnegie trug stets ein Kartenspiel bei sich und legte vor jeder wichtigen Entscheidung eine Patience zur Entspannung. Und Conrad Hilton ersteigerte das Stevens Hotel in Chicago zu einem Betrag, der ihm plötzlich in den Sinn kam. Er gab sein Angebot in genau dieser Höhe ab und erwarb das größte Hotel der Welt zu einer Summe, die gerade um zweihundert Dollar über dem nächsten Gebot lag.[2]

Allerdings gaben die von mir in den letzten Jahren befragten Männer im Alter zwischen 25 und 35 Jahren bereitwillig zu, auch gefühlsmäßig zu reagieren. Meist benutzten sie dazu den Begriff „Aus dem Bauch heraus würde ich . . ." Viele Männer kommen langsam dahinter, daß ihre Intuition eine Gabe ist, die gepflegt werden muß; dieser mentale Prozeß steht nicht im Widerspruch zur Logik, sondern ergänzt sie und setzt sie anders ein.

Zwar geben noch heute nur die wenigsten Manager zu, daß sie sich auf ihre Intuition verlassen, aber mit der Zeit werden es immer mehr werden.

Mythos: Männer, die ihre Gefühle zeigen, sind schwach

Am glücklichsten im Berufs- und Privatleben waren von den befragten Männern alle, die sich ihrer Gefühle sicher sind, die sich mit den unvermeidlichen Problemen auseinandersetzen und sich von ihren Gefühlen leiten lassen.

Männer, die mit ihren Gefühlen und damit mit sich selbst in Einklang leben, legen großen Wert auf persönliche Weiterentwicklung. Ich habe gefragt: „Welchen Wert messen Sie Ihrer persönlichen Weiterentwicklung bei?" Aus ihren Antworten konnte ich auf ihre Einstellung zu ihren Gefühlen und auf ihre Motivationen schließen. Die Männer, die diese Frage positiv beantworteten, machten konkrete und aufschlußreiche Bemerkungen über sich oder andere und sprachen davon, wie sehr ihnen ihr Einfühlungsvermögen im Beruf oder in ihren Beziehungen geholfen hat.

Interessanterweise hielten nur sechs Prozent der über 45jährigen persönliche Weiterentwicklung für wichtig. Fast 71 Prozent halten Introspektion für Zeitverschwendung, 23 Prozent sind der Ansicht, daß dieser Aspekt wohl einige Aufmerksamkeit verdienen würde. Bei den über 55jährigen waren es noch weniger.

Umgekehrt messen Männer zwischen 27 und 45 Jahren der persönlichen Weiterentwicklung einen hohen Stellenwert bei, genauer gesagt 62 Prozent von ihnen. 34 Prozent sind der Ansicht, daß dieser Aspekt Aufmerksamkeit verdient. Nur vier Prozent halten ihn für verschwendete Zeit.

Mich interessierte das Verhältnis der Männer zu Intimität und Nähe. Ich fragte: „Wie oft lassen Sie nahestehende Menschen wissen, wieviel sie Ihnen bedeuten?"

Ein Mann sagte darauf zu mir: „Sie hören sich an wie meine Frau. Sie klagt, ich würde ihr niemals sagen, daß ich sie liebe. Ich sage dann zu ihr: ‚Das habe ich dir 1966 gesagt, als ich dir einen Heiratsantrag gemacht habe.' Aber damit ist sie auch nicht zufrieden." Er machte keinen Scherz. Zum Glück sind nicht alle Männer in dem Maße ihren Gefühlen entfremdet. Die meisten Männer sehnen sich danach, ihre Gefühle zu zeigen. Das einzige Problem dabei ist, daß sie nicht wissen, wie. Aber zunehmend lernen sie, die Logik ihrer Gefühle zu verstehen, auf ihre innere Stimme zu hören und dadurch mehr Verständnis für sich selbst zu gewinnen.

Mythos: Männer brauchen kein Feedback oder Anerkennung

In einem meiner Workshops sprach ich über die Bedeutung von Feedback. Dabei traf ich, wie meist bei diesem Thema, auf

Widerstand. Man sagte mir: „Mein Wahlspruch lautet: ‚Keine Nachricht ist eine gute Nachricht.'" Solche und ähnliche Reaktionen waren die Regel, nicht die Ausnahme.

Eines Tages war ich mit einem Bezirksverkaufsleiter der Firma Ralston Purina unterwegs. Man hatte mich als Managementberaterin für die leitenden Angestellten der Region West engagiert. Am Abend saßen wir bei einer Tasse Kaffee zusammen und sprachen über seine Verkaufstaktik. Ich erwähnte zuerst die positiven Punkte und ging dann auf die Bereiche ein, in denen sich noch Verbesserungen erzielen ließen. Mit leuchtenden Augen sagte er: „Seit zwölf Jahren bin ich nun im Außendienst und einmal im Jahr sagt mir irgend jemand, ob man mit meiner Leistung zufrieden ist oder nicht. Sie sollten unserem Chef beibringen, daß wir mehr Resonanz brauchen. Wenn man den ganzen Tag allein in seinem Verkaufsgebiet unterwegs ist, ist man verdammt darauf angewiesen."

Ich hatte lange geglaubt, Männer wären einsame Kämpfer und benötigten kein Feedback. Tief in meinem Innern ahnte ich wohl, daß es sich dabei um einen Mythos handelte, aber kein Mann war in dieser Hinsicht je ganz ehrlich zu mir gewesen oder hatte meinen Verdacht bestätigt. Dieser Bezirksverkaufsleiter machte mir Mut, nun auch andere Männer gezielt zu fragen: „Wie wichtig ist für Sie Feedback?" – „Geben Sie anderen Feedback?" und „Wünschen Sie sich manchmal, Sie würden von Ihrem Chef oder Ihren Mitarbeitern verstärkt Anregungen und Vorschläge erhalten?"

Die Auswertung war nicht ganz einfach, da die Antworten zunächst ausweichend formuliert wurden. Über 60 Prozent der Angehörigen des mittleren Managements wünschten sich mehr Feedback von ihren Vorgesetzten. Ein Mann meinte: „Also, ich wäre ihm nicht böse, wenn er gelegentlich erwähnen würde, was er von meiner Arbeit hält." Doch vier von fünf Topmanagern antworteten: „Eine Position wie meine erreicht man nicht, wenn man die Ansichten anderer über die eigene Arbeit für wichtig hält." Wenn ich nicht lockerließ, gab der eine oder andere schließlich zu: „Ich bin es leid, nur von Jasagern umgeben zu sein. Manchmal wünsche ich mir, sie hätten ein bißchen Mut und rückten einmal mit der Sprache heraus." Eine klare Antwort wie „Ja, das ist für mich sehr wichtig", erhielt ich fast nie.

Folglich war ich in diesem Punkt sehr stark auf meine psychologische Erfahrung angewiesen, denn die Antworten mußten interpretiert werden.

Bei den Führungskräften im technischen Bereich fiel das Ergebnis anders aus. Von den 63 Technikern sagten zwei Drittel, sie wären auf das Feedback ihrer Vorgesetzten und ihrer Kollegen angewiesen. „Ich kann doch nicht völlig isoliert kreativ arbeiten", meinte ein technischer Direktor. Auch die Angehörigen der freien Berufe messen dem Feedback große Bedeutung bei.

Die Reaktionen auf meine Frage „Geben Sie Feedback?" waren schockierend. Fünf von sieben leitenden Angestellten und Managern lügen einen Mitarbeiter, mit dessen Leistung sie unzufrieden sind, lieber an, als ihm konstruktive Kritik zukommen zu lassen. Die Gründe für dieses Verhalten überraschten mich. Ungefähr 18 Prozent machten sich Sorgen, ihre Mitarbeiter würden sie nach einer Kritik vielleicht ablehnen. 34 Prozent wußten nicht, wie sie konstruktive Kritik vermitteln sollten; elf Prozent gaben zu, daß sie ganz einfach hoffen, der betreffende Angestellte würde seine Leistung schon noch steigern; und acht Prozent scheuten einen möglichen Konflikt.

Ein Abteilungsleiter berichtete mir, er und sein Chef hätten beschlossen, dem Vertreter mit dem schlechtesten Verkaufsergebnis einen Bonus von 3000 Dollar zu geben. Sie hofften, dies wäre ein Anreiz für eine Leistungssteigerung. Mit keinem Wort erwähnten sie, daß sie mit seiner Leistung unzufrieden seien und warum; sie setzten voraus, daß er den Wink mit dem Zaunpfahl schon verstehen würde. Auf meine verblüffte Frage, ob ihnen denn nicht klar sei, daß sie damit seine schwache Leistung belohnt hätten, stellte sich heraus, daß ihnen dieser Gedanke niemals in den Sinn gekommen war.

Von den 29 Prozent, die sich ihren Mitarbeitern gegenüber ehrlich verhalten, war es 68 Prozent verhaßt, kritisieren zu müssen, obwohl sie der Meinung waren, daß dies nun einmal ein Bestandteil ihrer Arbeit wäre. 32 Prozent waren der Ansicht, konstruktive Kritik könne für einen Mitarbeiter nur positiv sein. Genau betrachtet, halten also gerade neun Prozent der von mir befragten Männer Feedback für einen positiven Faktor.

Mythos: Männer sind nicht abhängig von Frauen

„Er bringt meistens seine Frau mit. Er verläßt sich auf sie, sie ist seine emotionale Antenne", sagte der Direktor einer großen Bank über seinen Chef.

Auf meine Frage „Fühlen Sie sich von irgend jemandem emotional abhängig?" sagten 27 Prozent, sie seien von niemandem abhängig und sie würden sich auf niemanden verlassen. 41 Prozent behaupteten, ihre Ehefrau wäre der einzige Mensch, dem sie völlig vertrauten. Von den restlichen 32 Prozent verweigerten 17 Prozent die Antwort, und 15 Prozent ziehen lieber ihre Geliebte ins Vertrauen, statt sich an ihre Ehefrau zu wenden.

Der letztgenannte Punkt machte mich neugierig, und ich verfolgte ihn weiter. Es scheint, als hätten manche Männer das Gefühl, zu Hause eine Maske tragen zu müssen, hinter der sie ihre Verwundbarkeit und ihre Bedürfnisse verstecken. Sie suchen Trost in den Armen einer anderen Frau, die sich ihre Sorgen anhört oder ihre emotionalen Bedürfnisse befriedigt. Haben sie sich von dieser Last befreit, setzen sie wieder die Maske gespielter Tapferkeit auf und kehren nach Hause zurück. Dann können sie sich wieder „benehmen", als hätten sie sich stets unter Kontrolle.

Auf meine Fragen „Gefällt es Ihnen, wenn Sie gebraucht werden?" und „Was denken Sie von den Menschen, die sich auf Sie verlassen?" gaben drei von vier Männern an, daß es für sie „ein Bedürfnis ist, gebraucht zu werden." Um ihrem Leben Sinn und Zweck zu verleihen, sind sie also abhängig von Menschen, die sie brauchen.

Ein Mann erzählte mir, daß er seit 21 Jahren verheiratet und seit 20 Jahren unglücklich sei. Als ich ihn fragte, warum er sich nicht scheiden lasse, antwortete er: „Das kann ich nicht. Ich brauche sie, weil sie ohne mich nicht zurechtkommt."

Mythos: Affären bedeuten das Ende einer Ehe

Hätten Sie vermutet, daß zwei von drei Männern außereheliche Beziehungen haben oder gehabt haben? Daß nur ein Drittel wieder dieselbe Frau heiraten würde? Und daß nur weniger als drei Prozent ihre Ehefrau wegen einer Geliebten verlassen haben?

Männer verlassen also ihre Ehefrau nur sehr selten wegen einer Geliebten. Häufiger halten Affären eine Ehe zusammen, und manchmal führen sie sogar zu einem stärkeren Zusammenhalt der Ehepartner untereinander.

Meist zerstört eine Affäre eine Ehe dann, wenn ein Partner vor dem anderen damit prahlt. Gleichgültig, was er damit bezweckt, das Vertrauen wird durch ein solches Verhalten zerstört.

Die Mehrheit der befragten Männer hält Monogamie nicht für einen natürlichen Zustand. Ungefähr ein Drittel der Männer befürwortet Monogamie. Die anderen hatten jeweils eine bis vier Affären. Einige Männer knüpfen häufig außereheliche sexuelle Beziehungen an.

Als ich Ned Cutter zum erstenmal interviewte, war er seit 13 Jahren verheiratet. Acht Jahre später, nach 21 Ehejahren, hatte er immer noch Affären mit anderen Frauen und unterhielt gleichzeitig eine ständige Beziehung zu einer geschiedenen Frau in Washington, D.C., wo er sich häufig geschäftlich aufhielt. „Ich möchte ganz ehrlich zu Ihnen sein, Jan", begann Ned. „Ich liebe Frauen, und bin nicht zufrieden, wenn ich nur eine Frau habe. Meine Frau stellt mich nie zur Rede. Ich glaube, daß sie wahrscheinlich die Wahrheit gar nicht wissen will. Ich erzähle ihr nie etwas, weil ich sie gern habe und nicht verletzen will. Frauen brauchen den Sex nicht so wie wir Männer, deshalb müssen wir eben sehen, wie wir dazu kommen. Und ich liebe die Abwechslung. Wenn ich mich langweile, dann suche ich mir schnell ein neues Mädchen."

Doch wegen der mehr oder minder eingestandenen emotionalen Abhängigkeit kehren die Männer zu ihren Ehefrauen zurück. Manchmal haben sie dann ein wenig Selbstvertrauen gewonnen, sexuell etwas dazugelernt oder ihre Ansprüche heruntergeschraubt. Dies alles kann dazu beitragen, daß aus ihrer Ehe eine beide Partner gleichermaßen erfüllende Beziehung wird.

Mythos: Romantische Liebe ist die Basis einer guten Ehe

Seitdem die Romantik die vorbestimmten Ehen abgelöst hat, geht man davon aus, daß aus Liebe geheiratet wird. „Das ist im großen und ganzen ein Mythos", schreibt Gail Sheehy in ihrem Buch „In der Mitte des Lebens."[3] Sheehy führte 115 Interviews, das entspricht nur drei Prozent der Befragten meiner Umfrage. Trotz dieser Diskrepanz sind die Ergebnisse identisch. Ich hörte dieselbe Antwort nur 4011mal häufiger als sie. Die 4126 Antworten im einzelnen: Zehn Prozent heirateten aus Liebe, 47 Prozent aus praktischen Erwägungen, 36 Prozent aus Unsicherheit und sieben Prozent aus eigennützigen Gründen.

Ich muß zugeben, ich bin eine romantische, sentimentale Närrin. Daran führt kein Weg vorbei. Ich war stets davon überzeugt, daß romantische Liebe die Grundlage einer guten Ehe ist. Während meiner Interviews zerplatzten meine Illusionen wie Seifenblasen. Ich stellte fest, daß Ehepaare, die aus praktischen Erwägungen geheiratet hatten, genauso glücklich oder sogar glücklicher waren als Paare in einer reinen Liebesehe. Liebe stellt keine Garantie dar, daß man zusammenpaßt, sich gut versteht und gegenseitige Verpflichtung empfindet – und nur das macht eine gute Ehe aus. Liebe muß nicht bedeuten, daß die Partner auch gute Freunde sein können.

„Wir waren nicht ineinander verliebt, als wir geheiratet haben. Aber wir waren gern zusammen. Ich weiß nicht mehr, wessen Idee die Heirat war. Ich glaube, wir hatten diesen Gedanken gleichzeitig. Es war einfach so, daß wir gemeinsame Interessen hatten und dachten, es wäre nun an der Zeit, eine Familie zu gründen. Wir hatten niemand anderen kennengelernt, also gab es keinen Grund, warum wir uns trennen sollten. Das war vor dreiundzwanzigeinhalb Jahren. Das ist doch nicht schlecht", sagte Stan Rosenblum.

Seine Frau Elena pflichtete ihm bei: „Stan war mein Freund. Ich war ein richtiger Wildfang und immer mit ihm und seinen Freunden unterwegs. Ich habe mir auch auf der High School und im College nichts aus Verabredungen mit anderen gemacht. Stan war immer da. Manchmal denke ich, wenn wir sofort geheiratet hätten, dann wären wir jetzt 31 Jahre verheiratet. Ich muß Ihnen sagen, ich hätte keinen besseren Mann finden können. Meine Töchter wählen jetzt ihre Männer nach anderen Kriterien aus. Aber ich bin glücklich geworden."

Von den Paaren, die aus Liebe geheiratet haben, behaupteten 37 Prozent, sie hätten ihre Illusionen in der Ehe verloren. Zwölf Prozent sagten, das nächste Mal würden sie aus anderen Gründen heiraten. Knapp die Hälfte war der Ansicht, sie hätten die beste Wahl ihres Lebens getroffen.

Fred Schwarzmann und seine Frau Ruth sagten übereinstimmend: „Wir sind seit 35 Jahren verheiratet und haben uns niemals gelangweilt. Aber diese Ehe ist nicht nur eine Partnerschaft, in die jeder der Partner 50 Prozent investiert. Jeder muß sich mindestens zu 75 Prozent einbringen, wenn nicht mehr. Wenn Sie glauben, Sie müßten nur 50 Prozent geben, dann geben Sie zu wenig."

Für diese Ehepaare stand Scheidung nie zur Debatte, auch nicht in schweren Zeiten. Wie Fred und Ruth bewerteten die glücklich verheirateten Paare Freundschaft und Gemeinsamkeit sehr hoch, betonten eine stets offene und ehrliche Kommunikation und fühlten sich dem anderen für das ganze Leben verbunden.

Ich kam zu dem Schluß, daß man eine gute Ehe führen kann, wenn man die Beziehung mit offenen Augen eingeht, keine überhöhten Erwartungen hegt und bereit ist, mehr als 50 Prozent zu geben.

Mythos oder Wirklichkeit?

Die Umfrage ist gemacht. Die statistische Auswertung liegt vor. Die Gespräche sind analysiert.

Männer suchen heute sowohl privat als auch beruflich neue Perspektiven. Sie stellen ihr überliefertes Rollenbild in Frage, bewerten ihre Karriere und ihre Träume nach anderen Kriterien, ändern ihre Lebensweise und geben ihren persönlichen Beziehungen eine neue Bedeutung.

Männer befinden sich in einer Übergangsphase, egal, wie alt sie sind oder welchen Beruf sie ausüben.

Die Wirklichkeit ist sehr viel aufregender und phantastischer als jede inzwischen verblaßte Verheißung der eben beschriebenen Mythen. Heute beschreiten Männer neue Wege in ihrem Beruf und bei der Führung ihrer Mitarbeiter. Sie entwickeln einen neuen Lebensstil. Damit bereichern sie nicht nur ihr eigenes Leben, sondern auch das der Menschen, mit denen sie leben und arbeiten. – Was am wichtigsten ist, sie haben dadurch mehr Freude am Leben.

Kapitel 2
Ich spiele nicht mehr mit!

In den letzten zehn Jahren haben wir erlebt, wie die Frauen im Zuge der Frauenbewegung ihr traditionelles Rollenbild überwunden haben. Sie entwickelten neue Perspektiven und einen anderen Lebensstil. Die Auswirkungen der Frauenbewegung haben mittlerweile auch die Männer aufgerüttelt. Scheinbar aus heiterem Himmel weigern sich manche Männer, die an sie gestellten Erwartungen als Selbstverständlichkeit hinzunehmen.

Es freut mich, daß die Männer einen Wandel anstreben, obwohl dies mit Sicherheit kein leichtes Unterfangen ist. Ich weiß, wieviel emotionale Risikobereitschaft und Mut es erfordert, aus der vorgefertigten Schablone auszubrechen.

Jeff Flox ist dafür ein Beispiel. Er kündigte seine gut dotierte Stellung bei einem Großunternehmen, nachdem ihm sein Chef gesagt hatte: „Sie müssen sich über eines im klaren sein, wir sind alle Huren. Wenn Sie akzeptieren, daß Sie sich bei den richtigen Leuten prostituieren müssen, erreichen Sie etwas. Wenn nicht, dann werden Sie trotzdem gefickt, aber nicht dafür bezahlt." Jeff wollte seine Integrität und seine Ideale nicht opfern. Heute leitet er die Kreativabteilung eines weltbekannten Farblabors.

Ehe ich weiter von bewundernswerten Männern berichte, die anderen als Inspiration dienen können, möchte ich ganz kurz auf die traditionelle Art und Weise eingehen, mit der Männer mit ihren Problemen umgehen. Dies scheint mir für das Verständnis der Widersprüchlichkeiten, unter denen die Männer heute leiden und die sie zu Veränderungen zwingen, unbedingt erforderlich.

Jahrelang waren Männer Regeln und Vorschriften unterworfen, die klar definierten, was man von ihnen erwartet und was sie tun müssen, um Erfolg zu haben. Sie mußten wichtige Bereiche ihrer Persönlichkeit unterdrücken, ihre Ideale verleugnen, sich ihren Vorgesetzten anpassen und sagen, was andere hören wollten. Man lehrte sie, daß sie in bestimmten Situationen ihre Prinzipien und Wertvorstellungen zum Wohle anderer opfern müßten. Männer lernten zu lügen, ja sogar zu betrügen, um ihre eigene Haut oder die ihrer Vorgesetzten zu retten. Wer Erfolg haben wollte, hielt sich an diese ungeschriebenen Regeln, erfüllte seine Pflicht und stand zu seinen Verpflichtungen. „Zum Wohl des Unternehmens oder seiner Angestellten" nahmen Männer Nachteile für die eigene Karriere in Kauf. Um erfolgreich zu sein – für manche war es auch einfach eine Überlebensfrage –, mußten Männer ihre innere Not verleugnen. Dabei halfen ihnen sogenannte Vernunftgründe. Sie sagten sich, sie müßten ihrer Verantwortung nachkommen, als „treue Soldaten" oder fleißige Angestellte ihre Pflicht erfüllen, und opferten ihre eigenen Wertvorstellungen und Ideale, um an den Rockschößen anderer die Leiter zum Erfolg zu erklimmen. Dieses an Selbstverleugnung grenzende Verhalten verursachte schwere seelische Schäden.

Weil sie so viele persönliche Opfer brachten, fühlten sie sich innerlich leer und unausgefüllt. Depressionen waren die Folge. Diese Männer betrachteten es als selbstverständlich, die Erfüllung ihrer persönlichen Träume bis zu ihrer Pensionierung zurückzustellen oder zu warten, bis die Kinder ihr Studium abgeschlossen und finanziell unabhängig geworden waren. Ihr Leben lang spielten sie das Spiel „Entweder–Oder": Entweder werden ihre Bedürfnisse erfüllt oder meine; entweder ist etwas für sie gut oder für mich. Fortwährend drehte sich alles um die Frage: sie oder ich?

Natürlich haben sie sich diese Frage nicht auf so konkrete Weise gestellt. Sie hielten sich einfach an die Regeln. Mit Ausnahme der Männer, die als Außenseiter gelten, ist es auch heute noch gang und gäbe, daß Männer Grundsätze verkünden wie: „So ist das nun einmal", „Du kannst das System nicht ändern", „Man muß mitmachen", „Du mußt ihnen recht geben." Ein Blick hinter die Maske verrät, daß dieses Spiel „Anpassung" heißt. Sie ist die Grundlage für den Erfolg. Den Druck, der zu dieser Anpassung führt, verstecken sie häufig unter dem Deckmantel des guten Mannschaftsspielers oder treuen Gefolgsmannes.

Der Autor David Riesman machte uns dieses Problem der Anpassungsbereitschaft bereits Anfang der 50er Jahre bewußt. Er meinte darin ein großes Harmoniebedürfnis zu erkennen.

In „Tod eines Handlungsreisenden" ist Arthur Miller eine hervorragende Darstellung dieses Phänomens gelungen: Willie, ein nur mäßig erfolgreicher Vertreter, der sich auf dem absteigenden Ast befindet, versucht, wie die meisten Männer vor zwei oder drei Jahrzehnten, sein Konkurrenzdenken zu verbergen, und betont stets, daß man ihn „mag". Als alternden Mann wirft man ihn aufgrund einer veränderten Geschäftspolitik „zum alten Eisen." Willie versteht die Welt nicht mehr und sagt sich immer wieder: „Aber ich war doch der Beliebteste." Seine Verwirrung über diesen Konflikt – warum funktioniert plötzlich das nicht mehr, was man ihm beigebracht hat? – steigert sich und eskaliert schließlich in seinem Selbstmord. Einer seiner Söhne hält noch an Willies Grab dessen Wertvorstellungen für sinnvoll: „Aber er hatte einen guten Traum, er wollte die Nummer eins sein." Der andere Sohn erkennt genau, warum Willie am Zusammenbruch seiner Werte zugrunde ging: „Er wußte niemals, wer er wirklich war."

Auch ich traf immer wieder auf Männer, die sich nach Jahren hingebungsvoller, anstrengender und vollen Einsatz fordernder Arbeit fragten: „Was ist eigentlich wichtig für mich?" „Was ist von all den Jahren geblieben?" „Wer bin ich ohne meine Arbeit?"

Ein 61jähriger stellvertretender Direktor eines Großunternehmens sagte zu mir: „Mein Leben lang bin ich ein Sklave gewesen. Die Frauen glauben, wir seien das privilegierte Geschlecht. Aber sie irren sich! *Wir* sind die Sklaven, wir opfern unsere persönlichen Bedürfnisse für die Firma und die Familie, wir arbeiten fünfzig, sechzig, siebzig Stunden in der Woche. Und wer dankt es uns? Niemand. Ich habe keinen Vorteil von der Zeit, die ich aufgewendet, von den Opfern, die ich gebracht habe. Ich habe keine Liebe oder Anerkennung für all die Jahre der Sklaverei erfahren. Man erwartet immer nur noch mehr von mir. Ich habe es satt. Wie gern würde ich das alles hinter mir lassen und von vorn anfangen. Aber ich mache es nicht, weil ich dann Schuldgefühle hätte. Wenn ich wirklich das tun würde, was ich will, hätte ich Schuldgefühle, und das würde ich nicht aushalten."

Das Gespräch mit diesem Manager hat mir geholfen, das Dilemma zu verstehen. Bis dahin neigte ich eher zu der Überzeugung, die Männer hätten ihr Selbst-Bewußtsein verloren. Ich glaubte, sie würden lieber an ihrem Schreibtisch sterben, als sich von aufgezwungenen Verhaltensmustern lösen. Da ich mehr über seine Angst vor der Verwirklichung seiner eigenen Wünsche wissen wollte, fragte ich weiter. Schließlich gestand er: „Ich weiß nicht, wie ich aus eigener Kraft überleben sollte. Im Grunde möchte ich nur mehr Zeit für mich selbst haben. Nein, was ich wirklich meine, ist, daß ich gern mehr Zeit für mich hätte, damit ich herausfinden kann, was ich eigentlich will. Und das würde ich dann gern in die Tat umsetzen, ohne Angst vor Schuldgefühlen, Einsamkeit und Liebesentzug haben zu müssen."

Da wurde mir klar, daß ich ein falsches Männerbild hatte. Mir als Frau hatte man beigebracht zu reflektieren. Dieser 61jährige Mann lehrte mich, daß viele Männer weder die Möglichkeit noch das notwendige Wissen haben, um introspektiv sein zu können. Er wies mich auf den wichtigsten Aspekt dieses Problems hin: Männer haben nicht das Bewußtsein ihrer Identität verloren. Sie haben sie erst gar nicht entwickelt! Niemand hat ihnen je beigebracht, wie sie herausfinden können, was für sie persönlich wichtig ist. Sie kamen nie in den Genuß „herauszufinden, was sie wirklich wollen." Männern, die sich von ihren Schuldgefühlen frei machen wollen, muß man zuerst zeigen, wie sie ihren wahren Gefühle entdecken und sich die Gedanken bewußtmachen können, auf denen ihr Verhalten basiert. Man kann nicht etwas ändern, von dessen Existenz man gar nichts weiß. Deshalb ist das Erkennen des Problems bereits die halbe Lösung.

Die Ehrlichkeit der Männer, die Tatsache, daß sie mir Einblick in einen sehr persönlichen Bereich gegeben hatten, gestattete es mir, mit ihnen zu fühlen und sie zu verstehen. Das war die Grundlage für meine Studie. Mich interessierten sowohl die kaum spürbaren wie auch die dramatischen Veränderungen, die sie in Angriff nahmen. Sie hatten meine Sympathie, denn ich wußte, welchem emotionalen Leid und welcher Verwirrung sie sich damit aussetzten. Der Wunsch vieler Männer, ihrem Leben mehr Gefühl und einen tieferen Sinn zu verleihen, faszinierte mich.

Ganz zu Anfang fiel mir allerdings nicht viel mehr dazu ein als die Frage: „Gibt es eine Männerbewegung?" Ich erinnere mich, daß ich einen Kollegen, der hauptsächlich männliche Klienten, vor allem Geschäftsleute, betreute, gefragt habe, ob er Anhaltspunkte für eine solche Bewegung habe. Er wies diesen Gedanken empört von sich. Ich bin froh, daß ich mich nicht von ihm entmutigen oder gar von meinem Vorhaben abhalten ließ. Statt dessen beschloß ich, meine Aufmerksamkeit auf das zu konzentrieren, was Männer sagen und fühlen. Wieder und wieder grübelte ich über dieselben Fragen: Welche nie ausgesprochenen Gefühle haben Männer? Welchen Konflikten sehen sich Männer in ihrem privaten und beruflichen Leben gegenüber? Was motiviert Männer zu einer Veränderung ihrer Ziele und Träume?

Ich mußte Antworten auf diese Fragen finden. Über sechs Jahre lang hörte ich zu, wenn Männer über ihre zerbrochenen Träume und ihre geheimsten Gedanken sprachen; sie vertrauten mir die Gewissenskonflikte an, unter denen sie tagsüber leiden und die sie bei Nacht quälen. Manche Männer kamen in Konflikt, weil sie nicht mehr länger nur pflichtbewußte Ehemänner sein wollten; andere ertappten sich bei dem Gedanken, daß ihnen die Rolle des gehorsamen Befehlsempfängers, der nur die zugewiesene Arbeit auszuführen hat, zuwider war. Andere mußten ein unvorhergesehenes traumatisches Ereignis überwinden, etwa eine Depression, eine Scheidung, Entlassung oder einen Todesfall; sie hatten sich nicht mehr in der Gewalt, kämpften gegen den emotionalen Schmerz an und hörten dabei, manche zum erstenmal in ihrem Leben, auf ihre innere Stimme.

Die widersprüchlichen Gedanken und Gefühle, die mir manche Männer anvertrauten, klangen plausibel. Schließlich verstand ich, daß hier tatsächlich eine stille Revolution im Gange war, daß die Männer dabei waren, aus ihren vor Jahren angelegten Zwangsjacken auszubrechen. Es war durchweg keine leichte Entscheidung für sie, das alte Spiel nicht mehr länger mitzuspielen.

Wer bin ich?

> Wer andere kennt, ist weise;
> wer sich selbst kennt, ist erleuchtet.
>
> *Laotse*

Als die befragten Männer mit mir über ihre Gefühle sprachen, beobachtete ich, daß sie mit der Unfähigkeit zu kämpfen hatten, ihre Erfahrungen zu interpretieren und sich mit ihrer inneren Realität zu konfrontieren.

Wenn wir uns selbst nicht kennen, gehen wir mit verbundenen Augen durch das Leben. Sobald wir verstehen, was mit uns geschieht, sobald wir uns dem Schmerz, der Angst oder der Verwirrung stellen, sind wir unseren Gefühlen nicht mehr hilflos ausgeliefert.

Rollo May behauptet in seinem Buch „Die Erfahrung ‚Ich bin'. Sich selbst entdecken in den Grenzen der Welt": „Es klingt vielleicht erstaunlich, wenn ich sowohl auf der Basis meiner eigenen Erfahrungen aus der klinischen Praxis als auch aufbauend auf den Erfahrungen meiner Kollegen Psychologen und Psychiater behaupte: ‚Das Hauptproblem der Menschen in der Mitte des zwanzigsten Jahrhunderts ist ihre innere Leere'. Damit meine ich nicht nur, daß viele Menschen nicht wissen, was sie wollen; vielmehr wissen sie oft nicht einmal, welche Gefühle sie empfinden."

Ich erinnere mich an ein sehr prägnantes Beispiel. Der Direktor einer großen Bank war um seinen Rücktritt ersucht worden. Er bat mich, mit ihm einen Cocktail zu trinken und dabei über dieses einschneidende Ereignis zu sprechen. Während wir unsere Drinks nahmen, meinte er, es mache ihm nichts aus, daß man ihn gerade gefeuert habe. Denn im Grunde war es natürlich eine Entlassung. Dann fügte er hinzu: „Ich habe die Bank groß gemacht." Ich fragte ihn, warum er sich denn die Haut in Fetzen von der Hand biß, wenn er nicht außer sich war. Wieder, diesmal in feindseligem Tonfall, betonte er, daß ihm das Ganze gleichgültig sei. Der Widerspruch zwischen seinen innersten Gefühlen und seinem nach außen demonstrierten Verhalten war ihm nicht bewußt.

Ein anderer Fall. John Bertrand, ein eher sanfter, intellektueller Computerfachmann, informierte mich: „Für mich gehören Gefühle und Philosophie in ein- und dieselbe Kategorie –

esoterische Prinzipien, die logisch nicht erfaßbar sind. Deshalb bemühe ich mich auch gar nicht, herauszufinden, was ich fühle. Man muß praktisch denken. Alles andere kostet zuviel Zeit und ist reine Zeitverschwendung."

Vielleicht hätte ich Johns Argumente akzeptiert, hätte er mir nicht sowohl physische als auch verbale Hinweise darauf gegeben, daß er um sein emotionales Gleichgewicht rang. Ein körperliches Anzeichen war sein extremes Übergewicht, und das, obwohl er mit dem Fahrrad zur Arbeit fuhr und dabei täglich mehr als 60 Meilen zurücklegte. Verbale Hinweise waren Bemerkungen, die darauf schließen ließen, daß zu Hause nicht alles in Ordnung war. Ferner hatten mir auch seine Kollegen berichtet, daß er sich schon einmal über das heftige Wesen seiner Frau beklagt habe und daß er nicht wisse, wie er mit ihr umgehen solle.

„Manchmal habe ich das Gefühl, daß ich nicht aufhören kann zu essen. An solchen Tagen ist es unmöglich, mich zufriedenzustellen", erwähnte er lachend. Ich nahm diese Bemerkung ernst und schlug ihm vor, darauf zu achten, welche Situationen Eßlust in ihm auslösten; er sollte aufschreiben, wie er sich fühlte, wenn er gegessen hatte, aber sein Appetit noch immer nicht gestillt war. Obgleich ich ihn nie darauf ansprach oder ihn daran erinnerte, versprach er mir einen Monat lang, meine Anregung aufzugreifen. Im nächsten Monat führte er Buch über seine Eßgewohnheiten. Zu seiner Überraschung entdeckte er, daß er immer dann Heißhunger entwickelte, wenn er sich über jemanden geärgert, seinem Ärger aber nicht Luft gemacht hatte. John „fraß" bei seinen Eßanfällen seinen Zorn in sich hinein.

Manche unserer Verhaltensweisen erscheinen oberflächlich betrachtet als durchaus sinnvoll und logisch, haben aber eine tiefere Bedeutung. Greg Evans begann jeden Morgen um 7.30 Uhr seinen Zwölfstundentag im Büro. Aber ehe er zur Arbeit ging, mußte er unbedingt noch seinen Fünf-Meilen-Lauf absolvieren. Er brauchte mindestens 45 Minuten ins Büro, folglich mußte er spätestens um 5.30 Uhr aufstehen. Meist kam er nicht vor 19.00 Uhr nach Hause. Das war ein ganz schönes Pensum für einen Tag.

Irgendwann unterhielten wir uns einmal darüber, wieviel Schlaf ein Mensch braucht. Ich sagte ihm, daß ich nicht länger als sechs Stunden schlafe, weil ich mich sonst erschöpft fühle.

Greg war regelrecht schockiert. „Ich brauche mindestens zehn Stunden Schlaf", meinte er.

Jetzt war die Reihe an mir, schockiert zu sein. „Wann gehen Sie schlafen?", erkundigte ich mich.

„Nicht später als 20.00 Uhr", antwortete er. „Wir haben keine festen Essenszeiten, die drei Teenager kommen und gehen, wie es ihnen paßt, deshalb muß ich auch nicht zu einer bestimmten Zeit zum Abendessen zu Hause sein. Ich esse eine Kleinigkeit und haue mich dann gleich aufs Ohr."

Gregs Antwort machte mich stutzig. Mich alarmierte sowohl sein großes Schlafbedürfnis als auch seine unaufgeforderte Erklärung, die Familie würde auf ein gemeinsames Abendessen verzichten.

Wie auf ein geheimes Stichwort vertraute mir Greg an: „Jeden Freitagnachmittag bekomme ich Depressionen, und dieser Zustand hält an bis Sonntagnacht." Im Raum breitete sich ein Schweigen aus, das mir endlos vorkam. Ich hatte Angst, etwas zu sagen, weil ich dachte, Greg könnte sich dann vielleicht in sich zurückziehen. Endlich sagte er: „Meine Frau will anscheinend nichts mehr mit mir zu tun haben . . . im Bett jedenfalls."

Nun wußte ich, was ich ihn fragen mußte. „Ihre Kollegen bewundern Sie und das Joggen macht Ihnen Spaß. Besteht die Möglichkeit, daß Sie mit Laufen und Arbeiten Zurückweisungen kompensieren wollen?"

„So habe ich das noch nie gesehen, aber jetzt, wo Sie fragen . . . Ich glaube, Sie könnten recht haben", antwortete Greg.

Man kann seine persönlichen Probleme mit den unterschiedlichsten Aktivitäten verdrängen. Zum Glück hat sich Greg gesunde Ablenkungsmanöver ausgesucht. Aber nicht alle Männer entscheiden sich in einem solchen Fall emotional richtig. Ich war als Beraterin in Unternehmen tätig, in denen der Druck untragbar war, aber niemand gab zu, daß er den Streß kaum noch aushielt. „Man muß halt in den sauren Apfel beißen", sagen sich viele Männer in einer solchen Situation.

Man kann jedoch nicht ständig vor seinen Emotionen davonlaufen. Dr. Nicholas Cummings, der ehemalige Vorsitzende der American Psychological Association und ein international anerkannter Psychologe, erklärt es folgendermaßen: „Unwissenheit ist Seligkeit. Aber jeder intelligente Mensch wird letzten Endes feststellen, daß er nicht ständig sich selbst oder andere täuschen kann. Niemand kann der Realität seines Innern völlig entfliehen. Wer von der Wahrheit eingeholt wird, kann seine Gefühle und Handlungen nicht mehr verdrängen. Manche Menschen beschreiben diesen Augenblick als die ‚Hölle auf Erden'. Aber daraus reift der Entschluß, nicht mehr länger leiden zu wollen. Und das Leiden zu beenden bedeutet, lernen zu müssen, seine Gefühle und Motivationen zu verstehen."

Ein sehr interessantes Ergebnis meiner Studie war: Introspektive Männer, die ihr logisches Denkvermögen und ihre Intuition in gleichem Maße schätzten, waren glücklicher und verfügten über mehr Selbstvertrauen als andere. Sie konnten auch den Anforderungen des Lebens besser gerecht werden. Nach außen hin erfolgreiche Männer, die jedoch ihre Gefühle ignorierten, litten häufig unter Konflikten, empfanden eine innere Leere oder Unzufriedenheit. Sie fühlten sich von Problemen erdrückt oder hatten Depressionen, was sie wiederum veranlaßte, vor ihren Problemen davonzulaufen.

Bei meiner Studie habe ich beobachtet, wie Männer in ihrem Leid verharren, weil sie ihre Gefühle verdrängen. Ich habe gesehen, wie einsam und isoliert sie sind, weil sie andere Menschen ausschließen. Sie verweigern sich emotional aus Angst davor, verletzt zu werden. Ich habe allerdings auch beobachtet, daß Männer ihrer stillen Verzweiflung ein Ende machen. Diese Männer haben gelernt, ihre Gefühle zu analysieren und damit einen festen Halt in sich selbst zu finden.

Das Ende der stillen Verzweiflung

Der verstorbene Carl Rogers, mein verehrter Mentor, lehrte mich, darauf zu vertrauen und daran zu glauben, daß jedes Individuum seine eigene Problemlösung findet. Aus diesem Grund lasse ich die befragten Männer in diesem Buch selbst zu Wort kommen. Manchmal beschreibe ich die Arbeit mit einem bestimmten Klienten und erkläre, warum ich eine bestimmte Methode angewendet habe. Dann wieder bekommen Sie Einblick in Gefühle und Gedanken dieser Männer. Ich hoffe, daß Sie sich mit diesen Männern identifizieren können, mit ihrer Verzweiflung und letztendlich mit ihrem Sieg über ihre Hoffnungslosigkeit, damit Sie auch für sich passende Lösungen finden.

Sie werden einer neuen Spezies von Männern begegnen, die ich „Verantwortungsverweigerer" nennen möchte. Darunter verstehe ich Männer, die z. B. eine Scheidung in die Wege leiten und sich mutig der Verachtung und Ablehnung durch Kollegen, Familie und Freunde stellen. Oder sie verweigern vielleicht den „üblichen Weg" zum Erfolg und verwirklichen ihren wahren Traum. Mit mentaler Stärke und Determination überstehen sie ihren Schmerz und erfahren dabei mehr über sich selbst.

Viele Männer bemühen sich heute, ihrem Leben ein Gleichgewicht zu verleihen. Wer in der Kindheit unter der Abwesenheit des Vaters gelitten hat, möchte selbst kein Sonntagsvater sein; wer von außerehelichen Affären seines Vaters Kenntnis hatte, heiratet erst, wenn er das Gefühl hat, daß er treu sein kann. Am Arbeitsplatz verbergen die Männer nicht mehr länger ihr Interesse und ihre Fürsorge für andere; sie kümmern sich um die Weiterentwicklung ihrer Mitarbeiter, und es ist ihnen gleichgültig, ob ein anderer sie deswegen für schwach hält. Diese Männer wissen, daß Mut zur Emotion und Intuition ein Zeichen von Stärke ist.

Die nächsten Kapitel machen Sie mit folgendem Männertypus bekannt: Männer, die das Bedürfnis haben, gebraucht zu werden, und die deshalb vor der Unabhängigkeit ihrer Frau Angst haben oder davor, daß ein Mitarbeiter die Initiative ergreift, ohne vorher Rücksprache mit ihnen zu halten. Männer, die nicht fraglos jede ihnen auferlegte Verpflichtung übernehmen und Mittel und Wege gefunden haben, die Schuldgefühle zu verringern, wenn sie die eine oder andere Verantwortung ablehnen. Männer, die ihr vorprogrammiertes Traumziel verwerfen und sich ein eigenes schaffen. Und schließlich Männer, die ihre Integrität auch in der Welt der Großkonzerne bewahren und sich keine Anpassung aufzwingen lassen.

Es sind Männer wie Mark Sullivan, ein erfolgreicher Immobilien- und Börsenmakler, der auf sein halbes Vermögen verzichtet hat, weil ihm Freiheit und Glück mehr bedeuteten als materieller Wohlstand und der scheinbare Glanz des Erfolgs. Als er sich für sein eigenes Leben entschieden hatte, stieß er bei seiner Tochter lange Zeit auf einige Ablehnung, seine Frau drohte mit

Selbstmord, und er selbst litt unter schweren Schuldgefühlen. Er erzählte: „Ich hatte noch fünf Jahre nach der Scheidung Schuldgefühle. Mein Leben ging weiter, aber meine Ex-Frau litt darunter. Mein Sohn machte mich für den Kummer seiner Mutter verantwortlich. Nach ihrem Selbstmordversuch wäre ich fast zu ihr zurückgekehrt, aber ein Freund hat mir gesagt, daß sie mich auf diese Weise manipulieren wollte. Ich weiß nicht, warum es solange gedauert hat, bis ich wieder zur Besinnung kam, aber dieser Freund hatte recht. All die Jahre hatte sie mich unter der Fuchtel. Sie spielte mit meinen Gefühlen. Schließlich sagte ich mir: Jetzt reichts!"

Greg Morris war ein erfolgreicher Verkaufsleiter bei Ralston Purina, der schon immer gern seinen eigenen Tante-Emma-Laden in den Bergen und Zeit für seine künstlerischen Ambitionen haben wollte. Dieser Mann, den ich nur in Nadelstreifenanzügen und mit kurzgeschnittenen Haaren kannte, schickte mir einen Artikel seiner Lokalzeitung, der davon berichtete, wie es dazu kam, daß er seine berufliche Position für ein Leben in der tiefsten Provinz aufgegeben hatte. Ich starrte auf das Foto eines Mannes, mit dem ich fünf Jahre zusammengearbeitet hatte, und den ich mit seinen langen Haaren und dem Bart nicht wiedererkannte. Als ich ihn in Oregon besuchte, sagte er: „Ich war so verdammt abhängig von Ralston Purina, daß ich mir nicht einmal sicher war, ob ich ohne das Unternehmen für mich selbst sorgen kann. Wenn mein Laden hier Pleite macht oder abbrennt, gehe ich einfach die Straße hinunter und fange irgendwo von vorne an. Ich habe Mut entwickelt; den Mut, den mir die Firma genommen hat, weil sie nur Loyalität und Teamwork von mir verlangt haben."

John Lazar träumte davon, Unternehmer zu werden, ging das Risiko ein und mußte die Erfahrung machen, daß es doch nicht das Richtige für ihn war. Er hatte dreizehn Jahre bei Xerox gearbeitet und fand die Atmosphäre erstickend und bürokratisch. Da er sich nicht vorstellen konnte, daß das Betriebsklima bei einem anderen Konzern eventuell günstiger sein könnte, glaubte John, der einzige Weg zu mehr Freiheit läge in einem eigenen Geschäft. John kündigte bei Xerox und gründete seine eigene Immobilienfirma. Dies schien ihm das Naheliegendste, denn er hatte jahrelang zusammen mit einem Freund auf dem kalifornischen Immobilienmarkt investiert und dabei ein Vermögen gemacht. Aber er hatte den falschen Zeitpunkt erwischt; oft spielt der gewählte Zeitpunkt eine Schlüsselrolle auf dem Weg zum Erfolg. Einige Monate nachdem John zwei Büros eröffnet hatte, kletterten die Zinsen in die Höhe und der Immobilienpreis fiel ins Bodenlose.

John schätzte seine Situation ab und beschloß, das Geschäft aufzugeben, um seine Verluste in Grenzen zu halten. Er hätte gerne wieder für einen Konzern gearbeitet. Bedingung war allerdings, daß ihm ein Unternehmen die notwendige Freiheit und Autorität für eigene Entscheidungen garantierte. Er nahm einige Firmen genauer unter die Lupe, ehe er sich für die Clorox Corporation entschied. Im Laufe der Jahre haben wir uns einige Male über seine unterschiedlichen Erfahrungen bei Xerox und Clorox unterhalten. Sein jetziger Arbeitgeber läßt ihm Entscheidungsfreiheit. Er hat das Gefühl, sein eigener Chef zu sein.

John meinte: „Man muß nicht unbedingt den Konzernen den Rücken kehren, wenn man nach Selbstverwirklichung strebt oder die Freiheit haben möchten, so zu sein, wie man ist. Allerdings muß man die richtige Firma finden. Es gibt Unternehmensleitungen, die ihre Manager dazu ermutigen, Verantwortung zu übernehmen, die ihnen ihr eigenes kleines Stück vom Kuchen des Konzerns und die Kontrolle darüber abgeben. Wenn ich meine Freunde so ansehe, die noch immer in einer autoritären und erstickenden Atmosphäre arbeiten müssen, erinnere ich mich immer wieder an die Zeit, in der ich mir in einem Großunternehmen keine andere Arbeitsweise hatte vorstellen können. Ich habe mich dabei ertappt, daß ich versucht habe, sie zu einer Kündigung zu überreden. Ich wollte sie überzeugen, daß es wirklich bessere Arbeitsbedingungen gibt, nämlich solche, die einem sowohl Sicherheit als auch Freiheit bieten. Man muß nicht immer das erstere dem letzteren opfern."

Manchmal hatte ich das Gefühl, Männer würden ihre Untergebenen unterdrücken. Ich vermutete, dieses tyrannische Verhalten basiere darauf, daß sie selbst unter dem Gefühl litten, unterdrückt zu werden. Da immer mehr Männer diesen Druck verweigern und ihre bisherige Verhaltensweise in Frage stellen, werden sie damit zu einer Bedrohung für manch andere. Viele meiner Kolleginnen und Freundinnen haben es im Grunde nicht ungern gesehen, wenn Männer sich gegenseitig unter Druck setzten, voneinander die Einhaltung der überlieferten Regeln verlangten und so ihre eigene Misere auf andere übertrugen.

Mehr und mehr lehnen die Männer jedoch heute ihre begrenzte Rolle ab, die sie stets widerspruchslos übernommen haben. Immer mehr Männer akzeptieren, daß es auch zwischen ihnen Unterschiede gibt, daß sie nicht immer im Gleichschritt marschieren müssen. Damit verschwand auch ihr Bedürfnis, andere zu unterdrücken. Diese Männer, die ein erfülltes, zufriedenes und aufregendes Leben führen, können ihre Kollegen dazu ermutigen, ihnen nachzueifern.

John Rollwagen, der Vorsitzende von Cray Research, besaß die „richtigen" Voraussetzungen für eine große Karriere und hatte sich genau an das vorgeschriebene Erfolgsrezept gehalten. Er hatte die „richtigen" Universitäten besucht, nämlich das MIT (Massachusetts Institute of Technology) und Harvard. Sein Intelligenzquotient war überdurchschnittlich und seine Familie wohnte in den besseren Stadtvierteln. John hatte Erfolg. Jedenfalls nach außen hin. Aber mit ungefähr dreißig Jahren machte er eine Zeit voller Selbstzweifel durch. Ein paar Jahre später merkte er, daß seine Ehe gescheitert war. Sein perfektes Leben entpuppte sich als nicht ganz so vollkommen, wie er es sich vorgestellt hatte: „Ich überstand einige schwere persönliche Krisen. Danach konnte mich nichts mehr erschüttern, ich entwickelte ein neues Lebensgefühl. Wenn Sie die Kurve betrachten, in der mein Leben verlaufen ist, dann sehen Sie, daß sie abzufallen beginnt, als ich ungefähr dreißig Jahre war. Der Abwärtstrend dauerte beinahe zehn Jahre. 1975 war ich praktisch auf dem Nullpunkt angelangt. Mein Selbstbewußtsein war im Eimer. Ich kann mich noch erinnern, wie verängstigt und unsicher ich damals war. 1980 ließ ich alles hinter mir."

Ich möchte kurz vorgreifen. John zählt zu den glücklichsten und zufriedensten der befragten Männer. Er ist Topmanager, aber es ist nicht schwer, zu ihm vorzudringen. Seine Position und die damit verbundene Macht beeindrucken ihn nicht. Darin unterscheidet er sich grundlegend von den meisten seiner Kollegen. Ich vermute, das liegt an den persönlichen Krisen, die er durchmachen mußte. Es ist nicht leicht, wenn man mit dem silbernen Löffel im Mund auf die Welt gekommen ist und dann eines Tages feststellen muß, daß er in Wirklichkeit nur versilbert war. „Zuerst habe ich es mit gängigen Erfolgsrezepten versucht. Aber dann kam ich dahinter, daß man von innen heraus handeln muß und nicht einfach etwas Erlerntes umsetzen kann. Ich bin nicht wie die anderen und das gefällt mir, aber es hat mich eine Menge schmerzlicher Seelenforschung gekostet, bis mir das bewußt wurde", berichtete John.

Ein anderes Beispiel ist Trevor Harding, dessen Bedürfnis nach Perfektion beinahe seine Karriere ruiniert hätte. Mit seinen Ansprüchen machte er seine Mitarbeiter fast wahnsinnig. Das ging soweit, daß sich einige weigerten, für ihn zu arbeiten. Er trieb seine Frau in die Arme eines anderen Mannes, der sie unterstützte und ihr die Liebe entgegenbrachte, die er ihr vorenthielt. Er machte sich fast selbst verrückt, bis ihm endlich bewußt wurde, daß sein Drang nach Perfektion im Grunde das Bedürfnis nach Anerkennung durch seinen Vater war; eine Anerkennung, die er sich verzweifelt wünschte, aber niemals erhalten hatte.

Erst als Trevor akzeptiert hatte, daß er die stets nörgelnde Stimme seines Vaters verinnerlicht und zu seiner eigenen gemacht hatte, konnte er sich allmählich von seiner selbstauferlegten Quälerei befreien.

Allen diesen Männern haben die von ihnen durchgesetzten einschneidenden Veränderungen mehr Freiheit eingebracht. Von den positiven Auswirkungen profitierten auch die Familie und ihre Mitarbeiter. Ihr Bedürfnis, Macht über andere zum Maßstab für Erfolg zu machen und als Kontrollmittel einzusetzen, hat sich im Laufe des Veränderungsprozesses gewandelt, nämlich zu dem Wunsch, Macht über sich selbst zu gewinnen.

Heute entscheiden viele Männer jeden Alters ganz bewußt, *wofür* und *für wen* sie sich verantwortlich fühlen *wollen*. Die alten Regeln und Verpflichtungen werden nicht mehr anstandslos akzeptiert. Diese Männer möchten ein ausgeglichenes Leben führen; sie arbeiten hart an der emotionalen Ehrlichkeit sich selbst gegenüber, und sie probieren eine neue Lebensweise und berufliche Alternativen aus, bis sie das gefunden haben, was ihrem wahren Wesen entspricht. Vor allem lehnen sie den Mythos ab, Männer, die ihre Gefühle zeigen, seien schwach. Sie haben gelernt, daß das Verstehen der eigenen Gefühle der Weg zum Verständnis des eigenen Ichs und der Persönlichkeit anderer Menschen ist.

In einem der Workshops, die ich gemeinsam mit Dr. Rogers geleitet habe, sagte er zu einem Teilnehmer, der sehr große Angst davor hatte, seine innersten Gefühle vor 125 Menschen auszubreiten: „Wahrscheinlich werden Sie den anderen Trost spenden, denn das Persönlichste ist sehr oft das Allgemeingültigste."

Ich hoffe, Sie werden entdecken, daß das auch auf Sie zutrifft!

Teil II

Du sollst nicht fühlen:

Emotionaler Selbstmord

Kapitel 3

Nur was logisch ist, ist richtig

Für Männer gibt es oft nur eine akzeptable Möglichkeit, Emotionen zu zeigen, nämlich im Sport oder bei anderen körperlichen Aktivitäten. In allen anderen Situationen müssen sie einen kühlen Kopf bewahren, die Trümpfe in der Hand behalten und in manch sauren Apfel beißen. Auf dem Fußballplatz darf ein Mann einen anderen umarmen; aber jedes Anzeichen von physischem Kontakt außerhalb des Sportplatzes birgt Risiken: Man könnte ihn für homosexuell halten. Ein Mann darf zwar in einem Wutanfall mit der Faust auf den Tisch hauen, aber nicht die Beherrschung verlieren. Das hat Edmund Muskie die Präsidentschaftskandidatur gekostet.

Vor einiger Zeit leitete ich einen Workshop für Führungskräfte von Energieversorgungsunternehmen im Südwesten der Vereinigten Staaten. Nachdem ich darüber gesprochen hatte, wie wichtig auch die Reaktionen „aus dem Bauch" im Umgang mit Menschen sind, fragte ein Mann: „Wie soll ich wissen, ob ich eine Reaktion aus dem Bauch habe oder eine Verdauungsstörung?" Die meisten Anwesenden brachen in schallendes Gelächter aus. Es gefiel ihnen, daß einer ihrer Kollegen die Frau lächerlich machte, die eine „weibliche" Eigenschaft für einen wichtigen Aspekt in der Führung von Mitarbeitern hielt. Aber nach dem Abendessen nahm einer der Männer das Mikrophon im Großen Saal und verkündete: „Jack Dunham, hier ist eine wichtige Information von Ihrem Internisten. Er sagt, Sie hatten heute keine Verdauungsstörungen, sondern eine Reaktion aus dem Bauch." Wiederum brachen die Männer in lautes Gelächter aus.

Mit diesem Beispiel möchte ich nur zeigen, wie ambivalent viele Männer ihren Gefühlen gegenüberstehen; sie wissen nicht, wie sie ihr rationales Denken mit ihren Gefühlen in Einklang bringen können. Diese Ambivalenz hat ihren Ursprung in der Erziehung. Man hat sie gelehrt, daß Objektivität eine selbstverständliche Folge rationalen Denkens ist. Und wer objektiv ist,

ist natürlich immer im Recht. Als Resultat dieser Denkweise vernachlässigen oder verleugnen Männer ihre Gefühle und lassen somit einen wesentlichen Teil ihrer Persönlichkeit brachliegen.

Die Bedeutung des Rationalismus

Ich habe in vielen Situationen stets auf meine Intuition vertraut. Es war mir völlig unbegreiflich, warum Männer nur das Rationale und Objektive gelten lassen und ihre Intuition verleugnen. Ich wollte verstehen, warum dieses Verhalten für Männer „normal" und für mich ein „Phänomen" ist.

Dabei machte ich zuerst den Fehler, dahinter eine tiefe, komplexe Bedeutung zu suchen. Es gibt keine. Wie Pawlow seinen Hund dazu gebracht hat, beim Läuten einer Glocke Speichel zu produzieren, so hat man Männern beigebracht, ihre Gefühle zu verleugnen oder zu ignorieren.

Spätestens wenn kleine Jungen in die Schule kommen, wird ihnen männliches Verhalten antrainiert. Von nun an handeln sie wie ein Mann. Ihre intellektuelle Entwicklung kann viele Jahre dauern. Sie dürfen Alternativen untersuchen und werden zu analytischem Denken erzogen. Fehler machen und versagen dürfen sie nicht. Die Faustregel ihrer Erziehung ist: Das Rationale zählt mehr als das Subjektive.

Diese extreme Tendenz zum Rationalismus verhindert den emotionalen Lernprozeß. Sie übernehmen eine soziale Rolle, noch ehe sie die Möglichkeit haben, eine emotional reife Persönlichkeit zu entwickeln. Wie sie sich in einer bestimmten Situation fühlen, ist Nebensache; man sagt ihnen, wie sie sich zu fühlen haben, oder vielmehr, wie sie sich nicht fühlen sollen.

Richtige Männer geben niemals spontanen emotionalen Reaktionen nach. Sie achten auch kaum auf ihre Intuition; das wäre schwaches, unbeständiges, weibliches Verhalten; logisch betrachtet, stimmt das auch. Man sagt ihnen: „Männer denken und Frauen fühlen." Sobald sie also ihre Gefühle zeigen, sagt man ihnen, wie sie sich statt dessen verhalten sollen: „Hör auf, dich wie ein Waschlappen zu benehmen." Oder: „Benimm dich wie ein Mann!"

Dazu kommt noch das andere Erziehungsprinzip, nämlich Ruhe und Unerschütterlichkeit zu bewahren: Sprich niemals über deine Probleme, verlaß dich nicht auf andere, zeig keine Gefühle. Auf diese Weise schneidet man sie von der Wahrnehmung wichtiger Erkenntnisse ab; sie lernen ein nur für Männer gültiges Gebot: *Du sollst nicht fühlen!*

Die Bedeutung des Rationalismus kann bis ins Jahr 1620 zurückverfolgt werden. Damals behauptete Francis Bacon, nur die empirische, naturwissenschaftliche Betrachtung, die auf Tatsachen beruht, habe Gültigkeit. Bacon bestärkte die Menschen im Streben nach „objektivem Wissen". Nach Bacon lehrte René Descartes, der Schlüssel zum Verständnis der Welt, zur Enträtselung ihrer letzten Geheimnisse, ihre Ausbeutung für menschliche Zwecke, liege in einem Wort: Mathematik. Die Mathematik war für ihn der einzige Weg zur Erkenntnis der letzten Dinge, zu Glück und Tugend.

Wenn wir heute Äußerungen hören wie „Ich brauche Fakten", oder „Wir müssen der Sache auf den Grund gehen", dann haben wir das Bacon, Descartes und allen anderen Vertretern der rationalistischen Einseitigkeit zu verdanken. Alle Bereiche der Wirtschaft, der Medizin und des Ausbildungswesens bauen auf *Fakten* auf. Wir versuchen aus jeder Kunst eine Wissenschaft zu machen.

Desmond O'Reilly, stellvertretender Direktor einer Computerfirma im Silicon Valley, erklärte mir: „Objektivität beruht auf Fakten. Was auf Fakten beruht, ist richtig. Subjektivität beruht auf bloßer Reflexion, auf persönlichen Gefühlen und Gedanken. Und das ist falsch."

Diese weitverbreitete Ansicht brachte mich jedesmal in Rage. Ich konnte das nicht so einfach hinnehmen und stellte Desmond die Fragen: „Ist es falsch, ein menschliches Wesen zu sein? Ist es falsch, sich erregt, elend, traurig, prächtig, erfreut, glücklich, erleichtert, dankbar, optimistisch zu fühlen?"

„Nein, natürlich ist das nicht falsch. Aber es ist besser, den Emotionen nicht nachzugeben. Man sollte den Gefühlen niemals die Kontrolle überlassen. Man sollte versuchen, jederzeit rational, logisch und vernünftig zu sein", antwortete er.

Unsere Gesellschaft bemüht sich, alles objektiv und quantitativ zu bestimmen. Folglich handeln Männer, als spiele das Subjektive – die eigenen Vorlieben, Wünsche, Wertvorstellungen und Überzeugungen – bei ihren Entscheidungen oder Verhaltensweisen keine Rolle. Es besteht jedoch ein Unterschied zwischen ihrem angestrebten und ihrem tatsächlichen Verhalten.

Die Bedeutung der Gefühle

Michael Maccoby forderte nicht zu Unrecht so vehement, die Männer der Zukunft müßten lernen, anderen Menschen gegenüber Sensibilität zu entwickeln:

„Ich glaube nicht, daß wir die Probleme in unserer Gesellschaft wirklich bewältigen können, sondern daß wir uns auf dem Rückzug befinden, aber gerade deshalb müssen Männer Fürsorglichkeit und Realitätssinn entwickeln. Fassaden müssen abgestreift, Gefühle müssen mit rationalem Denken verbunden werden."[1]

Dr. Willard Gaylin widerspricht ebenfalls dem Vorurteil, Gefühle ständen im Widerspruch zu rationalem Denken:

„Gefühle, insbesondere die komplexen und subtilen Gefühle menschlicher Wesen, sind ein Beweis für unsere Entscheidungs- und Lernfähigkeit. Gefühle sind Instrumente der Vernunft und nicht, wie manche glauben, eine Alternative dazu. Da wir intelligente Wesen sind – in dem Sinne, daß wir unabhängig von instinktiven und vorgeformten Verhaltensmustern in einem bei Tieren unbekannten Ausmaß sind –, können wir uns auf unsere von der Vernunft geprägten Entscheidungen für die Zukunft verlassen. Gefühle sind Leitlinien für diese Entscheidungen. Gefühle sind die Feineinstellungen, die unser Verhältnis zu unserer Umwelt beeinflussen."[2]

Aber Männer haben nie gelernt, Gefühle als Instrumente der Vernunft anzusehen. Sie entfernen sich ein Leben lang weiter und weiter von ihrem Innersten.

Die Unterdrückung von Gefühlen kann zu seelischen oder körperlichen Leiden führen. Es wird eher akzeptiert, wenn Männer über Rückenschmerzen oder über einen „Kater" jammern, statt über Frustration, Hilflosigkeit oder Unsicherheit zu klagen. Oft muß der Körper die Hauptlast der ständigen Gefühlsverdrängung tragen: Herzinfarkt, Ischiasschmerzen, hoher Blutdruck, Magenbeschwerden oder Nesselausschlag. Es kommt auch zu selbstzerstörerischem Verhalten: Eßsucht, Alkohol- oder Drogenabhängigkeit. Die Flucht mancher Männer vor ihren Gefühlen kommt einem emotionalen Selbstmord gleich. Viele „lebendige Tote" sind die Folge.

Man kann es den Männern nicht oft genug sagen, daß ihre Gefühle bedeutende Signale für das Überleben liefern. Meine Empfehlung an Männer:

„Gefühle sind die Schlüssel, mit deren Hilfe Sie Ihre rationalen, logischen und objektiven Entscheidungen überprüfen können. Gefühle sagen Ihnen, ob Sie für sich persönlich ‚richtig' entschieden haben. Sie mahnen Sie bei geschäftlichen Verhandlungen zur Vorsicht. Sie machen Ihnen Langeweile bewußt, Zorn, Schuld, Erschöpfung, Aufregung, Neid, Müdigkeit, Stolz, Rührung, Anteilnahme, Freude, Erfüllung, Zufriedenheit, Überraschung oder Dankbarkeit, um nur ein paar zu nennen. Gefühle sagen Ihnen etwas über sich selbst."

Gefühle müssen keine Feinde sein, Sie können sie zu Ihren Verbündeten machen. Einer meiner Kollegen erzählte mir von einem Klienten, der endlich mit seinen Gefühlen in Einklang leben wollte. Dieser Patient hatte einen Traum. Er war in einem Gefängnis eingesperrt und konnte nicht heraus. Das Interessanteste an seinem Traum: Er war eine Frau. Mein Kollege sprach mit seinem Klienten über diesen Traum, insbesondere mußte herausgefunden und interpretiert werden, warum er eine weibliche Gestalt angenommen hatte. Nach reiflicher Überlegung kam der Mann zu dem Schluß: „Ich komme mit der gefühlvollen Person in mir nicht ins reine. Wenn ich sie freilasse, dann habe ich das Gefühl, mich selbst für immer einzusperren."

Männer, die eine Auseinandersetzung mit ihren Gefühlen nicht als Zeitverschwendung betrachtet haben und diese nicht als dumm, irrational oder übertrieben abtun, konnten sich schließlich selbst akzeptieren. Darüber hinaus urteilen sie über andere Menschen nachsichtiger. Persönlich haben sie mehr Selbsterkenntnis, mehr Selbstvertrauen und ein gesteigertes Selbstwertgefühl gewonnen. Dieser Entwicklungsprozeß trägt zu einem besseren Verständnis der Geschlechter bei.

Es gibt auch Männer, die inzwischen auf ihre Gefühle vertrauen.

Es sind Männer wie Thomm McHenry. Er litt fast zwei Jahre lang an schweren Depressionen, deren Ursache selbstauferlegte Zwänge waren. Als Folge davon hatte er den Kontakt zu sich selbst verloren. Von Kindesbeinen an verfügte er über ein handfestes Selbstbewußtsein und plötzlich – wie aus heiterem Himmel – begannen seine Selbstzweifel. Das war nicht gut für die Rolle des Direktors einer angesehenen Bostoner Computerfirma, mit der sich Thomm völlig identifiziert hatte. Als er von seinem Chefprogrammierer hintergangen wurde, zog er Bilanz und forschte nach den Ursachen seiner Fehler. Dieser Selbstfindungsprozeß ermöglichte es ihm, zu den Wertvorstellungen und Empfindungen zurückzukehren, die ihn ursprünglich nach ganz oben gebracht hatten.

Ein anderes Beispiel ist Larry Murphy, der ein Opfer der Arroganz der Macht wurde. Er war der Jüngste, der Beste und der Intelligenteste. Warum erwachte er dann jeden Morgen mit einem Gefühl der Leere und Teilnahmslosigkeit? Larry entdeckte, daß er sich nur durch seine Titel und seine Macht definierte. Von da an konzentrierte er sich mehr auf seine Gefühle und es ging ihm bald besser. Er nahm seine eigenen Bedürfnisse und Erfolgskriterien als Maßstab und versuchte nicht mehr, mit aller Kraft der gesellschaftlichen Norm zu entsprechen.

Josh Roberts hatte es mit noch nicht einmal 28 Jahren zum Millionär gebracht. Er war Ingenieur und für ihn zählte nur die Logik. Aber Josh, ständig auf der Flucht vor sich selbst, hatte ein zwanghaftes Kontrollbedürfnis entwickelt. Seine Angestellten nahmen ihm das sehr übel und sprachen ihn darauf an. Einer solchen Konfrontation hatte sich Josh noch nie stellen müssen – wer hatte es je gewagt, dem Wunderknaben zu widersprechen? Josh kam ins Schleudern. Aus Unsicherheit und Angst hatte er Mauern um sich errichtet, war unerreichbar geworden und ließ nichts und niemanden an sich heran. Es war ein schwerer Kampf, bis Josh endlich lernte, seine Gefühle zuzulassen und ihnen zu vertrauen.

Nicht alles muß logisch sein

Da stand ich in meinen Jeans und meinem übergroßen Hemd, ungeschminkt und ungekämmt. Ich hatte täglich zwölf bis vierzehn Stunden an diesem Buch gearbeitet und mich völlig auf diese Aufgabe konzentriert. Nun wartete ich in einer langen Schlange auf mein Visum für Frankreich und knüpfte bei dieser

Gelegenheit ein Gespräch mit zwei Männern an, der Kleidung nach waren es Geschäftsleute. Ich erwähnte, daß ich an einem Buch schrieb und ging kurz auf den Inhalt ein. Dann fragte ich sie nach ihrer Ansicht zu dem Mythos: „Nur was logisch ist, ist richtig."

Einer der Männer, Mark Baldwin, Wissenschaftler bei Chevron, fühlte sich sofort angesprochen: „Wissen Sie, als Naturwissenschaftler müssen Sie auch die Gefühle aus dem Bauch beachten, wenn Sie gut sein wollen. Die Wissenschaftler, die glauben, sie müßten mehr und mehr Daten zusammentragen, ehe sie sich zu einer Entscheidung durchringen, sind nur selten Koryphäen."

Der Architekt Tom Nakagawa fügte hinzu: „Nicht alles, was richtig ist, muß sich auch logisch anhören. Ich verlasse mich häufig auf meinen Instinkt. Manche Menschen trauen ihrem eigenen Urteilsvermögen nicht recht und müssen deshalb ein Problem wieder und wieder überdenken, bis sie sich selbst beruhigt haben und zu einer Entscheidung fähig sind. Sie sammeln einen Haufen Informationen, um ihre Ansicht zu untermauern. Denn nur mit objektiven Fakten können sie andere davon überzeugen, daß sie recht haben. Es ärgert mich, wie oft Leute auf diese Masche hereinfallen. Viele lassen sich leicht einschüchtern, wenn irgend jemand einen Punkt zur Sprache bringt, den sie selbst noch nicht berücksichtigt haben."

Mark fuhr fort: „Aber sagen Sie bloß keinem, daß Ihre Entscheidung auf Intuition beruht. Wenn Sie das tun, dann versuchen die anderen unweigerlich, das Ganze mit logischen Argumenten anzuzweifeln. Das Spiel ist ganz leicht zu berechnen. Sie müssen Ihre Intuition mit vernünftigen Fakten an den Mann bringen. Wenn Sie zu einem intuitiven Entschluß gekommen sind, dann suchen Sie nach den passenden logischen Argumenten, damit Sie Ihre Einstellung rechtfertigen können."

Ich antwortete: „Ganz so sehe ich das nicht. Ich glaube vielmehr, unsere gesellschaftlichen Werte beruhen ausschließlich auf extremer Logik."

Mark nickte zustimmend und erläuterte seine Ansicht näher: „Wissenschaft ist Kunst. Technologie ist Wissenschaft. Technologie entwickelt sich aus bereits feststehenden wissenschaftlichen Erkenntnissen. Aber als Wissenschaftler suchen Sie die Antwort auf eine Frage. Meistens macht man das wie Edison. Als Edison die Glühlampe erfand, gab es keinen richtigen oder logischen

Weg für ihn. Er mußte zuerst eine Idee entwickeln und darüber nachdenken. Dann machte er Versuche, und wenn etwas nicht funktionierte, probierte er etwas anderes aus. Er hatte keine Hypothese. Er suchte nach einer Antwort und kannte noch nicht einmal die richtigen Fragen. Forscher und Wissenschaftler, die von einer Hypothese ausgehen, finden immer eine Möglichkeit, diese mit Logik zu untermauern. Aber wirkliche Entdeckungen gelingen ihnen meist dann, wenn sie auf ihr Gefühl hören und verschiedene Wege ausprobieren, statt mit der ‚richtigen, logischen' Antwort gleich auf die Schnauze zu fallen."

Mark wurde noch deutlicher: „Wir Männer spielen mit der Logik, weil wir den anderen immer um eine Nasenlänge voraus sein wollen. In allem kann man einen logischen Ansatzpunkt finden, wenn man will. Wir versuchen einander aus dem Gleichgewicht zu bringen, und das schaffen wir, wenn wir den Punkt finden, den der andere Bursche übersehen hat. Aber nur, weil sich etwas logisch anhört, heißt das nicht, daß es auch richtig ist."

Tom wandte sich an Mark und sagte: „Mensch, da hast du ein wahres Wort gesprochen. Ein paar Kollegen im Büro veranstalten bei jedem neuen Projekt diesen Wettbewerb, wer wohl die logischsten Argumente vorbringt. Aber meistens entscheiden wir doch subjektiv. Was nicht heißt, daß die Logik nicht ihren festen Platz hat. Den hat sie schon."

Nach anderthalb Stunden endete unsere Unterhaltung, weil wir unsere Visa erhielten. Als ich später über dieses Gespräch nachdachte, setzte ich mich intensiver mit den Bemerkungen dieser beiden Männer auseinander. Beide hatten einen Beruf, bei dem es auf exaktes Arbeiten ankam: Architektur und Naturwissenschaft. Aber diese Berufe verlangen auch Kreativität. Wenn Tom Erfolg haben möchte, kann er nicht einfach ein Gebäude konzipieren, das schon andere vor ihm entworfen haben. Will Mark Erfolg haben, muß er wissenschaftliche Ergebnisse erzielen und Problemlösungen finden, auf die keiner vor ihm gekommen ist.

Jeder redet heute von *Kreativität*. Aber ich glaube, in vielen Unternehmen wird dieser Aspekt sträflich vernachlässigt, weil man sich zu sehr auf die rein rationale Denkweise, auf die Struktur, auf die Geschäftspolitik und auf altbewährte Verfahren verläßt. Aber die Männer, die wir in der Zukunft brauchen, müssen über intellektuelle und emotionale Risikobereitschaft verfügen, denn nur dann können Probleme unter einem neuen Gesichtspunkt angepackt und neue Wege beschritten werden. Im nächsten Jahrtausend brauchen wir keine Männer, die zum zweitenmal das Rad erfinden oder ihrem Chef nach dem Munde reden. Wir brauchen Menschen, die das Unbekannte entdecken wollen, und dazu müssen sie in der Lage sein, sich ihrer Intuition bewußt zu bedienen.

Die richtigen Fragen

Ich hatte gerade einen Vortrag über die Kunst, der Zielsetzung beendet. Als ich meine Unterlagen zusammenpackte, kam ein großer blonder Mann auf mich zu. Mit brüchiger Stimme fragte er: „Wie soll ich denn die Fragen, die Sie uns gestellt haben, beantworten? Ich habe doch keine Ahnung, was für mich wichtig ist."

Ich bat ihn, eine Tasse Kaffee mit mir zu trinken und fügte hinzu: „Ich glaube, es ist besser, wenn wir uns allein unterhalten."

Auf dem Weg zur Cafeteria bemerkte ich, daß seine Augen feucht wurden. „Meine Frau beklagt sich, weil ich immer so aggressiv bin. Sie bezieht das auf sich und die Kinder. Ich weiß nicht warum, aber mitten in Ihrem Vortrag habe ich mich selbst gesehen, wie ich sie anschrie: ‚Merkst du nicht, daß ich Angst habe. Ich weiß nicht, was ich von meiner Familie will, von dir, von mir selbst.'" Er fuhrt fort: „Und dann sah ich, wie ich zusammenbrach und weinte."

Wir sprachen eine Stunde lang über sein Leben, seine Eltern und seine eigene Familie. Am Schluß unserer Unterhaltung meinte er: „Ich möchte die Bedeutung von dem, was Sie gesagt haben, nicht schmälern. Aber das Wichtigste, was ich aus dem Gespräch mit Ihnen erfahren habe, scheint mir doch zu sein, daß ich damit aufhören muß, mir Sorgen zu machen, ob ich die richtigen Antworten finde. Zuerst muß ich lernen, mir selbst die richtigen Fragen zu stellen."

„Ich habe nur einen kleinen Einwand. Mein Vorschlag wäre, Sie lassen zuerst einmal die Begriffe ‚richtig' und ‚falsch' beiseite", antwortete ich. „Wir leben in einer Gesellschaft, die uns zur Perfektion zwingt", fuhr ich fort. „Aber nur Übung macht den Meister. Wie können Sie die Antworten auf Fragen finden, die Sie sich gar nicht stellen? Nur Sie können wissen, welche Frage die richtige für Sie ist. Sie müssen verschiedene ausprobieren, nachforschen. Wenn die Frage ‚paßt', so werden Sie das merken – und dann werden Sie fast automatisch die Antwort erhalten.

Manchmal ist die richtige Antwort ‚Ich kann diese Frage nicht beantworten.' Dann beginnt die Suche, und sie wird zum Vergnügen, weil Sie dabei die Wahrheit in sich selbst entdecken werden."

Fragen zu bleibenden Wahrheiten

Ehe Sie sich in Ihrer „eigenen Haut" wohlfühlen, müssen Sie viele intellektuelle und emotionale Barrieren überwinden, viele Werte neu definieren und alte Verhaltensmuster ablegen. Ich schlage vor, daß Sie einmal die Aussagen und Prinzipien, mit denen Sie aufgewachsen sind, einer kritischen Prüfung unterziehen. Bestimmt haben einige davon Sie daran gehindert, Ihr wahres Selbst zu erkennen. Wenn Sie diese „bleibenden" Wahrheiten in Frage stellen, entlarvt sich der Mythos, der besagt, Männer hätten keine Gefühle. Viele Männer haben mit Hilfe dieser Methode die quälende Leere und Angst in Augenblicken der Einsamkeit überwunden. Folgende Fragen können Ihnen dabei helfen:

1. Hat man Ihnen gesagt, es wäre ein Zeichen von Schwäche, wenn Sie mit einem anderen Menschen über Ihre Probleme sprechen?

2. Wie hat man mit Ihnen ganz allgemein über Gefühle gesprochen?

3. Erinnern Sie sich an eine bestimmte Situation, in der Ihnen jemand gesagt hat, Sie hätten zu gefühlvoll reagiert?

4. Wie reagierten Ihre Eltern, wenn Sie Gefühle zeigten, also z. B. Freude, Aufregung, Lebhaftigkeit, Furchtlosigkeit oder Neugier?

5. Wie reagierten Sie auf Ihre Gefühle wie: Traurigkeit, Verwirrung, Hilflosigkeit, Angst und Wut?
6. Erinnern Sie sich, ob manche Gefühle akzeptiert wurden und manche nicht?
7. Fühlen Sie sich von jemandem emotional abhängig? Wenn ja, von wem? In welcher Weise? Wie äußert sich das?
8. Wie reagieren Sie, wenn Ihre Kinder Gefühle zeigen?
9. Wie wichtig ist es für Sie, Ihre Gefühle zu verstehen?
10. Welchen Stellenwert räumen Sie Ihren Gefühlen ein, nachdem Sie dieses Kapitel gelesen haben?

Kapitel 4

Distanz ist Sicherheit

Vertrauen ist der wichtigste Aspekt in jeder engeren Beziehung, die von Dauer sein soll. Genauer gesagt, Vertrauen muß unbedingt auf Gegenseitigkeit beruhen. Dies betrifft sowohl die Beziehung zwischen Vorgesetzten und Untergebenen als auch die zwischen Mann und Frau und natürlich auch die Beziehung zwischen Freunden.

Ein Ehemann, der nicht ganz sicher ist, daß er seiner Frau vertrauen kann, wird ihr kaum etwas über seine Gedanken und Gefühle erzählen. Traut er ihrem Urteilsvermögen nicht, vertraut er sich ihr nicht an. Ohne gegenseitiges Vertrauen wird sich ein Paar auseinanderleben. Ein Chef, der seinen Mitarbeitern nicht traut, wird keine Verantwortung und Autorität delegieren, sondern kontrollieren. Haben Mitarbeiter das Gefühl, daß man ihnen nicht traut, verhalten sie sich meist abgrenzend und zynisch und entwickeln untereinander extreme Konkurrenz.

Rollo May schreibt über diese destruktive Haltung:

„... diese Einstellung zur individuellen Konkurrenz – in der das Versagen des anderen auf einem bestimmten Gebiet gleichbedeutend mit einem Erfolg für mich ist, weil ich dadurch ein paar Stufen höher klettere – hat viele psychologische Probleme zur Folge. Dadurch wird jeder Mann zum potentiellen Feind des Nachbarn, zwischenmenschliche Feindseligkeiten und Ressentiments werden erzeugt und unsere Angst und unsere Isolation verstärkt sich in hohem Maße."[1]

Männer werden im Geist des Konkurrenzdenkens erzogen. Gewinnen ist wichtiger als Rücksichtnahme, Wettbewerb wichtiger als Freundschaft. Man sucht nach den wunden Punkten des Gegners, um sie irgendwann gegen ihn verwenden zu können. Anthony Rich, ein Anlageberater, erzählte mir: „Ich speichere vertrauliche Mitteilungen, damit ich später auf sie zurückgreifen kann. Ganz besonders natürlich, wenn ich daraus einen Vorteil ziehen kann. Das kleinste bißchen Wissen ist ein gefundenes Fressen, wenn man damit den Sieg über einen Gegner davontragen kann." Obwohl dieser Mann es nicht zugab, kann man aus einem solchen Verhalten doch nur den naheliegenden Schluß ziehen: „Es ist absolut in Ordnung, einen Menschen, den man als Freund behandelt hat, zu hintergehen, wenn es um Sieg oder Niederlage geht." Dieses intensive Konkurrenzverhalten und der Sieg um jeden Preis erzeugen Angst und Mißtrauen zwischen Männern.

Der Direktor einer Fluggesellschaft rief mich einmal an, weil er seine Probleme mit mir besprechen wollte. Ehe er sich mir anvertraute, sagte er: „Mein Marketing-Manager nennt das ‚die Hosen runterlassen.'"

Im allgemeinen hält man Männer davon ab, voreinander „die Hosen runterzulassen". Man hat ihnen gesagt, sie sollten niemandem trauen und sich nur auf sich selbst verlassen. Aber nach meinen Erfahrungen sollten Männer dazu ermutigt werden, miteinander über ihre Konflikte und Sorgen zu reden. Nach einem solchen Gespräch erscheinen die Probleme plötzlich weniger überwältigend oder lösen sich gar in nichts auf. Damit überwinden sie auch die Angst vor ihrer eigenen Verwundbarkeit. Häufig waren meine Klienten völlig verblüfft, mit welch einfachen Maßnahmen sie ihre Einsamkeit und ihr Leid lindern und Klarheit und bessere Einsichten in ihre Probleme gewinnen konnten.

Nur wenn du offen bist, können sie dich verletzen

Es steckt schon ein Körnchen Wahrheit in der Behauptung, daß Männer sich gegenseitig mißtrauen, weil sie sich selbst nicht trauen, aber es kommt noch ein anderer wichtiger Faktor hinzu. Männer sind nicht davon überzeugt, daß sie ihre Gefühle unter Kontrolle haben. Sie glauben nicht, daß sie ihre Gefühle beeinflussen können, sondern sind davon überzeugt, Gefühle kämen einfach über sie, als unterlägen sie einer geheimnisvollen äußeren Macht. Damit verleihen sie anderen Macht und Fähigkeiten, die diese gar nicht besitzen.

Eleanor Roosevelt sagte einmal: „Ohne deine Einwilligung kann dir niemand das Gefühl geben, daß du unterlegen bist."

Dasselbe trifft auch auf jede andere Emotion wie Angst, Glück oder Wut zu. Leider projizieren aber viele Männer ihre Gefühle, Werte oder Einstellungen auf andere. Auf diese Weise sind sie nicht „Herr" ihrer Gefühle, sondern verlagern diese nach außen, geben außenstehenden Kräften die Schuld und verstärken damit ihre Überzeugung, daß Emotionen jenseits ihrer Kontrolle liegen. Es gibt nur einen einzigen Weg, Kontrolle über Gefühle zu erlangen, nämlich selbst „Verantwortung übernehmen". Ich bin selbst nicht ganz glücklich mit dem Wort Verantwortung, aber ich glaube, dieser Begriff ist gerade für Menschen hilfreich, die Angst vor Selbstkontrolle haben.

Es ist im Prinzip der Unterschied zwischen der Betrachtungsweise eines Kindes und der eines Erwachsenen. Ein Kind ist anderen auf Gedeih und Verderb ausgeliefert. Kindern bringt man nicht bei, über die Meinung anderer zu urteilen und selbst zu entscheiden. Man unterstützt vielmehr ihre Abhängigkeit von Lehrern, Eltern und Freunden. Selbstvertrauen wird kaum gefördert und praktisch nicht gelehrt. Das müssen wir als Erwachsene lernen. Bei diesem Lernprozeß erkennen wir unsere emotionale Unabhängigkeit von den Meinungen und Handlungen anderer; das heißt, wir haben sowohl unsere Gedanken als auch unsere Gefühle unter Kontrolle.

Männer haben Angst vor Nähe, sei es zu Frauen oder Männern, denn Nähe birgt das Risiko, verletzt zu werden. Sehr viele Männer haben mir gesagt, wie sehr sie sich nach Nähe sehnen, aber wenn das den Verlust der Kontrolle mit sich bringt, dann wollen sie damit doch lieber nichts zu tun haben.

Tom Strecker, leitender Angestellter bei Ralston Purina, faßte diesen Punkt folgendermaßen zusammen: „Wenn ich meine Gefühle nicht kenne, verliere ich meine Sicherheit. Wenn ich meine Gefühle kenne, dann habe ich die Kontrolle über sie. Weil ich weiß, daß meine Gefühle von mir selbst beherrscht werden, habe ich keine Angst vor Menschen, vor ihrer Meinung über mich oder ihrem Verhalten mir gegenüber. Was nicht bedeutet, daß ich mich nicht abgelehnt oder enttäuscht fühle. Es bedeutet auch nicht, daß ich mich nicht angreifbar oder eingeschüchtert fühle. Vielmehr bedeutet es, daß ich mich anstrenge und darum bemühe, die Ursache meiner Gefühle aufzuspüren. Und das verschafft mir wiederum die Kontrolle über sie."

Ich brauche niemanden, mit dem ich reden kann!

„Man sollte mit seinen Problemen alleine fertigwerden, egal, worum es sich handelt", sagte mein Freund Don unerbittlich zu mir.

Damit bin ich nicht einverstanden. Ich glaube, wir brauchen Menschen, mit denen wir reden können. Das hat nichts mit meinem Beruf als Psychologin zu tun, sondern ist nicht zuletzt eine Erkenntnis, die aus meiner Studie resultiert. Die Gespräche mit über 4000 Männern lieferten den Beweis dafür, wieviel Leid Männer für sich behalten, obwohl sie das Bedürfnis nach einer Aussprache mit einer Vertrauensperson haben.

Aber Don beharrte nachdrücklich auf seiner Meinung. Immer wieder kam er auf diesen Punkt zurück. Seine Hartnäckigkeit beunruhigte mich mit der Zeit. Allerdings bin ich mir sowohl meiner Gedanken als auch meiner Gefühle sehr bewußt und ließ mich von ihm nicht beirren. Oft fragte ich mich, ob unsere Gespräche über meine Gefühle für Don sehr unangenehm waren. Aber ich brauchte das, denn anschließend fühlte ich mich immer sehr erleichtert. Ich hörte also seiner ständigen Beteuerung zu und nahm sie für bare Münze, weil er gar nicht davon abzubringen war. Aber eines Abends, als er immer wieder auf diesen Punkt zurückkam, dachte ich mir, der Herr protestiert entschieden zuviel.

Bei unserem nächsten Abendessen äußerte er sich wieder abfällig über Menschen, die sich bei anderen aussprechen. Dieses Mal forderte ich ihn vorsichtig heraus (ich wollte ihn nicht erschrecken): „Don, glaubst du vielleicht, daß ich dir nicht zuhören will, wenn du Probleme hast?"

Er antwortete mit fester Stimme: „Ich glaube, wenn man ein Problem hat, dann muß man selbst damit fertigwerden. Und wenn man nicht damit fertig wird, muß man sich Rat bei Fachleuten holen. Aber niemals sollte man seine Freunde damit belasten."

„Deiner Meinung nach will ich also nichts von deinen Problemen wissen?" fragte ich.

„Darum geht es gar nicht. Mein Vater hat mir schon als Kind ganz klar gesagt, daß man seine Probleme nicht auf andere abwälzt", begann er seine Erklärung. „Wenn etwas schiefgegangen war, schickte er uns immer auf unsere Zimmer und sagte, wir sollten allein damit klar kommen. Er wollte immer nur wissen, wie wir die Situation schließlich gemeistert hatten."

„Guckst du deshalb immer so eisig, wenn ich meine Gefühle zeige, die ja manchmal auch negativ sind?" erkundigte ich mich.

„Es lohnt sich nicht, über Negatives nachzudenken. Man kann nichts daran ändern. Nebenbei gesagt, man kann in jeder Situation etwas Positives sehen", antwortete Don.

Ich hatte nicht die Absicht, ihn einfach so davonkommen zu lassen. „Don, vielleicht glaube ich nicht, daß Angst oder Traurigkeit, Frustration oder Schmerz negative Gefühle sind. Tatsache ist, ich beurteile meine Gefühle nicht. Sie sind, was sie sind. Wenn ich mich überfordert fühle, muß ich mir bewußt machen, daß ich zuviel auf mich genommen habe. Wenn ich enttäuscht bin, bedeutet das vielleicht, daß mir erst jetzt klar wurde, wieviel mir jemand oder etwas bedeutet. Aber du bewertest die Gefühle anderer Menschen. Jetzt muß ich dich fragen, glaubst du, die Menschen würden ein Urteil über dich fällen, wenn du dich ihnen öffnest?"

Dons dunkle Augen streiften mich mit einem flüchtigen Blick, dann sah er schnell weg. Er wandte sich mir wieder zu und sagte: „Du hast recht. Ich habe Angst davor, daß mir jemand sagt, ich solle auf mein Zimmer gehen und sehen, wie ich allein klar komme; und erst wenn mir das gelungen sei, könnte ich von meiner erfolgreichen Problemlösung berichten."

„Du denkst also, es wäre mir lästig, wenn du dich mir anvertraust?" fragte ich weiter.

Don schaute abermals weg und wechselte dann das Thema. Ich stellte ihm nochmals dieselbe Frage. „Ich glaube schon", gab er zu.

„Ich sage dir klar und deutlich: Es ist mir nicht lästig. Ich möchte dich besser kennenlernen. Und dazu muß ich dich verstehen. Ich möchte für dich da sein, nicht, weil ich dir gute Ratschläge erteilen will, sondern um dir Resonanz zu geben, um dir zu helfen, dir deine Gefühle bewußt zu machen. Und ich habe kein Interesse daran, deine Gefühle zu bewerten, ich möchte nur mehr von dir wissen."

Es waren Jahre harter Arbeit, bis Don endlich Vertrauen zu mir entwickelte. Ich mußte ihm beweisen, daß ich für ihn da war, wenn er mich brauchte. Inzwischen verläßt er sich auf mein

Verständnis. Don hat nie einen Rat von mir benötigt. Er brauchte das Gespräch mit mir, um seine wahren Ziele zu artikulieren oder um die beste Lösung für ein Problem zu finden. Im Laufe der Zeit hat Don akzeptiert, daß auch er einen Menschen braucht, dem er vertraut und der ihm zuhört.

Viele Menschen lehnen ein offenes Gespräch ab, weil nur die wenigsten Leute gute Zuhörer sind. Die meisten machen den Fehler, gute Ratschläge zu erteilen. Wenn ich nicht jemanden ganz konkret um Rat frage, ist es mir entschieden lieber, wenn ich zuerst einmal über den Konflikt oder das Problem spreche. Der Zuhörer dient dabei als eine Art Resonanzboden. Er gibt das wieder, was ich sage, und hilft mir auf diese Weise, einen falschen Gedankengang wahrzunehmen, oder zwingt mich zu einer Konfrontation mit Gefühlen, die ich mir nicht eingestehen wollte.

Viele Männer haben mich gefragt, warum ich verstand, was sie mir zu sagen versuchten, obwohl sie die Dinge nicht konkret aussprechen konnten. Das Geheimnis ist reflektierendes Zuhören, wie Dr. Carl Rogers es bezeichnete. Das heißt, der Sprechende selbst kann seine Gefühle nicht identifizieren, aber der Zuhörer kann sie für ihn „benennen".

Don änderte seine Meinung von „Ich brauche niemanden, mit dem ich reden kann" noch rechtzeitig in „Ich muß der Person vertrauen und erwarten können, daß sie mir zuhört und mich versteht." Ich glaube, das verlangen wir von allen, vor denen wir „die Hosen runterlassen."

Männerfreundschaft

Einer meiner Freunde, Serge Fraser, kam nach San Francisco, um einen Weiterbildungskurs zu leiten. Serge ist Werbefachmann und der Freund meiner Jugendfreundin Sara. Während des Abendessens unterhielten wir uns über die Ereignisse der letzten Jahre, über das Wichtigste, das seit unserem letzten Zusammentreffen passiert war.

Als ich ihm von dem Buch erzählte, erwähnte ich die Schwierigkeiten der Männer, sich gegenseitig zu vertrauen. Serge nickte zustimmend. „Erst vor kurzem wurde mir bewußt, was für ein Idiot ich bin. Sara hat mir geholfen, mich ein wenig besser zu verstehen. Sie unterstützt mich immer und ist so verständnisvoll", begann er.

Ehrlich gesagt war ich ein wenig überrascht über seine Selbstanklage, aber ich enthielt mich jeglichen Kommentars und bat ihn, weiterzuerzählen.

„Eigentlich war es ein Freund, den ich in der Agentur kennengelernt habe, der mir bewußt gemacht hat, wie wenig ich von meinen Gefühlen wußte. Phil und ich arbeiten seit über einem Jahr zusammen. Er ist der Art Director unserer Agentur. Aus unserer ständigen Zusammenarbeit entwickelte sich eine Freundschaft. Bei Phil muß man auf der Hut sein. Er ist ein anspruchsvoller Freund. Er gibt eine Menge, aber er verlangt auch verdammt viel dafür", erklärte Serge.

„Eines Tages kritisierte mich Phil wegen meines gleichgültigen, arroganten, reservierten Verhaltens. Ich zeigte früher keine Emotionen", fügte Serge nüchtern hinzu. „Aber Phil wollte das nicht so einfach hinnehmen. Damit hat er verhindert, daß ich mich völlig in mich zurückzog. Er sagte zu mir, ich müßte mich auch um andere Menschen kümmern und mehr Interesse für sie entwickeln, oder ich würde mein Leben verplempern. Er war ständig hinter mir her und zwang mich, meine Gefühle zu zeigen. Fortwährend beschuldigte er mich, arrogant und kalt zu sein. Das stimmte ja auch. Ich blieb immer in der Reserve, um meine Unsicherheit zu verstecken. Aber dem Burschen hinter dieser arroganten Fassade sank das Herz in die Hosen."

Serge spielte mit einer Büroklammer. „Ich vermute, diese Gleichgültigkeit anderen gegenüber habe ich von meinem Vater übernommen. In mir hat sich viel Wut auf ihn angestaut, die nur darauf wartet, endlich auszubrechen. Vor ungefähr drei Jahren, ich war damals 29, machte mein Vater eine Entziehungskur in einer Klinik. Seit ich denken kann, hatte er Probleme mit dem Alkohol, aber erst, als meine Mutter drohte, ihn zu verlassen, beschloß er, etwas gegen seine Sucht zu unternehmen. Die ganze Familie wurde mit hineingezogen. Meine beiden Schwestern und ich ließen uns von der Arbeit freistellen und kamen den Sommer über nach Hause, weil er die Unterstützung der ganzen Familie brauchte. Wir nahmen alle an der Therapie teil. Selbstverständlich durften wir anderen auch keinen Tropfen

Alkohol mehr trinken, um ihn nicht in Versuchung zu führen. Das ging drei Monate so. Wir brachten alle ein verdammt großes Opfer.

Dann kam dieser Scheißkerl aus der Entziehungsklinik und blieb ganze drei Wochen nüchtern. Eines Abends war er wieder betrunken und alles war umsonst gewesen. Er hat für uns niemals ein Opfer gebracht. Und wir haben uns so für ihn eingesetzt. Wir haben alle unser normales Leben für ihn aufgegeben. Er hätte das nie für uns getan. Ich war maßlos enttäuscht. Und er entschuldigt sich einfach. Ich werde mich nie wieder um jemanden kümmern. Ich will nie wieder so verletzt werden."

Er fuhr fort: „Als meine Eltern sich scheiden ließen, sagte ihm meine Mutter, was er für ein lausiger Vater gewesen sei. Weißt du, was er geantwortet hat? ‚Ich war ein guter Vater. Sie hatten ein Dach über dem Kopf und eine gute Ausbildung. Und das haben sie mir zu verdanken.' Aber er war nie für uns da. Ich habe praktisch keine Verbindung zu meinem Vater. Letztes Wochenende war er hier und hat meine Tante besucht. Sie lebt in einem Pflegeheim. Er wohnte bei meinen Vettern – daran siehst du, wie nahe wir uns stehen. Während er in der Stadt war, trafen wir uns einmal zum Abendessen, und er entschuldigte sich, daß er sich nie um uns gekümmert hat. Er meinte, es sei nun an der Zeit, sich dafür zu entschuldigen. Also nahm ich die Entschuldigung an.

Ich glaube, jetzt habe ich den Faden verloren", sagte Serge entschuldigend.

„Du mußt dich nicht bei mir entschuldigen. Die Geschichte über deinen Vater erklärt, warum du dich nicht mehr für andere interessiert hast. Du hast ihm vertraut, dich um ihn gekümmert, und die Enttäuschung hat dich außerordentlich verletzt. Bitte, erzähl weiter", sagte ich.

Serge fuhr fort: „Genauso ist es. Ich war maßlos enttäuscht. Ich hatte so sehr gehofft, wir werden eine Beziehung zueinander aufbauen, wenn er erst einmal nicht mehr trinkt. Ich dachte, Familienleben müßte so sein wie in den Fernsehserien. Ich war überzeugt, ich wäre der einzige, der unter einer lausigen Familie litt. Inzwischen bin ich dahintergekommen, daß die meisten Familien nicht die geringste Ähnlichkeit mit Fernsehfamilien haben. Als ich schon etwas älter war, wohnte eine Familie weiter unten in unserer Straße. Ihr Haus war unordentlich, schlampig. Der Vater war Arbeiter. Sie hatten nicht den Luxus, mit dem wir verwöhnt wurden. Doch diese Kinder wurden geliebt. Das ist mehr, als wir je erhalten haben."

Plötzlich hörte Serge auf zu sprechen. Er blickte auf und fragte: „Warum merke ich erst jetzt, daß es diese Kinder besser hatten als ich?"

Ich antwortete: „Mach dich nicht selbst schlecht. Das merkst du nicht ‚erst jetzt'. Du mußtest nur zuerst andere Dinge verstehen, bevor du zugeben konntest, daß ein schönes Haus und beruflicher Erfolg nicht automatisch eine liebevolle Familie schaffen."

Er nickte zustimmend, aber mit gesenktem Kopf. Ich ermutigte ihn, weiterzuerzählen.

„Ich lasse niemanden an mich ran, weil ich nicht weiß, wie ich mich Menschen nähern soll. Ich stelle niemals persönliche Fragen", erklärte er und verschränkte die Arme vor der Brust. Als wäre ihm dieser Gedanke ganz plötzlich gekommen, fügte Serge hinzu: „Vor zwei Jahren hätte ich nie mit dir über solche Dinge reden und mich dabei auch noch wohl fühlen können."

Ich lächelte und fragte dann: „Abgesehen von deinem Vater, der ein negatives Rollenvorbild für dich war, warum glaubst du, fiel es dir so schwer, deine Gefühle zu zeigen?"

„Ich hatte Angst vor Ablehnung oder Mißerfolg, deshalb habe ich diese Mauer um mich herum aufgebaut. Ich hatte Angst, daß ich es ‚nicht richtig' mache", vertraute er mir an.

Ich antwortete: „So viele Menschen haben Angst, daß ihre Gefühle nicht ‚richtig' sind. Es gibt jedoch keine richtigen oder falschen Gefühle. Man kann Gefühle nicht bewerten, so wie man z. B. den Intelligenzquotienten messen kann. Wenn Menschen über unsere Gefühle urteilen, dann versuchen sie nur, uns durcheinanderzubringen; sie wollen, daß wir uns dumm oder unvernünftig vorkommen. Auf diese Weise können sie sich von ihren eigenen Gefühlen distanzieren. Gibt zum Beispiel jemand im Beisein anderer eine vertrauliche Mitteilung preis und du ärgerst dich sehr darüber, dann hast du jedes Recht der Welt, wütend zu sein. Aber diese Menschen würden nicht mit ihren eigenen Fehlern konfrontiert werden wollen und projizieren deshalb ihre Gefühle, daß etwas mit ihnen nicht stimmt, auf dich."

„Mein alter Herr hat das die ganze Zeit gemacht. Erst als unsere ganze Familie die Therapie mitmachte und er trocken war, haben wir gemerkt, daß nicht wir für seine Trinkerei verantwortlich waren", erklärte Serge.

„Als ich Phil kennenlernte, merkte ich, daß ihm etwas an mir liegt. Ihm konnte ich vertrauen. Bei ihm konnte ich spontan reagieren, obwohl ich Angst vor Enttäuschungen hatte – und es hat sich gelohnt.

Ich gebe mir Mühe, auf andere Menschen zuzugehen, und dabei habe ich festgestellt, daß man zuerst wissen muß, was man fragen soll. Man muß sich für sie interessieren. Ich muß zugeben, ich mußte mich sehr anstrengen, aber weil Phil mir helfen wollte, wollte ich es doch wenigstens versuchen. Heute kenne ich mich selbst ein wenig besser und traue mich, den Leuten auch solche Fragen zu stellen, die ich früher immer für zu persönlich hielt. Aber jetzt weiß ich, wie schön es ist, wenn sich jemand für einen interessiert."

Einige Zeit später zeigte mir eine Freundin ein Gedicht, das sie geschrieben hatte. Es erinnerte mich an Serge.

Lernen, Unsicherheiten hinter sich zu lassen,
Langweiligkeit und Tyrannei.
Mich auf mich selbst zurückziehen,
wenn Einsamkeit im Überfluß vorhanden ist.

Meine Kräfte entdecken
und ausschöpfen.
Sie für mich einsetzen
und für die, die ich liebe.

Aus verschwendeten Minuten
ergiebige Stunden machen.
Positiv sein
mit dem Bewußtsein zu wachsen.

Ich möchte mich lebendig fühlen.[2]

Endlich habe ich gelernt, meine Gefühle zu zeigen!

Justin Winchester, ein typischer Neuengländer, erzählte mir: „In meiner Familie hat man niemals Gefühle gezeigt. „Haltung bewahren" war das Motto. Mutter war kalt und unnahbar. Wir drei Brüder nannten sie die Frau aus Stein. In unserem Haus ging es sehr förmlich zu. Die Hausangestellten sprachen uns Jungs mit Master Justin, Master Jonathan und Master Charles an. Auf Vaters Wunsch brachte uns das Kindermädchen vor dem Abendessen in seine Bibliothek. Er fragte uns, wie der Tag verlaufen war, und erzählte uns, was er gemacht hatte. Danach kamen meine Schwestern an die Reihe. Wir Kinder aßen nicht mit den Eltern zusammen."

Er fuhr fort: „Als unser Hund von einem Auto überfahren wurde und starb, waren wir Kinder ganz verzweifelt und weinten. Vater und Mutter wiesen uns zurecht. Wir hatten uns anstößig verhalten. Von diesem Augenblick an beschlossen meine Brüder und ich, niemals wieder irgendeine Gefühlsregung zu zeigen. Das war alles gut und schön, aber als Erwachsene wußten wir noch nicht einmal, wie man positive Gefühle äußert. Meine Kinder glauben, mich würde gar nichts berühren. Aber sie täuschen sich. Es ist in mir drin, aber es kann nicht heraus."

Ich muß gestehen, daß auch ich, wie viele Frauen in den siebziger Jahren, Männer für kalt, unsensibel und gefühllos hielt – es frustrierte mich, daß sie immer mit etwas zurückhielten. Sie wollten nicht, daß man ihnen hinter die Maske sah. Man kam nicht wirklich an sie heran. Vielleicht hätte ich ohne die Arbeit an dieser Studie Justins Dilemma verständnislos und ohne Anteilnahme zur Kenntnis genommen.

Besonders einem Mann, Gary Moore, habe ich es zu verdanken, daß es mir möglich wurde, die Art, wie Männer mit ihren Emotionen umgehen, differenzierter zu betrachten. Gary gehörte zu den 43 Männern, deren Leben ich über einen Zeitraum von zwei Jahren unter die Lupe nahm. Ich besuchte ihn sehr gern, denn die Atmosphäre in seiner Abteilung war außerordentlich angenehm. Die Belegschaft schätzte ihn, und er schätzte seine Mitarbeiter. Niemand nahm die Arbeit zu ernst, trotzdem lief alles wie am Schnürchen.

Im ersten Jahr arbeitete ich mit Gary ein Konzept aus, wie er einen seiner Mitarbeiter, der sich den Kollegen entfremdet hatte, wieder in die Bürogemeinschaft integrieren könnte. Wir diskutierten auch darüber, wie er seinem Traum, künstlerisch tätig zu werden, ein wenig näher kommen könnte. Anschließend arbeiteten wir mehrere Monate daran, seine Einstellung zu seinen Mitarbeitern und zu seiner Familie zu wandeln. Er mußte lernen, sein Interesse und seine Anteilnahme auch zu zeigen. Schließlich hatten wir damit Erfolg.

Gary berichtete mir von einem bewegenden Gespräch mit seiner Tochter. Sie war völlig verzweifelt, weil ihr erster Freund sich von ihr getrennt hatte. „Ich nahm sie in meine Arme und sagte ihr, sie solle ruhig weinen, dann würde sie sich bestimmt besser fühlen. Ich wiegte sie in den Schlaf. Als sie aufwachte, noch immer in meinen Armen, sprachen wir darüber, wie sehr es verletzt, wenn jemand, den du sehr gern hast, dich nicht mehr mag."

Ich antwortete: „Sie sind einfühlsamer geworden."

Gary korrigierte mich: „Ich bin immer sensibel gewesen. Aber erst mit Ihrer Hilfe habe ich gelernt, meine Empfindsamkeit auch zu zeigen."

Das war keine bloße semantische Spielerei, sondern ein Hinweis, der meine Sichtweise veränderte. Früher hatte ich geglaubt, Männer hätten sich ihren Gefühlen entfremdet. Von nun an betrachtete ich Männer als Menschen, die nicht wissen, wie sie sich zu ihren Gefühlen bekennen sollen.

Seitdem sind sieben Jahre vergangen.

In den nächsten Kapiteln erzählen Männer von den Kämpfen, die sie mit sich ausgefochten haben, um zu ihren Gefühlen zu stehen. Immer mehr Männer lehnen die im ersten Kapitel erwähnten Mythen ab. Sie können, ohne darunter zu leiden, über ihre Emotionen sprechen und haben den Wunsch, eine vollständige Persönlichkeit zu werden. Diese Männer kennenzulernen, ist eine faszinierende Erfahrung.

Teil III

Erfolgsversprechen:
Identitäts- und Selbstwertkonflikte

Kapitel 5
Ohne meine Arbeit bin ich ein Nichts

Bill Russell wurde während seiner aktiven Zeit bei den Boston Celtics oft von Fans auf der Straße angehalten und gefragt: „Sind Sie nicht Bill Russell, der Basketballspieler?"

„Nein", hat er geantwortet. „Ich bin kein Basketballspieler, sondern ein Mann, der Basketball spielt." Eine solche Einstellung ist auch heute noch die Ausnahme. Den meisten Männern fällt die Trennung zwischen Beruf und Person nicht so leicht wie Russell.

Das hat einen einfachen Grund. In unserer Gesellschaft definiert sich ein Mann normalerweise durch seine Arbeit.

Ein Beispiel: Der Direktor einer großen Computerfirma befürchtete seine Absetzung durch den Aufsichtsrat. Er bat mich in sein Büro, weil er mit mir über dieses Problem sprechen wollte. Er sagte zu mir: „Ich *bin* die Firma. Eine Entlassung käme einem Gesichtsverlust gleich. Eine solche Demütigung kann ich nicht ertragen. Wer bin ich denn dann noch für die Öffentlichkeit? Wenn mich meine Angestellten nicht mehr brauchen, was bin ich dann noch wert?"

Leider wurde dieser Direktor vom Aufsichtsrat entlassen. Er litt an einer ernsthaften Depression, zog sich völlig zurück und dachte an Selbstmord. Seine Gefühle ähnelten denen seiner Kollegen, die nach dem Börsenkrach von 1929 Selbstmord begangen hatten, indem sie aus ihren Bürofenstern gesprungen waren.

Allzu häufig verwechseln Männer ihre Funktion mit ihrer Person. Sie identifizieren sich mit Bezeichnungen wie Held, Ernährer, Geldverdiener, Geliebter, Ehemann, Vater, Kämpfer, Erbauer eines Imperiums, Macher. Wer „ein Mann werden" will, muß für irgend etwas oder von irgend jemandem gebraucht werden: Familie, Arbeit, Angestellte. Müssen sie die eine oder andere Rolle aufgeben, kann eine zeitweilige Identitätskrise auftreten. Am schlimmsten wird es jedoch, wenn Männer darüber nachdenken, was sie ohne ihre Funktion sein würden. Häufig erhält man die alarmierende Antwort: „Dann bin ich ein Nichts."

Erfolg enthält implizit das Versprechen, Identität und Selbstwert zu sichern. Um das zu erreichen, erfüllen Männer zielstrebig ihre vorgeschriebene Rolle. Aber die männliche Rolle, entstanden durch Verpflichtung oder soziale Konditionierung, ist weit davon entfernt, Erfüllung zu garantieren. Statt dessen produzieren die vielfältigen Verantwortungen eine zermürbende Unzufriedenheit.

Guy Stewart, 46 Jahre alt, erfolgreicher Bankier, wachte mitten in der Nacht schweißgebadet auf. Er hatte geträumt, er wäre in einem Gefängnis und als Preis für seine Freiheit mußte er den Gefängniswärtern erzählen, was er vom Leben ersehnte. Er weinte, weil er dazu nicht imstande war. Sie standen da und warteten auf seine Antwort, auf seine Eintrittskarte in die Freiheit. „Seit der Grundschule habe ich mich stets eingesperrt gefühlt. Alle haben für mich entschieden, mir Ratschläge gegeben, aber niemand hat mich nach meiner Meinung gefragt. Ich habe die beste Partie geheiratet." Dann machte er eine kurze Pause, ehe er, deutlich angeekelt von sich selbst, weitersprach: „Ich könnte Ihnen eine Menge Referenzen aufzählen, um Ihnen zu beweisen, wie großartig mein Leben ist. Aber in Wahrheit ist es das gar nicht. Ich habe mein Leben nur für andere gelebt: für die Bank, die Familie, die Kinder. Nur nicht für mich. Das Schlimmste ist: Ich wüßte gar nicht, wie ich das anfangen sollte."

Ich möchte in diesem Kapitel zeigen, wie Männer es geschafft haben, sich nicht mehr länger vor den Versorger- und Erfolgs-Karren spannen zu lassen und ihrem Leben Sinn zu geben. Während dieses Prozesses mußten sie lernen, zu entscheiden, was wichtig für sie selbst ist. Sie mußten die Abhängigkeit von den Äußerlichkeiten, durch die sie sich definiert hatten, verringern oder ganz aufgeben.

Das Bedürfnis, gebraucht zu werden

Viele Männer definieren ihren Wert und ihre Bedeutung durch das Ausmaß der Kontrolle, die sie über andere ausüben. Kontrolle und Abhängigkeit waren die entscheidenden Voraussetzungen zur Definition jeder Beziehung, ob zur Familie oder den Mitarbeitern.

Das ist heute schwieriger geworden. Die Frauen wollen ein unabhängiges Leben führen. Die Angestellten verlangen mehr Freiheit, mehr Entscheidungsbefugnis und Eigeninitiative. Für viele Männer bedeutet das eine Bedrohung ihrer Identität. Sie können nur schwer begreifen, daß andere sie nun plötzlich nicht mehr unbedingt brauchen.

Gezwungenermaßen müssen die Männer also dieses Bedürfnis überwinden und ihre bisher gebrachten Opfer neu bewerten. Die Ernährer/Versorger-Rolle hat ihrem Leben Sinn verliehen und ihnen eine gewisse Sicherheit vermittelt. Sie haben Menschen gebraucht, die von ihnen abhängig waren, denn das gab ihnen das Gefühl von Bedeutung und Macht.

Ein IBM-Manager zeigte mir eines Tages beim Mittagessen die Bilanz seiner familiären Verpflichtungen in den letzten 27 Jahren. Seine Kinder hatten gerade ihr Studium abgeschlossen, und zum erstenmal seit langer Zeit waren er und seine Frau allein. Ehe das Essen serviert wurde, zeichnete er ein Diagramm. Er unterteilte die Serviette in zwei Hälften. Auf die eine Hälfte schrieb er, was er am Gebrauchtwerden ANGENEHM fand: den Lebensunterhalt verdienen, Frau und Kinder zu lieben, für sie zu sorgen, ihnen die notwendigen Annehmlichkeiten bieten zu können, sie zu beschützen, ihrem und seinem Leben Sinn zu geben, Freude und Leid zu teilen. Auf der anderen Seite notierte er unter LÄSTIG die unliebsamen Pflichten: alle Entscheidungen allein treffen, Geldsorgen, dem Klempner Anweisungen geben, den Rasen mähen, gesellschaftliche Verpflichtungen erfüllen, mit den Kindern schimpfen, und das alles nach einem langen, aufreibenden Arbeitstag.

Er betrachtete das Diagramm und gestand: „Ich finde es schön, für die angenehmen Dinge verantwortlich zu sein. Und ganz ehrlich, an manchen Tagen stören mich auch die lästigen Pflichten nicht. Aber es gibt auch Tage, da möchte ich am liebsten davonlaufen, weil ich mich für alles und jeden verantwortlich fühle. Wenn ich mich doch nur ab und zu von dieser Last befreien könnte, aber das passiert nie. Jetzt sind die Kinder erwachsen und meine Frau ist wieder berufstätig, und ich muß mich daran gewöhnen, daß mich niemand mehr braucht. Vielleicht habe ich mich wohler gefühlt, als ich mich noch über diese lästigen Pflichten beklagen konnte. Ich brauche das Gefühl, daß man mich braucht. Sonst glaube ich, daß mich niemand mehr schätzt und mein Leben keinen Sinn mehr hat."

Immer wieder sagten mir Männer, sie hätten das Gefühl, nicht mehr geliebt zu werden, wenn sie das tun, was ihnen Spaß macht. Sie betrachteten sich nur als wertvolle Menschen, wenn sie für andere sorgten. Ein 35jähriger Immobilienmakler war erschreckend ehrlich zu mir. Er hatte sich ein Jahr zuvor aus seinem Geschäft zurückgezogen, weil er wissen wollte, wie er sich ohne seine Verpflichtungen für Geschäftspartner, Familie und Freunde fühlte. Er faßte es folgendermaßen zusammen: „Brauche mich, wenn ich dich zu meiner eigenen Selbstbestätigung brauche, wenn ich an meine Wichtigkeit, meine Kompetenz und Leistungen erinnert werden möchte. Aber laß mich in Ruhe, wenn ich nicht von deinen Bedürfnissen belästigt werden will. Ich will deine Bedürfnisse nur berücksichtigen, wenn sie sich mit meinen decken.

Sie dürfen nie vergessen, daß wir Männer aus Eigennutz von Frauen abhängig sind. Man hat uns nur beigebracht, das zu kaschieren. Würde die Abhängigkeit auf Gegenseitigkeit beruhen, ginge es uns allen meiner Meinung nach entschieden besser."

Ein 32jähriger Hotelmanager beschrieb diese Ambivalenz mit folgenden Worten: „Ich wollte, daß meine Frau abhängig von mir ist. Wenn sie mich brauchte, wußte ich, daß ich wichtig war. Ich erledigte gerne etwas für sie, ganz besonders, wenn sie selbst das nicht konnte."

Im weiteren Verlauf unseres Gesprächs gestand er, daß seine Ehe inzwischen geschieden war. „Nach einer gewissen Zeit war mir ihre Abhängigkeit einfach zuviel. Ich wollte, daß sie auch einmal selbst etwas macht und mich nicht dauernd benötigte. Aber ich bestand darauf, daß sie mich um Erlaubnis fragte, ehe sie Geld ausgab, mit ihren Freundinnen ausging, oder was auch immer sie gerade tun wollte. Bald unternahm sie immer mehr, ohne mich vorher zu fragen oder ohne meine Hilfe, und ich nahm ihr das übel. Sie wurde wütend, weil sie nicht wußte, wie sie sich nun eigentlich verhalten sollte, abhängig oder unabhängig. Sie behauptete, ich hätte sauer reagiert, wenn sie irgend etwas von mir wollte."

Sein widersprüchliches Verhalten wirkte sich auch auf seinen Beruf aus. „Meine Mitarbeiter sagen, bei mir wüßte man nie, woran man ist. Manchmal delegiere ich zuviel, manchmal zu wenig. Ich weiß, ich fühle mich besser, wenn die Leute zu mir kommen und mich fragen. Es gibt aber auch Zeiten, da möchte ich, daß sie mich in Ruhe lassen."

Dieser Mann ist mit seiner Ambivalenz nicht allein. Wie die meisten Männer hat man ihn in dem Glauben erzogen, sein Wert zeige sich in der Funktion, die er ausübt, und in der Abhängigkeit anderer. Ich bezeichne diesen Punkt als das „männliche Credo", nämlich als den Glauben, daß es die Verpflichtung des Mannes ist, für die Bedürfnisse und die Bedürfnisbefriedigung anderer verantwortlich zu sein und seine eigenen Wünsche zu vernachlässigen.

Die meisten der befragten Männer waren der Ansicht, sie müßten ihre eigenen Wünsche und Träume zurückstellen bis sie im Ruhestand wären, die Kinder das Studium abgeschlossen oder finanziell unabhängig geworden seien. Sie haben die ihnen auferlegten Verantwortlichkeiten und Verpflichtungen als selbstverständlich akzeptiert und dafür ihre eigenen Bedürfnisse geopfert. Diese Männer haben nie gelernt, darüber nachzudenken, was für sie selbst, und nur für sie, richtig und wichtig ist.

Ein Mann erklärte: „Sogar als mein Vater noch lebte, fühlte ich mich für die Familie verantwortlich. Als er starb, hatte ich das Gefühl, nun würde alles auf meinen Schultern lasten. Ich mußte die Familie zusammenhalten, für sie sorgen und sie glücklich machen. Meine Mutter hat mich so erzogen, daß die Bedürfnisse anderer an erster Stelle stehen. Wenn ich also etwas für mich selbst tue oder meine Wünsche verwirklichen möchte, gerate ich immer in Konflikt. Ich habe immer diese Vorstellung, daß gleich das Fallbeil auf mich herabsausen wird, weil ich etwas falsch gemacht habe."

„Welche Situationen lösen dieses Gefühl aus?" fragte ich.

„Also zum Beispiel, wenn meine Frau rausfahren möchte, aber ich lieber in der Stadt bleiben will. Mein Verstand sagt mir, daß es selbstsüchtig wäre, meinen Wunsch durchzusetzen. Tue ich es doch, hat das eine Art selbstzerstörerische Bestrafung zur Folge. Manchmal fahre ich dann besonders rücksichtslos oder ich trinke zuviel und breche einen Streit mit meiner Frau vom Zaun. Dann gebe ich das nächste Mal wieder nach. Das ist einfacher und weniger schmerzlich. Außerdem fühle ich mich dabei weniger schuldig."

Viele der Männer, mit denen ich sprach, ignorierten aus Angst vor Schuldgefühlen bewußt ihre eigenen Bedürfnisse. Sie haben das Gefühl, sie würden sonst das männliche Credo verletzen, die Bedürfnisse anderer über ihre eigenen zu stellen. Immer, wenn sie zuerst an sich denken, ob im Beruf oder im Privatleben, fühlen sie sich schuldig.

Dieses Schuldgefühl beruht auf dem Glauben der Männer, sie hätten etwas falsch gemacht. Wir alle werden nach Wertvorstellungen erzogen, die unser Verhalten beeinflussen. Wenn wir von diesen Vorstellungen abweichen, sagen uns die verinnerlichten Stimmen unserer Eltern, daß wir einen Verrat begehen und schlechte Menschen sind. Um ihre Schuldgefühle zu verschleiern oder um verstärkt Aufmerksamkeit auf sich zu ziehen, gebärden sich Männer meist fordernd und egozentrisch.

Der Faktor Selbstsucht

Zum Entsetzen meiner Freundinnen verteidige ich Männer oft gegen den Vorwurf, sie seien selbstsüchtig, weil ich weiß, wie schwer es ihnen fällt, ihre Bedürfnisse zu äußern. Männer benehmen sich häufig egoistisch oder egozentrisch, weil sie das Gefühl haben, niemand würde Rücksicht auf ihre Wünsche nehmen. Ihr Verhalten steht im Widerspruch zu ihren Gefühlen.

Ein erfolgreicher Börsenmakler faßte es wie folgt zusammen: „Wir sind selbstsüchtig und egozentrisch, weil wir das Gefühl haben, wir hätten kein Recht, eigene Ansprüche zu stellen. Wer, außer dem kleinen fordernden Jungen in mir, kümmert sich denn um die Befriedigung meiner Bedürfnisse? Wer nimmt meine Wünsche wichtiger als seine eigenen? Ich habe keine Ahnung, wie oder wen ich um etwas bitten soll. Du lebst in dem Bewußtsein, daß alle auf dich zählen, und du darfst sie nicht hängenlassen, denn das würde bedeuten, daß du versagt hast. Und dann die Schuldgefühle. Es ist einfacher, sich wie ein verzogenes Gör zu benehmen. Das lassen die Leute durchgehen."

Viele Männer verstecken hinter ihrem egoistischen Verhalten den Groll über die ständige Verantwortung gegenüber Dritten. Früher verleugneten sie ihre Bedürfnisse und gingen mit unterdrücktem Ärger auf die Anforderungen des Arbeitgebers oder der Familie ein, anstatt sich über die Belastung zu beklagen oder eigene Ansprüche zu stellen (das wäre „unmännlich" gewesen). Mit diesem Verhalten haben sie sich eine emotionale Zwangsjacke angelegt.

Zunehmend wird Männern nun das Selbstzerstörerische dieser Haltung bewußt. Langsam lernen sie, Rücksicht auf ihre Gefühle zu nehmen und sowohl auf ihre eigenen wie auch auf die Bedürfnisse anderer einzugehen, damit beide Seiten zufrieden sein können.

Eine Maklerfirma engagierte mich, weil der Vorsitzende nicht wußte, ob er den Direktor entlassen sollte oder nicht. Der Direktor war ein zuvorkommender, höflicher Mann, der sehr empfindlich auf Unstimmigkeiten mit seinem Vorgesetzten reagierte. Der Vorsitzende, 58 Jahre alt, war der Meinung, der 61jährige Direktor wäre inkompetent und zu keiner vernünftigen Leistung fähig. Dabei hatte dieser nur nicht den Mut, seine Meinung nachdrücklich zu vertreten, weil er glaubte, es wäre seine Aufgabe, seinen Vorgesetzten uneingeschränkt zu unterstützen. So verkürzt dargestellt, mag sich dieses Beispiel vielleicht als zu simpel ausnehmen. Aber das gespannte Verhältnis zwischen den beiden Männern beeinträchtigte das gesamte Betriebsklima.

Zur Entspannung der Situation stellte ich für beide Männer Grundregeln zur Kommunikation auf. Der Direktor mußte exakt angeben, was er von jeder Anweisung seines Vorgesetzten hielt. Umgekehrt mußte dieser seinen Mitarbeiter durch Fragen ermutigen. Schon bald stellte er fest, daß sein Direktor ihm nicht jede Idee „abkaufte". Er forderte ihn auf, aus zehn Vorschlägen die seiner Meinung nach aussichtsreichsten drei auszuwählen, sie weiter auszuarbeiten und ihm dann die Gründe für seine Entscheidung darzulegen.

Der Erfolg war, daß der Chef endlich auch die Entscheidungen anderer akzeptierte und nicht mehr nur allein seine Ideen durchsetzte. Der Direktor erzählte mir, daß er sich viel besser fühlte, seit er auch seine Vorstellungen anbringen konnte und nicht mehr um jeden Preis nach einer Übereinstimmung mit seinem Vorgesetzten suchte. Mich hat besonders gefreut, daß sich der Mythos „Ich bin zu alt, um mich noch zu ändern" wieder einmal als Vorurteil erwiesen hat.

Die Probleme dieser beiden Männer sind nicht einmalig. Bei meinen ersten Trainingsseminaren für Manager war ich überrascht, wie viele der Männer Schwierigkeiten hatten, bestimmt aufzutreten („bestimmtes Auftreten" wird hier definiert als die Fähigkeit sowohl die Bedürfnisse anderer als auch die eigenen zu berücksichtigen). Die meisten Männer waren extrem unterwürfig (hier: kümmerten sich nur um die Bedürfnisse anderer und ignorierten ihre eigenen) oder sehr aggressiv (hier: ignorierten die Bedürfnisse anderer und setzten nur ihre eigenen durch).

Während der letzten zehn Jahre habe ich Männer beobachtet, die sowohl in beruflicher als auch in privater Hinsicht nach einem gestärkten Selbstwertgefühl streben. Einige kehrten im Verlauf dieses Prozesses den Großunternehmen den Rücken und gingen berufliche und finanzielle Risiken ein, was auch von der Familie Unterstützung und Opfer verlangte. Andere nahmen emotionale Herausforderungen an, etwa eine Scheidung oder eine Eheberatung. Manche Männer haben inzwischen gelernt, über ihre Gefühle zu sprechen. Sie verweigern die Rolle des ruhigen, unerschütterlichen, von fremder Hilfe unabhängigen Mannes. Sie bitten um Unterstützung, Verständnis und Entgegenkommen. Sie sagen: „Jetzt bin ich an der Reihe." Das alte, als selbstverständlich akzeptierte Rollenverhalten, mit dem sie sich bisher identifiziert haben, wird abgelehnt. Jetzt berücksichtigen sie auch ihre Bedürfnisse und entdecken, daß kaum jemand sie deswegen beschuldigt. Sie stellen fest, daß sie aufrichtig, aus eigenem Wunsch und nicht nur aus Verpflichtung geben und nehmen können.

Die Verweigerung lebenslanger Anpassung

Dennis Derringer, ein erfolgreicher 30jähriger Unternehmer, erzählte mir: „Als ich 26 war, gab ich meine Arbeit als Börsenmakler auf. Damals habe ich 250 000 Dollar im Jahr verdient und einen 30 000-Dollar-Wagen gefahren. Ich ging nach Harvard. Nach einem Jahr Studium – ich wollte mein Betriebswirtexamen machen – schaute ich mir diese privilegierten Kinder um mich herum an. Ich war einer von ihnen. Wir machten dasselbe, sprachen über dasselbe, kleideten uns gleich. Wenn es das war, was mich in der Zukunft erwarten würde, mußte ich sofort damit aufhören. Keiner meiner Freunde hat mich verstanden.

Für sie war meine Entscheidung ein persönlicher Affront. Auch meine Eltern waren über den Abbruch meines Studiums nicht gerade erfreut. Und als ich ihnen dann sagte, daß ich mich jetzt mit der Suche nach mir selbst beschäftigen werde, war alles aus. Über zwei Jahre lang sprachen sie nicht mehr mit mir. Es tat mir weh, aber ich wußte, das würde vorbeigehen. Wäre ich in Harvard geblieben, hätte ich für den Rest meines Lebens gelitten."

Dennis' Selbstverwirklichungsprozeß erstreckte sich über mehrere Jahre. Mit 30 gründete er sein eigenes Geschäft. Er steht jeden Morgen voller Freude auf, weil ihm seine Arbeit Spaß macht. Er trägt ausgebeulte Hosen und schlabbrige Hemden. Er sagte mir, daß er sich Zeit nimmt, mit seinen Mitarbeitern über ihre Sorgen und Nöte zu sprechen. Das Einkommen aus seinem Geschäft genügt ihm.

Es ist völlig belanglos, ob Dennis eine Million Dollar im Jahr verdient oder ob er gerade so über die Runden kommt, solange er das macht, was er will. Leider bewerten viele Menschen Äußerlichkeiten und Status höher als innere Motivation. Dennis ist ein Risiko eingegangen, das die meisten Menschen nicht gebilligt haben. Aber die Ablehnung, auf die er gestoßen ist, hat ihn nicht von seinem Entschluß abbringen können. Dieser Mut hat sich gelohnt. Er ist stärker und glücklicher geworden.

Auch Dennis hat kein einfaches Patentrezept, wie man mit Ablehnung und Einsamkeit am besten zurechtkommt. Eine solch einschneidende Veränderung ist ein langer schmerzlicher Prozeß und erfordert großen emotionalen Mut. Man kann nicht mit einem Federstrich Jahre der Konditionierung auslöschen.

Dennis erklärte sich bereit, offen mit mir über den damals erlebten Schmerz zu reden. Typisch für die 70er Jahre engagierte er sich als Student in der Menschenrechtsbewegung und nahm Drogen. „Ich bin froh, daß ich Drogen genommen habe. Das hat mein Bewußtsein erweitert und mir neue Wege eröffnet, die ich mir sonst nie hätte vorstellen können. Trotzdem würde ich niemandem empfehlen, Drogen zu nehmen. Für mich dienten sie ein oder zwei Jahre als Krücken, zur ‚Bewußtseinserweiterung' und zur Betäubung der Angst. Schließlich beging ich Verrat an allem, was man mir eingetrichtert hatte. Auf meine Gefühle statt auf die Vernunft zu hören, war unmännlich. Die Drogen verhalfen mir zu der Einsicht, daß ich nicht glücklich war. Geld und Autos bedeuten nicht viel, wenn man ständig ein unbestimmtes Gefühl der Unzufriedenheit mit sich herumschleppt. Manchmal wäre ich am liebsten in eine andere Haut geschlüpft."

Ich wollte wissen, ob die Drogen ausschlaggebend für den Bewußtseinswandel gewesen waren. Deshalb fragte ich Dennis: „Haben Sie in einem ganz bestimmten Moment beschlossen, sich den an Sie gerichteten Erwartungen zu verweigern?"

„Nein, nicht direkt", begann er. „Auf der Business School in Harvard wird erwartet, daß man Zukunftspläne hat. Ich habe über das Jahr in Harvard nachgedacht und festgestellt, daß ich dieses Leben haßte. Es war dieses langsam, aber stetig wachsende Unbehagen, das den Ausschlag gab. Ich war mit 26 Jahren erfolgreicher als mein Vater in seinem ganzen Leben. Eigentlich hätte ich glücklich sein müssen. Ich hatte es ‚geschafft', wie man es von mir erwartet hat. Aber in Harvard liefen diese ganzen Abziehbilder von mir herum, die alle dieselben Sprüche herunterbeteten. Da gingen mir die Augen auf. Ich sah, daß wir alle nur Theater spielten. Es war die Hölle."

Dennis' Wertvorstellungen hatten sich grundlegend gewandelt. Seine Kommilitonen und auch zehn oder zwanzig Jahre ältere Männer bejahten den Grundsatz „Opfere deine Träume; stell dein Vergnügen zurück". Dennis' Devise war: „Sei ehrlich zu dir selbst."

Wertvorstellungen und Prinzipien beeinflussen nachhaltig unsere Motivation. Dazu kommt noch ein weiterer, mächtiger Einfluß: das Bedürfnis nach Zuneigung (d. h. Liebe). Dennis beobachtete, wie sein Vater und seine Kommilitonen ohne erkennbare Gefühlsregung ihren Rollen gerecht wurden, während er mit seinen Gefühlen haderte und sich selbst kritisierte, weil er Harvard verlassen hatte.

„Wie sind Sie mit den Schuldgefühlen und der Ablehnung zurechtgekommen?" erkundigte ich mich.

Dennis lehnte sich zurück und antwortete nachdenklich: „Ich bezeichnete mich selbst als einen ‚emotionalen Risikoträger'. Das half mir über die Angst hinweg. Ich habe ein positives Bild von mir gebraucht, sonst hätte ich den mühsamen Weg durch meinen inneren Schutthaufen nicht geschafft. Ganz konnte ich aus der vorprogrammierten Rolle doch nicht ausbrechen. Also habe ich eine Mischung aus meinen alten Prinzipien und meinen neuen Ansichten zu einem ganzen Bild zusammengesetzt.

Ich war schon immer so etwas wie ein Rebell. Ich bin gerne anders. Diese Arroganz hat mir geholfen. Natürlich weiß ich inzwischen, daß sich hinter Arroganz Unsicherheit versteckt. Aber was solls? Damals hat sie mir geholfen und jetzt habe ich sie nicht mehr nötig. Wir Männer sind gut darin, unsere Gefühle zu ignorieren. Ich weiß nicht, warum ich das nur kurzfristig kann. Aber damals, als meine Eltern nicht mehr mit mir sprachen, ignorierte ich die Angst vor dem Alleinsein. Ich machte mir vor, es wäre mir gleichgültig. Ich habe von meinem Vater geträumt, der mir Vorhaltungen machte, weil ich seinen Erwartungen nicht entsprach. Er sagte zu mir, ich könne nicht sein Sohn sein, weil ich kein Mann wäre, der seinen Verpflichtungen ins Auge sieht und sich auf den Ernst des Lebens vorbereitet. Ich wachte schweißgebadet auf.

Ich hatte eine ältere Freundin, Louise, die mir half, alles klarer zu sehen. Sie sagte mir, nach der Traumtheorie wären alle Menschen in meinem Traum ich selbst. Wie konnte ich mein Vater sein? Ich war erstaunt. Aber dadurch wurde mir einiges klar. Ich hatte versucht, ein Leben wie mein Vater zu führen, und jetzt kämpfte ich darum, herauszufinden, wie *ich* mein Leben führen wollte. Deshalb waren mein Vater und ich in meinem Traum ein- und dieselbe Person. Ich selbst machte mir Vorhaltungen und riß mich in Stücke. Ich wollte mit diesem Teil von mir Frieden schließen. Das war nicht so leicht, wie ich mir das vorgestellt hatte. Ich hatte das Gefühl, ich wäre der böse Junge, der Verrat an dem Mann beging, der ihm ein sorgenfreies Leben und eine gute Ausbildung beschert hatte. Sein ganzes Leben hat er damit verbracht, seinen Sohn auf die Zukunft vorzubereiten. Er wollte, daß ich es einmal besser haben sollte als er. Und ich wies zurück, was er mir gab."

Dennis sagte mir, daß ihn diese Erkenntnis veranlaßte, seinen Vater anzurufen. Sein Vater verhielt sich kalt und abweisend, aber Dennis gab nicht nach. Schließlich war sein Vater mit einem Treffen einverstanden.

Ich wollte genau wissen, worüber bei dieser Unterredung gesprochen wurde. „Die Unterhaltung verlief ungefähr so", begann Dennis. „Ich setzte mich mit ihm zusammen und hatte das Gefühl, als würde ich gleich eine Rede halten. Ich hatte sie in Gedanken so oft durchgespielt. Aber nun zitterte ich und fühlte, wie mir der Schweiß über den Rücken lief. Da sagte eine innere Stimme ‚Sag, was du fühlst.' Deshalb sagte ich zu ihm: ‚Vater, ich weiß, wie schwer es für dich sein muß, daß ich alles, was du mir gegeben und worauf du mich vorbereitet hast, ablehne. Ich lehne nicht dich ab, und ich bin nicht undankbar. Bitte, versteh doch, ich muß mein Leben auf meine Weise leben. Nicht dein Leben und nicht das irgendeines anderen. Das funktioniert bei mir nicht. Laß mir Zeit. Ich wache nachts schweißgebadet auf, weil ich das Gefühl habe, ich hätte dich verraten. Und in mancher Hinsicht habe ich das auch, wenn Verrat bedeutet, anders zu sein als du. Ich wünsche mir, daß du mir deinen Segen gibst, aber vielleicht hoffe ich vergeblich. Ich weiß nicht einmal, ob das, was ich mache, völlig richtig ist, aber ich weiß genau, daß der andere Weg falsch war. Hab ein wenig Geduld und du wirst es sehen. Ich werde eine Möglichkeit finden, deine Vorstellungen und Erwartungen in mein Leben einzubeziehen, wenn die Zeit dazu reif ist.'"

Dennis machte eine kleine Pause. Ich beobachtete ihn und sah, daß sich seine Augen mit Tränen füllten. „Seine Antwort haute mich um. Er hat gesagt, er wollte mich nicht mehr sehen, weil ich das gemacht habe, wovon er immer geträumt hatte, was er aber nie in die Tat umsetzen konnte. Das war wirklich ein Schlag für mich. Es warf mich um. Da öffnete ich ihm mein Herz, machte mich gegenüber der wichtigsten Person in meinem Leben verwundbar und, Peng, erhielt ich einen Schlag ins Gesicht. Ich habe mich zutiefst abgelehnt gefühlt. Wir sehen uns zwar von Zeit zu Zeit, aber ich glaube nicht, daß ich mich davon jemals völlig erhole."

Manche werden sich jetzt verwundert fragen, warum dieses Erlebnis für Dennis so niederschmetternd war. Egal, wie alt wir sind, die Anerkennung unserer Eltern bedeutet uns stets sehr viel. Dennis hatte gehofft, sein Vater und er würden sich aufgrund dieser Erfahrung näher kommen. Aber es gibt Menschen, auch die eigenen Eltern, die nicht in Begeisterung ausbrechen und nicht imstande sind, sich mit uns zu freuen, wenn wir etwas geschafft haben, wovor sie ein Leben lang Angst hatten.

In einem solchen Fall gibt es zwei Möglichkeiten: Entweder wir kämpfen weiter um ihre Anerkennung oder wir entwickeln aus dieser schmerzlichen Erfahrung Selbstvertrauen. Vom psychologischen Standpunkt aus kann nur die völlige Trennung von den Eltern einen Menschen aus der Abhängigkeit von anderen und von der Projektion seiner Bedürfnisse auf andere befreien. Das ist mit der wichtigste Prozeß unseres Lebens, den wir durchstehen müssen.

Dennis hatte schon etliche psychologische Hausaufgaben gemacht, deshalb erschütterte dieser schwere Schlag sein Selbstvertrauen nur kurzfristig. Nach zwei Tagen betrachtete er diese Erfahrung als eine Art Test, wie gut er imstande war, angesichts von Ablehnung Risiken einzugehen.

Konditionierte Liebe löst Reaktionen aus

Ich erklärte Dennis, daß viele Menschen mit konditionierter Liebe erzogen werden. Konditionierte Liebe bedeutet, aufgrund des Wertmaßstabes eines anderen geliebt zu werden und nicht um seiner selbst willen. Entsprechen wir den Maßstäben des anderen nicht, werden wir nicht mehr ernstgenommen oder abgelehnt – wie Dennis von seinem Vater. Aber Dennis lehnte nicht seinen Vater ab, sondern nur dessen Maßstäbe und Erwartungen. Sein Vater jedoch identifizierte sich mit seinen Erwartungen und interpretierte folglich Dennis veränderten Lebensstil als persönliche Zurückweisung. Er konnte sich das aber selbst nicht eingestehen und suchte deshalb die Schuld bei Dennis.

Eltern manipulieren häufig mit konditionierter Liebe, um uns bei der Stange zu halten. Kinder sind hinsichtlich ihres Selbstwertgefühls von den Eltern abhängig, für Erwachsene trifft das nicht mehr zu. Es gehört zum Erwachsenwerden, daß wir uns von dem Bedürfnis nach Anerkennung durch unsere Eltern freimachen und sozusagen unsere eigenen Eltern werden.

Ich schlug Dennis vor: „Sprechen Sie mit dem Kind in sich. Lassen Sie sich von dem Erwachsenen in Ihnen leiten. Denken Sie über die Prinzipien nach, die Ihnen Ihr Vater vermittelt hat. Stellen Sie sie in Frage. Sie können Ihr Denken ändern und im Anschluß daran auch Ihre Perspektive, Ihre Gefühle und Ihre Verhaltensmuster. Erwachsenwerden bedeutet, sich auf das für Sie Wesentliche zu konzentrieren. Ihr Vater fühlt sich verraten, aber das heißt nicht, daß Sie ihn verraten haben. Sie haben nichts weiter getan, als seiner Erwartungshaltung nicht zu entsprechen. Sie haben das vorgeschriebene Rollenverhalten abgelehnt und sich primär auf Ihre Bedürfnisse konzentriert.

Wir sollten nicht vergessen, daß auch Ihre Kommilitonen Sie abgelehnt haben. Sie müssen Menschen kennenlernen, die in derselben Situation waren. Wenn eine Gruppe von Freunden Sie ablehnt und eine andere Sie unterstützt, wer hat dann recht und wer hat unrecht? Keiner. Aber wenn Sie dauernd das Gefühl haben, irgend etwas ist falsch, dann tendieren Sie wahrscheinlich eher zu der mißbilligenden Gruppe. Selbst wenn Sie sich einer Gruppe anschließen, die Sie unterstützt, werden Sie wahrscheinlich Ihre Selbstzweifel auf andere projizieren: ‚Obwohl alle diese Leute meine Meinung teilen, haben wir vielleicht trotzdem alle unrecht!' Sehr vereinfacht ausgedrückt, machen Sie so Ihre Studienkollegen zum verlängerten Arm Ihres mißbilligenden Vaters."

Ich war neugierig, ob Dennis diesen Übertragungsvorgang richtig verstanden hatte. Deshalb drehte sich meine letzte Frage um den Punkt, ob es ihm gelungen ist, die Wertvorstellungen seines Vaters in seine eigenen zu integrieren, und ob ihn diese Balance glücklich macht.

Dennis schaute hinauf zur Decke, dann schweifte sein Blick durch den ganzen Raum, anschließend antwortete er lächelnd: „Ja, eigentlich beschäftige ich mich täglich damit. Ich habe eine Menge Spaß und interessiere mich für Menschen. Wenn ich mich mit meinem Vater unterhalte, erzähle ich ihm, wie das Geschäft läuft. Ich habe mich inzwischen damit abgefunden, daß er niemals verstehen wird, was ich fühle. Jeden Gesprächsansatz in dieser Richtung empfindet er bereits als Bedrohung. Seit ich nicht mehr das Bedürfnis nach Bestrafung habe, was vermutlich bedeutet, daß ich keine Schuldgefühle mehr wegen des Verrats an meinem alten Herrn habe, rede ich mit ihm nur über Dinge, zu denen er einen Bezug hat.

Bei der Arbeit bin ich mit Menschen zusammen, die mir ähnlich sind, deshalb fühle ich mich nicht mehr allein. Aus diesem Grund habe ich auch die Angst überwunden."

Männer wie Dennis haben selbst entschieden, für wen oder was sie sich verantwortlich fühlen wollen. Sehr oft betrachtet man Verantwortung und freie Wahl als zwei völlig konträre Begriffe. Aber immer mehr Männer bewerten ihre vielfältige Verantwortung neu. Sie finden einen Konsens zwischen ihren eigenen Bedürfnissen und der Rücksichtnahme auf andere Menschen. Eine solche Übergangssituation ist nicht leicht zu bewältigen. Bisher hatten die Männer das Gefühl, sie müßten sich die Zeit, die sie zur freien Verfügung haben, erst verdienen, zum Beispiel durch lange, harte Arbeit. Nun sehen sie nicht mehr ein, warum sie den Rasen mähen sollen, wenn sie lieber mit den Jungen das Fußballspiel im Fernsehen ansehen möchten; ohne Schuldgefühle nehmen sie sich das Recht, am Wochenende lange zu schlafen, einigen Papierkram auf morgen zu verschieben und sich im Büro einen Vormittag oder einen Tag freizunehmen. Diese Männer sind auf der Suche nach der Freiheit, ohne Schuldgefühle ihren eigenen Interessen nachgehen zu dürfen.

Träume werden Wirklichkeit

Manche Männer unterziehen ihr Leben einem sehr einschneidenden Wandel. Einer meiner Klienten, ein ehemaliger Staranwalt einer sehr renommierten New Yorker Kanzlei, hatte schon lange den sehnlichen Wunsch, Barbesitzer zu werden. Als er mir von diesem Traum erzählte, konnte ich meine Überraschung kaum verbergen. Thomas Kimball gehörte einer der ersten Bostoner Familien an. Sein Urgroßvater, sein Großvater, sein Vater und er – alle hatten in Harvard studiert. Er war Mitglied eines sehr wichtigen Ausschusses und großzügiger Sponsor von Wohltätigkeitsveranstaltungen. Er war mit Muffy Houghton verheiratet, deren Familie noch ein wenig älter und vornehmer war als die Kimballs. Und dieser Mann wollte eine Kneipe eröffnen!

Entsprang dieser Wunsch vielleicht einer Phantasievorstellung, der Illusion, was ihm das Leben hätte bieten können, wäre er in eine „normale" Familie hineingeboren worden? Ich provozierte ihn, entmutigte ihn und prüfte ihn auf Herz und Nieren, bis ich endlich überzeugt war, daß Thomas wußte, was er wollte. Dann half ich ihm bei der Überwindung der Konflikte, die ihm große Sorgen machten: „Was wird meine Familie dazu sagen?" „Wie werden die Kinder reagieren?" „Was werden meine Kollegen sagen?" „Werden wir aus der Gesellschaft ausgestoßen?" „Muß ich aus dem Ausschuß ausscheiden?"

Zuerst sprach Thomas mit seiner Frau über seinen Plan. Nachdem sie sich von ihrem ersten Schock und von der Vorstellung, was wohl die Leute dazu sagen würden, erholt hatte, reagierte Muffy ebenso wie ich anfänglich. Sie konnte es einfach nicht glauben und hielt Thomas' Traum für eine Flucht in die Phantasie. Thomas bat mich, mit ihr zu sprechen. Ich schlug ihr vor, sie sollte einen gemütlichen Abend mit Thomas verbringen und ihm nur zuhören, denn er sei all die Jahre sehr unglücklich gewesen.

Bis zu dem Tag, an dem Thomas mit Muffy über seinen großen Traum sprach, hatte sie sich nie Gedanken über sein Leben gemacht. Sie hatten beide ganz selbstverständlich die ihnen zugewiesenen Rollen in der Gesellschaft übernommen. Als sie hörte, wie unglücklich Thomas die ganze Zeit über gewesen war, geriet ihre perfekte Welt ins Wanken. Thomas hatte das vorausgesehen. Er sagte Muffy, daß er weiterhin alle ihre Wohltätigkeitsorganisationen unterstützen und alles zu ihrem Besten regeln werde. Damit sie ihren gewohnten Lebensstandard beibehalten konnte, würde er eine vereinbarte Summe aus dem Familienvermögen entnehmen, die sie ganz nach ihrer Wahl verwenden könnte. Er sagte ihr klar und deutlich, daß er von ihr nur Unterstützung und Verständnis brauchte. Für sie würde sich nichts ändern. Sie mußte nur akzeptieren, daß ihr Ehemann kein renommierter Anwalt mehr war. Sie mußte also praktisch kein Risiko eingehen. Schließlich hatte sie ihren eigenen gesellschaftlichen Rang längst fest etabliert, und der wäre ihr auch nach einer Scheidung sicher. Muffy hing jedoch an Äußerlichkeiten, und ihr mangelndes Einfühlungsvermögen hätte sie fast ihre Ehe gekostet.

Ich wußte genug über diese Ehe und sagte Thomas von vornherein, daß er eventuell eine schwere Entscheidung treffen müßte: entweder die Bar oder seine Frau. Leider kam es fast soweit. Nach endlosen Diskussionen schlug Thomas seiner Frau die Trennung vor. Das war das erste Mal, daß sich Muffy in ihrer 18jährigen Ehe nicht durchgesetzt hatte. Ich ermutigte ihn, ihre Manipulationen zu ignorieren; vielleicht würde sie lernen, auch einmal auf Thomas' Wünsche Rücksicht zu nehmen.

Manchmal wollte er fast aufgeben, aber dann wuchs Zorn in ihm, der deutlichste Indikator für die Veränderungen, die in Thomas vorgegangen waren: „Endlich kümmere ich mich einmal um mich und meine ureigensten Interessen, aber dir ist das alles völlig egal." Schließlich willigte Muffy in die Bedingungen ein, die er ihr gleich zu Anfang vorgeschlagen hatte. Sechs Monate später eröffnete er seine Bar „Kimball's".

Das erste Jahr war hart. Zwar hatte sich seine Frau seinen Wünschen gefügt, aber wirklich akzeptiert hatte sie die Veränderung nicht. Sie machte ihm das Leben sehr schwer. Thomas war soweit, daß er die Scheidung wollte. Mir gefiel nicht, wie Muffy ihn behandelte, aber andererseits wußte ich, daß die beiden sich zärtlich liebten. Sie reagierte auf dieselbe Weise wie viele Ehemänner, wenn ihre Frauen nach Jahren wieder berufstätig werden. Sich einer Veränderung anzupassen, die man nicht selbst ausgelöst und gewollt hat, erfordert Zeit. Allerdings hatten die meisten Menschen, an denen Thomas lag, seinen „neuen Beruf" akzeptiert, das machte es schließlich auch Muffy etwas leichter, und langsam wurde das häusliche Leben wieder erträglich. Die Kinder hatten sich förmlich zerrissen gefühlt und nicht gewußt, wessen Partei sie ergreifen sollten. Nach einiger Zeit verwandelte sich Thomas von einem alt wirkenden 45jährigen in einen ausgeglichenen Mann, der zehn Jahre jünger aussah. Da endlich verstand auch seine Familie, wie wichtig diese Veränderung für ihn gewesen war. Ein paar Monate später erschien Muffy nach einer Wohltätigkeitsveranstaltung zum erstenmal mit Freunden bei „Kimball's".

Männer wie Dennis und Thomas sind keine „Verantwortungsverweigerer", sondern „Verantwortungswähler". Sie haben das männliche Credo neu interpretiert. Für sie bedeutet es, Verantwortung für sich selbst und für andere zu übernehmen. Trotz der Verachtung und Ablehnung durch Familie und Freunde haben sie beschlossen, eine einschneidende Veränderung in ihrem beruflichen oder privaten Leben durchzusetzen. Solche Männer werden von vielen beneidet, weil sie ein Risiko eingegangen sind, von dem andere Männer kaum zu träumen wagen. Sie definieren sich nicht mehr durch ihren Status. Das macht sie zu Vorbildern für die Männer von heute.

Kapitel 6

Jeden Freitag deprimiert: Der Workaholic

„Gott sei Dank, es ist Montag", frohlockt der Workaholic.
Workaholics sind von ihrer Arbeit abhängig. Nur wenn sie arbeiten, fühlen sie sich glücklich und ausgefüllt. Ohne Arbeit leiden sie an Entzugserscheinungen, sie fühlen sich leer und nutzlos. Wer einen Arbeitssüchtigen kennt, kann wahrscheinlich kaum glauben, daß er solch negative Gefühle entwickelt, denn meist erbringt er überdurchschnittliche Leistungen und wirkt dynamisch und charismatisch.
Ein typischer Workaholic beschrieb mir die erste Viertelstunde seines Urlaubs auf Hawaii. „Ich saß da, starrte in die Wellen und mein ganzer Körper wurde von Krämpfen geschüttelt", erinnerte er sich. „Noch nie hatte ich solche Schmerzen gehabt. Sicher, ich war schon manchmal verzweifelt gewesen, und ich dachte, ich wüßte, was Schmerz bedeutet. Aber nichts, das ich bisher erlebt hatte, war so schlimm wie dieses Gefühl. Ich versuchte, an etwas anderes zu denken, nur nicht an die Arbeit. Aber mir fiel nur ein, daß ich auf keinen einzigen Freund zählen kann. Niemand lädt mich zu einem Ausflug oder einem Essen ein, wenn es nicht mit der Arbeit zusammenhängt. Ich habe mir überlegt, wie ich das ändern könnte. Aber da bekam ich einen regelrechten Angstanfall. Ich weiß einfach nicht, wie man Freunde findet oder ‚herumhängt', wie meine Tochter das ausdrückt. Ich kenne kaum die Frau, mit der ich seit 18 Jahren verheiratet bin."
Mehr als jeder andere Typ Mann braucht der Workaholic seine Arbeit zur Selbstbestätigung. Ein Arbeitssüchtiger beschrieb es folgendermaßen: „Wenn ich arbeite, fühle ich mich lebendig. Meine Tage und Wochen sind straff organisiert. Ich weiß, was ich erreichen will, und auf dem Weg dahin schaue ich nicht nach links und nicht nach rechts. Was mir in die Quere kommt, schaffe ich mir vom Hals. Aber wenn ich aufhöre zu arbeiten, fühle ich mich verloren; ich kann dann nichts mit mir anfangen. Ich habe keine Hobbys und trödle auch nicht gern

herum wie andere Menschen. Ich muß produktiv sein. Manchmal habe ich das Gefühl, als ob irgend etwas mich von innen heraus auffrißt."

Workaholics gehen mit Begeisterung und Leidenschaft an ihre Arbeit. Sie bewältigen gleichzeitig fünfzehn verschiedene Projekte, und ein paar weitere liegen schon auf Halde. Der Arbeitssüchtige weiß nicht, wie man spielerisch an etwas herangeht, wie man Spaß und Freude hat. Meist verdrängt er mit Hilfe der Arbeit seine Einsamkeit. Der Workaholic engt sein Leben ein, anstatt es auszubalancieren.

Ein Mann berichtete mir: „Ich nehme mir immer vor, gemeinsam mit der Familie Ferien zu machen. Aber kurz vor der Abreise werde ich unruhig. Die ersten Jahre habe ich die Familie zum Flughafen gefahren, sie ins Flugzeug gesetzt und versprochen, in ein oder zwei Tagen nachzukommen. Einmal ging das aber auch nicht, da konnte ich unmöglich aus dem Büro weg. In den letzten Jahren habe ich es geschickter angestellt. Da ließ ich meine Frau und die Kinder von unserem Chauffeur zum Flughafen bringen. So kriege ich ihre Enttäuschung nicht mit, wenn ich wieder zurückbleibe."

Dieser Mann ist nicht geschickter geworden. Vielmehr hat er sich nur seiner Feigheit im Umgang mit Menschen unterworfen – er vermeidet Konfrontation, Rücksichtnahme und Kompromisse. In dieser Hinsicht ähneln sich die meisten Arbeitssüchtigen. Sie lassen sich oft schon als Heranwachsende von ihrer Arbeit förmlich auffressen. Folglich haben sie nur sehr wenige soziale Kontakte. Viele Bereiche ihres Lebens liegen brach.

Zum Beispiel haben mir alle Workaholics, mit denen ich gesprochen habe, gesagt, Sex sei ihnen weniger wichtig als ihre Arbeit. Roger Cashman, ein junger gutaussehender Manager, zählte mir seine Prioritäten auf: „Das Wichtigste sind Ergebnisse. Die Dinge müssen erledigt werden. Einmal fiel mir die Lösung eines Problems ein, als ich gerade mit meiner Freundin schlief. Ich stieg sofort aus dem Bett und setzte mich an den Computer. Lust verschwindet sofort, wenn ich an meine Arbeit denke. Aber das stört mich nicht. Sheila war stocksauer – aber sie ist darüber hinweggekommen. Sie weiß, wie ich bin."

Die Ursache für die Arbeitssucht liegt meist in der Kindheit. Kein Kind ist gegen emotionale Probleme gefeit, jedes muß lernen, die Anforderungen des Lebens auf seine Weise zu bewältigen. Die meisten Workaholics wurden von ihren Eltern nur gelobt, wenn sie Herausragendes geleistet hatten. Aus dieser Erfahrung heraus definieren sie ihren Selbstwert nur noch in Verbindung mit ihrer Leistung.

Ein Mann erzählte: „Ich war erst zehn Jahre alt, aber mein Vater war bereits davon überzeugt, daß ich ein Versager bin. Er hat das ganz offen gesagt. Mein älterer Bruder war sein ganzer Stolz. Ich war das häßliche Entlein, mein Bruder war der Schwan. Tommy starb bei einem Badeunfall. Das hat mein Vater nie überwunden. Wenn er auf mich wütend war, sagte er: ‚Dich hätte Gott holen sollen, nicht Tommy.' Ich wollte ihm beweisen, daß er sich täuscht. Bei allem, was ich tat, mußte ich von nun an der Beste sein." Diese Probleme kumulieren beim erwachsenen Menschen.

In vielen Konzernen und Großunternehmen rühmt man sogar die Vorzüge der Arbeitssucht. Die Männer prahlen damit, wie viele Jahre sie schon nicht mehr Urlaub gemacht haben. Mitarbeitern und Kollegen gegenüber, die nicht so viele Überstunden machen, sind sie unduldsam. Sie erwarten von allen Menschen denselben Arbeitseifer, den sie selbst aufbringen. Für alternative Arbeitsweisen bleibt wegen dieser Engstirnigkeit kein Platz.

Ich habe allerdings noch keine Studie gefunden, die beweist, daß Workaholics mehr zustande bringen als andere. Ein Buch habe ich entdeckt, daß die Vorzüge der Arbeitssucht preist – und das hat ein Workaholic geschrieben. Zwar erhält man bei der Lektüre eine subjektiv positive Beurteilung der Arbeitssucht, aber leider erfährt man nichts über deren Auswirkungen auf andere. Ich habe gesehen, was Menschen erdulden müssen, die mit einem Workaholic zusammenarbeiten oder zusammenleben, und ich stelle die angeblichen Vorteile der Arbeitssucht sehr in Frage.

Definition von Arbeitssucht

Arbeitssucht ist eine chronische, pathologische Konditionierung, verursacht durch gewohnheitsmäßige, exzessive Hingabe an die Arbeit unter Ausschluß alles anderen. („Alles andere" kann körperliche und seelische Gesundheit, Familie, Freunde oder Sport bedeuten.)

Workaholics kann man mit Alkoholikern vergleichen. Der einzige Unterschied ist die Substanz, die sie mißbrauchen. Den einen schätzt unsere Gesellschaft als „gesund und produktiv", den anderen nicht. Aber jede „Substanz", von der jemand übermäßig abhängig ist, ist ungesund. Sie dient im übertragenen Sinn als Krücke.

Workaholics müssen ihre Arbeits- und Lebensweise ändern, damit sie die aus ihrem Verhalten entstehenden schädlichen Folgen vermeiden oder wenigstens vermindern können. Wenn Sie den Verdacht haben, Sie könnten ein Workaholic sein, sollten Sie Ihre Motive und Prioritäten überprüfen. Mir gefällt es gar nicht, wenn Männer nicht imstande sind, ihre eigenen emotionalen Bedürfnisse und die der Menschen, die sie lieben, zu befriedigen; denn oft ziehen die Frauen dann die Konsequenzen und verlassen diese Männer. Ich bedaure jeden Mann, der plötzlich feststellt, wieviel ihm der geliebte Mensch bedeutet hat, wenn es bereits zu spät ist. Solche Situationen können verhindert werden, wenn, und nur wenn, sich der Workaholic ein wenig Zeit nimmt und erkennt, warum er seine Arbeit zur Bestätigung seines Selbstwertgefühls *braucht*, und wenn er daraufhin seine Wertvorstellungen und Prioritäten neu bewertet.

Sind Sie ein Workaholic?

1. Arbeiten Sie jederzeit und überall?
2. Würden Sie immer arbeiten, wenn Sie nicht auch noch essen oder schlafen müßten?
3. Wissen Sie nichts mit sich anzufangen, wenn Sie nicht arbeiten?
4. Freuen Sie sich schon im voraus auf die Zeit, in der Sie unbelastet von äußeren Ablenkungen arbeiten können?
5. Träumen Sie mit offenen Augen von der Arbeit, zum Beispiel im Urlaub, beim Sex oder im Kino?
6. Fällt es Ihnen schwer, an etwas anderes als an Ihre Arbeit zu denken?
7. Ignorieren Sie die Ratschläge anderer, die Ihnen sagen, Sie müßten langsamer und nicht so hart arbeiten?
8. Arbeiten Sie, um Sorgen oder Kummer zu vergessen?
9. Hat Ihnen Ihr Arzt schon geraten, weniger zu arbeiten?

10. Nehmen Sie Aufputsch- oder Beruhigungsmittel?
11. Beeinträchtigt der Aufwand an Zeit und Energie, den Sie in Ihre Arbeit stecken, Ihr Familienleben?
12. Sind Sie unzufrieden mit der Arbeitsweise Ihrer Kollegen oder Mitarbeiter?
13. Sind Sie frustriert über das mangelnde Arbeitsengagement anderer?
14. Sind Sie von Ihren Kollegen und Mitarbeitern enttäuscht?
15. Hat man Ihnen schon einmal gesagt, daß Ihre Erwartungen zu hoch sind?

Ehe ich Ihnen die Aufschlüsselung dieses Tests verrate, möchte ich darauf hinweisen, daß er nach dem Muster des Tests der Anonymen Alkoholiker (AA) abgefaßt ist. Wer mehr als drei Fragen mit Ja beantwortet, kann gemäß der Auswertung der AA bereits nicht mehr als Gesellschaftstrinker betrachtet werden, sondern ist entweder ein Grenzfall oder ein eindeutiger Alkoholiker.

Meine Meßlatte ist nicht ganz so streng. Ich glaube, daß unterschiedlich stark ausgeprägte Formen der Arbeitssucht existieren.

Haben Sie weniger als drei Fragen mit Ja beantwortet, lesen Sie dieses Kapitel einfach aus Interesse und um Einblick in das Leben eines Workaholics zu bekommen. Aber Sie brauchen sich in dieser Hinsicht keine großen Sorgen zu machen. Wenn Sie auf drei oder mehr Fragen mit Ja geantwortet haben, lesen Sie dieses Kapitel sehr wachsam und in bezug auf sich selbst. Haben Sie das Kapitel ganz durchgelesen, dann beantworten Sie die obenstehenden Fragen noch einmal und zwar kritisch und ehrlich. Ich betone das, weil das erste Symptom der Arbeitssucht manchmal die „Ablehnung" der Realität ist.

Wenn Sie sechs bis zehn Fragen mit Ja beantwortet haben, hat die Arbeitssucht Ihr Leben bereits unterwandert, aber vermutlich haben Sie auch noch andere Interessen, die Sie wahrscheinlich ebenso zwanghaft (vielleicht getarnt als starkes Engagement?) erledigen wie Ihre Arbeit. Nach außen hin scheint alles in Ordnung zu sein. Aber wie sieht es in Ihrem Inneren aus? Das können nur Sie beantworten.

Haben Sie elf bis fünfzehn Fragen mit Ja beantwortet – dann sollten Sie sich dieses Kapitel ganz besonders zu Herzen nehmen. Lesen Sie es einige Male. Nehmen Sie sich ein wenig Zeit, um die Antwort auf jede Frage genau zu überprüfen. Vielleicht beantworten Sie die Fragen schriftlich und ziehen dabei Ihre Gefühle und Überzeugungen in Betracht. Benutzen Sie Ihre Antworten als Leitfaden für ein besseres Verständnis von sich selbst.

Seien Sie ehrlich mit sich selbst

Verleugnung bedeutet Ablehnung der Realität. Dies erfolgt auf zwei Ebenen. Die erste Ebene ist die externe Realität, das, was sich tatsächlich vor ihren Augen ereignet. Die zweite Ebene ist Ihre innere Realität, Ihre Gefühle. Ein Beispiel für eine totale Verleugnung: Ihre Familie verlangt, Sie sollten etwas mehr Zeit zu Hause verbringen, Ihrer Meinung nach tun Sie das längst. Aber das Problem ist, daß Sie jeden Abend Arbeit mit nach Hause gebracht und sich sofort in Ihr Arbeitszimmer zurückgezogen haben.

„Ich kann es nicht ändern", dieser Satz läßt jeden Psychologen aufhorchen. Es ist meist das Eingeständnis, daß die betreffende Person ihr Leben nicht mehr in der Gewalt hat. Paradox daran ist, daß diese Person es selbst völlig anders empfindet. Der Arbeitssüchtige bemüht sich sehr, alles unter Kontrolle zu haben. Aber so einfach ist das nicht.

Wer verleugnet, der ignoriert oder verdrängt Gefühle und die Realität. Es ist eine Flucht in die Unehrlichkeit. Man erzählt zum Beispiel anderen, alles liefe großartig, obwohl das Gegenteil zutrifft. Auch die Einstellung „Wenn ich nicht daran denke, wird sich schon alles von selbst regeln" zählt zur Unehrlichkeit. Zur Verleugnung und Unehrlichkeit kommt noch ein dritter Faktor hinzu: Selbstzerstörung.

Der Workaholic wird sich dieser Symptome meist erst bewußt, wenn es zu spät ist. Einem meiner Freunde ging seine Arbeit über alles. Seine Ehe verschlechterte sich stetig, und alle anderen merkten es. Nur er weigerte sich, das zuzugeben. Als ihm seine Frau sagte, sie sei unglücklich, war er am Boden zerstört. Es kam für ihn völlig überraschend.

An seiner Stelle hätte mir die Art, wie ihm seine Frau den Laufpaß gab, auch nicht gefallen. Sie hatten ihr Haus zum Verkauf angeboten. Als der Kaufvertrag perfekt war, sagte seine Frau zu ihm: „Ich gehe nicht mit dir. Sobald wir das Haus abschließen, ziehe ich in meine eigene Wohnung. Du findest bestimmt einen Platz, der groß genug für dich ist. Aber achte darauf, daß auch Zimmer für die Kinder da sind, damit sie dich besuchen können."

Für ihn war es selbstverständlich gewesen, daß seine Frau für immer und ewig da sein würde. Es kam ihm nie in den Sinn, daß eine Ehe vielleicht gepflegt werden müßte. Er selbst war in seinem Leben noch nie glücklicher gewesen und fiel nun aus allen Wolken. Sie meinte nur: „Natürlich, du nimmst und ich gebe. Ich an deiner Stelle wäre in so einer Beziehung auch glücklich."

Mein Freund war monatelang deprimiert. Er stürzte sich in die Arbeit. Wenn er nicht arbeitete, ging er mit Kollegen auf Sauftour. Es dauerte fast ein Jahr, bis er seine Depression überwunden hatte. Die ganze Zeit über täuschte er sich und andere. Seinen Kollegen spielte er noch über ein halbes Jahr das Theater vor, er und seine Frau wären immer noch zusammen.

Erst als er „ganz unten" war, zog er ehrlich Bilanz über sein bisheriges Leben. Leider bringt oft erst eine Scheidung oder eine andere schwere Enttäuschung einen Workaholic dazu, seinem Leben ein wenig Aufmerksamkeit zu widmen. Besessen von seiner Arbeit, vergißt er, daß zu einem ausgeglichenen Leben neben Ruhm und Geld auch Liebe gehört.

Gleichgültig, was Sie bei dem vorhergehenden Test ermittelt haben, mit ein wenig mehr Selbstbewußtsein ist schon viel gewonnen. Achten Sie auf Ihre Gefühle und gönnen Sie sich möglichst jeden Tag Zeit zur Entspannung. Damit können Sie verhindern, daß schon kleine Vorfälle Sie aus dem Gleichgewicht bringen.

Manche brauchen die „harte Tour"

Christopher Hegarty, ehemaliger Vorsitzender eines Großunternehmens, überwand seine Arbeitssucht nur auf die harte Tour. Wenn Chris von sich selbst spricht, hat man den Eindruck, als sei er von einer schweren Krankheit genesen.

Wir unterhielten uns, und er erzählte von der Zeit, als er seine Arbeitssucht noch verleugnete. An ein paar beispielhaften

Situationen zeigte er auf, wie er sich selbst und in der Folge auch seine Familie zerstört hatte. „Ich erinnere mich noch genau an die Zeit, als mich meine Frau bat, mehr Zeit zu Hause zu verbringen. Ich regte mich fürchterlich auf. Schließlich arbeitete ich für sie und die Kinder, aber sie schien das nicht zu würdigen", begann Chris. „Davon war ich wirklich überzeugt. Inzwischen weiß ich, daß ich die Arbeit um meinetwillen brauchte, sie war der Beweis für meinen Erfolg. Ich habe mir damit selbst etwas vorgemacht."

Chris hat recht. Viele Workaholics belügen sich selbst. Sie finden immer wieder scheinbar triftige Gründe und Rechtfertigungen für ihr übermäßiges Arbeitspensum. Die ganzen Anstrengungen laufen letzten Endes immer auf dasselbe hinaus: Die Arbeit wird zur Droge, zur Flucht vor dem niedrigen Selbstwertgefühl. Wie der Heroinsüchtige seinen „Schuß", braucht der Workaholic seine Arbeit, um ein Wohlgefühl zu erzeugen.

Er fuhr fort: „Im nächsten Stadium ging es mir darum, mehr Verständnis zu bekommen. Wenn ich von meiner Familie größeres Verständnis forderte, mußte ich notgedrungen auch ein wenig auf ihre Forderungen eingehen. Bei besonderen Anlässen behielt ich mir ein wenig Zeit für sie vor. Aber auch dann war ich nicht wirklich mit ihnen zusammen." Anstatt mehr Verständnis für die Bedürfnisse seiner Familie zu entwickeln, war Chris zwar körperlich, aber nicht geistig anwesend. Wie Chris haben mir viele arbeitssüchtige Väter erzählt, daß sie mit ihren Kindern des öfteren einen Spaziergang im Park unternehmen; aber dort lesen sie die Sonntagszeitung und die Kinder spielen allein. Oder sie fahren mit ihnen in die Ferien, hängen aber die ganze Zeit am Telefon und telefonieren mit Kunden und Kollegen. Im Unterschied zu Chris ist ihnen nicht bewußt, daß sie zwar physisch anwesend, aber emotional abwesend sind.

Chris versuchte, auf seine Familie einzugehen und ein wenig Zeit von seiner Arbeit zu opfern. Er gab zu, ein Workaholic zu sein. „Ich entdeckte, daß ich mich ständig selbst betrogen habe. Mein Selbstbewußtsein hing direkt von meiner Produktivität ab. Als mir das klar wurde, wollte ich aus ganz egoistischen Gründen mit diesem Theater aufhören."

Für Chris kam diese Erkenntnis zu spät. Seine Frau war seinetwegen inzwischen so verbittert, daß sie sich scheiden ließ. Er erzählte mir, wie ihm seine viereinhalb Jahre alte Tochter den

Schaden, den er sich und seiner Familie zugefügt hatte, ganz deutlich vor Augen führte.

„Eines Tages fuhren wir auf der Autobahn und meine Tochter saß auf dem Rücksitz. Sie legte von hinten ihre Arme um meinen Hals und fragte: ‚Daddy, warum willst du nicht mehr mit mir zusammenleben?' Ich fuhr den Wagen auf die Seite und weinte. Meine Tochter versuchte, mich zu trösten."

Chris stellte sieben Regeln auf, um seine Arbeitssucht einzudämmen. Mit seiner Erlaubnis liste ich sie hier auf:

1. Sei stets ehrlich zu dir selbst. Mach dir nichts vor, sondern akzeptiere die Realität.
2. Setze Prioritäten.
3. Genieße die Vorteile des Unbeliebtseins.
4. Identifiziere dich nicht mit deiner Arbeit.
5. Bringe den Mut auf und gib zu, wenn du unrecht hast.
6. Bemühe dich um Kommunikation.
7. Lerne, über dich selbst zu lachen.

Chris hat sich erholt. Er arbeitet hart, aber er flüchtet sich nicht mehr in die Arbeit. „Meine Arbeit ist nicht mehr der Maßstab für mein Selbstwertgefühl", sagt er. „Ich setze Prioritäten und habe gelernt, meine Freizeit zu genießen. Ich nehme das Büro nicht mehr mit nach Hause."

Warten Sie nicht, bis es zu spät ist!

Der ehemalige Leiter einer großen Druckerei besuchte seinen Sohn an der Graduate School. Er wollte ihm sagen, es sei nun an der Zeit, eine Beziehung zueinander zu entwickeln. Jahrelang hatte er seinem Sohn keinerlei Aufmerksamkeit geschenkt. Seine Arbeit stand stets an erster Stelle. Jetzt, da er im Ruhestand war, stellte er fest, daß die Jahre vergangen und die Kinder groß geworden waren, und er absolut nichts von ihnen wußte. Er gab es zwar nicht zu, aber er fühlte sich einsam.

Workaholics behandeln persönliche Beziehungen häufig auf die gleiche Weise wie ihre Geschäfte. Weil er beschlossen hatte, nun sei es „Zeit" für eine Beziehung, ging er ganz selbstverständlich davon aus, daß sein Vorhaben auch gelingen würde. Workaholics ist nicht bewußt, daß Nähe und gegenseitiges Verständnis erst nach Jahren der Hinwendung, Offenheit und des Vertrauens entstehen. Er war schockiert, als ihm sein Sohn schlicht sagte: „Es tut mir leid, Dad, aber es ist zu spät."

Für manche Workaholics ist es nicht zu spät.

Jim Garrick wuchs in South Dakota auf. Seine Eltern schärften ihm ein, daß man entweder etwas gut oder gar nicht macht. Jim arbeitete sehr gern, und er arbeitete schwer. Als Einzelkind beschäftigte er sich schon früh selbständig mit seinen ureigensten Interessen. Er hat auch heute noch immer mehrere Projekte gleichzeitig laufen.

Jims Traum war es, ein guter Kleinstadtarzt zu werden. Er hat sich nie nach Erfolg gesehnt, aber er ist sehr erfolgreich. Noch immer träumt er davon, eines Tages in einer Kleinstadt zu arbeiten. Die Wirklichkeit sieht jedoch ein wenig anders aus. Jim ist der Chef einer der angesehensten Kliniken für Sportmedizin in der USA und Bestsellerautor. Er ist ein international anerkannter orthopädischer Chirurg und wohnt in dem Nobelvorort Hillsborough in San Francisco.

Jim Garrick hat den Ruf, brillant, charismatisch und realistisch zu sein. Seine Neider sagen, er befinde sich auf dem „Egotrip", dabei ist Jim unter den erfolgreichen Männern, die ich kennengelernt habe, einer der bescheidensten. Er sieht sich auch ganz realistisch als Workaholic und setzt sich ernsthaft mit den Problemen auseinander, vor denen die meisten Arbeitssüchtigen davonlaufen. Seit ich Jim kenne, beeindruckt er mich immer wieder durch die Art und Weise, wie er mit seinen Gefühlen umgeht – er gibt zu, daß er sie manchmal absichtlich ignoriert und manchmal bewußt einsetzt, um allen Beteiligten gerecht zu werden.

Ich lernte Jim kennen, als ich mir beim Gewichtheben eine Muskelverletzung zugezogen hatte und zu ihm in die Klinik kam. Bei der Nachuntersuchung begrüßte mich Dr. Garrick mit einem jovialen Lächeln.

„Außer meinem Muskel habe ich noch ein Anliegen", begann ich. „Ich schreibe ein Buch." Wie sich herausstellte, war er auch gerade dabei, eines zu schreiben. Wir unterhielten uns über unsere Verleger und das Schreiben im allgemeinen. Ich gab ihm eine kurze Zusammenfassung meiner Arbeit und schloß: „Ich habe mir gedacht, ich nehme Sie mit auf, weil Sie einer der wenigen glücklichen und erfolgreichen Männer sind, die ich kennengelernt habe. Deshalb möchte ich Sie fragen, ob Sie mir gestatten, Sie für eine Weile als Beobachterin zu begleiten?"

Er schüttelte traurig den Kopf. „Vor sechs Monaten hätten Sie mich fragen sollen. Damals war ich sehr viel glücklicher. Ich glaube nicht, daß ich der Richtige für Ihre Studie bin."

Ich fragte, warum er denn nun unglücklich wäre. „Ich habe immer gern gearbeitet", sagte er. „Freizeit ist was für einen Bruder Leichtfuß. Trotzdem fuhr ich am letzten Wochenende mit meinem Sohn zum Angeln. Ich bin immer ein Workaholic gewesen, aber im Moment wäre ich lieber zu Hause bei meinem Sohn als hier in der Klinik. Ich begreife gar nicht, warum es solange gedauert hat, bis mir klar wurde, was er mir bedeutet. Demnächst wird er aufs College gehen." Traurig fuhr er fort: „Ich kann ihn doch nicht weggehen lassen, ohne ihn vorher ein bißchen kennengelernt zu haben."

Ich war gerührt und dachte, das ist die typische Verzweiflung eines von seinen Gefühlen überwältigten Workaholics. „Jim", sagte ich, „seien Sie froh, daß Ihnen das noch bewußt wurde, ehe Ihr Sohn auf dem College ist. Die meisten Männer merken zu spät, wie viel ihnen andere Menschen bedeuten. Dann sind sie deprimiert, einsam und voller Selbstmitleid. Zu denen werden Sie nicht gehören.

Es ist typisch für gut ausgebildete, erfolgreiche und angesehene Männer wie Sie, daß sie sich durch ihre Arbeit definieren. Viele glauben, ihr Wert als Mensch steige analog zu ihren Erfolgen. Oft fühlt sich ein Mann erst mit Anfang bis Mitte Vierzig ein wenig sicherer. Dann hat er seine Ziele erreicht und seine Enttäuschungen überwunden.

Aber ein Workaholic ignoriert seine emotionalen Bedürfnisse. Das Ergebnis ist, daß die unterdrückten Gefühle ganz plötzlich hervorbrechen und zwar so heftig, daß sie nicht mehr ignoriert werden können. Dann gewinnen Beziehungen auf einmal eine Bedeutung wie nie zuvor. Ich kenne Sie nicht gut genug, um sagen zu können, was bei Ihnen zu genau diesem Zeitpunkt diese Gefühlsaufwallungen ausgelöst hat. Aber Ihre Gefühle überwältigen Sie nur, weil Sie von ihnen völlig überrascht wurden. Die Tatsache, daß Sie diese Reaktion nachdenklich macht, ist schon der erste Schritt zur Besserung. Wir können das in den Griff bekommen und Wege finden, damit Sie die Gefühle in bezug auf Ihren Sohn kontrollieren können, ebenso natürlich auch andere gefühlsmäßige Reaktionen, die eventuell noch auftreten werden."

Jim schien über meine Worte erleichtert zu sein. „Faszinierend", antwortete er. „Ich bin froh, daß ich nicht in so schlechter Verfassung bin, wie ich dachte. Ich würde mich freuen, wenn Sie mich in Ihr Buch aufnehmen."

Von den Workaholics, die ich kennenlernte, waren nur wenige so einsichtig oder realistisch wie Jim. Er war auch empfänglich für die Ratschläge und Ansichten seiner Frau und schätzte ihre unterschiedlichen Lösungsansätze für die alltäglichen Probleme. Dies trug mit dazu bei, daß er auch mit Situationen fertig wurde, die einen Workaholic normalerweise frustrieren.

Die Chance, daß ein Workaholic Arbeit durch Freizeit ersetzt, ist sehr gering. Aber nach meinen Erfahrungen leben Workaholics sehr viel glücklicher, wenn sie das Interesse an anderen Menschen in die für ihr Leben charakteristische hartnäckige Zielstrebigkeit und in ihre unaufhörliche Produktivität integrieren können.

Workaholics müssen ihre seelische Gesundheit durch vorbeugende Maßnahmen im Gleichgewicht halten, damit die für sie völlig überraschenden Gefühlsausbrüche keine schädlichen Auswirkungen haben. Warten Sie nicht auf diesen Zusammenbruch, sondern erkennen Sie vorher, welche Menschen Ihnen wichtig sind. Warten Sie nicht, bis Sie nur noch zwei Jahre Zeit haben, um Ihren Sohn näher kennenzulernen. Warten Sie nicht, bis ihre vierjährige Tochter die Arme um Sie legt und Sie zu trösten versucht. Warten Sie nicht, bis die Menschen Sie zurückstoßen, weil Sie sich so lange nicht um sie gekümmert haben.

Akzeptieren Sie andere, wie sie sind

Wie ich bereits erwähnt habe, braucht der Workaholic seine Arbeit zur Stärkung seines Selbstwertgefühls. Dagegen wäre im großen und ganzen nichts einzuwenden, wenn wir den Workaholic allein in ein Zimmer setzen und ihn am Kontakt mit anderen hindern könnten. Denn nur so ließen sich die schädlichen Auswirkungen seiner Arbeitswut auf ihn allein beschränken. Leider ist das jedoch kaum möglich, deshalb müssen wir ansprechen, auf welche Weise seine zwanghafte Natur seine Mitarbeiter und Kollegen in Mitleidenschaft zieht.

Die Unsicherheit des Workaholics äußert sich nicht nur in einer leistungsbezogenen Selbstbestätigung, sondern darüber hinaus ist er auch noch davon überzeugt, daß es nur einen Weg zum Ziel gibt – seinen Weg. Geht es in meinen Management-Seminaren um das Delegieren von Arbeit, betone ich immer, daß es nicht darauf ankommt, mit welcher Methode jemand ein Ziel erreicht, sondern daß nur das erzielte Resultat ausschlaggebend ist. An diesem Punkt reagiert der Workaholic jedesmal aggressiv.

Er toleriert keine Abweichungen und bewertet unterschiedliche Arbeitsmethoden stets aus der Perspektive „richtig oder falsch." Seine Intoleranz äußert sich folgendermaßen: „Wenn Sie es so machen wie ich, machen Sie es richtig. Wenn nicht, dann liegt einer von uns falsch. Da ich perfekt bin, müssen zwangsläufig Sie etwas falsch machen."

Juan Estevez hatte hart an seiner Karriere gearbeitet. Als er vier Jahre alt war, war seine Familie aus Mexiko in die Vereinigten Staaten eingewandert. Er wuchs in den Slums auf und strebte nach oben. Dabei ging seine Ehe in die Brüche. Die Klagen seiner Mitmenschen zu Hause und in der Firma waren stets dieselben: Du bist zu anspruchsvoll und akzeptierst andere nicht.

Ich lernte Juan anläßlich eines Trainingsseminars für Manager kennen. Sechs Monate später rief er mich an und bat um meine Hilfe. Während unserer Unterredung jammerte Juan ständig über die Arbeitsweise anderer.

„Sagen Sie ihnen konkret, womit Sie nicht zufrieden sind?" wollte ich wissen.

„Das kann ich nicht. Allerdings mache ich genügend Andeutungen, sie könnten also schon dahinterkommen", antwortete Juan.

Juan und andere Workaholics äußern ihre Unzufriedenheit nur indirekt, denn sie haben Angst vor Konflikten, Angst vor Ablehnung. Es ist ihnen auch nicht bewußt, wie anspruchsvoll sie sind, denn ihrer Überzeugung nach fordern sie von anderen nicht mehr als von sich selbst. Juans Konflikt war einerseits sein Wunsch, beliebt zu sein, und seine gleichzeitige Erwartung, die

Menschen sollten sich ihm anpassen. Er erwartete von anderen dasselbe Interesse und Engagement für die Arbeit, wie er es aufbrachte; aber nicht jeder Angestellte hat dieselbe Motivation wie der Unternehmer.

Juan war nicht bewußt, daß er an seinen Frustrationen selbst schuld war. Er sprach seine Erwartungen nicht konkret aus, weil er niemanden verletzen und Konflikten ausweichen wollte.

Zwei seiner leitenden Angestellten hatten ihn überzeugt, daß die Firma – sie war nicht sehr groß – eine Filiale im Mittelwesten eröffnen sollte. Die drei anderen Filialen hatte Juan persönlich gegründet. Nun mußte er lernen, zu delegieren.

Ich versuchte, ihn von den Vorteilen des Delegierens zu überzeugen und betonte, daß er dann endlich Zeit haben würde, sich Gedanken über neue, aussichtsreiche Geschäftsbereiche zu machen. Außerdem würde ein wenig mehr Verantwortung und Eigeninitiative bei den Angestellten auch das Interesse und Engagement für das Geschäft steigern. Mit List und Tücke gelang es mir, Juan zu einer Betriebsversammlung zu überreden. Das hatte er unbedingt vermeiden wollen, weil er mit Klagen von seiten der Belegschaft rechnete. Bei der Betriebsversammlung wies er jedem der sieben leitenden Angestellten ein eigenes Projekt zu. In zwei Wochen sollten sie ihm die Ergebnisse präsentieren. Juan mußte ständig daran erinnert und von neuem davon überzeugt werden, daß er nur die Übersicht behalten, aber nicht alles selbst erledigen mußte. „Lassen Sie ihnen die Freiheit, die Sache auf ihre Weise anzupacken", riet ich ihm.

Der wichtigste Aspekt der Betriebsversammlung war, daß Juan offen über seine Erwartungen sprach und erwähnte, was in der Vergangenheit erfolgreich gelaufen war und welche Vorstellungen er für die Zukunft hatte. Schon Wochen vor der Versammlung überlegten wir gemeinsam, welche Ziele er erreichen wollte, und wie er diese am besten vermitteln könnte.

Am Morgen nach der Versammlung saßen wir zusammen. Juan war stolz, wie gut er sich geschlagen hatte. Ich sagte ihm, wie hervorragend er die Anregungen, über die wir diskutiert hatten, umgesetzt hatte. Die Angestellten waren erleichtert, daß Juan endlich ihre Klagen angehört und sogar Verbesserungsvorschläge gemacht hatte.

Es dauerte einige Monate, bis Juan Verantwortung delegieren konnte. Während der Arbeit mit Juan habe ich einige generelle Richtlinien für Workaholics aufgestellt, die nur ungern Verantwortung delegieren. Folgendes sollten Sie beachten:

1. *Erwarten Sie nicht, daß andere dieselbe Arbeitsmethode anwenden wie Sie.* Es ist durch nichts belegt, daß Workaholics produktiver sind als andere, die weniger Stunden arbeiten. Konzentrieren Sie sich nur auf die erzielten Resultate. Lassen Sie den Menschen die Freiheit, die Dinge auf ihre Art zu erledigen. Quälen Sie sich nicht, wenn jemand eine andere Arbeitsweise hat als Sie.
2. *Sprechen Sie konkret über Ihre Erwartungen.* Erwarten Sie nicht, daß andere Ihre Gedanken lesen oder Sie einfach imitieren. Leiten Sie Ihre Mitarbeiter an. Sagen Sie ihnen, was Sie wollen; sprechen Sie mit ihnen über Ihre Vorstellungen und darüber, wie Sie die Dinge sehen. Fragen Sie andere nach ihrer Meinung und einen möglichen eigenen Beitrag.
3. *Delegieren Sie.* Wenn Sie Ihre Erwartungen klar ausgesprochen haben, können Sie anderen mehr Verantwortung übergeben. Lassen Sie sich entlasten. Sie müssen nicht alles selbst machen. Erinnern Sie sich stets: Wenn Sie Ihren Mitarbeitern gestatten, die Arbeit auf Ihre eigene Weise zu erledigen, dann haben Sie auch ihre Unterstützung bei der Erreichung Ihrer Ziele.
4. *Nehmen Sie sich Zeit für andere.* Die meisten Workaholics machen keine Mittagspause. Führen Sie ein Arbeitsessen ein. Laden Sie Kollegen und Mitarbeiter in Ihr Besprechungszimmer zu belegten Broten ein. Sprechen Sie darüber, wie und was alles läuft. Die Zusammenkunft sollte nicht zweckgebunden und nicht zielorientiert sein. Lassen Sie zwanglose Gespräche zu. Das bringt Sie aus Ihrem Elfenbeinturm heraus und Sie erfahren, was in den verschiedenen Abteilungen wirklich vor sich geht.
5. *Lernen Sie zuzuhören.* Sie müssen nicht jedes Problem selbst lösen, mit dem Sie konfrontiert werden. Manchmal braucht jemand einfach ein offenes Ohr. Dann hören Sie zu. Verhalten Sie sich nicht so, als ginge es bei allem, was Sie tun, um Leben oder Tod. Wie wichtig ist schon, global betrachtet,

diese Kleinigkeit, die Sie im Augenblick gerade erledigen? Oft ist es für einen anderen Menschen sehr wichtig, daß Sie sich Zeit nehmen und ihm zuhören. Damit beweisen Sie Ihre Bereitschaft, anderen Verständnis entgegenzubringen. Zeigen Sie anderen Menschen, daß Sie sie verstehen.

Die Bedeutung objektiver Introspektion

Auch ein Workaholic muß sich um Introspektion und Objektivität bemühen, sonst wird er von Problemen überrascht und überwältigt. Viele Probleme könnte er von vornherein vermeiden, wenn er mehr Selbstbewußtsein entwickeln, seine Wertvorstellungen verändern und Beruf und Privatleben ins Gleichgewicht bringen würde.

Wenn Sie die Tendenz zum Workaholic haben, dann sollten Sie die folgenden drei vorbeugenden Maßnahmen unbedingt beachten:

1. *Machen Sie eine Bestandsaufnahme.* Fragen Sie sich: Fühle ich mich in Gesellschaft unbehaglich? Was investiere ich in meine Ehe, Kinder, Freunde? Wie viele enge Freunde habe ich? Wann habe ich meine Freunde zum letztenmal gesehen? Hat meine Arbeit oberste Priorität?
2. *Verhindern Sie Probleme, bevor sie entstehen.* Nehmen Sie sich Zeit zu einem Mittagessen mit Geschäftsfreunden und sprechen Sie über ganz allgemeine Dinge, nur nicht über die Arbeit. Zwischenmenschliche Beziehungen sind wichtig. Ändern Sie nicht in letzter Minute Ihre privaten Pläne, nur weil „die Arbeit ruft". Verbringen Sie die Zeit mit Ihren Kindern nach dem Motto „Qualität kommt vor Quantität". Es kommt nicht immer darauf an, wieviel Zeit Sie mit jemandem verbringen, sondern darauf, wie intensiv das Zusammensein ist. Zeigen Sie den Menschen, daß Sie an ihnen Interesse haben. Geben Sie etwas von sich selbst.
3. *Setzen Sie sich jede Woche ein Ziel.* Dabei sollte kein Aspekt Ihres Privatlebens zu kurz kommen. Rufen Sie zum Beispiel in der ersten Woche zwei Studienfreunde an. In der zweiten Woche gehen Sie mit Ihren Kindern ins Kino. In der dritten

Woche verbringen Sie einen Abend allein mit Ihrer Frau. In der vierten Woche laden Sie Freunde ein. Sagen Sie keine Verabredung wegen Ihrer Arbeit ab.

Sollte die Arbeitssucht bei Ihnen schon so ausgeprägt sein, daß die vorbeugenden Maßnahmen zu spät kommen, dann sollten Sie folgendes in Betracht ziehen:

1. *Machen Sie eine Therapie.* Was immer Sie für Vorbehalte gegenüber einer Therapie haben, setzen Sie sich darüber hinweg. Hilfe anzunehmen, ist kein Zeichen von Schwäche. Es erfordert Stärke und Mut, sich selbst gegenüber ehrlich zu sein. Persönliche Weiterentwicklung ist immer ein Zeichen von Stärke. Die meisten Menschen ertrinken, weil sie nicht um Hilfe rufen. Wenn Sie emotional am Ertrinken sind, warten Sie nicht, bis es zu spät ist.

   Es gibt verschiedene Wege, einen geeigneten Therapeuten zu finden. Am besten fragen Sie einen Freund, der bereits eine Therapie gemacht hat. Fragen Sie Ihren Internisten. Schreiben Sie nicht auf Inserate in Zeitschriften. Sie suchen einen qualifizierten und erfahrenen Therapeuten. Wenn Sie einige Namen gesammelt haben, telefonieren Sie zuerst mit jedem der Psychologen. Dann vereinbaren Sie mit dem Ihnen am sympathischsten erscheinenden Therapeuten einen Gesprächstermin. Nur zu oft höre ich von Klienten, daß sie Aversionen gegen ihren Therapeuten haben. Glauben Sie nicht, es liege an Ihnen, wenn es Ihnen anfänglich auch so geht. Suchen Sie einen anderen, bei dem Sie sich wohl fühlen. Achten Sie auf gegenseitige Sympathie zwischen Ihnen und Ihrem Therapeuten.

2. *Führen Sie Tagebuch.* Wenn Sie Ihre Gedanken und Gefühle aufschreiben, rücken Sie Ihr Problem ins richtige Licht. Darüber hinaus erleichtern Sie auf diese Weise Geist und Seele. Was Sie aufschreiben, müssen Sie nicht im Gedächtnis behalten. Sie müssen nicht jeden Tag etwas in Ihr Tagebuch schreiben, sondern nur dann, wenn Sie das Gefühl haben, es würde Ihnen helfen. Beispielsweise können Sie darin böse Briefe an bestimmte Leute schreiben. Sie können selbstgefällig sein oder Ihrer Phantasie freien Lauf lassen. Erschaffen Sie sich ein Leben ganz nach Ihren Vorstellungen und vergleichen Sie es mit der Realität.

3. *Vernachlässigen Sie Geist und Seele nicht.* Die Anonymen Alkoholiker sind eine der erfolgreichsten Selbsthilfegruppen für Suchtgefährdete und Abhängige. Andere Selbsthilfegruppen wie die Anonymen Eßsüchtigen oder die Anonymen Spieler haben auf ähnlichen Grundlagen aufgebaut wie die Anonymen Alkoholiker. Sie alle räumen dem geistig-seelischen Bereich große Bedeutung ein – glauben Sie an eine größere Macht als Ihre eigene. Lesen Sie Bücher zu diesem Thema. Gehen Sie in die Kirche. Meditieren Sie. Es ist gleichgültig, wie Sie beten oder woran Sie glauben. Finden Sie Ihren eigenen Weg zum Glauben.
4. *Setzen Sie Prioritäten.* Bewerten und definieren Sie Ihre Bedürfnisse. Nehmen Sie sich Zeit für andere Dinge und lassen Sie Ihre Arbeit einmal liegen. Verstärken Sie Ihr Interesse an Ihrer Familie und Ihren Freunden. Setzen Sie sich kurzfristige Ziele. Die meisten Workaholics blicken nur in die Zukunft und vernachlässigen die Gegenwart. Lassen Sie Vergangenes ruhen und hadern Sie nicht mit Ihrem Schicksal. Lernen Sie, sich an den kleinen Dingen des Lebens zu freuen, und betrachten Sie Ihre Arbeit nicht mehr als Maßstab für Ihren Wert als Mensch. Erinnern Sie sich vor allem stets daran: Arbeit ist etwas, was Sie tun, und nicht das, was Sie sind.

Kapitel 7

Man sagt, ich sei zu streng mit mir: Der Perfektionist

- „Entweder macht man es richtig oder gar nicht."
- „Immer wenn ich eine Arbeit abgeschlossen habe, überlege ich mir, was ich besser hätte machen können."
- „Wenn man mich lobt, denke ich immer, ich könnte noch mehr leisten."
- Manchmal habe ich das Gefühl, ich bin nicht gut genug, ganz besonders, wenn ich so die Erfolge anderer betrachte."

Könnte eine dieser Aussagen von Ihnen stammen?

Wenn ja, haben Sie wahrscheinlich eine perfektionistische Ader. Was bedeutet das, ein Perfektionist zu sein? Es bedeutet, daß alles, was Sie tun, nie gut genug ist. Der einzige Weg, sich selbst anzuerkennen, besteht für Sie im Streben nach Perfektion.

Wenn Sie ein Perfektionist sind, dann korrigiert bestimmt eine leise innere Stimme Ihre Aussagen, beurteilt Ihre Handlungen und sagt Ihnen, was Sie tun oder sagen sollen. Werden Sie gelobt, bringen Sie sofort Ihre Mängel zur Sprache. Oder Sie setzen sich kaum erreichbare Ziele und geraten dann aus dem Gleichgewicht, weil Sie diese nicht in der geplanten Zeit verwirklichen können. Aber selbst Superman wäre nicht fähig, Ihr angestrebtes Pensum zu erfüllen.

Perfektionisten treiben ihre Mitarbeiter an. Als Väter loben sie ihre Kinder auf gar keinen Fall zuviel. „Kritik formt den Charakter", sagt der Perfektionist. Zumindest trifft das auf ihn zu. Ein Perfektionist möchte nicht auf seine kritische innere Stimme verzichten, denn gerade diese motiviert ihn und sagt ihm, ob er seine Arbeit gut erledigt hat. Sie ist die treibende Kraft seines Erfolges.

Wenn Ihnen das bekannt vorkommt, befinden Sie sich in guter Gesellschaft. 52 Prozent der von mir befragten Männer deuteten an, daß sie perfektionistische Züge hätten. Psychologische Untersuchungen haben ergeben, daß 70 Prozent aller Menschen zumindest in manchen Lebensphasen ähnliche Eigenschaften entwickeln wie die zuvor zitierten. Eine neuere Studie über Perfektionismus beweist, daß zwei von fünf erfolgreichen Menschen in allen Lebenslagen Perfektionisten sind.

Positiv daran ist, daß extreme Perfektionisten häufig mehr erreichen als andere. Negativ ist, daß der Perfektionist trotz einer glänzenden Karriere, trotz aller empfangenen Titel und Ehrungen, nie das Gefühl hat, sein erstrebtes Ziel erreicht zu haben.

Stellen Sie sich folgende Fragen: Setzen Sie sich immer neue, noch schwierigere Ziele? Hatten Sie je den Gedanken, ein Hochstapler zu sein? Hatten Sie schon einmal den Eindruck, Sie hätten Ihren Erfolg nur einem glücklichen Zufall zu verdanken? Hatten Sie schon einmal das Gefühl, Sie hätten nur Erfolg, weil Sie zur rechten Zeit am richtigen Ort waren? Hatten Sie schon einmal den Gedanken, Sie wären weniger qualifiziert als Ihre Kollegen, obwohl man Ihnen oft sagt wie klug, talentiert oder effektiv Sie sind?

Wenn Sie sich mit diesen Ausführungen identifizieren, hilft Ihnen dieses Kapitel zu erkennen, wie sich Ihr Perfektionsbedürfnis auf die Menschen, mit denen Sie leben und arbeiten, auswirkt. Sie erfahren auch, wie und warum Ihre kritische innere Stimme Ihre Selbsteinschätzung beeinträchtigt, und was Sie dagegen tun können. Das Verständnis Ihrer Gefühle und Motivationen ist der erste Schritt zu einer Verhaltensänderung.

Annäherung an einen Perfektionisten

Leland Whitmore, stellvertretender Direktor einer großen Finanzierungsgesellschaft, engagierte mich, weil er die Verkaufsabteilung mit 500 Mitarbeitern umorganisieren wollte. Leland war ein Außenseiter in diesem sehr seriösen, etwas altväterlichen Unternehmen. Seine Kollegen waren getreue Kopien ihres Vorsitzenden, sie trugen alle dieselben unförmigen Anzüge von der Stange. Leland schlenderte in maßgeschneiderten italienischen Anzügen durch die Korridore, seine langen schwarzen Haare hingen ihm über den Hemdkragen und seine auffallenden Krawatten waren nicht zu übersehen.

Leland wollte Trevor Harding, einen seiner Mitarbeiter, zum stellvertretenden Direktor der Verkaufsabteilung befördern. Aber trotz Trevors Erfahrung und Sachkenntnis weigerten sich viele Angestellte, als die ersten Gerüchte von der bevorstehenden Beförderung die Runde machten, für Trevor zu arbeiten. Sie hatten nicht gerne mit Trevor zu tun, weil er zu streng und nachtragend war und zu verbalen Attacken neigte.

Ich hatte schon häufig mit solchen Menschen gearbeitet. In diesen Fällen muß man sich immer zwei Fragen stellen. Erstens: Braucht der „Kandidat" oder die Person, die meine Dienste in Anspruch nimmt (meistens der Chef), wirklich meine Hilfe? Zweitens: Spürt der „Kandidat", daß er ein Problem hat?

Ich bestehe immer mit Nachdruck darauf, daß der Kandidat freiwillig und aufgrund seiner eigenen Entscheidung mit mir zusammenarbeitet. Es spielt keine Rolle, ob sein Chef oder ich der Ansicht sind, er brauche Hilfe. Der Kandidat muß ebenfalls davon überzeugt sein. Die eine oder andere Firmenleitung hatte gehofft, schon mein Engagement als Beraterin würde ihre Angestellten in Angst und Schrecken versetzen, was zwangsläufig eine Verhaltensänderung zur Folge hätte. Ich bin gegen diese Strategie, denn Angst motiviert nicht lange. Die daraus resultierenden Veränderungen sind meist nur von kurzer Dauer.

Ich arbeite gern mit Leuten, die für Kritik offen sind und diese als hilfreiche Information für ihre persönliche Weiterentwicklung betrachten. Wenn ein Kandidat nicht selbst den Wunsch nach Veränderung hat, ist es nicht nur schwierig, seinen inneren Widerstand zu brechen, sondern ein solches Vorgehen könnte sich sogar nachteilig auswirken. Die Zusammenarbeit muß auf Verständnis und Respekt basieren. Ansonsten kann es passieren, daß sich die betreffende Person nur noch tiefer in ihr Schneckenhaus zurückzieht.

Leland und ich hatten noch mit anderen Schwierigkeiten zu kämpfen. Damals war es noch relativ ungewöhnlich, einem Manager private Beratungen anzubieten. Ein weiteres Problem war, daß ich normalerweise niemanden aus dem Kollegenkreis hervorhebe, mich aber im vorliegenden Fall nur mit der möglichen Beförderung Trevors beschäftigen sollte. Er nahm somit eine Sonderstellung ein. Darüber machte ich mir große Sorgen. Ich versuchte, alles mir mögliche zu tun, damit er mich nicht als Bedrohung betrachtete.

Die Situation war nur dann einigermaßen zu normalisieren, wenn ich Trevor soviel Kontrolle zugestehen würde, wie er verlangte. Nachdem Leland uns miteinander bekannt gemacht und Trevor die Gründe für meine Mitarbeit erklärt hatte, sprach ich über meine Sorgen und Bedenken. Ich sagte Trevor, es sei einzig und allein seine Entscheidung, ob er mit mir arbeiten wolle.

Es überraschte mich, wie offen Trevor einer Zusammenarbeit gegenüberstand. Auf den ersten Blick schien ihm diese Vorstellung sogar sehr zu gefallen, und er schlug vor, wir sollten uns am nächsten Tag zum Mittagessen im Harvard Club treffen.

Die Ursache der kritischen inneren Stimme

Beim Mittagessen erzählte mir Trevor von seinem Studium in Harvard und Stanford und von seiner Anfangszeit in der Firma. Trevor sprach über seine wundervolle Frau, Claire, und ihre perfekte Ehe und äußerte sich stolz über seine steil nach oben verlaufende Karriere. Sein Leben, so versicherte er mir, entspräche genau seinen Plänen und Vorstellungen. Jedenfalls bis zu dem Zeitpunkt als Leland und ich uns mit ihm in Verbindung gesetzt hatten.

Diese Gesprächseröffnung war eine strikte Warnung: Geh vorsichtig zu Werke, denn meine Unsicherheit ist ein sehr sorgfältig gehütetes Geheimnis. Ich nahm seine Warnung ernst und beschloß, mich ihm auf Umwegen zu nähern. Es galt, die Ursache seines Problems herauszufinden, und dazu mußte ich etwas über Trevors Kindheit erfahren.

Er erzählte mir, sein Vater sei ein sehr erfolgreicher und in Boston sehr einflußreicher Mann gewesen. Seine Kinder habe er streng protestantisch erzogen. „Mein Junge, du mußt tun, was man dir sagt", hatte ihn sein Vater ermahnt. „Sei verantwortungsbewußt und prahle nie mit dem, was du erreicht hast, dann wirst du belohnt werden."

„Bis zu seinem Tod hatte ich Angst vor ihm", sagte Trevor. „Ich höre noch immer, wie er halb im Scherz fragte, ob ich wohl gute Noten nach Hause gebracht hätte, denn schließlich war das für seinen Sohn selbstverständlich. Egal, wie gut ich etwas machte, es hat nie gereicht. Ich mußte bei allem der Beste sein.

Mein ganzes Leben lang haben mir andere Leute gesagt, ich wäre zu hart gegen mich selbst. Das kann ich nicht von heute auf morgen ändern."

Nun verstand ich seine versteckte Warnung. Trevor hatte mein Mitgefühl. Er hatte sich zwar gegen Lelands Vorschlag nicht gesträubt, aber wer von einem solchen Vater erzogen worden war, mußte ein solches Ansinnen als Tiefschlag betrachten.

Trevor berichtete weiter von seiner Erziehung, von seinen Gefühlen seinem Vater gegenüber und der daraus resultierenden inneren Unruhe. Als erstes mußten wir uns also mit seiner kritischen inneren Stimme beschäftigen. Es war wichtig, Trevor den Ursprung dieser kritischen Stimme zu erklären. „Die meisten Perfektionisten werden von einer kritischen inneren Stimme angetrieben", begann ich. „Wenn wir von unseren Eltern die Botschaft erhalten: ‚Du bist noch nicht gut genug, aber versuche es weiter', dann streben wir fortwährend nach Vervollkommnung. Wir wachsen mit einer uns ständig herabsetzenden Stimme auf, der Stimme unserer Eltern, die wir ganz allmählich verinnerlichen und zu unserer eigenen machen."

Trevor hatte als Kind kaum positive Resonanz erhalten. Als Erwachsener unterdrückte und ignorierte er folglich jede Selbstzufriedenheit. Er fürchtete sie sogar. Wir alle entwickeln Taktiken und Verteidigungsstrategien, um den emotionalen Schmerz zu reduzieren, der durch Mißbilligung, Zurückweisung oder Kritik während unserer Kindheit verursacht wurde. Trevors überzogene Selbstkritik basierte auf seinem Vertrauen und seinem Glauben an die Meinung seiner Eltern. Als erwachsener Mann hatte er das Gefühl, es wäre Verrat, den Vorstellungen und Ansichten seiner Eltern nicht zu entsprechen. Ein solcher Verrat hätte es Trevor endgültig unmöglich gemacht, die so dringend benötigte Anerkennung durch seine Eltern zu erhalten. Deshalb blieb er weiterhin unfähig, irgendeinem positiven Gefühl in bezug auf sich selbst zu trauen, und er konnte sich auch nicht über das Lob anderer freuen.

Ich vermute, Trevors Vater hat geglaubt – und viele Eltern glauben das auch heute noch –, Kritik würde sein Kind motivieren, mehr zu erreichen, besser zu sein. Die meisten Eltern merken nicht, daß ihr Kind diese kritische Stimme verinnerlicht und sie damit nur ein nie zu befriedigendes Bedürfnis nach Anerkennung und Zuneigung fördern. Äußerlich trägt das Kind keinen Schaden davon, es versucht, ständig sein Bestes zu geben. Aber innerlich kämpft es mit einer verbalen Peitsche, die es antreibt, und seinen Unzulänglichkeitsgefühlen. Die ständige Kritik erzeugt Minderwertigkeitskomplexe, verbunden mit der Hoffnung, eines Tages die ersehnte Anerkennung der Eltern zu finden.

Ich möchte es noch einmal ganz deutlich machen. Die Art, wie Sie andere behandeln oder mit ihnen reden, reflektiert häufig Ihre Gefühle über sich selbst. Psychologen nennen das „Projektion". Wer projiziert, unterstellt anderen die eigenen Gefühle, das eigene Verhalten oder die eigene Einstellung anderen Personen gegenüber. Ein Beispiel: Viele Menschen versuchen, das Wort „Ich" zu vermeiden, wenn sie über ihre Gefühle oder Gedanken reden. Damit werden diese Äußerungen aber bewertend oder kritisch und lösen bei anderen häufig Zorn oder eine Verteidigungshaltung aus. Ein „Ich" sagt anderen genau, was Sie wollen, erwarten, brauchen oder wünschen, ohne bei der anderen Person Wut oder Schuldgefühle zu verursachen. Es findet keine verbale Projektion statt.

Konkrete Beispiele: „Sie haben mich enttäuscht", kann man auch auf sich bezogen ausdrücken, etwa „Ich bin enttäuscht". Statt „Sie haben meine Sitation nicht ausreichend berücksichtigt", könnte man sagen „Ich wäre Ihnen dankbar, wenn Sie meine Situation berücksichtigen würden". Statt „Sie haben meine Anweisungen nicht ausgeführt", wäre es besser zu sagen „Ich wollte, daß diese Angelegenheit erledigt wird, und ich bitte Sie, das endlich zu tun."

Nachdem ich dies Trevor erklärt hatte, ging ich direkt auf seinen Fall ein: „Trevor, wir wollen einmal versuchen zu analysieren, was Ihr Vater bezweckt hat, wenn er sich nie positiv über Ihre Leistungen geäußert hat. Vermutlich liegt die Ursache in seiner Überzeugung, daß sich bei ihm die Härte gelohnt hat. Deshalb dachte er, was gut für ihn war, müßte auch gut für seinen Sohn sein. Er hat seine Einstellung auf Sie projiziert. Sie können darauf wetten, daß er sich ebenso unbarmherzig kritisiert hat wie Sie es jetzt tun. Er hat auch sich nicht mit Nachsicht behandelt. Sie handeln genau wie Ihr Vater, und das möchten wir ändern."

Trevor lehnte sich zurück und lachte. „Das erklärt tatsächlich vieles. Ich kann nur hoffen, daß mir diese Erkenntnis weiterhilft."

„Also, wenn das bedeutet, daß ich engagiert bin, dann wollen wir gleich mit der Arbeit anfangen. Was meinen Sie mit ‚Sie können nur hoffen, daß Ihnen diese Erkenntnis weiterhilft?' Ich werde nicht zulassen, daß Sie Ihr neues Wissen nicht gebrauchen oder einfach weggehen und sich weiter kleinmachen."

„Ich habe noch eine Frage an Sie, und ich möchte eine ehrliche Antwort", forderte Trevor. „Warum rücken Sie nicht mit Ihrer wahren Meinung über mich heraus und sagen mir klipp und klar, daß ich ein Trottel bin, daß ich alles falsch gemacht habe?"

„Ich glaube nicht, daß Sie ein Trottel sind", antwortete ich. „Sie sind der Kritiker, nicht ich."

Schadensbehebung

Nun, da wir die Ursache seiner inneren kritischen Stimme aufgedeckt hatten, verlangte Trevor, daß wir das Problem so schnell wie möglich beseitigen sollten.

„Aber selbstverständlich, Trevor", antwortete ich, „Ihr Vater richtet 25 Jahre lang Schaden an, Sie machen da weiter, wo er aufgehört hat, und von mir erwarten Sie, daß ich eine magische Lampe schwenke und das Wasser den Berg hinauf fließen lasse. Wunder kann ich nicht vollbringen." Ich verstand, was Trevor wollte: Erleichterung von seinem emotionalen Schmerz.

Die erste Hürde, die in einem solchen Fall nie leicht zu nehmen ist, besteht in der Überzeugungsarbeit, daß die kritische innere Stimme unbedingt zum Schweigen gebracht werden muß. Von dieser Vorstellung ist ein Perfektionist anfangs kaum begeistert, denn seiner Meinung nach ist diese verbale Peitsche seine größte Motivation. Dann erkläre ich, daß seine Motivation in Wahrheit der Wunsch nach Anerkennung und Zuneigung war und die kritische Stimme einfach ein Hilfsmittel bei der Erreichung dieses Ziels. Unter diesem Aspekt ist es einfacher, einem Perfektionisten die Idee zu „verkaufen", ein neues „Hilfsmittel zur Motivation" auszuprobieren. Wieder und wieder versichere ich, daß man auch ohne kritische innere Stimme zielstrebig und erfolgreich sein kann. Die Energie, die zuvor für diese Stimme verbraucht wurde, kann direkt in Leistung umgesetzt werden. Die neuen Hilfsmittel sind Selbst-Anerkennung sowie Positives erkennen und entwickeln.

„Trevor", begann ich, „wir müssen uns ansehen, wie Sie momentan handeln und anschließend Wege zu einer Einstellungs- und Verhaltensänderung finden. Ich schlage vor, wir beginnen mit ein wenig Psychologie. Alle Informationen, die wir brauchen, haben Sie in Ihrem Kopf. Ich werde Ihrem Gedächtnis mit einigen Fragen auf die Sprünge helfen. Wir können keine Veränderung erreichen, solange wir nicht wissen, welche Gedanken Ihr Verhalten steuern."

Daraufhin stellte ich ihm eine Reihe ausgewählter Fragen. Erwartete Ihr Vater blinden Gehorsam? Hat Ihr Vater mit Ihnen konkurriert? Hat er Sie mit anderen Kindern oder mit Ihren Geschwistern verglichen? Warum haben Sie die Beurteilung Ihres Vaters höher bewertet als Ihre eigene? Hat Sie Ihr Vater ermutigt, seinem Vorbild nachzueifern? Gibt es Dinge, die Sie gerne tun würden, aber aus der Angst heraus zu versagen, doch unterlassen?

Als Trevor über diese Fragen nachdachte, ging plötzlich ein Leuchten über sein Gesicht. Er lehnte sich auf seinem Stuhl zurück und rief aus: „Deshalb habe ich das Segeln aufgegeben. Jeden Sommer veranstalteten wir Bootsrennen am Cape. Vater war immer der Kapitän, und meine Brüder und ich befolgten ergeben seine Anweisungen. Beim letzten Rennen der Saison lagen wir Kopf an Kopf mit einem anderen Boot. Die Meisterschaft war in greifbare Nähe gerückt. Anstatt auf meinen Vater zu achten, machte ich mich eigenmächtig am Klüver zu schaffen, um mehr Fahrt zu gewinnen. Wir gewannen das Rennen und die Meisterschaft. Ich war in bester Stimmung und drehte mich zu meinem Vater um, weil ich erwartete, er würde irgend etwas sagen wie ‚Gut gemacht, mein Sohn.' Aber das geschah nicht. Später beschuldigte er mich, ich hätte versucht, meinen Brüdern den Wind aus den Segeln zu nehmen. Ich war am Boden zerstört. Nach diesem Vorfall wollte ich nie wieder segeln, und ich habe es auch nie wieder getan. Das liegt jetzt mehr als 18 Jahre zurück. Bis zu diesem Moment war mir nicht bewußt, daß ich mein halbes Leben lang auf etwas, was ich einmal sehr gerne tat, verzichtet habe."

Er fuhr fort: „Tatsache ist, daß ich nur dann etwas mache, wenn ich weiß, daß ich es hervorragend kann. Ich bin leicht entmutigt. Wenn mir etwas zu schwierig erscheint, wende ich mich anderen Dingen zu, die ich beherrsche."

Er machte eine lange Pause, dann begann er erneut: „Ich frage mich gerade, ob ich es nicht ertragen kann, wenn Leute mir bei der Arbeit über die Schulter gucken, weil mich das an die mißbilligenden Blicke meines Vaters erinnert. Ist es tatsächlich so, daß Menschen ständig solche Erinnerungen mit sich herumschleppen und auf andere projizieren?"

„Ja, solche Narben aus der Kindheit behalten wir ein Leben lang", antwortete ich. „Bis wir uns von diesen seelisch belastenden Erinnerungen lösen, halten wir uns oft an zwei Dinge. Erstens: Wir suchen Menschen, die unserer Mutter oder unserem Vater ähneln, und wiederholen mit ihnen unsere Verhaltensmuster. Manchmal geschieht dies unbewußt, manchmal nicht. Gibt es zum Beispiel gegenwärtig jemanden, der Sie an Ihren Vater erinnert? Unternehmen Sie etwas, um das Wohlwollen dieser Person zu erringen? Da Ihr Vater kritisch war, reagieren Sie auf kritische Menschen, gleichgültig, ob es sich um eine Frau oder einen Mann handelt?

Zweitens: Wir legen die Reaktionen der Menschen falsch aus, weil unsere emotionalen Wunden nicht verheilt sind. Hatten Sie zum Beispiel schon einmal das Gefühl, wenn Sie mit Leland über Ihre Arbeit gesprochen haben, er habe sich mißbilligend verhalten und später festgestellt, daß er nur verblüfft war? Wir müssen uns bewußt machen, welche Reaktion in bezug auf unsere Person wir bei anderen Menschen voraussetzen.

Das ist nicht immer ganz einfach, aber man kann es üben. Der Zweck dieser Übung ist es, die quälenden Erinnerungen, die tief in Ihrem Innern auf der Lauer liegen und die Sie nicht identifizieren können, ans Licht zu bringen."
Die folgenden Übungen schlug ich Trevor vor:

– *Machen Sie eine Liste der Menschen, deren Meinung Sie sehr interessiert.* Unter jeden Namen schreiben Sie, warum er wichtig für Sie ist. Fragen Sie sich, ob Sie diese Person an jemand anderen erinnert. Fragen Sie sich, welche Gefühle in bezug auf sich selbst Sie bei dieser Person auslösen möchten. Denken Sie einige Zeit darüber nach.

– *Machen Sie eine Liste mit der Überschrift „Wofür ich bewundert werden möchte."* Diese Liste hilft Ihnen, Ihre Prioritäten zu entdecken. Dann stellen Sie jeden Punkt in Frage: „Von wem habe ich das übernommen?" „Möchte ich diesen Aspekt tatsächlich auf meiner Liste behalten?" „Was steht noch nicht auf der Liste, was ich gerne hinzufügen würde?"
– *Machen Sie eine Liste mit der Überschrift „Was ich an mir selbst mag."* Das ist oft die schwierigste Übung, weil die meisten Menschen zwar schnell die Punkte aufzählen können, die sie *nicht* an sich mögen, umgekehrt aber Schwierigkeiten haben.

Auswirkungen auf das Verhältnis zu anderen

Trevor kam gut voran mit den Übungen und den Vorschlägen, die ich ihm machte. Wir arbeiteten fast zwei Monate daran, ihm bewußt zu machen, bei wem und wie er sich um Anerkennung bemühte, auf welche Weise er sich selbst kleinmachte und welche Situationen diese Reaktion auslösten.

Erst mußte er sich bewußt werden, wie er sich selbst behandelte, vorher konnte ich ihn nicht mit den Auswirkungen seines Verhaltens auf andere konfrontieren.

Ein paar Wochen später traf ich mich wieder mit Trevor. Er sah entspannter aus als je zuvor und marschierte forsch in mein Büro. Der Zeitpunkt schien günstig zu sein. Wir plauderten über dies und jenes und begannen dann mit der Arbeit. „Jetzt ist es soweit. Wir brauchen ein Feedback von den Menschen, mit denen Sie leben und arbeiten", sagte ich. „Ich glaube, Sie haben sich inzwischen recht gut kennengelernt. In den letzten zwei Monaten haben Sie ein positiveres Selbstbild gewonnen. Nun sollten wir Ihre eigene Meinung über sich mit den Informationen, die von außen kommen, vergleichen. Sie können Ihr Verhalten oder Ihre Einstellung nicht wirklich ändern, solange Sie nicht wissen, wie andere Sie sehen.

Ich möchte gerne, daß Sie mit diesen Menschen sprechen, anschließend werde ich dasselbe tun. Wir müssen Informationen sammeln, damit wir neue Wege zur Problembewältigung finden. Sie müssen sich Ihrer Gefühle bewußt werden und verstehen, warum Sie auf eine ganz bestimmte Weise reagieren. Meine

Gespräche mit den Menschen werden aufdecken, ob es Probleme gibt, die man Ihnen verschwiegen hat."

„Das kann ich nicht machen", protestierte Trevor. „Ich weiß sowieso, was sie sagen werden, daß ich nämlich nie zuhöre. Meine Frau sagt mir das die ganze Zeit. Ich bin mir ziemlich sicher, daß die Leute gar nicht mit mir reden wollen." Als Trevor merkte, daß ich mich von dieser Ausrede nicht beeindrucken ließ und auf meinem Standpunkt beharrte, fragte er: „Was soll ich denn machen?"

„Trevor, die Unfähigkeit, zuzuhören, resultiert aus einer Abwehrhaltung. Beschreiben Sie mir, wie Sie reagieren, wenn Menschen mit Ihnen reden wollen."

„Ich bin nicht ganz sicher. Manche haben gesagt, ich würde immer so tun, als wüßte ich alles besser, oder ich würde sie unterbrechen und auf einem bestimmten Punkt herumhacken. Manchmal sehe ich einfach aus dem Fenster und lasse sie reden, oder ich werde ärgerlich und ungeduldig. Meinen Sie das?"

„Ganz genau", sagte ich. „Ich mache Ihnen ein paar Vorschläge, wie Sie die Kommunikation mit Ihren Mitmenschen verbessern und eine Beziehung zu ihnen herstellen können."

– *Verhalten Sie sich bestimmt.* Erklären Sie, daß Sie an Ihrem Führungsstil arbeiten und Anregungen brauchen.
– *Zeigen Sie Einfühlungsvermögen.* Sagen Sie jeder Person, daß Sie genausoviel Angst haben, die Wahrheit zu hören, wie sie wahrscheinlich umgekehrt, sie Ihnen zu sagen.
– *Stellen Sie Fragen.* Achten Sie genau auf die Antworten, und wenn nötig, haken Sie nach. Danken Sie den Leuten für ihre Anregungen. Sagen Sie ihnen, daß Sie verstanden haben, was sie meinen.
– *Vermeiden Sie Widerlegungen, Erklärungen oder Rechtfertigungen.* Gleichgültig, welche Verhaltensweise angesprochen wird, Sie dürfen nur zuhören, sonst wird das Ergebnis verfälscht. Erwarten Sie nicht, daß Ihnen das leichtfallen wird. Nur wenige Manager bringen den Mut dazu auf.

Trevor hatte Bedenken, war aber schließlich einverstanden. Er unterrichtete seine Mitarbeiter, daß wir uns im Laufe der nächsten zwei Wochen einzeln mit ihnen unterhalten würden. Ich wollte, daß Trevor ihre wirklichen Sorgen zu hören bekam und nicht nur mit spontanen emotionalen Reaktionen belastet würde, deshalb sprach ich zuerst mit den Leuten. Ich nahm also eine Art Blitzableiterfunktion ein, denn auf diese Weise konnten sie an mir die eventuell aufgestauten Frustrationen oder ihren Zorn auslassen.

Nach Abschluß der Gespräche setzte ich mich mit Trevor zu einem Erfahrungs- und Gedankenaustausch zusammen. Ich war gespannt, ob sie mit Trevor ebenso offen gesprochen hatten wie mit mir, denn das wäre ein Hinweis darauf, daß Trevor sie nicht eingeschüchtert oder sich abwehrend verhalten hatte. Trevor war es nicht leichtgefallen, sich kommentarlos Äußerungen anzuhören wie: „Mir ist schon die Vorstellung verhaßt, daß ich mich von jemandem abkanzeln lassen muß, der so unsicher ist, daß er sich ständig auf meine Kosten etwas beweisen muß." Ein anderer Mitarbeiter faßte das zusammen, was wir beide immer wieder zu hören bekamen: „Ich habe das Gefühl, ich müßte Sie immer wie ein rohes Ei behandeln. Ich kann sehr viel von Ihnen lernen, und was das angeht, möchte ich für keinen anderen arbeiten. Aber was Ihr Verhalten anbetrifft, da ist mir jeder andere Chef lieber."

Trevor und ich diskutierten über die Antworten und über das Ergebnis dieser Übung. Er war ehrlich überrascht, wieviel Ähnlichkeit sein Verhalten mit dem seines Vaters hatte. „Als ich ihnen zuhörte, habe ich mich immer wieder gefragt: ‚Sprechen die von mir oder von meinem Vater?' Ich wollte wirklich nicht so grob mit ihnen umgehen."

Im Lauf der nächsten sechs Monate lernte Trevor allmählich, meinem Urteil zu vertrauen. Wenn ich ihn lobte oder auf eine Verhaltensänderung aufmerksam machte, reagierte er nicht mehr mit Selbstherabsetzung. Überprüfte ich seine Zielsetzungen oder schlug vor, er solle doch seine Erwartungen nochmals überdenken, nahm er realistische Berichtigungen vor, normalerweise widerspruchslos und ohne mich zu beschuldigen, ich wäre zu genügsam und würde zu wenig verlangen. Ein paarmal stimmte er sogar mit mir überein. Das war ein großer Fortschritt; aber der Weg zum Erfolg verläuft nicht immer auf geraden Bahnen und vieles kann geschehen, das wieder Rückschläge zur Folge hat.

Einfluß auf das Privatleben

Als wir die Arbeit auf das Privatleben ausdehnten, hatte das einen Rückschlag zur Folge. Ende Januar gestand mir Trevor, daß seine Frau ihn zwei Tage nach Weihnachten verlassen hatte. Das lag jetzt fast einen Monat zurück, und er hatte niemandem davon erzählt.

Ich hatte gerade vier Wochen mit Trevor zusammengearbeitet, als ihm Claire mitteilte, sie hätte eine Affäre mit einem Schreiner. Das überraschte mich, denn Trevor hatte von seiner Frau immer voller Bewunderung und Zuneigung gesprochen. Ich war jedoch nicht weiter überrascht, als ich erfuhr, daß er Claire schon von Kindesbeinen an gekannt hatte. Ihre Familie zählte ebenfalls zu den konservativen, alteingesessenen Familien in Boston. Claire war genau der Typ Frau, den Trevor immer heiraten wollte. Für ihn war sie die perfekte Ehefrau und, wenn die Zeit dafür reif war, würde sie die perfekte Mutter sein. Ihre Mutter hatte Empfänge für Präsidenten, Botschafter und Mitglieder der High Society gegeben. Claire hatte man dazu erzogen, in ihre Fußstapfen zu treten. Wenn man Trevor glaubte, übertraf sie ihre Mutter sogar noch bei weitem. Ich ermunterte Trevor, über Claires Affäre zu sprechen. Er konnte mich nicht ansehen. Er tat mir sehr leid, weil er sich so entsetzlich gedemütigt fühlte.

Anscheinend war es nicht Claires erste Affäre. Trevor konnte es nicht ertragen, irgend jemand (vielleicht er selbst) könnte auf den Gedanken kommen, seine perfekte Ehe wäre nicht ganz so vorbildlich. Er ließ den Dingen einfach ihren Lauf, wartete auf Claires Entscheidung und tolerierte wiederholt ihre außerehelichen Eskapaden. Seine Rolle definierte er mit folgenden Worten: „Ich gehöre einfach zum Ensemble." Daß auch Claire nicht ganz schuldlos an der verfahrenen Situation war, merkte er nicht. Er machte sich nur ständig Selbstvorwürfe.

Ich fragte Trevor, welchen Grund sie für die Trennung genannt hatte. Er erklärte, sie habe gesagt, bei dem anderen Mann könnte sie ganz sie selbst sein, sie müsse sich nicht dauernd rechtfertigen und wäre nicht permanenten Forderungen ausgesetzt. Sie hätte das Gefühl, Trevor würde stets über sie zu Gericht sitzen, und sie hätte Angst, ihre Meinung zu vertreten.

Trevor und ich sprachen fast drei Stunden über dieses Problem, dann gestand er: „Ich kann nicht glauben, daß ich mich meiner Frau gegenüber genauso verhalten habe wie im Büro. Einen Tag, nachdem sie mich verlassen hatte, rief ich meine Mutter an. Können Sie sich das vorstellen, ein Mann in meinem Alter ruft seine liebe alte Mami an und bittet um Rat? Ich wollte wissen, ob sie bei meinem Vater etwas Ähnliches empfunden hatte. Ich schien ja alles nach seinem Muster gemacht zu haben, warum also nicht auch meine Ehe? Als sie beschrieb, wie mein Vater sie behandelt hatte, wünschte ich, der Boden würde sich auftun und mich verschlingen. Sie hatte eine trostlose Ehe geführt. Meine Mutter hat sich nie anmerken lassen, wie unglücklich sie war. Sie sagte, sie hätte meinen Vater gerne verlassen, hätte aber um unseretwillen beschlossen, bei ihm zu bleiben. Ich dachte, ich werde verrückt. Ich konnte nicht mehr unterscheiden, ob ich Claire oder meine Mutter hörte. Sie sagten beide genau dasselbe."

Diese Sache war fast zuviel für ihn. Ich konnte mir nur schwer vorstellen, mit welcher Last Trevor gelebt hatte. Er hatte die Charade der Perfektion schon zu lange aufgeführt, wie sollte er sich noch dagegen wehren? Ich befürchtete, Trevor würde sich wieder in sich zurückziehen und alle Mühe wäre umsonst gewesen.

Die Prüfung

Über zwei Monate war Trevor sehr deprimiert. Seine Mitarbeiter fanden ihn unerträglich, denn er ließ seine Wut an ihnen aus. Ich versuchte, Leland und die anderen (einschließlich mich selbst) zu überzeugen, daß wir so objektiv wie möglich sein müßten. Ich behauptete sogar, Trevor würde uns nur einer Prüfung unterziehen; er würde versuchen, uns zu beweisen, daß unser Vertrauen in ihn und unsere Unterstützung nicht gerechtfertigt gewesen wären. Er würde nur auf die Erfüllung seiner Prophezeiung „Ich tauge wirklich nichts" warten.

Leland wurde es zunehmend leid. Ich wußte, er war verletzt und enttäuscht, und ich versuchte, ihn wieder zu überzeugen und auf meine Seite zu ziehen. Die Belegschaft verweigerte sich. Schließlich blieb mir nur noch die Flucht nach vorn. Ich knöpfte sie mir alle vor und sagte mit Nachdruck: „Niemand hat Trevor jemals unterstützt oder sich um ihn bemüht, wenn er hart und halsstarrig war. Er beweist sich gerade selbst, daß er recht hatte, niemanden an sich heranzulassen. Wir dürfen ihn nicht gewinnen lassen. Wir müssen ihm helfen – ihm beweisen, daß er sich irrt. Trevor glaubt, die Realität wäre das, was er sich in seinem Kopf zurechtlegt. Er macht eine schlimme Zeit durch, weil das Leben sich nicht an sein inneres Drehbuch hält."

Trevors inneres Drehbuch las sich wie eine vernichtende Kritik. Seine vertrauten Prinzipien kamen durcheinander, weil sein Vorgesetzter, seine Mitarbeiter und ich uns weiterhin um ihn bemühten und ihn ermutigten, diesem Ansturm negativer Gefühle zu trotzen. Unser Verhalten zwang ihn zu einer Überprüfung seines bisherigen Denkens und Handelns.

Den Teufelskreis durchbrechen

Trevor mußte seine verinnerlichten negativen Gefühle in Frage stellen. „Wäre es nicht an der Zeit, daß Sie ihre negative Selbsteinschätzung begraben?" fragte ich. „Warum weigern Sie sich, überhaupt zur Kenntnis zu nehmen, wie positiv sich die Leute Ihnen gegenüber verhalten? Was haben Sie davon, wenn Sie sich einreden, alle wären gegen Sie, wenn es gar nicht stimmt?"

Seine Antwort überraschte mich: „Ich habe keine Hoffnung mehr. Ich war überzeugt, alles läuft wie geplant, aber mein Leben ist in Trümmer gefallen, und zwar durch meine eigene Schuld."

Trevor sprach so schlecht über sich wie nie zuvor. Um den Kreis zu durchbrechen, setzte ich eine Methode ein, mit der ich bei ihm schon einmal Erfolg gehabt hatte. Ich schlug ihm vor, er solle mir alles aufzählen, was er an seiner Person auszusetzen hat. Als er damit fertig war, zählte ich ihm alles noch einmal auf.

„Trevor, was würden Sie von einem Mann halten, der solche Dinge über sich sagt: ‚Ich weiß nicht, warum die Leute sich um mich bemühen. Sie und Leland sind Narren, wenn Sie an mich glauben. Claire hatte recht, ich hätte ihr zuhören sollen. Ich mache alles falsch.'"

„Ich hätte Mitleid mit dem armen Kerl. Es ist schade, daß sich Menschen um ihn kümmern, und er nicht imstande ist, daß zu akzeptieren und anzuerkennen."

Feedback kann wertvolle Hilfe leisten, denn damit wird die notwendige Objektivität wieder hergestellt. Als Trevor seine eigenen Kommentare hörte, wachte er auf.

„Ich sollte endlich damit aufhören, mich weiterhin unnahbar zu gebärden", sagte Trevor. „Seit Claire mich verlassen hat, war mein Leben nicht gerade leicht. Ich hatte Angst, jemanden an mich heranzulassen. Ich muß so manches wieder in Ordnung bringen."

Wenn wir neue Verhaltensweisen einüben wollen, wie es bei Trevor der Fall war, hilft es, den dazu nötigen Denkprozeß aufzuschreiben, damit wir alle Phasen schwarz auf weiß vor uns haben. Ich schlug Trevor eine Übung vor, die seine positive Struktur erneut stärken sollte. Diese Übung setzte sich folgendermaßen zusammen:

– *Machen Sie eine Liste Ihrer täglichen Ziele*. Am Ende der Woche überprüfen Sie Ihre Zielsetzungen. Achten Sie darauf, ob Sie sich unbewußt von vornherein unrealistische Ziele gesetzt haben. Sind Sie böse auf sich, weil Sie diese nicht erreicht haben? Überprüfen Sie noch einmal, was Sie zustande gebracht haben und bewerten Sie alle unvorhersehbaren Zwischenfälle.

– *Machen Sie eine Liste Ihrer erreichten Ziele*. Schreiben Sie jeden Abend auf, was Sie erreicht haben. Sie können auf diese Liste aufnehmen, was Sie wollen, sowohl banale als auch wichtige Dinge haben hier ihre Berechtigung.

Führen Sie diese Übung zwei Wochen lang durch. Bei einem Vergleich der beiden Listen werden Sie verstehen, warum Sie manche Ziele erreicht haben und manche nicht.

Trevor und ich trafen uns einen Monat später. Trevor brachte mich sofort auf den neuesten Stand. Er gab zu, daß er ohne diese Übungen wahrscheinlich übersehen hätte, wie gut er und seine Mitarbeiter mit einem wichtigen Kunden verhandelt hatten.

Er erklärte: „Tatsache ist, daß ich mich jetzt völlig anders fühle. Sie haben mir zwar etliche Male gesagt, daß auch Claire am Scheitern unserer Ehe nicht ganz unschuldig ist, aber ich habe es nicht geglaubt. Inzwischen ist mir klar, daß sie zu einem anderen Mann geflüchtet ist, weil sie ihre Unzufriedenheit mit der ganzen Situation zum Ausdruck bringen, aber eine Diskussion darüber vermeiden wollte. Sie hätte ja auch nach einem Weg suchen können, unsere Ehe zu retten."

Mit einer Mischung aus Spott und Zorn fügte er hinzu: „Warum haben Sie mir nicht gesagt, was für seltsame Gefühle ich erleben werde, nämlich so etwas wie Stolz und Freude, wenn ich einmal etwas Gutes an mir und anderen entdecke? Zum erstenmal seit Jahren stehe ich morgens gerne auf. Ich gehe gern zur Arbeit. Es hat mich aufrichtig gefreut, als ich beobachtet habe, wie meine Mitarbeiter förmlich auftauen. Einer hat mit mir über seine Berufsziele gesprochen, und ein paar andere sind mit ihren Problemen zu mir gekommen. Ich glaube, ich habe mein altes Ich wiedergefunden."

„Aha, das alte Ich ist der positive, fürsorgliche Manager?" erkundigte ich mich sarkastisch.

„Es wäre besser, Sie würden das glauben, und wenn ich irgend etwas in dieser Sache mitzureden habe, wird er bleiben", Trevor und ich lachten. Ich hatte seinen Humor sehr vermißt und war froh, daß sich sein innerer Druck verringert hatte.

Wir hatten nun über ein Jahr zusammen gearbeitet. Trevor fragte, ob ich noch einmal mit seinen Mitarbeitern reden wolle. Er wollte gerne, daß bei diesen Gesprächen die Bereiche, in denen er sich noch verbessern mußte, im Mittelpunkt stehen sollten, und lachend fügte er hinzu: „Ich fühle mich ganz einsam ohne meine kritische innere Stimme. Es ist gefährlich für mich, wenn ich zu selbstzufrieden bin. Gerade Sie sollten wissen, daß ich Schwierigkeiten habe, an irgendeine Verbesserung zu glauben. Sie überraschen mich. Haben Sie das völlig vergessen angesichts der kleinen Fortschritte? Sie waren doch so gescheit, hat Ihr Verstand nachgelassen in dem Jahr, in dem wir zusammen gearbeitet haben?"

Zwei Wochen später traf sich die gesamte Abteilung auf neutralem Boden. Im 32. Stockwerk des New York Plaza Hotel mit herrlichem Blick auf den Central Park eröffnete ich die Versammlung. Ich bat alle, mir (und Trevor) einen Punkt zu nennen, der sich auf Trevors Veränderung bezog und die Arbeit mit ihm und für ihn angenehmer gemacht hatte. Es herrschte Übereinstimmung, daß Trevor sehr viel interessierter und fürsorglicher geworden war; seine Kritik war nun konstruktiv, und er lobte inzwischen auch für eine gute Leistung. Die Arbeitsatmosphäre war entspannter, denn er zog auch nicht mehr dauernd Vergleiche mit anderen. Sie hatten immer schon viel bei ihm gelernt, aber im letzten halben Jahr hatte sich eine bedrückende angstbehaftete Beziehung in gegenseitige Unterstützung verwandelt.

Einige Monate später wurde Trevor befördert.

Trevor und ich beschlossen, noch ein abschließendes Gespräch zu führen, ehe wir uns endgültig verabschiedeten. Dabei meinte Trevor, er habe niemals jemanden gekannt, der ihn wirklich bei seinen Anstrengungen unterstützt hätte, in welcher Hinsicht auch immer. Ich hatte zwar eine wichtige Rolle für ihn gespielt, aber entscheidend war, daß er meine unterstützende und ermutigende Stimme nun ebenfalls verinnerlicht hatte. Ich drängte ihn, sich anderen Menschen anzuschließen, die ihn ebenso unterstützen könnten wie ich, denn ich wollte, daß er weiterhin die Ermutigung und Anerkennung erfahren sollte, auf die er Anspruch hatte.

Trevor mußte keine Energie mehr vergeuden, um seine ständige Selbsterniedrigung zu kompensieren. Er hat Selbstachtung entwickelt und weiß, daß er auch ohne seine kritische innere Stimme zu Leistungen motiviert ist.

Jetzt konnte er von seinen Zielen träumen und seinen frisch erworbenen Stolz festigen. Weil er sich nicht mehr selbst herabsetzte, mußte er sich nicht auf Kosten anderer wieder aufrichten. Er hat sein Selbstwertgefühl und seine Eigenliebe verstärkt und mehr Lebensfreude entwickelt.

Wenn Sie Ähnlichkeit mit Trevor haben

Die kritische innere Stimme kann man nicht einfach ignorieren. Es ist nicht leicht, sie ganz allein und auf sich gestellt zu bekämpfen. Aber nicht jedes Unternehmen engagiert einen Berater; vielleicht kennen Sie jemanden, der unter demselben Problem leidet, und Sie können sich gegenseitig bei der Überwindung der kritischen Stimme helfen. Oder Sie suchen Rat bei Fachleuten. Wenn Sie Ähnlichkeiten mit Trevor an sich entdecken, sollten Sie die folgende Übung machen. Sie kann Ihnen helfen, Ihr Verhalten und Ihre Einstellung zu ändern:

Übung zur Verhaltensänderung:

1. Listen Sie alle Eigenschaften auf, für die Sie bewundert werden möchten.

2. Denken Sie an die Menschen, deren Meinung für Sie zählt.

3. Konzentrieren Sie sich auf Ihre positiven Eigenschaften.

4. Finden Sie ein Vorbild, um neue Verhaltensmuster zu lernen.

5. Stellen Sie die Erwartungen, die Sie an sich selbst richten, in Frage.

6. Erstellen Sie eine selbstkritische Liste mit Ihren negativen Eigenschaften und vergleichen Sie diese mit Ihren positiven Eigenschaften.

7. Bitten Sie um Feedback und hören Sie einfach zu.

8. Vergleichen Sie die Liste Ihrer täglichen Ziele mit der Liste Ihrer tatsächlich erreichten Ziele.

9. Geben Sie vor sich selbst und mindestens auch gegenüber einer anderen Person zu, wenn einmal etwas nicht so hervorragend läuft.

10. Gehen Sie auch einmal ein Risiko ein und machen Sie Fehler.

Kapitel 8

Dem Erfolg opferte ich meine Selbstachtung

Die Arbeit an dieser Studie hat dazu geführt, daß ich meine Ansichten über Männer in verschiedenen Punkten revidiert habe. Ganz besonders halte ich nichts mehr von dem Mythos, Erfolg ziehe automatisch Selbstwertgefühl und Selbstvertrauen nach sich.

Während der Interviews habe ich mir immer wieder die Frage gestellt: Wie kann ein Mensch nach außen so erfolgreich und trotzdem so unsicher sein? Warum scheinen manche mit dem Erreichten zufrieden zu sein, während andere niemals zufrieden sind? Bei der Beantwortung dieser Fragen halfen mir einige Männer, die gelernt haben, ihr Selbstwertgefühl nicht mehr von der Erfüllung der gesellschaftlichen Normen abhängig zu machen. Diese Männer haben entdeckt, daß sie ihr Leben von falschen Wertvorstellungen haben dirigieren lassen, deren Folge nur Leere und Unsicherheit waren. Mit hartnäckiger Introspektion und Ehrlichkeit haben sie es schließlich geschafft, den Glauben an sich selbst zu finden und sich nicht mehr länger allein durch ihre Leistungen zu definieren.

Aber manchen Männern, wie erfolgreich sie auch sein mögen, gelingt das nie. Sie haben ein Idealbild von sich geschaffen, das in keiner Weise der Realität entspricht. Ihr Lebensziel besteht darin, die besten Verkaufsideen zu entwickeln, die teuerste Skiausrüstung zu kaufen, die meisten Frauen zu erobern; trotzdem haben sie nie das Gefühl, sie hätten es „geschafft".

„Wenn du äußere Werte als verläßlichen Maßstab für dein Selbstwertgefühl und deine Identität ansiehst, bist du immer nur so gut, wie dein *nächster* Erfolg", so ungefähr würde ich die vergeblichen Bemühungen dieser Männer beschreiben.

Ich sprach mit einem Wirtschaftsprüfer, der sich vor kurzem selbständig gemacht hatte. Wie bei jeder Firmengründung war der Weg zum Erfolg mühsam. Als ich ihn fragte, was er sich denn von seinem enormen Engagement und der harten Arbeit verspreche, sagte er: „Finanzielle Sicherheit und Selbstbewußtsein."

„Sie glauben, Sie können nur selbstbewußt sein, wenn Sie Ihre Firma aufbauen und in der Branche einen überdurchschnittlichen Ruf haben?" fragte ich halb forschend, halb rhetorisch.

Mir tat dieser Mann leid. Als ich ihn kennenlernte, hatte ich schon sehr viele Männer interviewt und unzählige Male dieselben Worte gehört. Es frustrierte mich, und ich mußte ihm sagen: „Sie gehen von falschen Voraussetzungen aus. Ihre Selbstachtung und Ihr Selbstbewußtsein hängen nicht von Ihrer Arbeit ab, sondern von Ihrer Persönlichkeit. Auch wenn Sie eine Spitzenfirma aufbauen, werden Sie doch niemals Arthur Anderson oder Touche Ross sein. Sie müssen an sich selbst glauben, dann erst ist Ihnen die Meinung der anderen Leute gleichgültig. Sie lassen sich von falschen Wertvorstellungen leiten. Nur Ihr eigenes Selbstwertgefühl kann Ihnen Selbstachtung und Selbstbewußtsein vermitteln."

„Ich weiß, daß Sie recht haben. Das heißt, vom Verstand her weiß ich es. Aber ich empfinde es nicht so. Und das hat nichts damit zu tun, daß ich mich mit anderen Männern vergleiche. Ich wäre froh, wenn ich aus dieser Tretmühle aussteigen könnte, aber meine Beine treten immer weiter", antwortete er.

Falsche Wertvorstellungen verursachen sinnlose Leiden und innere Leere. Nach diesen Wertvorstellungen, von Männern bereitwillig als Evangelium angenommen, bedeuten Ruhm, Reichtum und Status mehr als Ehrlichkeit, Integrität, Selbstentwicklung und Eigeninteresse. Sie opfern ihre eigenen Werte dem Prestige, messen Statussymbolen mehr Bedeutung bei als Glück und verbringen mehr Zeit mit nichtssagenden, aber eventuell ihrer Karriere dienlichen Bekanntschaften als mit den Menschen, die sie lieben. Innere Leere und ständiger Selbstbetrug sind die fatalen Folgen dieses Verhaltens.

Viele Kollegen und Mitarbeiter haben großen Respekt vor Mark Adams, der erfolgreich in der Unterhaltungsindustrie tätig ist, weil er die äußeren Symbole des Erfolgs vorweisen kann: Er ist einer der jüngsten (28 Jahre) Topmanager im „Gewerbe", hat einen Blick für kreative und gleichzeitig gewinnbringende Arbeit, besitzt ein Haus in den Hügeln Hollywoods und fährt einen Mercedes 380 SL.

Wo immer er hingeht, erkennen ihn die Leute und schenken ihm besondere Aufmerksamkeit. Eines Tages lud er mich in ein bekanntes Restaurant in Beverly Hills ein. Mit den ihm gebührenden Ehrenbezeigungen wurden wir zu seinem Tisch geleitet. Nachdem wir uns gesetzt hatten, sagte Mark zu mir: „Ich weiß, was ich sagen muß, um auf andere Leute Eindruck zu machen. Ich weiß, welche Körpersprache ich einsetzen muß, damit sie mir Selbstsicherheit abkaufen." Mark demonstrierte mir eine entspannte, lässige Haltung, dann fuhr er fort: „Ich weiß, wann ich geistreich und charmant sein, wann ich nicken oder lächeln muß. Ich übe harte Selbstkritik; ich vergleiche mich mit anderen: Einige, die jünger sind als ich, haben mich bereits überflügelt, manche Männer haben einen besseren Geschmack als ich, andere aus unserem Gewerbe leisten an einem Tag oder in einer Woche mehr als ich. Aber keiner von ihnen würde auch nur im entferntesten annehmen, daß mich solche Gefühle plagen. Mein Leben besteht darin, andere zum Narren zu halten."

Ebenso wie Mark fragen sich viele Männer: „Wer wäre ich ohne meine schicken Klamotten und meine Status-Spielzeuge?"

Wann immer Männer mir sagten, sie hätten Zweifel, ob sich die Zeit und die Anstrengungen, die sie in ihre Karriere investieren, auch wirklich lohnen, schlug ich vor, sie sollten einmal kritisch die ihrem Verhalten zugrundeliegenden Wertvorstellungen überprüfen. Die 23 Prozent, die behaupteten, in jeder Hinsicht glücklich zu sein, hatten eines gemeinsam: Sie erwarben ihr Selbstvertrauen nach einer Zeit voller Selbstzweifel, einer Periode, in der sie ihre Prinzipien, Werte und Ziele in Frage gestellt hatten. Ihre Zufriedenheit ist das Ergebnis einer langen Suche nach einem sinnvollen Leben und basiert auf der Überwindung ihrer Abhängigkeit von äußerlichen Erfolgssymbolen.

Zu den Prioritäten dieser „zufriedenen und glücklichen" Männer gehören in erster Linie: Freude an der Arbeit, Vergnügen an persönlicher Weiterentwicklung, Wertschätzung der Familie und Freunde. Statussymbole, Ruhm oder Geld gehören nicht dazu. Das heißt nicht, daß sie sich nicht manche dieser Äußerlichkeiten wünschen. Wenn das gelingt, hat keiner etwas dagegen einzuwenden. Aber diese Männer messen sich nicht an von außen gesetzten Erfolgsmaßstäben. Ihr Selbstbewußtsein benötigt keine Krücken.

Selbstwertgefühl und Selbstbewußtsein sind keine selbstverständlichen Begleiterscheinungen des Erfolgs. Im Gegensatz zu den Blendern, die jeden Morgen ihre sichere Fassade hervorholen und niemals zugeben würden, daß etwas in ihrem Leben nicht in Ordnung ist, haben diese Männer gelernt, zu sich selbst ehrlich zu sein. Diese Ehrlichkeit erreicht man nur, wenn man den Schmerz persönlicher Weiterentwicklung nicht scheut. Dazu bedarf es harter Arbeit, denn man muß erst lernen, in sich hineinzusehen, seine Gefühle zu verstehen, eigene Regeln aufzustellen und aus den vorgefertigten Schablonen auszubrechen.

Eine Zeit des Selbstzweifels

John Rollwagen gehörte nicht zu den in meiner Studie befragten Männern. Ich lernte ihn im Januar 1987 nach einer Podiumsdiskussion kennen.

Als John anläßlich einer Versammlung von Führungskräften die folgenden Sätze sagte, wußte ich, daß ich ihn in mein Buch aufnehmen mußte: „Ein Problem eingestehen, heißt, daß Sie sich mit den ‚guten' Gefühlen ebenso vertraut fühlen wie mit den ‚schlechten'. Ich glaube, daß man durch eine seelische Erschütterung Kraft gewinnt. Sicher, damit ist einiges an Schmerz verbunden, und es bedeutet, daß Sie andere Menschen ein wenig um Rat und Hilfe bitten müssen. Aber letzten Endes lohnt sich all das Leid und die Mühe, weil Sie dann im allgemeinen etwas Großartiges geschafft haben."

Nach der Podiumsdiskussion wartete ich auf ihn. Ich hatte zahlreiche bekannte Manager interviewt und wußte, daß sie immer wieder von Menschen in Beschlag genommen werden, die stets etwas von ihnen wollen: ihre Zeit, ihren Rat, ihre Hilfe. Deshalb hatte ich ein flaues Gefühl im Magen, als ich John um ein Interview bat. Aber ihm gelang es in Sekundenschnelle, mich zu beruhigen.

Oft sind Männer an der Spitze für andere praktisch unerreichbar. Zum „Herrscher" dringt man erst vor, wenn man die Phalanx von Sekretärinnen, Assistenten und Opportunisten abgeschritten hat. Einige Topmanager baten mich, zuerst schriftliche Bittgesuche an verschiedene Angehörige ihres Befehlsstabs zu schicken, ehe sie ihre Einwilligung zu einem Interview gaben.

Andere wollten sehen, wie viele Hürden ich bereit war zu überspringen, bis ich zu ihnen vordrang. Manche Sekretärinnen wollen angefleht, andere bestochen werden. Im Vergleich dazu, war John verhältnismäßig leicht zu erreichen.

Ich gab ihm eine Kurzbeschreibung des Buches und fragte ihn, ob er zu einem Gespräch bereit wäre. „Sicher", sagte er, „ich habe nur das Problem, daß ich neunzig Tage im Jahr zu Hause sein will. Aber wenn Sie mir vorab eine Leseprobe zuschicken, werde ich Sie gerne anrufen, sobald ich etwas Zeit habe." Wie versprochen rief John mich kurz nach Erhalt des Materials an. Und im Laufe der nächsten paar Wochen hatte ich Gelegenheit, ihn näher kennenzulernen.

Erziehung nach der Erfolgsformel

In Johns Worten: „Ich hatte es leichter als die meisten. Ich besuchte gute Schulen. Ich komme aus einer guten Familie, wohnte im richtigen Stadtviertel. Ich bin intelligent. Ich paßte genau ins Schema, ich hatte alle Voraussetzungen für den Erfolg."

Mit 37 wurde John Präsident bei Cray Research, vier Jahre später war er Aufsichtsratsvorsitzender. Trotz seiner Privilegien verlief sein Aufstieg nicht so glatt, wie man vermuten würde.

„Ab 1970 hatte ich einen Abwärtstrend, der ungefähr zehn Jahre dauerte", erklärte John. „Wenn ich meine Lebenskurve betrachte, dann kann ich ganz deutlich drei verschiedene Perioden erkennen. Meine Jugend war großartig. Ich hatte allen Grund zur Zufriedenheit, das Leben hat mir viel geschenkt. Ich war ein glücklicher Mensch.

1975 war meine Selbstachtung beim Teufel. Ich erinnere mich, wie verletzt und mies ich mich damals gefühlt habe. Ich hatte einen schlimmen Einschnitt in Kauf nehmen müssen. Bei meinen Zukunftsplänen hatte ich sämtliche Bestandteile des Erfolgsrezepts berücksichtigt. Aber das Rezept hat nicht funktioniert. Der Führungsstil meines damaligen Chefs und meiner paßten einfach nicht zusammen. Er hat mich in den Arsch getreten, und so etwas gefällt mir nicht."

Auch Johns Privatleben verlief stürmisch. Seine Ehe ging nicht gut. Er wollte ganz von vorn anfangen, aber seine Schuldgefühle machten ihm dies unmöglich.

„Die ganze Verantwortung lag bei mir, deshalb hatte ich Schuldgefühle. Ich dachte, jetzt sind wir so lange zusammen, da muß es doch irgendwelche Gemeinsamkeiten geben. Aber da war nichts. In den ersten Jahren nach der Trennung unternahmen wir immer noch viele Dinge gemeinsam, wie eine richtige Familie. Ich hatte angenommen, das würde es den Kindern und auch meiner Ex-Frau leichter machen. Aber es hat alles nur verschlimmert. Rückblickend glaube ich, daß ich es damals hauptsächlich mir selbst leichter machen wollte" erklärte er.

John ist Elektronikingenieur. Ich hatte erwartet, er würde Probleme eher rational als emotional angehen. Folglich überraschte es mich, daß er so offen über seine Gefühle sprach. Deshalb fragte ich ihn: „Wer hat Ihnen beigebracht, auf Ihre Gefühle zu achten?"

„Mein Vater. Aber mein Verstand ist mir genauso wichtig. Ich möchte Ihnen ein Beispiel geben. Wenn ich mich vor etwas gefürchtet habe, sagte mein Vater, es würde wohl schon einen Grund für meine Angst geben, aber ich solle einen Augenblick darüber nachdenken, was im schlimmsten Fall passieren könnte. Und er erinnerte mich daran, daß es nichts gibt, mit dem ich nicht fertig werden kann."

„Sie benutzen also Ihren Verstand, um sich zu beruhigen, und nicht zur Selbstanklage wie viele andere", vermutete ich.

„Stimmt genau", antwortete John.

1980 zog John zu Hause aus. Fünf Jahre hatte er diesen Entschluß hinausgezögert. „Es ging nie um die Frage, soll ich weggehen oder nicht. Die Frage lautete: ‚Wie gehe ich?' Ich verletze nicht gerne andere Menschen."

Etwa zur selben Zeit kehrte Johns Selbstachtung zurück. Ich fragte ihn nach der Ursache für diese plötzliche Wende. „Ich glaube, das war, als ich entdeckte, daß ich meine Ängste und Unsicherheit überwinden konnte, wenn ich mir etwas Zeit für mich nahm. Die nötigen Antworten würde ich nur bekommen, wenn ich sie nicht erzwinge, dachte ich.

Ungefähr zu der Zeit lernte ich Beverly, meine zweite Frau kennen. Sie half mir während dieser depressiven Phase. Mi ihrer Unterstützung überwand ich meine Selbstzweifel. Sie nahm alles nicht so schwer; sie brachte mich zum Lachen oder hielt mich fest, wenn ich Angst hatte, müde oder aus dem Gleichgewicht war.

Sie verhielt sich ganz anders als meine erste Frau. In meiner ersten Ehe herrschte eher Kampf. Mary beurteilte mich im allgemeinen ziemlich negativ, sagte es aber nicht geradeheraus. Sie wollte mich kontrollieren und konkurrierte mit mir. Ich wollte sie davon abbringen, sich ständig mit mir zu messen. Sie sagte Dinge wie: ‚Glaub bloß nicht, daß du für immer an der Spitze der Firma stehst.' Und ich ging ihr in die Falle, weil ich ihr beweisen wollte, daß sie sich irrte."

Im weiteren Gespräch beschrieb John Beverly: „Sie ist ganz sie selbst. Beverly hat ihren eigenen Beruf. Sie ist eine erfolgreiche Malerin und Schriftstellerin. Ich lernte sie auf einem Flug in den Nordwesten kennen. Sie wollte dort ihren Collegeabschluß nachholen und ihr Leben wieder Stück für Stück neu ordnen, denn sie hatte gerade eine Trennung hinter sich.

Hätte Beverly mir nicht gestattet, ich selbst zu sein, könnte ich anderen dasselbe Recht auch heute noch nicht zugestehen."

Das Wort „gestattet" erregte meine Aufmerksamkeit. Ich bat John, ausführlicher darauf einzugehen.

„Sie gestattete mir, das Leben nicht so ernstzunehmen. Beverly liebte mich und lehrte mich, darauf zu vertrauen, daß ich auch anderen Menschen bei ihrer Weiterentwicklung helfen kann", antwortete John.

Und dann fügte er hinzu: „Wenn ich bei Mary geblieben wäre, wäre Cray heute nicht das, was es ist. Und ohne Beverly hätte ich das Unternehmen nicht so groß gemacht. Ich weiß, alles was mit Cray zusammenhängt, ist ein Spiegelbild meiner Gefühle. Wenn ich deprimiert bin, sind alle bei Cray deprimiert."

Nur wenige Topmanager sind sich bewußt, daß sie die Atmosphäre der ganzen Firma beeinflussen. Ihre Wertvorstellungen und Prinzipien wirken sich auf die Geschäftsphilosophie, die Geschäftspolitik und die Geschäftsmoral aus. Rollwagen weiß das sehr gut.

Sehr viele Menschen möchten bei Cray arbeiten. Letztes Jahr erhielt das Unternehmen auf die 800 ausgeschriebenen Stellen 30 000 Bewerbungen. Ein Zitat aus „Cray Style", dem Grundsatzprogramm der Firma: „Die Mitarbeiter von Cray vertrauen darauf, daß jeder seine Arbeit so gut wie möglich und gemessen am höchsten ethischen Standard erledigt. Wir nehmen uns gegenseitig sehr ernst. Wir nehmen alles, was wir machen, sehr ernst, uns selbst jedoch nicht zu ernst."

„Meine Philosophie ist einfach und unkompliziert". erklärte John. „Erstens: Wir geben den Leuten Gelegenheit, Herausforderungen anzugehen. Die Zielvorgaben sind nicht leicht zu erreichen. Wir lassen sie in kleinen Teams arbeiten. Zweitens: Wir bieten begrenzte, aber angemessene Unterstützung. Und drittens: Es gibt keine Alternative. Niemand anders versucht sich an demselben Projekt, das fördert die Konkurrenz und gibt Antrieb zum Erfolg."

Zur näheren Erläuterung fügte er hinzu: „Man muß den Leuten mehr vertrauen und sie weniger beaufsichtigen. Die Belegschaft kennt meine Überzeugung, weil ich klipp und klar sage ‚Es ist Ihre Entscheidung'. Schuldzuweisungen sind kein Thema. Wenn etwas vermasselt wurde, wird nicht gefragt ‚Wer war das?', sondern ‚Was kann man jetzt tun?'"

Ich fragte: „Was würden Sie jemandem raten, der Sie fragt: ‚Was muß ich tun, um so erfolgreich zu sein wie Sie?'"

John antwortete: „Sie müssen Ihren eigenen Weg finden, anstatt nach Schema F zu verfahren oder dem gängigen Erfolgsrezept nachzulaufen. Sie müssen bei der passenden Gelegenheit Ihre Talente einsetzen und sich auf Ihre Fähigkeit verlassen, Ihre eigenen Lösungen zu finden."

„Können Sie denn mit dieser Einstellung die Art, wie andere Männer in einer vergleichbaren Position ein Unternehmen leiten, tolerieren?" hörte ich mich fragen.

„Ich weiß nicht, ob ich welche kenne", antwortete John. „Ich komme nicht mit vielen zusammen. Ich glaube, manche davon schütteln den Kopf, betrachten mich mit einem spöttischen Blick von der Seite und schreiben mich ab. Ich habe den Verdacht, sie fühlen sich von meiner Einstellung bedroht. So viele wissen nicht, wie sie glücklich sein sollen. Ich glaube, manche beneiden mich, weil sie wissen, daß es mir so gut geht."

„Ich wette, daß sie das tun", meinte ich.

Dann fügte John noch hinzu: „Ich bin gerne ein Außenseiter."

John unterschied sich von vielen Topmanagern, die ich kennenlernte. Die meisten redeten zwar in der „neuen Sprache des

Managements" und zitierten Passagen aus den neuesten Managementbüchern, doch John führte die neuen Methoden durch.
 John wurde mit den „richtigen" Voraussetzungen geboren. Trotzdem war er gezwungen, sich intensiv mit seiner persönlichen Weiterentwicklung zu beschäftigen. Mit Hilfe von Introspektion überwand er schweres emotionales Leid. Im Grunde muß jeder eine Zeit des Ausprobierens und der Irrtümer durchstehen, in der er sich nicht an überlieferte Richtlinien oder Regeln halten kann. Am Schluß dieses Entwicklungsprozesses entdeckt man in vielen Fällen sein eigenes emotionales Rückgrat.

Eine zeitweilige Änderung der Wertvorstellungen

„Ich wuchs in einer Arbeitervorstadt in Pittsburgh auf. Mein Vater war Bergmann. Alle liebten Edward St. John. Sie nannten ihn ‚unseren guten Nachbarn Ed'. Er brachte mir Werte bei, die wenig mit Materialismus zu tun hatten. Die Sorge und das Interesse für andere Menschen standen für ihn im Mittelpunkt."
 Paul St. John war schon in jungen Jahren erfolgreich. Mit 28 Jahren wurde er Manager einer Bank. Mit 32 verdiente er mehr Geld pro Jahr als sein Vater in zehn Jahren verdient hatte.
 „Weil wir zu Hause nicht viel Geld gehabt haben, dachte ich, mit Geld könnte man auch das Glück erkaufen. Dieses Ziel wollte ich erreichen. Dabei blieben mein Selbstwertgefühl und meine Selbstachtung auf der Strecke. Aber eines Tages machte ich die Augen auf und sah, was ich getan hatte. Ich mochte mich selbst nicht mehr", vertraute mir Paul an. „Mein ganzes Interesse galt Statussymbolen. Ich trug ausschließlich Designeranzüge, und wenn ich meine Jacke auszog, faltete ich sie so, daß man das Etikett nicht übersehen konnte. Anstatt jemand zu sagen, er könne mitfahren, sagte ich: ‚Ich kann Sie unterwegs aussteigen lassen, mein Fahrer wartet draußen.' Im Rückblick frage ich mich: ‚Wozu hast du vier Wildlederjacken gebraucht?' Ich war glücklich in unserem ersten Haus. Warum also kaufte ich viermal ein neues, eines immer teurer als das andere? Nur, um auf die Leute Eindruck zu machen."
 „Warum tappen Ihrer Meinung nach so viele Männer in diese Falle?" fragte ich Paul.

„Ich kann nur für mich und aus meiner Erfahrung heraus antworten", erklärte er. „Im Investmentgeschäft ist das Geld, das einer macht, der einzige Wertmaßstab. Und alle wissen, wieviel Geld einer verdient. Es wird vorausgesetzt, daß du mehr willst, als du bereits hast, sonst verlierst du in diesem Beruf deine Glaubwürdigkeit. Ich habe meine Maske nie abgenommen, denn sonst hätten sie mich erledigt. Ich war nie zufrieden, ich mußte immer mehr Geld scheffeln. Wenn mir das nicht gelungen wäre, hätte ich geglaubt, ich wäre ein Versager.

Ich habe mich bemüht, nicht zu zeigen, wie wichtig mir die Meinung anderer Leute war. Ein Investmentbanker lernt, niemals seine Gefühle zu zeigen. Fürsorge für andere Menschen wäre als ‚Schwäche' ausgelegt worden. Die anderen hätten mich für einen Trottel gehalten. In diesem Geschäft haben nur sehr wenige Männer enge Freunde. Wir isolieren uns selbst, weil wir mit einem undurchdringlichen Visier herumlaufen und niemandem auch nur den Anflug einer Schwäche zeigen.

Die meisten meiner Kollegen und Vorgesetzten waren rücksichtslos, unangenehm und fühlten sich für ihre Untergebenen in keiner Weise verantwortlich. So wollte ich auf die Dauer nicht sein. Mein Beruf erforderte, daß ich in geschäftlicher Hinsicht ein ‚Haifisch' sein mußte, aber ich wollte nicht, daß sich diese Aggressivität auf andere Lebensbereiche ausdehnt. Ich habe meine Mitarbeiter stets geachtet. Wenn sie ein Problem hatten, sollten sie das Gefühl haben, daß sie damit zu mir kommen und mit mir darüber reden konnten. Für mich waren sie Individuen mit unterschiedlichen Sorgen und Bedürfnissen."

Als ich Paul kennenlernte, hatte er dem Investmentgeschäft den Rücken gekehrt und war Direktor einer Softwarefirma, deren Renommee sich auf den ausgezeichneten Ruf des brillanten, aber eigenbrötlerischen Eigentümers gründete. Es ist nicht einfach, für ein kreatives Genie zu arbeiten, ganz besonders nicht, wenn die Meinungen über den Führungsstil weit auseinandergehen. Frederick Castle, der Firmengründer, wollte die gesamte Organisation kontrollieren, aber nicht direkt damit in Berührung kommen. Er gab reine Lippenbekenntnisse ab, wenn er behauptete, er kümmere sich um seine Angestellten und sei Befürworter eines progressiven Führungsstils. Paul mußte ihn sehr oft daran erinnern, daß er sich bei einem Mitarbeiter für eine besonders gute Leistung hatte bedanken wollen, oder er mußte ihn davon abhalten, einen Angestellten vor allen anderen abzukanzeln.

Im Gegensatz zu Paul, der Verantwortung und Arbeit delegierte, mischte sich Frederick ständig in Pauls Arbeitsbereich ein. Er war gleichzeitig ein Märtyrer und ein Diktator. „Er mochte nur Leute, die mit ihm einer Meinung waren", erinnerte sich Paul. „Frederick wollte mir nicht soviel Autorität zubilligen, daß ich die meiner Meinung nach wichtigen Dinge durchführen konnte. Aber ich machte ihm einen Strich durch die Rechnung, weil ich mit Menschen zusammengearbeitet habe, die mir ähnlich waren. Sie verhielten sich mir gegenüber loyal und unterstützten mich. Frederick wußte nicht, wie man ein Team zusammenhält. Das war meine Aufgabe."

Frederick machte Paul zum Aushängeschild der Firma. Er repräsentierte die Firma hervorragend und spielte seine Rolle schließlich perfekt. Im Rückblick überlegte Paul: „Ich war die Firma. Ich dachte, wenn ich meine Arbeit verliere, verliere ich mein Gesicht. Deshalb war ich bereit, alles zu tun, um dabeizubleiben. Und das bedeutete, daß ich einfach nicht wahrhaben wollte, daß der Mensch, dem ich am meisten Vertrauen geschenkt habe, mir direkt vor meinen Augen das Messer auf die Brust gesetzt hat."

Die Erkenntnis war für Paul sehr schmerzlich gewesen. Ich hatte als Beraterin für Paul gearbeitet, bis er mich entließ, weil ich ihm die Wahrheit gesagt hatte – daß er von dem Kollegen, dem er rückhaltlos vertraute, verraten wurde – diese Wahrheit wollte er nicht hören.

Eingeholt von der Realität

Pauls Führungsmannschaft bestand aus den besten und fähigsten jungen Talenten. Was ihnen an Erfahrung fehlte, machten sie durch Begeisterung und Intelligenz wett. Paul freute sich, wenn er Menschen fördern konnte, und er delegierte bereitwillig Macht und Autorität.

Paul entwickelte eine enge Beziehung zu Bill Crawford. Bill, groß, gutaussehend und klug, war bei allen beliebt, besonders aber bei Paul. Als ich für die Firma tätig war, bezeichnete ich

Bill oft als Pauls Alter ego. Bill wurde zu einem vertrauenswürdigen Verbündeten, und Paul übergab ihm immer mehr Verantwortung. Alle in der Firma, außer Paul, registrierten mit der Zeit Bills Machtgier und waren der Ansicht, er würde über Leichen gehen. Innerhalb von zwei Jahren sorgte Paul für Bills Beförderung.

Bill hatte stets versucht, sein Machtstreben zu verheimlichen. Aber nach der Beförderung gab er jegliche Zurückhaltung auf und versuchte aggressiv, die Zügel an sich zu reißen. Gleichzeitig spielte er mit Paul weiter Theater. In Pauls Gegenwart benahm er sich wie ein treues Schoßhündchen. Wenn er sich bedroht fühlte, suchte er Zuflucht in dramatischen Ausbrüchen.

Einige Mitarbeiter warnten Paul und sagten ihm, Bill würde seine Arbeit sabotieren. Paul nahm sich vor, Bill in einem passenden Augenblick mit diesen Anschuldigungen zu konfrontieren. Er hatte viel Vertrauen in Bill investiert, und die Vorstellung, von ihm verraten und hintergangen worden zu sein, erschütterte ihn. Paul hielt die Ungewißheit nicht mehr länger aus, er mußte Bescheid wissen. Bei der Konfrontation wies Bill alle Vorwürfe entrüstet und eisern zurück.

Pauls Vater hatte seinen Sohn dazu erzogen, den Menschen zu vertrauen.

„Ich habe den Menschen immer vertraut", fuhr er fort. „Man hat mich nie verraten oder enttäuscht. Als ich mir schließlich eingestehen mußte, daß Bill hinter meinem Job her war, verlor ich mein Selbstvertrauen. Ich konnte es einfach nicht fassen, daß ich mich so in jemandem getäuscht hatte. Ich hatte das Gefühl, die Realität hätte mich um meine Ideale betrogen."

Dieser Verrat war, in Pauls Worten, das schlimmste Erlebnis seines Lebens. Er verlor seinen Glauben an die Menschen.

Die Warnungen in den Wind schlagen

Ich fragte Paul: „Warum haben Sie alle Warnungen ignoriert?"

„Ich war wütend auf meine Frau, auf alle, die versucht haben, mir die Augen über Bill zu öffnen", begann Paul. „Ich schlug die Warnungen in den Wind und sagte mir, ‚Anscheinend haben manche Leute Probleme mit Bills Charakter.' In Wahrheit konnte ich nicht auf sie hören, denn das wäre das Eingeständnis gewesen, daß ich mich getäuscht hatte. Ich wollte einfach nicht glauben, daß Bill meine guten Absichten so mißbrauchte.

Außerdem wollte ich mit niemandem darüber sprechen. Es war eine peinliche Situation für mich. Ich betrachtete die ganze Affäre als meinen eigenen Fehler und hatte Angst, die Leute würden mich auslachen", vertraute mir Paul an.

„Gab es einen Wendepunkt, an dem Sie endlich die Wahrheit über Bills Verhalten akzeptiert haben und etwas dagegen unternahmen?" hakte ich nach.

„Ja", antwortete Paul. „Eines Abends saß ich mit Roberta, meiner Frau, in unserer Sauna, und wir redeten miteinander. Sie sagte zu mir: ‚Ich habe dich all die Jahre geliebt, weil du dir niemals etwas aus Schaumschlägern gemacht hast. Du hast immer an dich selbst geglaubt.'

Damals wurde mir bewußt, daß ich meine Wertvorstellungen zeitweilig verändert, angepaßt hatte. Roberta wartete, bis ich das selbst sagte und mir über meine eigenen Worte klar geworden war. Sie ließ sich durch meine Wut nicht beirren und holte den ganzen Schmerz aus mir heraus. Sie hat mich nie in Frage gestellt oder kritisiert, sondern stets betont, wie wichtig ich für sie bin, und zwar unabhängig von meiner Arbeit. Ich hatte mich mit meinem Image identifiziert und hatte Angst, die Leute würden nun über mich lachen. Ich wollte ursprünglich nicht mit ihr reden, weil ich das Gefühl hatte, ich wäre ein Versager.

Aber durch unser Gespräch war mir bewußt geworden, daß ich meine Arbeit über meine Selbstachtung gestellt hatte. Da wußte ich, daß ich etwas unternehmen mußte. Als erstes habe ich Bill entlassen."

„Wieso war das die Lösung?" fragte ich halb herausfordernd, halb neugierig.

„Es war nicht die Lösung. Es war nur der erste Schritt zum Eingeständnis, daß ich mich getäuscht hatte. Frederick hatte bereits an meinen Führungsqualitäten zu zweifeln begonnen, weil er, wie alle anderen, Bill durchschaut hatte. Ich war nahe daran gewesen, meine Stellung zu verlieren. Aber selbst eine Kündigung hätte ab diesem Zeitpunkt nicht mehr den Verlust meiner Identität bedeutet."

Paul kündigte bei der Softwarefirma, aber erst, nachdem er das Vertrauen seines Chefs und seiner Mitarbeiter wiedergewonnen hatte. Das war ihm nur gelungen, weil er getan hatte, wovor er sich am meisten gefürchtet hat: Er hat seinen Fehler eingestanden. Es ist normal, daß man in einer solchen Situation glaubt, man wäre der einzige, dem jemals ein solcher Irrtum unterlaufen ist. Zu seiner Überraschung ließen seine Mitarbeiter Paul spüren, wie sehr sie ihn für seinen Mut in dieser Situation bewunderten.

„Als ich über das, was geschehen war, nachdachte, zog ich die Konsequenz. Ich mußte unbedingt meine Person von meiner Arbeit trennen. Ich habe mir einige Zeit freigenommen, um mir darüber klar zu werden, was ich wirklich will. Anfangs hatte ich Schuldgefühle, weil ich nicht produktiv war. Aber dann sagte ich mir, daß ich jetzt eben auf eine andere Weise produktiv bin. Ich habe Zeit, die Dinge zu tun, die mir schon immer Spaß gemacht haben", gestand Paul.

„Bei meiner nächsten Stellung werden nicht mehr die Statussymbole ausschlaggebend sein. Freude an der Arbeit ist sehr viel wichtiger als Geld. Und ‚geistige Übereinstimmung' mit den Leuten, mit denen ich zusammenarbeiten werde, steht auf meiner Prioritätenliste ganz oben. Ich möchte nicht das Gefühl haben, ein Fremder in einem fremden Land zu sein. Ich brauche eine gemeinsame Ebene mit den Menschen, mit denen ich geschäftlich zu tun habe. Ich will mehr als nur einen Job. Arbeit muß Spaß machen. Und es muß ein Bereich sein, an den ich glaube, den ich mit meinen Wertvorstellungen vereinbaren kann.

Ich habe meinem Beruf mehr Bedeutung als allem anderen eingeräumt. Ich hörte einem Mitarbeiter aufmerksamer zu als meinen eigenen Kindern. Jetzt bin ich an einem Punkt angelangt, an dem zwischenmenschliche Beziehungen vorrangige Bedeutung haben. Ich bin gern mit meinen Söhnen zusammen. Ich nahm meine Familie als Selbstverständlichkeit hin. Das ist jetzt anders geworden", erklärte Paul.

„Ich weiß nicht, ob es am Alter liegt oder woran sonst, aber ich habe festgestellt, daß es für Männer, die auf Ende Vierzig zugehen, immer wichtiger wird, Freunde zu haben, mit denen sie sich gut verstehen. Neulich sprach ich mit einem befreundeten Schriftsteller über dieses Thema. Wenn er mich um vier Uhr früh anrufen und mir sagen würde, daß er mich braucht, wäre ich für ihn da. Wir sind seit zehn Jahren befreundet und ersjetzt können wir zueinander sagen: ‚Ich mag dich. Ich bin gerne dein Freund.'

Ich habe die schlimmste Zeit meines Lebens hinter mir. Aber ich kann nicht behaupten, daß ich Statussymbole oder Geld verachte, denn uns geht es finanziell sehr gut. Das wäre also nicht ganz ehrlich. Aber ich weiß, daß ich niemandem mehr etwas beweisen muß. Ich habe mir selbst etwas bewiesen."

Wertvorstellungen wandeln sich

Selbstsicherheit beruht nicht auf materiellen Dingen, erzeugt aber trotzdem greifbare Resultate. Doch Selbstsicherheit zu entwickeln, ist nicht leicht. Wie aus den vorangegangenen Beispielen deutlich wird, erfordert dieser Prozeß die Bereitschaft, sich mit emotionalem Schmerz auseinanderzusetzen, und sehr viel Verständnis für die eigenen Bedürfnisse.

Ich glaube, im Augenblick findet eine Renaissance der Werte statt. Aber ich frage mich, wie bewußt und und energisch dabei vorgegangen wird. Von den Männern in meiner Studie messen der persönlichen Weiterentwicklung nur sechs Prozent der über 45jährigen einen hohen Stellenwert bei. 71 Prozent investieren überhaupt keine Zeit in eine Introspektion. Ich kann diese Einstellung verstehen, denn Introspektion ist ein langer, schmerzlicher Prozeß, der viel Mut erfordert.

Meine Hoffnung ruht auf den 62 Prozent der Männer im Alter zwischen 27 und 45, für die persönliche Weiterentwicklung einen hohen Stellenwert hat. Aber solange nicht mehr Männer wie zum Beispiel John Rollwagen Schlüsselpositionen in unserer Wirtschaft besetzen und somit Vorbild für andere sein können, wird sich innerhalb der meisten Unternehmen so schnell nichts ändern und den fürsorglichen Führungskräften die Arbeit nicht gerade erleichtert werden.

Ich weiß, daß sich viele Männer über Projektgruppen lustig machen, deren Ziel es ist, das Selbstwertgefühl zu stärken. Aber wenn es keine Probleme mit dem Selbstwertgefühl gäbe, dann könnte Daniel Yankelovich nicht behaupten, daß 72 Prozent der Bevölkerung der USA nach Selbstverwirklichung streben.

Niemand kann Ihnen dafür Patentrezepte oder klare Richtlinien vorgeben. Zwar behaupten viele Bewegungen des „New

Age", daß dies möglich *ist*. Aber das stimmt einfach nicht. Weiterentwicklung beinhaltet die Bereitschaft, Risiken einzugehen, Schmerz zu erleiden, Fehlschläge einzugestehen und trotzdem weiterzumachen.

Abschließend möchte ich noch einmal darauf hinweisen, daß ein Mensch sein Selbstwertgefühl nicht von äußeren Dingen abhängig machen darf. Wer in sich hineinblickt und sein Leben nach eigenen Werten, die aus dem Verständnis für sich selbst abgeleitet werden, ausrichtet, wer Fürsorge für andere aufbringt, sich um Ehrlichkeit und Integrität bemüht, wird nicht das Bedürfnis haben, sich selbst etwas beweisen zu müssen oder den Ansprüchen anderer zu entsprechen. Dieser Mensch läßt sich von seiner eigenen inneren Stimme leiten.

Teil IV

Die sichere Fassade

Kapitel 9

Konflikte vermeiden um jeden Preis: Der nette Kerl

„Was ist Ihr Oxymoron?" fragte ich eine Gruppe von fünfzehn Managern.

Ich gebe zu, das ist keine alltägliche Frage. Ein Oxymoron, erklärte ich, wird definiert als Zusammenstellung zweier sich widersprechender Eigenschaften. Ich hatte mich zu dieser Übung entschlossen, weil jeder Manager in dieser Gruppe dasselbe Problem hatte: Die Zuneigung ihrer Mitarbeiter war ihnen wichtiger als der Respekt, den sie vor ihnen haben sollten.

Eine kleine Filmgesellschaft hatte mich mit diesem Managementseminar beauftragt, weil es innerbetriebliche Schwierigkeiten bei der Bildung von Arbeitsgruppen gegeben hatte. Die Oxymorons bildeten die erste Übung des dreitägigen Seminars. Ich stellte sie an den Anfang, weil sie dabei ihre Ähnlichkeit untereinander entdecken würden und ihren gemeinsamen Wunsch erkennen konnten, ein netter Kerl zu sein.

Die Männer trugen ihr Oxymoron vor: liebenswürdiger Aufseher; freundliche Härte; strenge Rücksichtnahme; hilfsbereite Disziplinarmaßnahmen; gefälliger Prüfer. Die Widersprüche waren für alle offensichtlich.

Meine Aufgabe bestand darin, diesen Managern einen offenen und kommunikativen Führungsstil zu vermitteln. Diese jungen Spezialisten wollten gerne eine positive, fürsorgliche und motivierende Arbeitsatmosphäre schaffen. (Es handelte sich hier um eine Filmgesellschaft, deren tägliche Arbeit darin besteht, eine Belegschaft kreativer, phantasievoller Menschen zu leiten.) Ihr Chef war allerdings der Meinung, daß sie Probleme mit der Autorität hatten. Das Resultat war, daß jeder vor sich hinwerkelte.

Am Ende der ersten Übung rief der Buchhaltungsleiter, der bisher kaum aufgefallen war: „Anscheinend sind wir alle damit beschäftigt, gleichzeitig hart und freundlich zu sein." Sein Kommentar war die richtige Einleitung für eine Erläuterung des Konflikts und der daraus resultierenden Probleme. „Sehr oft hängt die Sympathie anderer mit unseren Wertvorstellungen zusammen", begann ich. „Aus meinen Gesprächen mit jedem einzelnen von Ihnen weiß ich, daß Sie gemeinsame Werte haben: Interesse für die Meinungen anderer, Vermeidung von Konflikten und ein ‚netter Kerl zu sein'. Jeder von Ihnen sagte auf die eine oder andere Art, er spüre den Konflikt zwischen seiner Stellung als Abteilungsleiter und seinem Wunsch, zur Gruppe zu gehören. Was möchten Sie sein, Boß oder Kumpel?"

Der Schlag saß. „Was Sie da sagen, gefällt mir nicht", warf der Firmenleiter ein, „aber ich weiß, daß es zumindest auf mich zutrifft. In der Firma, in der ich vorher war, nannten sie mich ‚Eismann', weil ich so unnahbar war. Anscheinend versuche ich jetzt, das zu kompensieren, indem ich den netten Kerl spiele, und mein Verhalten wurde für alle anderen tonangebend." Er wandte sich an seine Angestellten und schloß: „Ich möchte nicht, daß Sie alle nach diesem Seminar den Scheißkerl markieren, aber so weitermachen wie bisher können wir auch nicht. Wir müssen ein Gleichgewicht finden."

Ich war dankbar für seine Anmerkung und setzte meine Erklärung fort. „Wenn Sie in diesem Konflikt festsitzen, werden Sie unproduktiv, weil Sie sich zu oft entscheiden, auf Nummer Sicher zu gehen. Wir alle wissen, daß einem solchen Verhalten das Spiel ‚Verbrenn dir nicht den Mund' folgt. Und bei diesem Spiel vermeiden Manager, ihre Meinung ehrlich zu vertreten, was letztendlich heißt, sie lügen. Sie drücken sich vor der Führungsrolle. Außerdem delegieren sie schlecht, weil sie Angst haben, klare Anweisungen zu geben. Ein solches Verhalten verursacht Konflikte und Unstimmigkeiten von unten, und wir alle wissen, nette Manager sollten niemals Probleme mit ihren Mitarbeitern haben."

Die Gruppe lachte nervös, deshalb wußte ich, daß ich den Nagel auf den Kopf getroffen hatte.

„Was ich in diesem Zusammenhang noch zu sagen habe, werden Sie wahrscheinlich auch nicht gerne hören. Aber es ist wichtig, daß Sie das Pro und Contra des ‚netten Kerls' kennenlernen. Ein netter Kerl verbringt mehr Zeit am Tag damit, sich um Anerkennung und Zuneigung zu bemühen, als seine Arbeit ordentlich zu erledigen. Er wird um keinen Preis einen Fehler machen wollen. Das bedeutet, daß man nicht mit ihm rechnen kann, wenn es um eine riskante Entscheidung geht. Risiko bedeutet mögliche Fehler, und Fehler bedeuten Konflikte. Da seine größte Sorge darin besteht, daß man ihn mag, kann er sehr leicht manipuliert werden. Weil er Konflikte scheut und immer liebenswürdig bleiben möchte, reagiert er bei wichtigen Entscheidungen aus Angst vor Beeinflussung mit Halsstarrigkeit."

Nun waren wir beim Leitmotiv des Seminars angelangt. Der Leiter der Abteilung für Spezialeffekte gebrauchte seine künstlerischen Fähigkeiten und entwarf aus eigenem Antrieb ein Schild, das während der nächsten drei Tage für alle sichtbar aufgehängt wurde: *Es ist wichtig, respektiert zu werden.*

Das Bedürfnis nach Zuneigung und Anerkennung

Bei jedem Seminar hilft es Teilnehmern über die anfängliche Scheu hinweg, wenn ich ihnen meine Identifikation mit dem anstehenden Problem zeige. Ich sprach also von meinem eigenen schwachen Punkt, und wie ich ihn überwunden hatte.

„Meiner Meinung nach ist es eine reine Energieverschwendung, wenn Sie sich ständig darüber Gedanken machen, ob man Sie mag", sagte ich. „Nehmen Sie zum Beispiel mich. Ich bin nicht in einem Haus aufgewachsen, in dem immer alle ‚nett sein' mußten. Mir hat man beigebracht, daß es gesund ist, nicht immer einer Meinung zu sein, und daß Konflikte gelöst werden können, wenn man Kompromisse eingeht. Manchmal hat mein Vater mich angeschrien: ‚Du kümmerst dich nie um die Meinung anderer Leute.' Er hatte recht. Trotzdem hat er mich immer wieder darin bestärkt, meine eigene Meinung zu vertreten.

Aber trotz dieser Erziehung bin natürlich auch ich nicht unempfindlich, was die Meinung anderer über mich betrifft. Als ich Ende Zwanzig war, machte ich mir jahrelang große Sorgen, ob ich auch alles richtig mache und brauchte ständig Bestätigung. Es begann damit, daß ich meinen damaligen Chef bewunderte. Ich war überzeugt, er könnte über das Wasser wandeln. Seine Meinung über mich war mir außerordentlich wichtig, und ich war so damit beschäftigt, um seine Anerkennung zu buhlen, daß ich nicht einmal bemerkt habe, wenn er mich einmal gelobt hat. Ich war mir selbst ganz unwichtig geworden. Seine Meinung hatte mehr Bedeutung für mich als meine eigene. Diese Besessenheit wirkte sich auf jeden Bereich meines Lebens aus. Ich fragte mich ständig, ob ich auch das Richtige tue. Ich machte mir dauernd Gedanken, was jemand über mich dachte, selbst wenn mir dieser Jemand ziemlich gleichgültig war."

Einige der Anwesenden lachten. Dieses besondere Lachen zeigte, daß sie sich mit dem eben Gehörten identifizierten. Der Buchhaltungsleiter unterbrach mich: „Das hörte sich manchmal fast so an, als würden Sie von mir reden." Ein paar andere nickten zustimmend.

Auf dieses Stichwort hin verteilte ich einen Handzettel, der Fragen bezüglich des Bedürfnisses nach Anerkennung und Zuneigung enthielt. Das Papier hatte die Überschrift „Suche ich nach Anerkennung und Zuneigung?"

Identifizieren Sie sich mit einer dieser Aussagen?

1. Mindestens ein Elternteil zeigte keine Zuneigung, und ich wuchs mit der Frage auf, warum er/sie mich nicht liebte(n).
2. Weil zumindest ein Elternteil meine emotionalen Bedürfnisse nicht befriedigte, suche ich Anerkennung und Zuneigung bei anderen Menschen, die für mich emotional unerreichbar sind.
3. Ich schrecke vor jeder mißbilligenden Äußerung zurück, weil das für mich gleichbedeutend ist mit Ablchnung, und versuche unter allen Umständen, Harmonie zu wahren.
4. Ich rücke von meinen Prinzipien ab, um Anerkennung und Zuneigung zu finden.
5. Tief in meinem Innersten fühle ich, daß mich niemand liebt.
6. Ich vermeide lieber unerfreuliche Situationen oder das Zusammentreffen mit Menschen, in deren Gegenwart ich mich unwohl fühle, anstatt das Risiko einzugehen, die Gefühle anderer zu verletzen.
7. Ich mag es, wenn Menschen mich brauchen, wenn ich helfen kann.
8. Oft stelle ich fest, daß ich genau das mache, was andere von mir erwarten: „Ich schwimme mit dem Strom."
9. Ich gebe lieber mir selbst die Schuld an einem Fehler, als auch noch andere Möglichkeiten in Betracht zu ziehen.

10. Wenn ich etwas mache, denke ich in erster Linie daran, wie andere darauf reagieren und weniger an meinen eigenen Spaß bei der Sache.

Mike Webb, der Produktionsleiter, ergriff das Wort: „Mein Vater war ein richtiger Mistkerl, und ich beschloß sehr früh, daß ich alles anders machen werde, um nie so zu werden wie er. Er kümmerte sich nur um sich selbst. Im Gegensatz zu ihm, war meine Mutter überall beliebt. Sie schien so viel glücklicher zu sein. Vermutlich war ich irgendwann davon überzeugt, daß es besser ist, beliebt zu sein, als hart und rücksichtslos. Trotzdem habe ich immer gehofft, mein Vater würde mir einmal mehr Aufmerksamkeit schenken. Das hat er aber nie getan."

„Das ist der ‚Entweder/Oder-Konflikt', mit dem wir häufig konfrontiert werden", antwortete ich. „Unsere Eltern sind normalerweise unsere Rollenmodelle. Von ihnen übernehmen wir unsere Verhaltensmuster. Als Erwachsene handeln wir entweder so wie sie und/oder suchen Leute, die uns ähnlich behandeln wie unsere Eltern. Konnten unsere Eltern unsere emotionalen Bedürfnisse nicht befriedigen, fühlen wir uns nicht liebenswert. Wenn wir nun als Erwachsene von Menschen geliebt werden, trauen wir dem Frieden nicht. Unser Unterbewußtsein, das wir nicht beeinflussen können, verursacht ständig Schuldgefühle. Wir suchen die Schuld bei uns selbst in der Hoffnung, einmal herauszufinden, was wir als Kind falsch gemacht haben und warum uns niemand gemocht hat, damit wir unseren Fehler endlich korrigieren können.

Unsere Eltern vermitteln uns in der Kindheit auch ihre Wertvorstellungen, die unser Verhalten beeinflussen. Als Erwachsene müssen wir diese für uns nicht mehr länger verbindlichen Botschaften in Frage stellen, sonst beeinflussen sie weiterhin unsere Handlungsweise. Stellen Sie sich vor, Sie hätten eine beratende Tätigkeit. Ihre Arbeit verlangt, daß Sie sich ständig mit Konflikten beschäftigen. Nun hat man Ihnen aber als Kind beigebracht, Sie müßten stets liebenswert sein. Um jedoch ihre Arbeit auftragsgemäß zu erledigen, müssen Sie die Fehler, die gemacht werden, aufdecken und ansprechen. Sie müßten also in gewisser Weise den Advocatus Diaboli verkörpern, aber das wäre wiederum Verrat an Ihrer verinnerlichten Wertvorstellung.

Wenn es eine Möglichkeit gäbe, diese verinnerlichte bewertende Stimme zu hören, dann würden Sie verstehen, ob Sie sich mit Ihren verinnerlichten Wertvorstellungen in Einklang befinden. Manchmal stehen sie im Widerspruch zu den Erfordernissen unserer Arbeit. Das muß nicht immer verkehrt sein. Diesen Konflikt kann man lösen, wenn man in Begriffen denkt wie ‚angemessene Wertvorstellungen und angemessenes Handeln‘, statt nur in richtig oder falsch."

George Schwartz, Marketingmanager der Gruppe, sagte: „Ich habe einen guten Witz für alle. Ich sitze hier und höre zu und habe immer geglaubt, ich wäre eine eigene Persönlichkeit. Jetzt stelle ich fest, daß ich ein ‚Menschenbeglücker‘ bin. Meine Gedanken drehen sich ständig darum, ob sich auch alle wohl fühlen, und daß ich auf keinen Fall jemanden verletze. Soll ich so weitermachen? Jetzt schauen mich alle so an, als hätte ich etwas gesagt, was alle längst wußten." Als George über sich selbst lachte, stimmten die anderen mit ein, denn sie konnten sich mit seinen Worten identifizieren.

Anschließend fragte George: „Ist es falsch, wenn man versucht, andere Menschen glücklich zu machen?"

„Nicht unbedingt", erwiderte ich, „nur, und nur dann, wenn Sie dafür Ihre eigene Identität aufgeben. Sie müssen sich selbst fragen: ‚Verhalte ich mich so, weil ich glaube, daß andere es von mir erwarten?‘ ‚Berücksichtigte ich die Bedürfnisse, Ideen und Wünsche anderer auf Kosten meiner eigenen?‘ ‚Bin ich oft enttäuscht, weil die Leute zu mir nicht so gelassen und freundlich sind, wie ich zu ihnen?‘ Wer die meisten dieser Fragen mit Ja beantwortet, kann voraussetzen, daß er, in Georges Worten, ein ‚Menschenbeglücker‘ ist.

Ich möchte gern verdeutlichen, wie ein solcher Mensch sein Leben anpackt. Einfach ausgedrückt, er verzichtet auf seine Macht."

Verzicht auf die eigene Macht

„Wenn ich sage, Sie verzichten auf Ihre Macht, dann meine ich, daß Sie Ihr Verhalten dem der anderen anpassen, also die Kontrolle über sich selbst aufgeben", erklärte ich. „Der Menschenbeglücker überläßt allen anderen die Beurteilung seines Verhaltens. Er ordnet sich ihren Meinungen und Richtlinien unter. Er vergißt, seine eigenen Vorstellungen zu berücksichtigen. Anders ausgedrückt, er verzichtet auf seine Macht.

Wer auf seine Macht verzichtet, übergibt sie an andere. Er überläßt anderen die Entscheidung, ob er so ist, wie er gerne sein möchte. Mit der Erwartung von Feedback, Unterstützung und Hilfe hat dieses Verhalten nichts mehr zu tun. Damit wir Lob, Kritik und Hilfe von anderen akzeptieren können, müssen wir wissen, ob wir selbst dieser Meinung über uns zustimmen. Aber wenn man uns nie beigebracht hat, in uns hineinzusehen, haben wir diese Vergleichsmöglichkeiten nicht und können somit auch keine Kontrolle ausüben. Selbstbewußtsein bedeutet im wahrsten Sinn des Wortes, uns über uns selbst bewußt zu sein. Kein anderer lebt täglich 24 Stunden mit uns zusammen, jeden Tag in unserem Leben. Warum also sollte die Meinung eines anderen über uns mehr Gewicht haben als unsere eigene?"

Alle applaudierten. Da dies ein sehr wichtiger Punkt für die Gruppe zu sein schien, schlug ich vor, in Rollenspielen das Verhalten eines ‚Menschenbeglückers' nachzuvollziehen. Dazu brauchte ich einen Freiwilligen. Simon Tyler, der Buchhaltungsleiter, meldete sich.

Bei unserer ersten Unterredung unter vier Augen hatte Simon mir erzählt, daß er mit einigen persönlichen Problemen zu kämpfen hatte. Sein Vater, ein kalter, harter und extrem in sich gekehrter Mann, verbrachte kaum Zeit mit seinen Kindern, und seiner Meinung nach war die Betreuung der Kinder reine Frauensache. Wenn nötig, übernahm er die Bestrafung der Kinder, sah ihre Zeugnisse durch und brachte ihnen Verantwortung bei.

Simon sehnte sich nach einer engeren Beziehung zu seinem Vater und versuchte deshalb, über dessen Lieblingsbeschäftigungen, Angeln und Jagen, in Kontakt mit ihm zu kommen. Er selbst spielte lieber Football und ging gerne zum Ringen. Aber diese Sportarten gab er auf, um mehr Zeit mit seinem Vater verbringen zu können. Es half nicht viel. Sie saßen stundenlang am Seeufer und wechselten kaum ein Wort. Bei der Jagd bestand sein Vater auf absolutem Schweigen; jeder überflüssige Laut hätte das Wild verscheuchen können.

Mit 42 hatte Simon immer noch Probleme mit seinem Durchsetzungsvermögen. Er war ein hervorragender „Soldat" und sagte seinem Vorgesetzten immer brav, was dieser hören wollte. Seine Angst vor Entscheidungen, vor der Durchsetzung seiner Bedürfnisse und vor Konflikten jeglicher Art war ein Ergebnis seiner Erziehung. Nur in Ausnahmefällen war er bereit, für seine Überzeugungen einzutreten. Auch wenn ihm jemand auf die Nerven ging, bemühte er sich um Zurückhaltung, ermahnte sich „cool zu bleiben". Unter Druck reagierte er launisch. Er neigte dann zu plötzlichen Stimmungsumschwüngen, die anderen unverständlich erscheinen mußten.

Zu Hause war seine Frau Michelle der „Boß", wie er sie nannte. Er hatte Michelle, eine starke, dominierende Irin, mit 21 Jahren geheiratet. Sie gab ihm Sicherheit und Geborgenheit. Deshalb verzichtete er oft zugunsten der Familie auf die Verwirklichung seiner Wünsche. Sogar seine Kinder konnten ihren Willen gegen ihn durchsetzen.

Das Rollenspiel

Alle im Büro wußten, daß Simon ein Problem mit Henry hatte, der für die Statistik zuständig war. Henry beachtete Simons Anweisungen höchst selten – nicht, daß Simon besonders nachdrücklich darauf bestanden hätte. Aber Simon brauchte dringend eine offene Aussprache mit Henry und hoffte, sich mit Hilfe des Seminars darauf vorbereiten zu können.

Ein Rollenspiel ist eine häufig eingesetzte Methode für die Lösung solcher und ähnlicher Probleme.
Simon: Henry, warum tun Sie nicht, was ich Ihnen aufgetragen habe?
Henry (gespielt von Mike Webb): Aber das mache ich doch.
Simon (eine bedeutungsvolle Pause, endlich die Antwort): Vielleicht. Aber wie komme ich dann darauf, daß Sie meine Anweisungen nicht befolgen?
Henry: Wieso bringen Sie das gerade jetzt zur Sprache?
Simon: Es geht mir schon eine ganze Zeit durch den Kopf. Wahrscheinlich hätte ich Sie schon früher darauf ansprechen sollen.

An dieser Stelle unterbrach ich, um Hilfestellung und Feedback zu geben.

Zwischenbemerkung

Simon, Sie versuchen noch immer, freundlich zu sein, obwohl es Ihnen Schwierigkeiten macht. Wir wollen uns einmal ansehen, warum Sie bereits zu Beginn des Gesprächs in eine Falle gegangen sind, aus der Sie dann auf eine nette Art einen Ausweg gesucht haben. Dabei hätten Sie das von Anfang an vermeiden können.

1. Ihre erste Frage war eine indirekte Beschuldigung, dadurch haben Sie Henry in die Defensive gedrängt.
2. Mit Fragen gibt man die Kontrolle ab. Henrys Antwort verdeutlicht das, denn er bestreitet ganz einfach, daß er Ihre Anordnungen mißachtet, ohne Ihnen die Möglichkeit einer entsprechenden Entgegnung zu lassen.
3. Warum fragen Sie Henry, wie Sie zu ihren Anschuldigungen kommen? Erwarten Sie von ihm, daß er Ihre Ansicht bestätigt?

Wir machten noch ein paar praktische Versuche, änderten seine Aussagen und entwickelten einen neuen Ansatz. Ich machte Simon zwei Vorschläge: Vermeiden Sie Fragen und ignorieren Sie Henrys Manipulationsversuche. Wiederholen Sie Ihre Aussagen.

Endgültiges Rollenspiel

Simon: Ich möchte, daß Sie meinen Anweisungen Folge leisten, und ich möchte wissen, warum das bis jetzt nicht geschehen ist.
Henry: Sie haben sich noch nie beschwert, warum ausgerechnet jetzt?
Simon: Es stimmt, ich habe mich noch nicht darüber beschwert, aber jetzt will ich die Ursache für die Verzögerung erfahren.
Henry: Glauben Sie nicht, ich könnte gute Gründe dafür haben?
Simon: Möglich. Ich möchte sie gerne hören. Allerdings bin ich davon überzeugt, daß ich für meine Anweisungen sehr gerechtfertigte Gründe habe.

Ich analysierte noch einmal das Rollenspiel. Die entscheidenden Änderungen, die Simon vorgenommen hatte, waren:

1. Er kehrte seine Fragen in Aussagen um. Zum Beispiel: „Ich möchte wissen, warum das bis jetzt nicht geschehen ist", und nicht „Warum tun Sie nicht, was ich Ihnen aufgetragen habe?"
2. Er reagierte nicht auf Henrys Manipulationsversuch, warum er sich nicht schon früher beschwert habe. Er stimmte ihm einfach zu, dann betonte er, daß er jetzt die Ursache für die Verzögerung erfahren wolle.
3. Simons letzte Antwort ist eine Demonstration dessen, was ich als eine Antwort „aus gemeinschaftlicher Überlegung" bezeichne. Er räumte die Möglichkeit ein, daß Henry einen triftigen Grund haben könnte (in Wirklichkeit handelte es sich nur um einen weiteren Manipulationsversuch Henrys) Aber Simon betonte nochmals nachdrücklich seinen Standpunkt und schützte sich so vor weiteren Manipulationen.

Unfähigkeit zur Konfrontation

Das nächste Thema auf der Tagesordnung: Konfrontation.

Wieder bat ich einen Freiwilligen, uns eine Situation darzulegen, die anschließend analysiert werden sollte. Ken Johnson der stellvertretende Verwaltungsleiter, meldete sich. Er umriß seine Situation folgendermaßen: „Ich muß einem Sachbearbeiter gründlich die Meinung sagen, aber ich drücke mich davor. Wir verstehen uns sehr gut, man könnte sagen, wir sind dicke Freunde. Aber nun hat er ein Problem im Zusammenhang mit unseren Versicherungen einfach schleifenlassen. Ich wollte ihn noch nicht darauf ansprechen, weil ich sehr verärgert bin, und dann verliere ich leicht die Beherrschung. Das Ganze ist wie ein Spiel, aber er hat den Ball. Ich weiß nicht, wie ich ihn mir zurückholen kann."

Damit lieferte mir Ken eine andere Metapher für „Verzicht auf Macht". Der Sachbearbeiter hatte den Ball (Macht), und Ken wußte nicht, wie er ihn (sie) zurückholen sollte.

„Ken, würden Sie mir bitte in ein oder zwei Sätzen beschreiben, warum Sie Ihrer Meinung nach Konfrontationen aus dem Weg gehen", sagte ich.

Schweigend warteten wir auf Kens Antwort. Er hob den Kopf, blickte prüfend durch den ganzen Raum und betrachtete seine Kollegen genau. Dann erst antwortete er: „Ich glaube, wenn ich mit einem Kollegen streite oder für meine Überzeugungen eintrete, dann bedeutet das, daß ich nicht mit Menschen umgehen kann."

Ich bat Ken, mir diese Ansicht an entscheidenden Situationen zu verdeutlichen. „Es ist typisch für mich, daß ich glaube, Probleme würden sich von selbst erledigen, wenn man nicht darüber spricht. Ich weiß, das stimmt nicht, aber trotzdem glaube ich es. Vermutlich hoffe ich irgendwie, daß etwas nicht geschieht, obwohl ich weiß, daß es passieren wird. Ich gehe Menschen aus dem Weg, wenn es zwischen uns einen schwelenden Konflikt gibt. Bei sensiblen Menschen habe ich besonders große Angst, ich könnte ihre Gefühle verletzen. Ich sage nur sehr ungern, was ich denke. Ich gebe auch nicht gern Anweisungen. Noch schwieriger wird es für mich, wenn ich jemanden auf einen Fehler hinweisen muß. Ich fürchte, das könnte den Betreffenden verletzen."

„Ken, mit diesem Problem sind Sie nicht allein", entgegnete ich. Dann wandte ich mich an die Gruppe: „Fünf von sieben Managern sagen, sie würden ihre Mitarbeiter lieber anlügen, als sie konstruktiv zu kritisieren. Sie nannten viele Gründe für dieses Verhalten. ‚Ich fürchte, sie können mich dann nicht mehr leiden.' ‚Ich möchte ihre Gefühle nicht verletzen.' ‚Ich will nicht, daß sie mich für einen unangenehmen Mistkerl halten.'

Wenn also 71 Prozent der Männer, die ich befragt habe, das Gefühl haben, sie befinden sich in einem Beliebtheitswettbewerb, wer macht dann die Arbeit, wer trifft die notwendigen harten Entscheidungen und wer treibt die Leute an? Wenn sich fast Zweidrittel der Manager vor konstruktiver Kritik drücken, wieviel Unfähigkeit hat das wohl zur Folge?"

Mich mäßigend, fuhr ich fort: „Ich sage dies absichtlich so dramatisch, weil ich will, daß Sie alle darüber nachdenken. Wenn der Wunsch nach Anerkennung und Zuneigung so tief verankert ist und, als Folge davon, viele engagierte und hart arbeitende Angestellte an ihrer Weiterentwicklung gehindert werden, weil es ihnen an Anleitung mangelt, versagen dann nicht die zuständigen Führungskräfte in einem ihrer wichtigsten Verantwortungsbereiche?

Wenn Sie nicht ehrlich sind, leisten Sie dem betreffenden Mitarbeiter und Ihrer Firma keinen guten Dienst. Wenn Sie mit der Wahrheit hinter dem Berg halten, sind Sie indirekt für die daraus entstehenden Folgen verantwortlich."

Es stimmt schon, das war eine Moralpredigt. Aber genau dieser Punkt hat mich bei der Durchführung meiner Studie sehr betroffen gemacht. Auch in den Trainingsseminaren gab die überwältigende Mehrheit zu, daß dies ein häufiges Problem in den meisten Firmen und auch für sie selbst war.

„Gut, das ist mir klar geworden", sagte Ken. „Ich gebe Ihnen recht, ich tue meiner Firma oder einem Mitarbeiter nichts Gutes, wenn ich das Problem ignoriere. Aber wie soll ich nun vorgehen?"

Statt eines Rollenspiels wollte ich, daß Kens Kollegen ihn zu der Konfrontation mit dem Sachbearbeiter ermutigten. Ich teilte also die Gruppe in Teams zu jeweils drei Personen ein und bat jede Arbeitsgruppe, zehn Minuten lang neue Verhaltensmaßregeln aufzuschreiben, die allgemeingültig sein sollten. Dabei sollte es sich nur um das Thema „Konfrontation" drehen. Auf diese Weise würden sie nicht nur Ken helfen, sondern auch selbst neue Wege finden.

Diese Übung war ausschlaggebend für eine veränderte Arbeitsatmosphäre in dieser Firma. Jeder einzelne Mitarbeiter konnte in der Folge endlich seine Meinung frei äußern. Die folgenden Aussagen sind Resultate aus dieser Übung:

1. Die Wahrheit mag kurzfristig verletzen, aber langfristig hilft sie bei der Bewältigung von Problemen.
2. Konstruktive Ehrlichkeit hilft, Schwächen zu überwinden.
3. Leiste einen Beitrag für alle Kollegen und Mitarbeiter und sage, was du denkst.
4. Sei dir bewußt, daß du nicht immer nett sein kannst; manchmal ist Härte oder Offenheit angebracht.
5. Die Konfrontation mit dem existierenden Problem ist besser, als das Vermeiden des Unvermeidlichen.
6. Es ist besser, für seinen Mut respektiert, als wegen seiner Liebenswürdigkeit geschätzt zu werden.
7. Beurteile dich selbst und überlasse es nicht anderen, dich zu beurteilen.

8. Berücksichtige die Meinung anderer, aber kämpfe für deine Überzeugung.
9. Konfrontiere dich mit deinen Problemen. Nur wer sie angeht, kann sie lösen.

Nach Abschluß dieser Übung wollte Ken sofort mit seinem Rollenspiel beginnen. Er wollte das neue Programm unbedingt ausprobieren.

Auszüge aus dem Rollenspiel

Die Besetzung: Ken – stellvertretender Verwaltungsleiter; Bob Thompson – Sachbearbeiter (gespielt von mir).
Die Gruppe beschrieb Bob als einen sympathischen Burschen, der stets eine Ausrede parat hatte. Ken eröffnete das Gespräch mit einer langen Konversation, aber schließlich kam er zum Kern des Problems.
Ken: Bob, ich weiß, du hast viel zu tun, aber hast du nicht mal Zeit, das Problem mit unserer Versicherungspolice in Ordnung zu bringen?
Bob: Im Moment nicht, aber ich werde daran denken. Ich muß vorher unbedingt die Versicherung für unseren nächsten Film abschließen, Drehbeginn ist schon nächste Woche.
Ken: Das verstehe ich, aber glaubst du nicht, daß du inzwischen Zeit genug gehabt hättest, um das Problem zu bereinigen?
Bob: Reg dich nicht auf, Ken, ich kümmere mich darum. Du kannst dich auf mich verlassen.

Analyse

Ich beschloß, Ken nicht direkt zu kritisieren, sondern eine Geschichte über mich zu erzählen: „Mir hat man einmal eine gründliche Lektion erteilt über den Unterschied, der besteht zwischen Freundlichkeit und einem anderen Entschuldigungsgründe zu liefern. Eines Tages ging ich mit einer Kollegin aus dem Büro, die zufällig aufschnappte, wie ich zu meiner Sekretärin sagte, daß ich es verstehen könnte, wenn sie vor Büroschluß nicht mehr mit der ganzen Arbeit fertig werden würde. Als wir draußen waren, sagte meine Kollegin zu mir: ‚Ich weiß, du wolltest nur rücksichtsvoll und freundlich sein, aber du hast ihr gleich eine Entschuldigung geliefert, falls sie ihre Arbeit nicht erledigt.' Meine Kollegin hatte recht. Die Arbeit war nur unvollständig gemacht. Diese Lektion, die ich gelernt habe, möchte ich an Sie weitergeben. Ken, wenn Sie sagen, ‚Ich weiß, du hast viel zu tun', dann liefern Sie Bob gleich die perfekte Entschuldigung. Natürlich sagt er dann, er habe keine Zeit.

Noch etwas. ‚Glaubst du nicht'-Fragen sind manipulativ. Sie sagen indirekt ‚Ich glaube'. Ersetzen wir das ‚du' durch ‚ich', dann lautet der Satz: ‚Aber ich glaube, daß du inzwischen Zeit gehabt hättest, das Problem zu bereinigen.'"

Ken antwortete: „Das mache ich dauernd, weil ich hoffe, daß der andere das Problem von meinem Standpunkt aus sieht. Wenn Sie es so formulieren, weiß ich, was Sie meinen."

Ich glaube nicht, daß eine Verhaltensänderung auf unerklärliche Weise zustande kommt. Ich glaube auch nicht, daß man immer einen Psychologen dazu benötigt. Es gibt einen schnellen Weg zur Selbstanalyse. Ich schrieb die folgende Gleichung an die Tafel:

$$DENKEN + FÜHLEN = VERHALTEN$$
$$D + F = V$$

Dann sagte ich: „Stellen Sie sich drei Fragen: Was denke ich? Was fühle ich? Wie verhalte ich mich?"

Als nächstes wollte ich wissen, welche Gedanken oder Gefühle Ken während des Rollenspiels entwickelte. Er antwortete: „Ich wollte mich zusammennehmen und nicht zeigen, daß ich mich über Bob geärgert habe."

Ich fragte: „Kann es sein, daß Sie sich über sich selbst geärgert haben, weil Sie sich in dieser Situation nicht so verhielten, wie Sie gerne wollten? Kann es sein, daß Sie wütend oder frustriert waren, weil Bob Ihre Anweisungen nicht befolgen wollte?

Bob hat nicht die Macht, Sie wütend zu machen. Wenn wir die Verantwortung für unsere Gefühle übernehmen, dann üben wir auch die Kontrolle über sie aus. Ersetzen Sie bei jeder Aussage über eine andere Person das ‚du' durch ein ‚ich'. Dann können Sie viel leichter erkennen, wie Sie denken, fühlen oder sich verhalten."

Feedback ist eine wertvolle Hilfe, um festzustellen, wie unser Verhalten auf andere wirkt. Deshalb fragte ich die Gruppe nach ihrem Eindruck. Ein paar Kommentare: „Wenn ich Bob wäre, dann wüßte ich, daß ich Ihnen jederzeit Sand in die Augen streuen kann." „Sie sind so freundlich, daß ich es soweit bringen kann, daß Sie mich sogar bedauern, weil *Sie* mich mit Arbeit überlasten." „Ken, Sie übernehmen für alles die Schuld."

Um Ken auf das neue Rollenspiel vorzubereiten, sagte ich zu ihm: „Von jetzt an denken Sie nur daran, wie Sie sich fühlen, was Sie wollen oder erwarten. Keine Fragen stellen. Machen Sie einen Vorschlag, empfehlen Sie etwas, teilen Sie etwas mit. Verhalten Sie sich direkt und entschieden. Im Prinzip möchte ich, daß Sie jetzt beim Rollenspiel ins andere Extrem verfallen: Verhalten Sie sich hart und stur."

Auszüge aus dem „harten" Rollenspiel

Ken: Bob, seit drei Wochen warte ich jetzt auf eine Antwort wegen des Problems mit unserer Versicherungspolice, und meine Geduld ist jetzt am Ende.
Bob: Reg ich nicht auf, Ken. Du hast keinen Grund, dich darüber aufzuregen. Ich werde es schon erledigen.
Ken: Ich rege mich nicht auf, ich bin wütend.
Bob: Ich verstehe nicht, was in dich gefahren ist.
Ken: Bob, du bist mir sehr sympathisch, aber deine Entschuldigungen kannst du dir sparen. Kümmere dich bitte sofort um diese Angelegenheit und sage mir heute noch Bescheid. Ich will keine Ausreden mehr hören.
Bob: Mein Gott, es tut mir leid. Ich wollte dich nicht so aufregen.
Ken: Bob, wir haben bisher gut zusammengearbeitet, und ich will keine Spannungen zwischen uns, deshalb habe ich dich nicht gedrängt. Aber die Angelegenheit kann nicht mehr länger hinausgeschoben werden. Wir sind hier, um unsere Arbeit zu machen, und unsere Freundschaft hat nichts damit zu tun.

Die Gruppe applaudierte. Ken drehte sich ungläubig um. Er fragte:
„Warum fandet ihr das alles gut? War ich nicht zu hart?"

Ich sagte: „Überhaupt nicht. Sie waren angemessen hart. Ich habe Sie absichtlich gebeten, ‚hart' zu sein, weil – und das ist meist der Fall – Sie Ihr freundliches, höfliches Wesen nicht verleugnen können, aber dieses Mal hatte man den Eindruck, daß Sie sich für etwas einsetzen. Das habe ich in Ihrem vorigen Rollenspiel vermißt. Das Leben besteht nicht aus ‚Entweder/Oder'. Es ist keine Sache von entweder hat er den Ball, oder ich habe den Ball. Sie beide kontrollieren, wie sie das Spiel spielen möchten. Das Ziel besteht nicht darin, der anderen Person die Kontrolle wegzunehmen oder über ihren Kopf hinweg zu entscheiden. Das Ziel ist, einen Weg zu finden, mit gemeinsamer Anstrengung die notwendigen Ergebnisse zu erzielen. Das Ziel ist die Macht über sich selbst."

Ich faßte die wichtigsten Punkte aus dem Rollenspiel zusammen:

1. Machen Sie klare Aussagen, vermeiden Sie Fragen.
2. Liefern Sie nicht selbst die Entschuldigung dafür, wenn jemand Ihre Anweisungen nicht befolgt hat. Sie halten sich vielleicht für rücksichtsvoll, aber das ist ein Irrtum.
3. Sagen Sie zuerst, was Sie denken. Dann fragen Sie die andere Person nach ihrer Meinung. Dieser Punkt betrifft nur diejenigen unter Ihnen, die Ihre Macht abgegeben haben. Für die Aggressiven ist dieser Punkt ohne Belang.
4. Seien Sie angemessen hart.
5. Zeigen Sie Ihre Frustrationen, sonst geraten Sie nur in Wut.

Hören Sie mir zu

Meine Lieblingsübung heißt „Hören Sie mir zu." Es ist immer riskant, diese Übung mit Menschen zu machen, die ständig zusammenarbeiten. Ich gab der Gruppe deshalb eine kurze Beschreibung und ließ dann in geheimer Abstimmung entscheiden, ob sie diese Übung machen wollten oder nicht. Sie stimmten dafür.

Die Übung geht folgendermaßen vor sich: Die Mitglieder der Gruppe ziehen Nummern und losen so die Reihenfolge der Teilnehmer aus. Anschließend mache ich mit jedem einzelnen ein Rollenspiel. Dabei handelt es sich allerdings nicht um unser übliches Rollenspiel.

Ich stehe mit dem Rücken zum Teilnehmer, der mich nachdrücklich bitten soll – aber nicht im Befehlston –, mich umzudrehen. Hat er meiner Meinung nach den richtigen Ton getroffen, drehe ich mich um. Normalerweise arbeite ich mit den ersten drei oder vier Leuten, ohne daß die Gruppe sich einmischt. Wenn alle die Übung verstanden haben, bitte ich die Gruppe um Feedback, damit ich dem Kandidaten entsprechend helfen kann.

Ich erkläre den Zweck dieser Übung erst, wenn das „Experiment" vorüber ist. Aus diesem Grund verhalten sich die meisten Teilnehmer nicht natürlich, sondern versuchen, die „erfolgreichen" Kandidaten, die vor ihnen an der Reihe waren, zu imitieren. Aber jeder soll lernen, daß er nur Erfolg hat, wenn er sich allein auf seine eigenen Machtmittel verläßt.

In den ersten ein oder zwei Minuten jedes Rollenspiels reagiere ich überhaupt nicht. Wenn der Teilnehmer die Kommunikationsmuster wiederholt, mit denen er die Kontrolle über sich aufgibt, breche ich die Übung ab, drehe mich um, weise auf seine Fehler hin und schlage ihm eine andere Möglichkeit vor. Dann drehe ich ihm wieder den Rücken zu, und wir fahren mit der Übung fort, bis ich das Gefühl habe, daß der Teilnehmer die Geduld verliert und kurz vor einem Befehl steht.

Was soll mit dieser Übung erreicht werden?

Erstens, wenn niemand antwortet, gibt es weder Ursache noch Wirkung, sondern nur Objektivität. Ich agiere wie eine Videokamera, die unmittelbare Wiederholungen der Ereignisse liefert.

Zweitens sehen die Gruppenmitglieder sofort die Wirkung ihres Feedbacks. Sie lernen, konstruktive Anmerkungen zu machen, die jemanden zu einer Meinungsänderung bewegen können, ohne daß er in die Defensive gedrängt wird.

Drittens stellen die Teilnehmer fest, wie sie sich ohne Dominanz oder Aggression durchsetzen können. Im Anschluß an diese Übung wissen sie, was es heißt, die Kontrolle über sich und die Verantwortung für die eigenen Gefühle zu haben. Sie erkennen, daß in Wahrheit niemand Macht über sie ausüben kann und wissen, wie sie die Kontrolle für immer behalten können.

Viertens entwickeln sie Selbstvertrauen und hören damit auf, andere zu imitieren. Das hat ein fundiertes Sicherheitsgefühl zur Folge.

Simon Tyler war der erste Kandidat. Nachfolgend nun seine ersten fünf Äußerungen vor meinem Feedback:

Eröffnung

1. Jan, hören Sie mir zu.
2. Jan, ich möchte, daß Sie mir zuhören (ein wenig bittend).
3. Jan, würden Sie sich umdrehen und mir zuhören?
4. Jan, ich sagte, Sie sollen mir zuhören (ein wenig ärgerlich).
5. Jan, wann drehen Sie sich endlich um und hören mir zu?

An dieser Stelle unterbrach ich die Übung, um das durchgängige Muster aufzuzeigen.

Analyse

Aussage 1 war gut. In Aussage 2 stellte er seine Macht bereits in Frage. Die Frageform von Aussage 3 zeigt, daß er seine Macht verloren hat. In Aussage 4 zeigt er Ärger. Er hat also wenig Geduld, man kann ihm leicht und schnell die Kontrolle über eine Situation nehmen. Die Bitte in Aussage 5 beweist mir, daß ich die Kontrolle habe, und er von meiner positiven Reaktion abhängig ist. Wer sagt ihm eigentlich, daß ich ihm nicht schon die ganze Zeit zugehört hatte?

Simons Reaktion auf meine Analyse war interessant. „Als Sie sich beim zweiten Mal nicht umgedreht haben, dachte ich, ich versuche es anders. Ich hatte das Gefühl, ich würde Sie um etwas anbetteln, was Sie absolut nicht tun wollten. Nach dem dritten Mal war ich verärgert, weil Sie sich nicht umgedreht haben, obwohl ich nett und so weiter war. Dann habe ich mich daran erinnert, wie energisch ich manchmal mit meinen Kindern sprechen muß, damit sie mir zuhören. Bei meiner letzten Aufforderung war ich kurz davor, aufzugeben."

„Woher wußten Sie, daß ich nicht zugehört habe und mich nicht schon beim zweitenmal umdrehen wollte?" fragte ich. „Ich habe nur abgewartet, ob Sie an Ihrer Position festhalten würden. Als ich gemerkt habe, daß Sie schwankten, wußte ich, daß ich nur noch ein wenig länger aushalten mußte, und Sie würden aufgeben.

Jetzt möchte ich, daß Sie fest und konsequent bleiben. Ändern Sie Ihre Frageweise nicht. Und kümmern Sie sich nicht um meine Reaktion. Ihr Erfolg hängt nicht davon ab, ob ich mich umdrehe oder nicht. Entscheidend ist nur, daß es Ihnen nichts ausmacht, mich zum Umdrehen aufzufordern."

Wir machten noch ein paar weitere Versuche. Ich gab ihm immer wieder Feedback, bis er sich daran gewöhnt hatte, daß sein Erfolg nicht von meiner Reaktion abhing. Er sollte lernen, sich selbst zu beurteilen, und meine Reaktion nicht zu seinem Maßstab machen, denn ich kann schließlich etwas sagen (oder gar nichts) und etwas völlig anderes denken.

Wir kamen zum nächsten Punkt der Übung: Die Anerkennung der eigenen Gefühle verleiht die Kontrolle über sie. Die meisten Männer glauben, Gefühle zeigen wäre ein Eingeständnis von Schwäche. Normalerweise ist das Gegenteil der Fall. Dieses Mal konnte die Gruppe Wut und Frustration in Simons Stimme hören. Ich drehte mich um und sagte, er solle jede Gefühlsregung sofort bei ihrem Auftreten beschreiben. Er sollte sagen: „Ich bin wütend, und ich möchte, daß Sie mir zuhören." „Ich bin frustriert, und ich möchte, daß Sie mir zuhören." „Ich bin verlegen, und ich möchte, daß Sie mir zuhören."

Als Simon zuerst sein Gefühl und dann seine Aufforderung vorbrachte, wurde er zunehmend ruhiger und bestimmter. Das war weiter keine Überraschung, denn so geht es den meisten Menschen bei dieser Übung.

Ich bat die anderen aus der Gruppe, Simon ihren Eindruck mitzuteilen. Ein paar Auszüge aus den Antworten: „Ihre Stimme senkte sich." „Sie machten einen sehr sachlichen Eindruck, sogar als Sie sagten, Sie wären wütend." „Ich hätte Ihnen zum erstenmal zugehört, weil Sie nicht mehr darum baten und nicht mehr so höflich waren." „Man hatte den Eindruck, daß Sie sich unter Kontrolle hatten."

„Simon", sagte ich, „ich glaube, wir machen jetzt den letzten Versuch. Dieses Mal sagen Sie einfach ‚Hören Sie mir zu.'" Simon wiederholte diese Aufforderung ganz ruhig achtmal hintereinander, dann beschloß ich, mich umzudrehen. Ein Aufatmen ging durch die Gruppe. Wir waren alle angespannt gewesen. Wir alle wußten, welche Gefühle in ihm kämpften, und wir alle wollten, daß er es schaffte. Es war ihm gelungen. Nun kam der nächste Kandidat an die Reihe, und das Ganze begann von vorn.

Angenehme Macht

Ich weiß nicht, ob Sie diese Überschrift für ein Oxymoron halten. Sollte das der Fall sein, machen Sie die folgenden Übungen:

1. Schreiben Sie alle „Botschaften" auf, die Ihnen während Ihrer Kindheit vermittelt wurden, um Ihr Verhalten anderen gegenüber zu beeinflussen. Zum Beispiel: „Nimm Rücksicht." „Denk zuerst an die Bedürfnisse anderer und dann an dich." „Du mußt freundlich sein." „Wenn du nichts Nettes zu sagen hast, dann halt lieber den Mund."

2. Stellen Sie jede dieser Botschaften in Frage. Entscheiden Sie, ob Sie auf Ihr heutiges Leben anwendbar sind. Dann schreiben Sie das Gegenstück zu diesen Botschaften auf und versuchen festzustellen, ob Sie sich heute lieber so verhalten würden. Zum Beispiel: „Ich kann sowohl an mich als auch an andere denken." „Ich kann meine Gefühle zeigen, ohne kritisch oder bewertend zu sein."

3. Machen Sie dieselbe Übung (Botschaften vergleichen) mit Ihren Kollegen und Mitarbeitern. Stellen Sie fest, welche Ähnlichkeiten oder Unterschiede es zwischen Ihnen gibt. Benutzen Sie diese Erkenntnisse als Diskussionsgrundlage. Brainstorming ist sinnvoller, wenn eine Gruppe daran teilnimmt; stellen Sie deshalb Teams zusammen und lassen Sie nicht jeden für sich arbeiten. Sprechen Sie alle gemeinsam über das Ergebnis.

4. Beobachten Sie, ob Sie Fragen stellen, wenn Sie unschlüssig sind oder sich über die Reaktion eines anderen Sorgen machen. Falls ja, schließen Sie einen Kompromiß mit sich und machen Sie zuerst eine Aussage. Stellen Sie anschließend die Frage. Zum Beispiel: „Ich bin nicht ganz Ihrer

Meinung. Würden Sie bitte Ihren Standpunkt im einzelnen verdeutlichen?"

5. Sagen Sie die Wahrheit, selbst auf die Gefahr hin, daß Sie jemand damit verletzen könnten.

6. Beurteilen Sie sich selbst und machen Sie sich nicht abhängig von der Meinung anderer über Sie.

7. Entwickeln Sie Selbstbewußtsein. Bitten Sie andere um Feedback.

8. Reden Sie mit einem Freund, dem Sie vertrauen, über Ihre Gefühle und Ansichten.

9. Beobachten Sie Ihr Verhalten bei Versammlungen und gesellschaftlichen Anlässen. Stellen Sie fest, wann und wem gegenüber Sie Ihre Selbstkontrolle aufgegeben haben.

10. Suchen Sie ein Vorbild, jemanden, den Sie bewundern und dessen Verhalten sich von Ihrem eigenen absolut unterscheidet. Beobachten Sie, wie diese Person sich in bestimmten Situationen verhält, und versuchen Sie, sie zu imitieren. Im Laufe der Zeit wird es zu einer Integration der beiden Verhaltensmuster kommen.

Kapitel 10
Hier wird gemacht, was ich sage:
Der Autoritäre

Bei der Durchsicht der Interviews und Analysen zu diesem Kapitel wurde ich wütend, denn dabei erinnerte ich mich wieder in aller Deutlichkeit an Manager, die ihren Mitarbeitern großen Schaden zugefügt hatten. Ich erinnerte mich an selbstherrliche Führungskräfte, die ihr Bedürfnis nach Macht, Herrschaft und Kontrolle hemmungslos auslebten und andere Menschen wie Schachfiguren hin und her schoben. Diese Männer kümmerten sich nicht darum, ob sie das Leben anderer damit zerstörten.

Ich erinnerte mich an einen Mann, der Selbstmord beging, weil er sich von seinem Chef unendlich erniedrigt fühlte. Dieser Mann hatte nie gezeigt, unter welchen Qualen er wegen der ewigen Schikanen seines Chefs litt. Als ich ihn fragte, warum er sich dieses jeder Beschreibung spottende Verhalten seines Vorgesetzten gefallen lasse, sagte er, er habe eine große Familie zu ernähren und müsse sich um seine kränkliche Mutter kümmern. Ich habe mich oft gefragt, wie er mit seiner Wut und den ständigen Demütigungen leben konnte. Als die Nachricht von seinem Selbstmord kam, wußte ich, daß er seine Aggressionen gegen sich selbst gerichtet hatte.

Ich erinnerte mich an völlig ungerechtfertigte Entlassungen, bei denen ich vor Gericht als sachverständige Zeugin aussagen mußte.

Drei Mitarbeiter aus der Verkaufsabteilung einer großen Firma im Konsumgüterbereich waren entlassen worden. Grund: Der neue Verkaufsleiter konnte sie nicht ausstehen. Zugegeben, keiner der drei erbrachte überdurchschnittliche Leistungen, aber alle waren gut, qualifiziert und eifrig. Unter dem richtigen Abteilungsleiter und mit der richtigen Anleitung hätten sie hervorragend gearbeitet.

Aber der Verkaufsleiter hatte nicht die geringste Ahnung, wie man Menschen fördert, und es interessierte ihn auch nicht. Seiner Meinung nach motivierte man die Mitarbeiter am besten mit Angst und Drohungen. Deshalb schikanierte er die drei monatelang, dabei hätte er nur seine eigentlichen Aufgaben erfüllen müssen, um ein gutes Resultat zu erzielen: beaufsichtigen, anleiten und fördern. Da er aber seiner Aufgabe als Manager nicht gewachsen war, mußte er die drei Männer, die ihm einfach lästig waren, unbedingt loswerden.

Das ist nur ein Beispiel für den Machtmißbrauch eines Managers. Meist werden derartige Motivationsmethoden gut versteckt. So schienen zum Beispiel die leitenden Angestellten einiger großer bürokratischer Unternehmen oberflächlich betrachtet sehr gut angepaßt zu sein. Aber das war nicht der Fall. Einige dieser Männer waren von dem irrationalen Wunsch, andere zu dominieren und zu quälen, geradezu besessen.

Normalerweise können sich solche Männer nur in der sicheren Umgebung eines Großkonzerns halten. Sie sind wahre Zuchtmeister und stufen die Firmenpolitik für wichtiger ein als die Menschen. Diese engstirnigen Bürokraten geben anderen nur Kommandos. „Um 16.19 Uhr will ich diesen Bericht auf dem Tisch haben." „Sie müssen sich an die Richtlinien der Firma halten." „Sie werden das machen, weil ich es so will." Sie müssen anderen ständig beweisen, daß sie Anordnungen geben dürfen.

Einer dieser leitenden Angestellten erklärte mir: „Manchmal stelle ich mir vor, daß ich es denen zurückgebe, denn ich hasse sie, weil sie mich gedemütigt haben. Ich habe mir meine Position verdient, weil ich mich herumkommandieren ließ. Jetzt habe ich mir Tests ausgedacht, damit die anderen dieselbe Ochsentour durchmachen müssen wie ich. Die einzige Möglichkeit aus meinen Untergebenen harte Geschäftsleute zu machen besteht doch darin, sie denselben Strapazen auszusetzen. Nur wer diese Behandlung übersteht, hat eine Zukunft in unserem Unternehmen."

Ein anderer unangenehmer Manager sagte kalt: „Wer es in einem Konzern zu etwas bringen will, muß die Initiationsriten überstehen, das heißt, er muß die Schläge einstecken, die man ihm verpaßt. Es hat mich angekotzt, wie oft ich den Schwanz einziehen und mich bei den Dummköpfen anbiedern mußte. Sie haben mich oft verletzt, aber ich bin zäh. Ich mache es genauso wie man es mir beigebracht hat. Die jungen Burschen, die übe den Wolken schweben, brauchen gleich am Anfang ihrer Karriere ein bißchen Abhärtung."

Manche dieser Manager handeln aus reiner Machtgier, andere begeistern sich an selbstherrlichen Phantasien und haben keinen Blick für die Realität. Selbstherrlichkeit kann sich auch in übertriebener Nachsicht und übertriebenem Interesse äußern. Der stellvertretende Marketingleiter eines Tierfutterkonzerns sagte: „Ich habe das Recht, von meinen Mitarbeitern blinden Gehorsam zu verlangen, denn schließlich opfere ich mich für sie auf. Ich setze mich für alle ein, die weisungsgebunden für mich arbeiten. Ich schütze sie vor den innerbetrieblichen Querelen. Die wissen ja gar nicht, was ich ihretwegen alles auf mich nehme. Deshalb sind sie es mir schuldig, meine Anweisungen widerspruchslos auszuführen."

Es gibt natürlich auch selbstherrliche Manager, die zwar ihre Leute unter der Fuchtel haben, sich aber keinen Deut um sie kümmern. Das war der Fall bei dem Direktor eines bekannten Unternehmens. „Ich habe es zu dieser Position gebracht, weil ich mich an die Spielregeln gehalten habe", erklärte er. „Es liegt doch auf der Hand, daß ich besser bin als die anderen. Sehen Sie sich doch an, wie weit ich gekommen bin, und wo die jetzt noch sind. Sollen sie doch qualifizierter sein als ich, meinen Anordnungen müssen sie sich trotzdem fügen. Ich dulde keinen Ungehorsam."

Ich habe Ken Leonard, einen Buchhaltungsleiter, gefragt, wie er seine Leute führt. Er antwortete: „Ich sage ihnen, was sie zu tun haben. Das heißt, sie müssen es ohne Widerspruch ausführen." Und voller Stolz fügte er hinzu: „Ich habe keine Zeit, den Leuten zuzuhören. Ich habe meine Arbeit zu machen und sonst nichts. Und das gleiche gilt für sie. Wenn Sie irgendwelche Fragen haben, sollen sie die auf der Jahresversammlung anbringen."

Ken sagte mir, daß jeder erfolgreiche Manager diese Einstellung vertreten sollte. Seiner Ansicht nach bewältigte er seinen Job bestens, folglich war er stolz auf seinen Führungsstil.

Als ich Ken fragte, ob er jemals im Umgang mit Menschen Probleme gehabt habe, antwortete er hitzig: „Ich habe keinerlei Probleme, schließlich habe ich eine Position. Ich berichte meinem Vorgesetzten, deshalb können die Leute meine Entscheidungen nicht anzweifeln. Sollten sie das versuchen, dann mache ich ihnen schon klar, daß ich Leute nicht ausstehen kann, die mir Schwierigkeiten machen. Manchmal drohen sie mir und sagen, sie würden über meinen Kopf hinweg handeln. Dann sage ich ihnen: ‚Machen Sie das. Der Chef hat das Büro genau neben mir. Wollen Sie es ihm selbst sagen oder soll ich es tun?' Sie wissen genau, daß er zuerst mich anhören wird. Das bringt sie zum Schweigen."

Ein paar Wochen vor der Fertigstellung dieses Buches rief mich einer von Kens früheren Kollegen an. Er sagte mir, Ken sei in den Ruhestand gegangen. Sein Chef hatte ein Abschiedsfest für ihn gegeben – niemand war gekommen.

Dieser Abteilungsleiter ist nur ein Beispiel für viele fehlgeleitete Vorgesetzte, die ihren Mitarbeitern das Leben zur Hölle machen. Solchen Menschen ist es egal, wen sie hintergehen, wenn nur „die Arbeit gemacht wird."

Nicht alle kontrollierenden und dominierenden Vorgesetzten treten nach unten und buckeln nach oben. Manche sind sich der Wechselwirkung zwischen Vorgesetzten und Untergebenen durchaus bewußt.

Einige verhalten sich anmaßend, weil sie ihre Wichtigkeit aus der Abhängigkeit anderer ableiten. 28 Prozent der interviewten Männer gaben zu, daß sie das Gefühl genießen, gebraucht zu werden, und ihren Wert und ihre Macht bedroht sehen, wenn ihre Untergebenen Eigeninitiative entwickeln.

Elf Prozent machte es Freude, anderen gute Leute abzuwerben, und sie hätten das Gefühl, schlechte Vorgesetzte zu sein, wenn sie keine Entlassungen vornähmen. 62,5 Prozent gestanden, daß sie es kaum ertragen können, wenn ein Mitarbeiter – und sei es in der Einarbeitungszeit – Fehler macht, weil sie sich für die Fehler aller verantwortlich fühlen. Sie sehen in einem Irrtum eines Mitarbeiters ihre eigenen Mängel.

57 Prozent der befragten Manager gaben zu, daß sie keine Autorität delegieren, weil sie damit vermeintlich ihre Macht abgeben. Das bedeutet, vier von sieben Managern leiten ihre Abteilungen autoritär. Wenn sie ein wenig Verantwortung abgeben, dann überprüfen sie ihre Mitarbeiter ständig, um ganz sicherzugehen, daß jeder Schritt perfekt ausgeführt wird.

Mit extrem kontrollierenden Führungskräften hatte ich oft zu tun, wenn mich eine Firma zur Motivationssteigerung ihrer Angestellten engagierte. Diese Manager konnten gar nicht verstehen, warum sich die Belegschaft nicht besonders für ihren Arbeitsbereich interessierte. Die Manager klagten, die Mitarbeiter wären einfach nicht zu motivieren. „Tun Sie etwas gegen diese schlechte Arbeitsmoral. Motivieren Sie sie!" befahlen sie mir.

Ich fand den Begriff „schlechte Arbeitsmoral" immer vage. Im allgemeinen wird er zu häufig und mißbräuchlich angewendet. Ich möchte hier schlechte Arbeitsmoral definieren im Sinne von: sich nicht mehr interessieren, mit der Betonung auf *nicht mehr*. Manager vergessen oft, daß Mitarbeiter, deren Interesse nachläßt, sich doch immerhin schon einmal interessiert haben. Meist liegt es an einem kontrollierenden Management, wenn Angestellte ihr Engagement und ihr Interesse an der Arbeit verlieren.

Häufig stellen sich Manager die falschen Fragen. Statt „Was können wir tun, um unsere Angestellten zu motivieren?" sollten sie sich selbst fragen: „Haben wir etwas beschlossen, durchgesetzt oder verlangt, was zum Motivationsverlust unserer Angestellten beigetragen hat?"

Die eigene Handlungsweise wird nicht überprüft, weil ihrer Meinung nach der Chef immer recht hat oder zumindest diesen Eindruck erwecken sollte. Diese Männer halten sich für Führungskräfte, doch sie sind Diktatoren. Sie leiten Menschen nicht sinnvoll an; sie schüchtern ein, manipulieren und nötigen. Ihr eigener blinder Gehorsam gegenüber ihren Vorgesetzten hat ihnen zu ihrer Karriere verholfen, und nun erwarten sie von ihren Untergebenen dasselbe devote Verhalten.

Unter einer harten Schale steckt meist ein weicher Kern. Diese Männer stecken voller Widersprüche. Sie geben oft unklare Anweisungen und verlangen eine konkrete Ausführung. Sie sind diktatorisch, aber beeinflußbar, dogmatisch und trotzdem unentschlossen. Sie sind Macher, versuchen aber, Konflikte zu vermeiden. Nie würden sie zugeben, daß sich hinter ihrer anmaßenden Fassade ein ängstlicher, unsicherer kleiner Junge versteckt. Sie brauchen Macht, um ihre Ängste zu besänftigen. Im Grunde würden sie selbst am meisten von einer veränderten Einstellung profitieren.

Aber sie wollen auf keinen Fall einsehen, wie zerstörerisch sich ihr Verhalten auf ihre Mitarbeiter, auf das Unternehmen und letztendlich auf sie selbst auswirkt. Sie können anderen keine Wertschätzung entgegenbringen, weil sie sich selbst nicht schätzen. Wer für einen solchen Mann arbeiten muß, hat dessen Unsicherheiten und Machtkämpfe auszubaden. Oder leiden diese Männer selbst unter ihren Komplexen?

Am meisten Hilfe aber benötigen mit Sicherheit die Mitarbeiter eines tyrannischen Vorgesetzten. Deshalb möchte ich in diesem Kapitel darauf eingehen, wie ein Betroffener sich in einem solchen Fall verhalten kann. Man muß verstehen, warum manche Manager sich so verhalten und akzeptieren, daß dieser Typ Mann sich kaum je ändert. Die beste Methode, einen Diktator in seinem Spiel um die Macht zu schlagen, besteht darin, *nicht* mitzuspielen.

Zur Veranschaulichung habe ich zwei sehr unterschiedliche Beispiele herausgegriffen. Einmal Steve Richards, den Mann, der mit der Faust auf den Tisch schlug und mich anschrie: „Hier wird gemacht, was ich sage." Aus Unsicherheit und Rücksichtslosigkeit ruinierte Steve in den fünf Jahren, in denen ich mit ihm zu tun hatte, etliche erfolgversprechende Karrieren. Ganz besonders frustrierend war Steves unverhohlener Widerwille, seine eigene Handlungsweise zu überprüfen und in Frage zu stellen. Ich hoffe, Sie werden aus diesem Beispiel lernen, was Sie zu tun haben, wenn Sie auf einen solchen Vorgesetzten treffen.

Aber es gibt auch immer wieder Erfolgserlebnisse, die alle aus meiner Arbeit resultierenden Frustrationen wettmachen. Josh Roberts etwa wußte intuitiv, daß sein autoritärer Führungsstil nicht effektiv war. Er engagierte mich, weil er sein Verhalten ändern und ein besseres Betriebsklima schaffen wollte.

Harte Schale, weicher Kern

Diesen Typ Mann, der über keinerlei Selbsteinschätzung verfügt und seine verzerrten Prinzipien auf Kosten anderer auslebt, repräsentiert Steve Richards. Steve war ein glühender Verehrer von General George Patton. Er besaß jedes Buch über diesen legendären General. Er imitierte Pattons Stil in seiner Marketing-Strategie und bei der Führung seiner Abteilung.

Steve Richards war der Günstling der Unternehmensleitung. Mit 40 Jahren wurde er stellvertretender Abteilungsleiter für Konsumartikel eines großen Lebensmittelkonzerns. Bald darauf hatte er 30 Leute unter sich und war verantwortlich für eine kleine Abteilung, die 20 Millionen Dollar Umsatz machte. Anschließend beförderte man ihn zum Leiter einer Abteilung, in der etwa 500 Mitarbeiter beschäftigt waren.

Ihm direkt unterstellt waren ein persönlicher Assistent, der Verwaltungsleiter, der Regionalchef, der Schulungsleiter, die Buchhaltung der Abteilung und sechs Verkaufsleiter. Steves Assistent hatte schon jahrelang für ihn gearbeitet und war ein Jasager erster Güte. Der Verwaltungsleiter war ein älterer, loyaler und unfähiger Mann. Im Laufe der Jahre hatte ihm nie jemand ehrlich die Meinung über seine mangelhafte Leistung gesagt, und die Unternehmensleitung fühlte sich nun verpflichtet, ihn bis zu seinem Ruhestand auf einem Posten einzusetzen, wo er nicht viel Schaden anrichten konnte. Steve übernahm den regionalen Außendienstleiter, den Buchhaltungsleiter und den Schulungsleiter von seinem Vorgänger und behandelte sie geringschätzig. Folglich fürchteten sie um ihre Stellung. Sie waren Jasager zweiter Ordnung.

Jasager sind ausschließlich damit beschäftigt, loyal zu sein. Erhalten sie eine Führungsposition, reagieren sie entweder diktatorisch gegenüber ihren Untergebenen, sind jedoch ihren Vorgesetzten blind ergeben, oder sie weigern sich, einen eigenen Standpunkt zu vertreten und Entscheidungen zu fällen. Steve war vom letzteren Typus umgeben.

Er bevorzugte Jasager, weil er Angst vor Konflikten hatte und sich schnell bedroht fühlte, wenn jemand anderer Meinung war als er. Natürlich hätte er das niemals zugegeben. Er forderte ja nur die für ihn selbstverständliche Unterstützung. Sollte jemand eine andere Meinung vertreten, hätte er den Betreffenden mangelnder Loyalität beschuldigt und ihn so hingestellt, als hätte er eine Todsünde begangen. Steve umgab sich mit Jasagern, weil er selbst einer war. Aber seiner Ansicht nach handelte er hart, stark und sicher. Steve hatte keine Ahnung, daß ein selbstsicherer Vorgesetzter nicht nur abweichende Meinungen toleriert, sondern im Gegenteil sogar begrüßt hätte.

Die Verkaufsleiter gehörten nicht zu den Jasagern. Steve fühlte sich durch sie beunruhigt und eingeschüchtert. Er wußte nicht, wie er sie unter Kontrolle bringen sollte. Sie kümmerten sich einfach nicht um seine Manipulationsversuche. Er wußte nicht, wie er mit fähigen und begabten Leuten umgehen sollte.

Steve ging davon aus, ein Vorgesetzter müsse allwissend sein. Folglich wußte er die umfassenden Kenntnisse und Erfahrungen seiner Verkaufsleiter nicht zu schätzen. Er interpretierte ihre Sachkenntnis als Bedrohung. Monatelang versuchte ich vergeblich, Steve soweit zu bringen, daß er sie um ihre Unterstützung, ihre Vorschläge und ihre Meinung bat. Er sagte zu mir: „Wenn ich sie um Vorschläge bitte, könnten sie den Eindruck haben, ich wüßte nicht, was ich zu tun habe. Ein Kompaniechef fragt seine Soldaten nicht, wohin sie marschieren wollen." In Wahrheit überstiegen die Probleme, die es zu lösen galt, Steves Horizont, und er hatte nicht die leiseste Ahnung, wie er seine Truppen führen sollte.

Im Gegensatz zu seinen Verkaufsleitern hatte Steve keinerlei Verkaufserfahrung. Einen Monat nach seiner Beförderung gelang es Steve, sie sich zu Feinden zu machen. Er engagierte einen Unternehmensberater, der die Abteilung neu organisieren sollte. Das kostete die Firma 200 000 Dollar. Die Verkaufsleiter wären für diese Aufgabe besser geeignet gewesen, und das Unternehmen hätte sich diese enormen Kosten gespart.

Steve Richards versuchte mit allen Mitteln, nach außen Selbstsicherheit zu demonstrieren. Aber er war zutiefst unsicher und überfordert. Männer wie Steve können sich häufig nicht selbst einschätzen. Ihr Verhalten schwankt von dogmatisch bis unschlüssig, ihre Denkweise ist unberechenbar und irrational.

Ich war schon vor Steves Beförderung fünf Jahre als Beraterin für diese Firma tätig gewesen und nahm von nun an regelmäßig an Steves Abteilungsbesprechungen teil, wie ich es auch bei seinem Vorgänger gemacht hatte. In einer dieser Besprechungen forderten die Verkaufsleiter die Lösung einiger administrativer Probleme. Seit Steves Neuorganisation hatten die Verkaufsleiter nicht mehr länger die Kontrolle über alle Vorgänge, die ihren Bereich berührten. Ein Großteil der Verantwortung lag jetzt beim Regionalchef, und das brachte für die Vertreter vor Ort zahlreiche Probleme mit sich.

Der Regionalchef hatte es versäumt, seinen 50 Außendienstleitern präzise Anweisungen zu geben. Die Konsequenz war, daß die Kunden keine Kredite oder Rückvergütungen mehr erhielten. In der Vergangenheit hatten die Vertreter rasch und sicher selbst darüber entschieden. Als nun der Regionalchef von einem der Verkaufsleiter gefragt wurde, warum er keine präzisen Anweisungen zu diesem speziellen Punkt erlassen hatte, gestikulierte er mit den Händen in der Luft herum und sagte: „Ich dachte, ich warte erst einmal ab, wie die Dinge laufen, ehe ich ihnen sage, wie sie ihre Arbeit zu machen haben." Der typische Jasager, dachte ich mir.

Es war bedauerlich für die Verkaufsleiter, daß dieser Mann keine Verantwortung übernehmen wollte. Um dem entgegenzusteuern, übernahmen sie selbst die Verantwortung für notwendige und riskante Entscheidungen. Die Einstellung des Regionalchefs frustrierte sie. In dieser Situation hätte Steve Führungsqualitäten beweisen müssen. Es galt, zwei Probleme zu lösen: erstens den Konflikt zwischen den Verkaufsleitern und dem Regionalchef, und zweitens die Tatsache, daß seine Neuorganisation nicht funktionierte und dringend den tatsächlichen Erfordernissen angepaßt werden mußte.

Aber anstatt nun beide Aspekte anzusprechen, marschierte Steve aus dem Konferenzzimmer. Bei einem anderen hätte man vermuten können, er wollte, daß die Leute die Angelegenheit unter sich ausmachten. Aber nicht bei Steve Richards. Als er zurückkehrte, kanzelte er seine Verkaufsleiter ab: „Ihr seid jämmerliche Wichte. Habt ihr eigentlich nicht gemerkt, daß ich mich stets an vorderster Front für euch einsetze? Warum beschwert ihr euch über eine solche Bagatelle? Es müßte euch doch klar sein, daß ein anderer an meiner Stelle säße, wenn er in der Lage wäre, meinen Job besser auszuführen als ich."

Er trumpfte auf: „Ich mache keine Fehler. Unser Marktanteil ist gestiegen, und alle sind zufrieden. Wir machen das beste, was machbar ist, sogar mit solchen Nieten wie euch. Ihr geht mir auf die Nerven mit eurer Kleinlichkeit."

Sie waren nicht kleinlich. Ihre Frustration galt dem Regionalchef, aber Steve nahm es persönlich. Steves Illusion, sich in den täglichen Schlachten schützend vor seine Leute zu stellen, war ganz einfach – eine Illusion.

Es war auch eine Illusion, daß der gestiegene Marktanteil auf seinen Entscheidungen beruhte. Die Reaktion der Verkaufsleiter auf diese Behauptung war einstimmig negativ: „Wir befinden uns in einer Rezession, da steigt der Verkauf von Fertigfutter für Hunde und Katzen immer. Unsere gestiegenen Verkaufszahlen haben wenig mit Marketing- oder Verkaufsstrategien zu tun. In Wahrheit ist es so, daß wir bei einem Konjunkturumschwung

Marktanteile verlieren werden, wenn wir bei der jetzigen Strategie bleiben." Steve fühlte sich angegriffen. Sein letzter Kommentar in dieser Angelegenheit bestand im „Götz-Zitat."

Männer wie Steve glauben, ein existierendes Problem wäre eine indirekte Kritik an ihren Fähigkeiten. Wenn es keine Probleme gibt, so ihre Interpretation, bedeutet das, sie machen ihre Arbeit gut. Taucht ein Problem auf, verzerren sie die Realität und meinen, es würde ihnen als Fehler ausgelegt. Statt für ihre eigenen Fehler und Schwächen einzustehen, werden sie nur noch machtbewußter, noch dogmatischer, noch unbeweglicher und noch diktatorischer. Sie weigern sich einfach, die Realität anzuerkennen.

Der mangelnden Bereitschaft einer Führungskraft, sich mit einem Problem auseinanderzusetzen, liegt meist die Angst zugrunde, das Problem nicht lösen zu können. Ein solcher Mann verläßt sich auf die Taktik, das Problem seinen Untergebenen zuzuschieben und ihnen damit das Gefühl zu vermitteln, sie würden ihn mit Bagatellen behelligen. Steve hatte diese Methode oft mit Erfolg praktiziert, doch jetzt funktionierte sie nicht mehr.

Das Problem erforderte dringend eine Lösung, und die Verkaufsleiter blieben hartnäckig. Es war nicht das erste Mal, daß über diesen Punkt gesprochen wurde. Jeder Verkaufsleiter hatte bereits einzeln mit Steve darüber diskutiert und dabei das Gefühl gehabt, gegen eine Mauer zu rennen. Deshalb hatten sie beschlossen, gemeinsam vorzugehen, und das Thema bei der Mitarbeiterbesprechung auf die Tagesordnung zu setzen.

Steve ging in die Defensive. Er machte etliche Fehler. So ignorierte er auch das ausschlaggebende Problem, nämlich die mangelhaften Führungsqualitäten seines Regionalchefs und dessen Entscheidungsunfähigkeit. Die Lösung des Problems wäre im Prinzip ganz einfach gewesen: Der Regionalchef hätte nur konkrete Richtlinien erlassen und seine Außenstellenleiter bitten müssen, diese sofort auszuführen – nichts geschah.

Die Verkaufsleiter wurden immer ungeduldiger, weil Steve ihnen nicht einmal zuhörte. Steve erteilte Anordnungen und ignorierte die Einwände anderer. Er sagte mir im Vertrauen „Wenn ich darauf achten würde, was ein anderer sagt, dann würde ich vielleicht meine Meinung ändern, und das würde mir sicher als Unentschlossenheit ausgelegt."

Als Steve merkte, daß seine Verkaufsleiter die Sache nicht auf sich beruhen ließen, obwohl er seine Manipulationstaktik angewandt hatte, fragte er mich: „Jan, bin ich in dieser Angelegenheit auf dem falschen Dampfer?" In diesem Augenblick wußte ich, daß ich, je nach Antwort, entweder in die Kategorie der „Wichte" oder in die der „Jasager" eingeordnet werden würde. Ich entschied mich für die Wichte und gab den Verkaufsleitern recht.

Meine Antwort: „Steve, ich glaube, Sie haben wichtigere Probleme zu lösen als dieses, und ich kann verstehen, daß Sie die ganze Angelegenheit ziemlich banal finden. Der Regionalleiter hat jedoch erklärt, daß er seinen 50 Außendienstleitern keinerlei konkrete Vorgaben gemacht hat. Die Außendienstleiter arbeiten aber eher gegeneinander. Deshalb ist es für die Vertreter und die für diesen Bereich Verantwortlichen ein sehr heikles Thema. Wahrscheinlich wäre es gut, wenn Sie dieses Problem noch einmal ansprechen würden."

Steve wollte weder von mir noch von seinen Verkaufsleitern die Wahrheit hören, deshalb vermied er in wahrer „Steve'scher Manier" jede weitere Diskussion. Er hob die Besprechung auf und vertagte das Thema auf den nächsten Tag.

Steve wollte noch nicht nach Hause gehen und lud mich zum Abendessen in ein exklusives Restaurant in St. Louis ein. In weniger als einer Stunde trank er vier Martinis. „Ich sage ihnen gar nicht, wie viele Kämpfe ich für sie ausfechte. Aber alles, was sie können, ist, mich anzugreifen. Ich bin gut angesehen bei der Unternehmensleitung, und jetzt passiert so etwas. Wie können sie es wagen, mich herauszufordern?" Völlig am Boden zerstört, lamentierte Steve über die Undankbarkeit seiner Belegschaft.

Viele Führungskräfte sind einfach überfordert, aber nur die wenigsten gestehen das offen ein. Die meisten suchen nach Rechtfertigungen oder projizieren ihre Unzulänglichkeiten auf andere. Steve machte da keinen Unterschied. Während er sich bitter beklagte, dachte ich, wenn man ihm so zuhört, könnte man den Eindruck bekommen, als gälte seine einzige Sorge nur seinen Mitarbeitern. Aber damit täuscht er niemanden. Alle erkennen, daß seine ganzen Anstrengungen nur ihm selbst und seinem Selbstbetrug dienen.

Steve sprach von der mangelnden Kompetenz seiner Verkaufsleiter. Er mußte sie zu Versagern stempeln, da er sonst gezwungen gewesen wäre, seine mangelnde Erfahrung einzugestehen. Ein solches Verhalten ärgert mich aus zwei Gründen: Engagierte und interessierte Menschen mit fundierter Berufserfahrung werden auf diese Weise daran gehindert, ihr Bestes zu geben; und darunter leidet im Endeffekt das gesamte Unternehmen.

Über drei Stunden hörte ich Steve zu und wartete darauf, für welchen Sündenbock er sich wohl entscheiden würde. Als wir uns verabschiedeten, hatte der arme Teufel noch immer keinen Namen. Ich vermutete, daß es einer der beiden Verkaufsleiter sein würde, die von allen Angestellten der Firma am meisten geschätzt wurden.

Am nächsten Morgen rückte Steve mit seiner perfekten Lösung heraus. Er hatte beschlossen, den Verkaufsleiter, den er für den Rädelsführer des „Aufstandes" hielt, abzuschieben. Inzwischen hatte er sich selbst davon überzeugt, daß dieser Mann das Problem geschaffen und die anderen auf seine Seite gebracht hatte. Seiner Meinung nach war das Problem vom Tisch, wenn er diesen Mann losgeworden war.

Aus seiner Sicht mußte Steve glauben, daß die anderen Verkaufsleiter von einer Person beeinflußt worden waren, weil er selbst seine Gedanken, Gefühle und Verhaltensmuster auf andere projizierte. Projizierende Menschen können nicht objektiv die Meinung oder das Verhalten anderer einschätzen. Da Steve nicht zugeben konnte, daß er selbst leicht beeinflußbar war, redete er sich ein, die anderen ließen sich leicht beeinflussen.

Das unglückliche Opfer hieß Greg Morris. In diesem Fall wurde er für Steve zum „Feind". Er hatte sich stets von Greg Morris eingeschüchtert gefühlt. Ihm behagte die Tatsache nicht, daß Greg der angesehenste Verkaufsleiter des Unternehmens war. Das hätte er aber niemals zugegeben. Steve wollte den „Kurier töten", der ihm die Wahrheit überbracht hatte, eine Wahrheit, mit der er sich nicht auseinandersetzen wollte.

Tod dem Kurier

Eine Zeitlang verhielt sich Steve, als wäre er mit Gregs Arbeit völlig zufrieden. Sein Abscheu gegen Greg wuchs ständig, aber er hielt sich zurück und eliminierte den Feind nicht sofort. In einem Überraschungsangriff wurde Greg schließlich seines Postens enthoben und abgeschoben. Eine neue Arbeit wurde ihm nicht zugeteilt. Er erhielt keine Erklärung, nur das Versprechen, daß er innerhalb von vierzehn Tagen erfahren würde, welche Position er in Zukunft übernehmen würde.

Ich war nicht glücklich mit Gregs Reaktion auf Steves Machtdemonstration. Aber ich hielt mich zurück, weil ich Steves Entscheidung bezüglich Gregs neuer Position abwarten wollte. Während dieser Zeit litt Greg ständig an Magenschmerzen. Ich machte mir Sorgen um ihn, weil ich ihn nicht für einen Kämpfer hielt. Ich drängte ihn zu einer Aussprache mit Steve, aber Greg meinte nur, ich solle das Leben nicht so ernst nehmen.

Greg war nicht der einzige, auf den sich Steves Intrigen nachteilig auswirkten. Bei Männern, die ihren emotionalen Streß verleugnen, offenbart er sich oft physisch. Ihr Körper bekommt die volle Wucht ihrer inneren Unruhe zu spüren. Viele von Gregs Kollegen beklagten sich über Rückenschmerzen, Kopfschmerzen und scheinbar unerklärliche Verletzungen, die sie sich bei ganz einfachen sportlichen Aktivitäten zuzogen. Einige entwickelten plötzlich Probleme mit dem Blutdruck. Ein Mann starb während Steves Regentschaft an einem Herzinfarkt.

Drei Monate vergingen. Gregs Gesundheit verschlechterte sich zunehmend. Noch immer kam keine Antwort. Ich konnte das nicht mehr länger mit ansehen. Völlig aufgebracht sagte ich eines Tages zu Greg: „Sie müssen die Angelegenheit zur Sprache bringen. Wenn Sie sich nicht um sich kümmern, wer sonst sollte es? Sie haben drei Kinder, die bald im Collegealter sind, und eine Frau zu versorgen. Tun Sie etwas!"

„Ich möchte hierbleiben und mich an ihm rächen", gestand Greg.

„Das ist keine gute Motivation", widersprach ich, „denn die einzige Person, die leidet, ist die, die Rachepläne schmiedet. Rachsucht bringt nichts. Sie leiden Höllenqualen und regen sich auf über Steve, der Sie schikaniert und herumschubst." Dann fügte ich noch hinzu: „Steve wird bekommen, was ihm gebührt. Es kann ein Jahr dauern, oder zehn oder zwanzig. Vielleicht passiert es nicht, solange wir hier sind und nicht auf eine Art, die uns gefällt. Aber konzentrieren Sie sich auf Ihr eigenes Leben und denken Sie nicht über Rache nach. Irgendwann werden Steves Machenschaften auch von der Unternehmensleitung durchschaut. Es ärgert mich genauso wie Sie, daß er dieses Mal ungeschoren davonkommt. Aber die Zeit wird kommen, wo er niemanden mehr täuschen kann. Glauben Sie mir das."

Greg hatte stets seine Gefühle unterdrückt und vermittelte nach außen einen sehr beherrschten Eindruck. Aber hinter seiner Maske war er außer sich. Er fühlte sich als Opfer. Die Wut nagte an ihm.

Greg sagte: „Ich gehe auf keinen Fall. Dann hätte er gewonnen."

Gregs Gedanken gingen in die verkehrte Richtung. Er hätte darüber nachdenken sollen, wie er durch eine Konfrontation mit Steve eine Entscheidung erzwingen konnte, statt dessen schmiedete er Rachepläne. Greg mußte lernen, eine solche Situation direkt anzugehen, er mußte unbedingt seine Ansichten über Sieg oder Niederlage revidieren.

Für viele Menschen bedeutet ein Sieg, daß es einen Gewinner und einen Verlierer geben muß. Im Sport trifft das vielleicht zu, aber nicht unbedingt in zwischenmenschlichen Beziehungen. Was die Beziehung zwischen Menschen angeht, ist es besser, wenn alle Parteien gewinnen. Wenn Sie für einen Mann wie Steve Richards arbeiten, bedeutet Sieg, sich selbst zu retten. Die Steve Richards dieser Welt wollen andere Menschen ihrem Willen unterwerfen. In dem Moment, in dem Sie sich auf ihr Spiel einlassen und sich an ihnen „rächen wollen", befinden Sie sich auf verlorenem Posten, denn solche Menschen spielen falsch, manipulieren und sind schwer einzuschätzen.

Das einzig Vernünftige, was Sie in einem solchen Fall tun können, ist mit hocherhobenem Kopf zu gehen. Nur wenn Sie sich weigern, das Spiel mitzuspielen, und Ihre eigenen Spielregeln aufstellen, können Sie Ihre Selbstachtung bewahren. Reagieren Sie nicht auf Manipulationen. Ziehen Sie Grenzen. Suchen Sie keinen Kompromiß. Vertreten Sie energisch Ihren Standpunkt. Überlegen Sie sich so schnell wie möglich einen Ausweg. In einer solchen Situation ist die Wahrung Ihrer Selbstachtung der einzige Maßstab, an dem Sieg oder Niederlage gemessen werden können.

Ich erklärte Greg: „Stellen Sie sich vor, Sie wären ein Karatekämpfer. Beim Karate zählt nicht Kraft, sondern Taktik. Wenn Sie von einem Schlag getroffen werden, nehmen Sie ihn auf und leiten ihn in Ihren eigenen Angriff um. Diese Technik auf Steves Machtkampf angewandt, könnte bedeuten, wegzugehen. Wenn Sie hierbleiben und untätig auf seine Antwort warten, weiß er, daß er gewonnen hat. Überlegen Sie sich, wie Sie in einer für ihn völlig überraschenden Weise auf seine Provokation reagieren können."

Viele Männer denken wie Greg: Weggehen ist gleichbedeutend mit dem Eingeständnis einer Niederlage. Während die Demütigung sie innerlich aufzehrt, schmieden sie Pläne für eine eventuelle Revanche. Je länger sie ihren rachsüchtigen Gedanken nachhängen, desto länger leiden sie. Sie vergessen dabei, daß der Verursacher des Problems bereits zum nächsten Opfer oder zur nächsten Strategie übergegangen ist.

Ich wollte, daß Greg endlich seine Ansicht änderte und aus der Defensive in die Offensive überging. Er mußte es mit einer völlig neuen Taktik versuchen und Steve in die Defensive drängen. Den nächsten Monat dachte Greg über eine „offensive Strategie" nach.

Endlich war es soweit. Greg rief an und sagte, er habe beschlossen, Klage wegen Diskriminierung einzureichen. Von nun an verschwendete er keine Zeit mehr. Noch nicht einmal vier Wochen später erhielt ich eine Vorladung als sachverständige Zeugin.

Als Steve Kenntnis von dem bevorstehenden Prozeß bekam, wußte er, daß er mit seinen ungerechtfertigten Machtkämpfen das Unternehmen in eine unangenehme Lage manövriert hatte. Später erfuhr ich, daß Steve gleich nach dem Erhalt der Klageschrift Greg angerufen und sich bei ihm für sein Verhalten entschuldigt hatte. Greg war darüber völlig verblüfft. „Ich habe ihn nie auf die Probe gestellt, um zu sehen, wie stark er wirklich ist. Ich bin ihm ausgewichen, weil ich geglaubt habt, er wäre ein besonders zäher Bursche. Dabei ist Steve in Wahrheit ein Schwächling." Steve hatte sich zu spät entschuldigt. Greg war zu sehr gedemütigt worden und bereit, ehrlich und direkt zu kämpfen. Eine solche Konfrontation war für Steve absolut neu. Greg hatte ihn in eine ungünstige Lage gebracht, ohne sich auf sein Spiel einzulassen.

Meine Zeugenaussage war nicht erforderlich. Greg gewann den Prozeß haushoch. Er hatte sich immer einen eigenen Tante-Emma-Laden auf dem Land gewünscht. Das Unternehmen mußte ihm eine stattliche Abfindungssumme bezahlen. Mit diesem Geld kaufte er in Oregon einen Laden. Dort begann er auch wieder zu malen, ein Hobby, das ihm stets viel bedeutet hatte.

Ein Jahr später besuchte ich Greg und seine Familie. Ich fragte ihn: „Was haben Sie im nachhinein aus dieser Erfahrung gelernt?"

Nach einer langen Pause sagte er: „Ich weiß, daß wir alles verlieren können, und ich ohne Probleme wieder von vorne anfangen kann. Ich habe Selbstvertrauen. Das hätte ich nicht, wenn ich beim Konzern geblieben wäre."

Nach einem Augenblick des Nachdenkens fügte er hinzu: „Es ist merkwürdig, daß ich nicht weggehen wollte, aber im Prinzip habe ich genau das getan, weil ich mich vor der direkten Konfrontation gedrückt habe. Das hat sich nicht gelohnt. Ich habe immer versucht, Ausgeglichenheit zu demonstrieren, und vorgegeben, mich würde nichts erschüttern. Aber wer hat schließlich verloren? Man spart sich viel Ärger, wenn man ein Problem gleich in Angriff nimmt. Und man spart Zeit. Sogar auf meine Ehe hat sich diese für mich damals neue Erkenntnis positiv ausgewirkt. Wenn mich etwas ärgert, sage ich es. Und meine Frau auch. Ich habe immer geglaubt, das würde uns auseinanderbringen. Aber das stimmt nicht. Im Gegenteil, wenn ich mal wieder den guten alten, gelassenen Greg spiele, wächst die Distanz zwischen uns. Seit wir über alle Dinge sprechen, sind wir uns sehr viel näher gekommen."

Soll ich aufgeben?

„Aufgeben" oder nicht ist immer eine schwere Entscheidung. Wir möchten nicht, daß andere uns für Feiglinge, Drückeberger oder Verlierer halten. Trotzdem kann „aufgeben" das Gesündeste sein, was Sie für sich tun können.

Wir alle geraten immer wieder in unangenehme Situationen, die sich nachteilig auf unsere Selbstachtung, auf unser emotionales Wohlergehen und auf unsere Zufriedenheit auswirken.

Wenn Sie Ihrer Meinung nach alle Anstrengungen zur Problemlösung unternommen haben, dann ist es an der Zeit, die Konsequenzen zu ziehen. Haben Sie es also mit einem Menschen zu tun, der Sie gemein und respektlos behandelt, dann beantworten Sie ehrlich die folgenden Fragen:

1. Wie verhalte ich mich dieser Person gegenüber? Habe ich das Bedürfnis, recht zu haben? Will ich mich rächen? Versuche ich es mit einem Überraschungsangriff?
2. Habe ich dieser Person Macht über mich verliehen? Schüchtert sie mich ein? Ist diese Person meiner Meinung nach kompetenter als ich? Welche Kriterien haben mich zu dieser Überzeugung verleitet?
3. Welche Ängste habe ich vor einer Konfrontation mit dieser Person?
4. Versuche ich, diese Person von meinen guten Eigenschaften zu überzeugen? Hoffe ich, daß sich die Situation von selbst erledigt, wenn ich so tue, als wäre nichts geschehen?
5. Was verstehe ich unter Sieg in einer zwischenmenschlichen Beziehung?
6. An welchen Menschen aus meiner Vergangenheit erinnert mich diese Person?
7. Wie beurteile ich mich selbst in dieser Situation? Wie beurteile ich die andere Person?
8. Welche Botschaften hat man mir in meiner Kindheit im Zusammenhang mit einem „Feigling" übermittelt? Haben diese verinnerlichten Botschaften in dieser Situation ihre Berechtigung?
9. Fürchte ich die Meinung anderer Leute, wenn ich in dieser Situation aufgebe?
10. Wie kann ich meine Selbstachtung zurückgewinnen und das Gefühl haben, zu siegen, ohne mich auf das Spiel des anderen einzulassen?

Erinnern Sie sich stets daran, daß Menschen, die einen Steve Richards stehenlassen, gesünder leben und selbstsicherer sind als die meisten anderen. Sie haben Achtung vor sich selbst und anderen. Mit großem Mut gehen sie ein großes Risiko ein, um sich weiterzuentwickeln. Denken Sie daran, daß kein Mensch oder keine Situation es wert ist, daß Sie unglücklich sind. Das Leben ist zu kurz. Es gibt immer einen Ausweg, und die Wahl, die Sie treffen, ist vielleicht nicht kurzfristig, aber ganz bestimmt auf lange Sicht besser für Sie.

Manche wollen sich ändern

Gelegentlich gibt es auch Manager, die zugeben, daß ihr Führungsstil nicht gerade der beste ist. Josh Roberts hatte mit einigen seiner Mitarbeiter Schwierigkeiten und fragte sich, ob es vielleicht an ihm liegen könnte.

Josh sagte, seine Angestellten würden seine Anweisungen nicht befolgen. „Ich sage ihnen, was sie tun sollen, aber immer häufiger machen sie, was sie wollen", begann er. „Ich weiß nicht, ob ich mir das nur einbilde, aber ich habe das Gefühl, sie behandeln mich herablassend, nach dem alten Motto ‚Sag dem Chef, was er hören will.' Ich habe klare Vorstellungen, wie gearbeitet werden muß, und ich erwarte, daß sie sich danach richten und meine Anordnungen befolgen."

Dann fragte er: „Könnten Sie an einer unserer Besprechungen teilnehmen und die Gründe für dieses Verhalten identifizieren?"

Ich lehnte seine Einladung höflich ab und erklärte: „Wenn wir Ihren Mitarbeitern nicht die Möglichkeit geben, vorher einzeln mit mir zu sprechen, werden sie vermuten, ich wäre Ihre Spionin, und sie werden sich kaum offen verhalten.

Ich glaube, es ist wichtig, daß Sie ihnen sagen, Sie hätten Zweifel an Ihrem Führungsstil und wollten gerne etwas ändern", fuhr ich fort. „Bitten Sie sie, aufrichtig zu Ihnen zu sein. Sagen Sie ihnen, daß Sie sich überlegen, mich als Beraterin hinzuzuziehen, und fragen Sie sie, ob sie mit mir sprechen wollen. Ihre Mitarbeiter müssen selbst darüber entscheiden."

Joshs Gespräch mit seinen Angestellten war eine schmerzliche Lektion für ihn. Als wir uns ein paar Wochen später trafen, faßte er das Problem zusammen. „Ich hatte keine Ahnung, wie egozentrisch ich bin", sagte Josh. „Meine einzige Sorge ist anscheinend, daß alles meiner Norm und meinen Prinzipien entspricht. Ich lasse niemandem Luft zum Atmen. Ich würde auch nicht gerne für mich arbeiten.

Insgeheim wußte ich, daß das Problem an mir liegt", fügte er hinzu. „Ich weiß nicht, wie ich mich ändern kann, deshalb versuche ich, andere Menschen umzuformen. Ich weiß auch nicht, warum ich für andere entscheide, wenn sie das doch selbst können. Mich würde es wütend machen, wenn mein Chef meinen Tagesablauf und meine Prioritäten festlegen würde. Ich mache das, obwohl ich weiß, daß meine Mitarbeiter dazu selbst

…mstande sind. Ich versuche sogar, mir einzureden, daß ich das nur zu ihrem Besten tue."

Ich antwortete: „Es ist typisch für einen kontrollierenden Manager, sich auf andere zu konzentrieren. Statt sich selbst zu ändern, denken Sie darüber nach, wie Sie andere nach Ihrem Vorbild umformen können. Ich glaube, wer alle und jedes kontrollieren will, hat im Grunde das Gefühl, nicht wirklich die Kontrolle auszuüben, und ist unzufrieden mit sich selbst. Der Wunsch, andere zu ändern, anstatt sie so zu akzeptieren, wie sie sind, vermittelt Ihnen die Illusion, sie in der Hand zu haben. Aber das ist es auch – eine Illusion."

„Aber es ist keine Illusion, daß vieles nicht richtig läuft", entgegnete Josh. „Wenn ich nicht ständig alles überprüfe, dann machen sie zu viele Fehler."

„Wollen wir dieses Problem einmal vernünftig betrachten", fuhr ich fort. „Was passiert, wenn Sie eines Tages nicht anwesend sind, und etwas Wichtiges steht zur Entscheidung an? Wenn Sie Ihrem Personal niemals gestatten, ein Risiko einzugehen, das heißt Fehler zu machen, die sich bei keinem Lernprozeß vermeiden lassen, dann wird wahrscheinlich in einer solchen Situation gar nichts unternommen, die Bedeutung der Angelegenheit einfach ignoriert, und alle warten auf Sie, damit Sie die Angelegenheit erledigen. Sie verhalten sich wie der Retter in der Not. Die Leute sind nicht dumm. Sie beobachten, wie Sie reagieren. Sie wissen, daß Sie in Panik geraten, wenn die Dinge nicht nach Ihrem Kopf gehen. Ich wäre nicht überrascht, wenn es manche Ihrer nicht ganz so fleißigen Angestellten förmlich darauf anlegten, daß Sie einspringen und die Sache in die Hand nehmen."

„Das stimmt schon", antwortete Josh. „Ich habe zwei Leute in meiner Belegschaft, mit denen ich immer wieder Auseinandersetzungen habe, weil sie nur auf mich warten, damit ich alles wieder in Ordnung bringe. Sie kümmern sich um gar nichts und verhalten sich so, als wüßten sie ganz genau, daß ich es letztendlich für sie mache. Ich habe niemals etwas darüber gesagt, aber im stillen habe ich gedacht, daß sie das absichtlich tun."

„Manche Menschen brauchen immer jemanden, den sie ‚retten' können", erklärte ich. „Ganz bestimmt verhalten sich diese Mitarbeiter absichtlich so, weil sie genau wissen, daß sie mit

Ihrer Hilfe rechnen können. Wenn Sie ständig versuchen, die Probleme anderer Leute zu lösen, dann nehmen Sie ihnen die Eigenverantwortung ab. Dann sind schließlich Sie selbst verantwortlich für die Entscheidungen und die daraus entstehenden Konsequenzen. Stellt sich heraus, daß Sie falsch entschieden haben, dann können die anderen mit Recht die Schuld auf Sie abwälzen."

Ich machte eine Pause, ehe ich betonte: „Das Wichtigste ist, daß Sie nicht mehr für andere denken. Nur so überwinden Sie Ihr Bedürfnis, andere zu kontrollieren. Erst dann gestehen Sie anderen dieselben Fähigkeiten zu wie sich selbst. Wenn Sie immer als ‚Retter' auftreten, nehmen es Ihnen Ihre Angestellten mit der Zeit übel. Niemand will ewig abhängig sein."

„Es ist eine deprimierende Vorstellung, daß mich die Leute nicht mehr brauchen", antwortete Josh.

„Da täuschen Sie sich", sagte ich. „Die Leute lernen viel mehr von Ihnen, wenn Sie weniger für Sie tun. Sie müssen Ihre Hilfestellung für Ihre Mitarbeiter in neue Bahnen lenken. Es besteht ein großer Unterschied, ob Sie sich um jemanden kümmern oder ob Sie sich für jemanden interessieren. Wenn Sie sich um die Leute kümmern, dann enthalten Sie ihnen Selbsterfahrung vor. Wenn Sie sich für jemanden interessieren, akzeptieren und unterstützen Sie ihn darin, so sein zu können, wie er ist."

Ich machte ihm folgenden Vorschlag: „Anstatt den Leuten jeden Schritt vorzuschreiben, sollten Sie sie zur Eigenverantwortung anleiten. Es ist schon richtig, daß man Sie dann nicht mehr auf die gleiche Weise braucht wie jetzt. Aber es macht Freude anderen Selbstvertrauen zu vermitteln. Abhängige Menschen werden irgendwann zu einer Last. Auf lange Sicht tun Sie sich selbst und den anderen damit keinen Gefallen."

An dieser Stelle stellte Josh die unvermeidliche Frage: „Wie kann ich mich denn nun ändern?"

„Die meisten kontrollierenden Menschen denken, etwas verändern hieße, das eine durch etwas anderes zu ersetzen" begann ich. „Aber ganz so leicht ist es nicht. Sie brauchen zuerst eine neue Einstellung. Sie müssen erkennen, warum Sie ein so ausgeprägtes Kontrollbedürfnis haben. Das ist Ihnen zum Teil schon gelungen, denn es ist Ihnen bewußt geworden, wie wichtig es für Sie ist, gebraucht zu werden, und daß Sie etwas nur akzeptieren, wenn es auf Ihre Weise erledigt wird.

Ein kontrollierender Chef bestimmt für einen Untergebenen, was dieser sehr gut selbst bestimmen kann, nämlich seinen Tagesablauf und seine Prioritäten. Ein solcher Vorgesetzter verhält sich gönnerhaft, erinnert ständig an irgend etwas, erteilt ungebetene Ratschläge oder belehrt einen Mitarbeiter, der ebenso fähig ist wie er selbst. Lob ist für ihn eher Mittel zum Zweck als echte Anerkennung."

Josh und ich diskutierten weiter über sein Verhalten. „Auch als Manager haben Sie nicht die Macht, andere zu verändern. Sie können sich nur selbst ändern. Eine Veränderung Ihres eigenen Verhaltens beinhaltet, daß sich die Menschen Ihnen gegenüber dann auch anders verhalten. Die Konzentration auf die Veränderung anderer grenzt an Manipulation. Damit hat man langfristig niemals Erfolg, warum also Zeit und Energie damit verschwenden?"

Josh antwortete: „Um mein Kontrollbedürfnis zu überwinden, müßte ich realistischer und weniger idealistisch sein. Ich komme mir vor wie ein Schwächling, aber ich gerate in Panik, wenn die Dinge nicht planmäßig laufen."

„Sie meinen, gemäß dem Plan, den Sie in Ihrem Kopf haben", warf ich ein.

Viele mächtige Männer haben die Illusion, ihre Sicht der Dinge sei die einzig Wahre, denn ihre Autorität wird kaum jemals in Frage gestellt, und nur wenige Menschen äußern sich ihnen gegenüber offen und ehrlich. Für Josh bedeutete der Verzicht auf sein bisheriges Verhalten, daß er seine Illusion aufgeben mußte, das Leben bestehe nur aus den von ihm geschaffenen Kategorien. Das fiel ihm ganz sicher nicht leicht, denn immerhin hatte er bis zu diesem Zeitpunkt schon sehr viel Erfolg gehabt und vieles erreicht. Er hatte auch das nicht ganz unbegründete Gefühl, daß bei einem Verzicht auf seine strikte Kontrolle manche Dinge nicht ganz ordnungsgemäß erledigt werden, und schließlich mußte er die Resultate verantworten. Warum also sollte er sich ändern?

Ein Manager, der sich ausschließlich auf Ergebnisse konzentriert, handelt kurzsichtig. Seine Konzentration muß der Entwicklung gelten. Was schadet es, wenn ein Angestellter einen Fehler macht, solange er etwas daraus lernt. Fehler können korrigiert werden.

„Kann es sein, daß ich mich selbst nach den Leistungen meiner Mitarbeiter beurteile? Langsam habe ich den Eindruck, daß ich ihre Mißerfolge für meine eigenen halte und ihre Fehler für meine Fehler", gestand Josh.

Ich versicherte ihm, daß daran nichts Ungewöhnliches war. Viele leitende Angestellte messen ihren eigenen Wert an den Leistungen ihrer Untergebenen. Aber man darf sich nicht mit anderen identifizieren. Hatten die Führungskräfte, mit denen ich arbeitete, einmal akzeptiert, daß sie in Wahrheit keine Macht über andere ausübten, fühlten sie sich selbstsicherer.

Wir erarbeiteten einen einfachen Plan, um Josh bei der Überwindung seines Kontrollbedürfnisses zu helfen. Einmal in der Woche kamen wir zusammen und sprachen darüber, wie er am besten ein anstehendes Projekt delegieren konnte. Im Verlauf unserer Gespräche suchten wir nach den Gründen für sein mangelndes Vertrauen in andere. Dabei kamen Gefühle zum Vorschein, deren sich Josh vorher nicht bewußt gewesen war. Er betrachtete die Arbeit mit mir als einen Lernprozeß, und er wollte seine neuen Erkenntnisse auch umsetzen.

„Ich muß sie nicht betreuen. Ich muß ihnen Anweisungen geben", meinte er erstaunt.

Wir arbeiteten fast ein Jahr zusammen. Von Woche zu Woche fiel es ihm ein wenig leichter, seinen Mitarbeitern ein bißchen mehr Vertrauen entgegenzubringen. Mit jeder Woche wuchs seine Fähigkeit zur Interpretation.

„Meine Kommunikation war gar nicht so gut, wie ich immer geglaubt hatte", informierte er mich. „Mir gehen so viele Dinge durch den Kopf. Ich weiß, wie etwas gemacht werden soll und erwarte von anderen, daß sie auch alles so ausführen. Wenn nicht, rege ich mich auf. Aber ich habe ihnen nur Befehle gegeben und keine Erklärungen."

Josh unterzog seine Einstellungen und seine Gefühle einer strengen Prüfung. Der erste Schritt ist eine veränderte Einstellung, Verhaltensänderungen ergeben sich zwangsläufig daraus. Handelt man gegen seine Überzeugung, kommt man sich wie ein Betrüger vor und wird von anderen als unaufrichtig eingeschätzt. Schließlich hatte Josh soviel Selbstsicherheit gewonnen, daß er sowohl Anleitungen geben als auch Anweisungen erteilen konnte; zunehmend selbstbewußter geworden, konnte er sich nun auch eingestehen, daß er den „Retter in der Not" in Wahrheit aus egoistischen Gründen gespielt hatte. Um seine Angestellten wirklich zu unterstützen und ihre persönliche Weiterentwicklung zu fördern, lernte Josh, sich zurückzuhalten. Er überließ es ihnen, ihren eigenen Weg zu finden. Das wachsende Engagement und die zunehmenden Erfolge seiner Mitarbeiter machten ihm Freude und bestärkten ihn darin, daß er auf dem richtigen Weg war.

Bei unserer letzten Begegnung sagte er mir: „Anfangs ist es mir schwergefallen, meine Mitarbeiter machen zu lassen und die Konsequenzen aus manch gescheiterten Bemühungen hinzunehmen. Aber ich weiß, wenn ich das nicht tue, lernen sie nie etwas dazu und entwickeln sich auch nicht weiter. Sie werden schon noch lernen, richtig zu entscheiden. Vielleicht bekomme ich in der Zwischenzeit ein paar Herzanfälle oder ein Magengeschwür. Aber sie können dann selbst entscheiden, was sie allein erledigen können und wann sie mich um Hilfe bitten müssen. Es kann sogar sein, daß sie echt wertvolle Beiträge leisten, wenn ich mich zurückhalte und mich nicht in alles einmische. Vielleicht sind sie dann auf sich selbst stolz. Meine ‚Rettungsversuche' waren wirklich das Schlimmste, was ich ihnen antun konnte. Damit habe ich sie um wertvolle Erfahrungen betrogen."

Ein Manager, der seine Macht durch Verbreitung von Angst und durch Druck von oben ausübt, vermindert auf lange Sicht die Produktivität und verschlechtert die Arbeitsmoral. Er lenkt die Energie der Angestellten von ihrer eigentliche Aufgabe ab, weil deren größte Sorge darin besteht, es ihrem Chef rechtzumachen. Ich versuche in meinen Seminaren allen Teilnehmern klar zu machen, daß eine Atmosphäre, in der sich die Angestellten akzeptiert und sicher fühlen, ein entscheidender Beitrag ist, der bessere Resultate fördert. Wenn Angestellte Spaß an der Arbeit haben und kreativ sein dürfen, wenn sie Fehler machen dürfen, Alternativen ausprobieren und eigene Entscheidungen treffen dürfen, verstärkt sich automatisch das Engagement und das Interesse an der Arbeit.

Wenn Sie Ähnlichkeiten mit Josh an sich selbst feststellen, können sie mit Hilfe der folgenden Vorschläge Ihren Führungsstil ändern und Ihr Kontrollbedürfnis überwinden:

Übung zur Änderung von Führungsstil und Kontrollverhalten

1. Akzeptieren Sie andere, wie sie sind. Akzeptanz ist das Gegenteil von Kontrolle. Auch wenn es schwerfällt, sollte man sich darauf konzentrieren, einen Menschen so zu akzeptieren wie er ist und ihn nicht durch Druck oder Manipulation verändern wollen. Unser Wunsch, andere zu ändern, ist reiner Egoismus.

2. Halten Sie nicht ständig Ausschau nach Menschen, die sich von Ihnen beherrschen lassen. Zu einem Spiel gehören immer zwei. Wer andere manipulieren will, sucht sich formbare Menschen; das heißt Menschen, die unsicherer und schlechter ausgebildet sind und weniger Erfahrung haben. Umgeben Sie sich mit Leuten, die Sie herausfordern können. Anfangs fühlen Sie sich vielleicht in dieser für Sie ungewohnten Rolle eingeschüchtert oder unsicher, aber gehen Sie das Wagnis ein, neue Seiten an sich zu entdecken, und lernen Sie, eine gleichwertige Beziehung zu akzeptieren.

3. Ermutigen Sie Ihre Untergebenen zur Unabhängigkeit. Hüten Sie sich, Lob als eine Form von Kontrolle zu gebrauchen. Vermeiden Sie Situationen, in denen Ihre Mitarbeiter von Ihrer Anerkennung abhängig sind. Auch das ist eine Form von Kontrolle. Stattdessen sollten Sie Ihre Mitarbeiter zur Selbständigkeit ermutigen und ihnen das Gefühl geben, auch Ihre Vorstellungen in Frage zu stellen und Eigeninitiative entwickeln zu können.

4. Erlauben Sie Ihren Mitarbeitern, Fehler zu machen. Es ist nicht Ihre Pflicht, jemanden vor schmerzlichen Erfahrungen zu schützen. Die Fehler, die ein anderer macht, sind nicht Ihre eigenen. Fehler machen lassen bedeutet, daß Sie sich heraushalten und nicht eingreifen. Es bedeutet, daß Sie sich auch dann nicht einmischen dürfen, wenn es darum geht, einen Fehler zu verhindern. Nur dann kann jemand lernen zu verstehen, was und warum etwas schiefgegangen ist. Ermutigen Sie in einem solchen Fall den Betreffenden, selbst über einen Ausweg aus der verfahrenen Situation nachzudenken.

5. Konfrontieren Sie sich mit Ihren eigenen Ängsten. Wir manipulieren und üben Druck auf andere aus, weil wir Angst

haben. Vielleicht fürchten wir uns davor, unsere ehrliche Meinung zu sagen, oder uns lächerlich zu machen. Wir könnten auch Angst haben vor den Ideen und Initiativen anderer. Wenn Sie einen Menschen verändern wollen, dann verdrängen Sie nur Ihre Angst vor dem Verhalten des anderen. Welche Ängste Sie auch immer haben, Sie müssen akzeptieren, daß es für jede zwischenmenschliche Beziehung besser ist, wenn Sie auf Macht verzichten. Sie können nur die Kontrolle über sich selbst ausüben. Akzeptieren Sie Ihre Ängste und versuchen Sie, diese zu überwinden, dann verschwindet auch Ihr Bedürfnis, andere Menschen umzuformen. So konzentrieren Sie sich darauf, mit ihnen zurechtzukommen. Ihren Gedanken liegen dann nicht mehr irgendwelche Ängste zugrunde, sondern innere Sicherheit.

Veränderungen im Management

Jahrelang hat man Männer dazu erzogen, den Arbeitsplatz als Kampfarena zu betrachten; Mitgefühl und Rücksicht ließ man zu Hause. Inzwischen besinnt man sich mehr und mehr auf neue Werte. Zu einer Änderung des Bewußtseins haben nicht zuletzt viele populäre Bücher über neue Managementmethoden beigetragen.

Die „Steve Richards" kommen auch in Konzernen langsam aus der Mode. Autokratische Manager fühlen sich bedroht, weil sie sehen, daß blinder Gehorsam und Unterwerfung auch in der Beziehung zwischen Vorgesetzten und Untergebenen immer seltener werden. Ihre Nachfolger sind Führungskräfte, die sich für andere interessieren und mit ihrer Macht verantwortlich und behutsam umgehen.

Doch viele Männer wehren sich noch gegen Veränderungen, und manche wissen nicht, wie sie ihre neue Einstellung in ihren Führungsstil integrieren sollen. Heute verspüren viele leitende Angestellte den Druck, mehr und mehr delegieren zu müssen. Ihre Mitarbeiter sind immer weniger bereit, sich einem autoritären Vorgesetzten zu beugen. Die meisten Angestellten fordern verstärkt Kontrolle über ihre Arbeit; sie verlangen Respekt und Vertrauen.

Sorgen bereitet mir, daß nicht wenige leitende Angestellte und Manager, nachdem sie das neueste Buch über Management gelesen haben, der Ansicht sind, nun hätten sie ihren Führungsstil verändert. Sie sprechen „die neue Sprache des Managements", aber in ihrem Verhalten hat sich kaum etwas geändert.

Das nächste Kapitel beschreibt Manager und leitende Angestellte, die den neuen Managementstil in die Praxis umgesetzt haben. Sie opfern ihr Privatleben nicht bedingungslos ihrer Karriere, leiten ihre Geschäfte erfolgreicher und führen ihre Mitarbeiter effektiver.

Diese Männer schaffen eine Arbeitsatmosphäre, in der die Angestellten keine Angst haben, ein Risiko einzugehen und ihre Grenzen auszuprobieren. Sie reden offen und frei über ihre Emotionen, müssen nicht den Macho spielen oder sich ständig unter Kontrolle haben. Sie sind keine perfekten Automaten, sondern sind sich ihrer Gefühle und Handlungsmotivationen bewußt – dieses Bewußtsein führt zu einer dauerhaften persönlichen Weiterentwicklung.

Kapitel 11

Ich will andere nicht kontrollieren: Der Fortschrittliche

Für viele Topmanager war Kontrolle ein Synonym für guten Führungsstil. Als sich aber immer mehr Angestellte von den Männern an der Spitze abwandten und ihre Führung nicht mehr anerkannten, mußte sich das Management den veränderten Bedingungen anpassen.

Die neuen Manager lehnen den autoritären Führungsstil ab. Sie opfern nicht mehr ihre Ideale und Prinzipien zugunsten einer fragwürdigen Anerkennung oder Anpassung. Sie setzen andere Menschen nicht als Schachfiguren in ihrem Karrierespiel ein. Ich möchte jedoch nicht näher darauf eingehen, was sie alles nicht tun, sondern davon berichten, was sie *tun*, und warum sie zu Vorbildern für ein zeitgemäßes Management geworden sind.

Im Gegensatz zu autoritären Vorgesetzten, die Kontrollmethoden einsetzen und die Kreativität ihrer Mitarbeiter unterbinden, dient den neuen Führungskräften die Geschäftspolitik eher als Richtlinie, denn als verbindliche Regel. Sie lassen ihren Mitarbeitern die Freiheit zur Innovation, zum Experiment und zum Risiko.

Die neuen Manager möchten eine Arbeitsatmosphäre schaffen, in der Mitarbeiter den Mut haben, eigene Beiträge zu leisten. Sie selbst betrachten es als ihre vorrangige Aufgabe, Hilfe für die persönliche Weiterentwicklung anzubieten, Freiraum zu schaffen, damit jeder Eigenverantwortung entwickeln kann, und Anleitung zu geben, wenn es nötig ist.

Diesen Männern ist das gemeinsame Ziel wichtiger als ihre Macht. Ihr Handeln beruht auf Wertvorstellungen und Prinzipien, mit denen ihr Denken, Fühlen und Handeln in Einklang steht. Ihnen ist es wichtiger, Macht über sich selbst zu haben als Kontrolle über andere auszuüben. Vertrauen in die Mitarbeiter bewerten sie höher als Überwachung, sie schätzen und verlassen sich auf die Sachkenntnis und Fähigkeit anderer. Bei ihren Entscheidungen vertrauen sie sowohl ihrer Logik als auch ihrer Intuition, und beruflicher und persönlicher Weiterentwicklung messen sie große Bedeutung bei.

Auf den nächsten Seiten betrachten wir vier verschiedene Annäherungen an das neue Managementideal: John Rollwagen, der sein neues Denken präzise formuliert; Robert Mondavi, der beweist, daß es für eine Veränderung nie zu spät ist; Dave Webb, der demonstriert, daß Macht nicht an bestimmte Positionen gebunden ist; und die Führungsmannschaft von Guild, die zeigt, daß Führung auch in Teamarbeit bewältigt werden kann.

Deutlich seinen Standpunkt vertreten

John Rollwagen, Vorsitzender von Cray Research, den Sie bereits in Kapitel 8 kennengelernt haben, umreißt seinen Standpunkt sehr präzise: „Mich interessiert Macht absolut nicht. Wer denkt, er verfüge über ein fundiertes Machtgefühl, belügt sich selbst.

Man behauptet immer wieder, ich besäße sehr viel Macht. Aber ich glaube, das kommt daher, weil ich meine Ansichten sehr präzise zum Ausdruck bringe. So betrachtet, bin ich einflußreich, weil ich meine Vorstellungen oder meine Gefühle ganz klar zum Ausdruck bringe."

Ich antwortete: „Ich finde es gut, daß Sie gleich Ihre Meinung sagen, denn oft wird zum Beispiel über mögliche Problemlösungen diskutiert, und der Chef lehnt sich zurück und hört nur zu. Ergreift er dann endlich das Wort, klingt das meistens so energisch und entschlossen, daß die anderen sich vor einer weiteren Stellungnahme drücken. Sie glauben, wenn der Chef gerade diesen Vorschlag favorisiert, sollten sie einfach damit übereinstimmen."

„Genau das möchte ich verhindern. Ich kann es nicht leiden, wenn Leute sich nicht mehr trauen und sich drücken", antwortete John.

Er erklärte: „Ich muß mit meinem Einfluß vorsichtig umgehen. Ich glaube wirklich nicht an eine ständige allgemeine Übereinstimmung. Aber ich glaube, wenn in allgemeinen Dingen ein grundsätzliches gegenseitiges Verständnis vorhanden ist, braucht man keinen Anführer." Männer wie Rollwagen wissen, daß

Menschen dazu neigen, lieber dem Vorgesetzten zu folgen, als selbst zu denken. Aber er verfügt über soviel Selbstsicherheit, daß er sich nicht mit Leuten umgeben will, die blinden Gehorsam leisten. Er braucht die Herausforderung.

„Wie haben Sie Ihren Mitarbeitern klar gemacht, daß Sie nicht an einer Machtposition interessiert sind?" fragte ich.

Als Antwort erzählte mir John eine Geschichte. „Als ich Direktor wurde, rief mich plötzlich niemand mehr an. Eines Tages hörte ich im Waschraum zufällig, wie ein Angestellter zum anderen sagte: ‚Damit kannst du John nicht belästigen, er hat schon viel zu viel um die Ohren.'

Daraufhin sagte ich allen, ich hätte nichts zu tun. Als ich meinen Leuten das sagte, lachten sie nervös. Aber meine einzige Aufgabe bestand tatsächlich darin, zu gewährleisten, daß wir unsere Arbeit richtig machen. Und wir haben eine sehr einfache Arbeit – die besten Computer der Welt zu bauen.

Wichtig ist mir, die Managementphilosophie bei Cray vorzugeben und durchzusetzen. Ich ermutige die übrigen Manager, ihren Mitarbeitern zu vertrauen und sie nicht zu überwachen. Natürlich haben wir gelegentlich auch ein paar Zuchtmeister. Wir tolerieren sie, aber sie bleiben nicht lange. Ich bin dafür bekannt, daß ich durch die Firma gehe, und wenn ich dabei merke, daß ein bestimmter Manager unzumutbare oder merkwürdige Forderungen gestellt hat, sage ich zu seinem Untergebenen, er solle die Anweisungen seines Chefs ignorieren.

Nun könnten einige leitende Angestellten auf den Gedanken kommen, ich würde widerrechtlich die Macht meiner Manager an mich reißen. Das tue ich nicht, und nur wenige Leute bei Cray haben diesen Eindruck. Sie sind froh, daß wir nicht in bürokratischen Details ersticken. Ich möchte den Leuten das Gefühl geben, daß sie selbst entscheiden können, daß sie sich verantwortlich fühlen. Wir lassen sie auf ihre eigene Weise arbeiten. Unserer Erfahrung nach erzieht das zur Ehrlichkeit."

Dem Druck, „Vorbild" zu sein, unterliegt Rollwagen nicht. Er glaubt nicht, daß er mehr über die Arbeit seiner Belegschaft weiß, als derjenige, der sie auszuführen hat. Rollwagen erzählte von einem Zusammentreffen mit Praktikanten, die an einem Sommerlehrgang von Cray Research teilnahmen. „Ich habe alle vierzig Praktikanten gebeten, mir etwas von sich zu erzählen und über die Projekte, an den sie gerade arbeiteten. Als alle an der Reihe waren, sagte ich, daß ich nicht imstände wäre, irgendeine dieser Arbeiten, von denen ich gerade gehört hatte, auszuführen. Ich betonte, wie wichtig es wäre, daß sie ihr Projekt beenden, ehe das Praktikum vorüber ist, denn wir würden uns von jedem dieser Projekte einiges versprechen." Er fuhr fort: „Ich wollte bei diesem Meeting nur bekräftigen, daß auch ein Topmanager nicht in der Lage ist, immer etwas Konstruktives beizutragen. Man muß den Leuten die Freiheit geben, selbst zu entscheiden und kreativ zu sein.

Ich biete Anleitung ohne Schuldzuweisung. Es ist wichtig, daß die Belegschaft von Cray weiß, daß sie jeder Idee nachgehen kann, die unserer Arbeit und somit dem Unternehmen dient. Manchmal geht natürlich etwas daneben. Darüber kommen sie dann selbstverständlich nicht so leicht hinweg. Es tut weh, wenn man auf dem falschen Dampfer war. Aber meine Rolle besteht darin, die Leute zu den notwendigen Risiken zu ermutigen und sich keine Sorgen über eventuelle Fehlschläge zu machen."

„Hat ein anderer nach Ihrem Vorbild seinen Führungsstil verändert?" erkundigte ich mich.

„Keine Frage", antwortete John nachdrücklich. „Ich habe meinen Managern den Sinn der Freiheit, die sie hier haben, vermittelt. Besonders einer hat sich geradezu dramatisch verändert. Les Davis ist ein zäher, ausgezeichneter Ingenieur mit trockenem Humor. Er war streng und selbstherrlich. Im Laufe der Zeit hat er sich zunehmend entspannt. Jetzt bringt man ihm mehr Respekt entgegen als jedem anderen im Unternehmen. Er weiß am besten, was vorgeht."

John fühlte sich nicht im mindesten bedroht, obwohl Les mehr Achtung entgegengebracht wurde als ihm. Er fühlte sich als ein Mann, der eben eine bestimmte Position innehat, aber Macht oder gar Machtmißbrauch interessierte ihn einfach nicht.

„Ich mache, was ich will, und ich möchte, daß andere Menschen die Freiheit haben, dasselbe zu tun", sagte er abschließend.

Es ist nie zu spät, sich zu ändern

Robert Mondavi, 74 Jahre alt, ist der Beweis, daß man nie zu alt ist für eine Veränderung seiner Einstellungen. 1966 gründete er die Weinkellerei Mondavi Winery. Seine Familie ist bereits seit

1919 im Weingeschäft im Napa Valley. Das erste, was an Bob auffällt, sind seine freundlichen blauen Augen, die vor Begeisterung und Lebensfreude nur so funkeln. Er imponiert nicht durch seine Statur, sondern durch die menschliche Wärme, die er ausstrahlt.

Ich lernte Bob durch seine tüchtige Frau, Margrit Biever, kennen. Ihr ist es zu verdanken, daß nicht nur die Weine von Mondavi, sondern die gesamte Weinindustrie von Napa Valley inzwischen internationalen Ruf genießt. Bob vergißt nie, die Verdienste seiner Frau zu erwähnen.

Die Eigenschaft, die den Marktführer kalifornischer Weine, die Winery Mondavi, klar von den anderen Weingiganten im Napa Valley unterscheidet, ist das Bestreben, Erfolg und Anerkennung mit den Konkurrenten zu teilen. Die Mondavis riefen die *Napa Valley Wine Auction* ins Leben, eine Wohltätigkeitsveranstaltung, bei der jährlich mehr als 300000 Dollar für die Krankenhäuser im Tal zusammenkommen. Mondavi wurde als Aussteller zur Weinmesse nach Bordeaux eingeladen. Daraufhin fragten die Mondavis bei den 21 anderen Kellereien im Napa Valley an, ob Interesse an einem Gemeinschaftsstand auf dieser Ausstellung bestünde. Somit war das gesamte Napa Valley in Bordeaux vertreten.

Bob Mondavi ist davon überzeugt, daß gleich nach der Sorge um die eigene Familie die Fürsorge für die Angestellten kommen muß.

Jedes Jahr dürfen 18 bis 25 seiner Angestellten eine von Mondavi bezahlte Reise durch das Weinland Frankreich antreten, um die jahrhundertealte Kunst des Kelterns in Europa kennenzulernen.

Das Interesse und die Anregungen seiner Angestellten bedeuten Bob sehr viel. Als eine neue Weinsorte eingeführt wurde, erhielt jeder eine Kiste Wein. Bob wollte nicht nur jeden Angestellten mit dem neuen Produkt vertraut machen, sondern auch die ehrliche Meinung eines jeden über den Wein hören.

Bob war nicht von Anfang an von den Vorteilen geteilter Verantwortung überzeugt gewesen, und er hat sich auch nicht immer Zeit für andere genommen. Gleich zu Anfang unseres Gesprächs sagte Bob: „In den letzten vier oder fünf Jahren haben sich meine Prioritäten gewandelt. Ich rede gerne mit Menschen und interessiere mich für ihre Meinung. Dadurch habe ich mehr Verständnis für sie entwickelt. Ich habe festgestellt, daß es mich innerlich befriedigt, wenn ich beobachte, wie meine Mitarbeiter immer selbständiger arbeiten."

Zwei Dinge veranlaßten ihn, seine Management-Philosophie und seinen Führungsstil zu überdenken. Erstens: die Rivalität zwischen seinen Kindern, und zweitens: die mangelnde Kommunikation im Betrieb, deren Ursache Bobs Autorität war.

Die beiden Söhne und die Tochter von Bob arbeiten alle im Unternehmen. Mike, acht Jahre älter als sein Bruder Tim, ist verantwortlich für Marketing und Verkauf. Tim, der Kellermeister, ist verantwortlich für die Produktion. Die Tochter Marcy repräsentiert die Kellerei in New York und Europa. Als seine beiden Söhne einige Zeit im Betrieb mitgearbeitet hatten, bemerkte Bob, daß sich ihr übertriebenes Konkurrenzverhalten nachteilig auf das Geschäft auswirkte.

Erschwerend kam zu dieser Geschwisterrivalität noch hinzu, daß Bobs Manager Angst vor eigenverantwortlichen Entscheidungen hatten. Siebzehn Jahre lang hatte Bob die Weinkellerei Mondavi geleitet, zuvor war er gemeinsam mit seinem Bruder für eine andere Kellerei der Familie verantwortlich gewesen. Die Manager hatten sich stets auf Bobs Anweisungen verlassen. Der Kampf der beiden Söhne um die Vorherrschaft machte Bob erst recht zum einzigen stabilisierenden Faktor.

Bei einer Besprechung wurde Bob dieses Problem bewußt. Er erzählte: „Wir waren immer Marktführer gewesen. Aber die geschickte Marketing-Strategie eines Konkurrenten machte mir klar, daß wir dabei waren, diese Stellung zu verlieren. Als ich dem Verkaufsleiter sagte, daß wir ein neues Produkt gezwungenermaßen auf eine ganz bestimmte Art einführen müßten, hatte ich *vorausgesetzt,* daß er mir zustimmte. Aber er meinte, wir könnten unmöglich so vorgehen aufgrund einiger Probleme, die anscheinend keinem von uns bewußt seien. Ich schaute alle Anwesenden an und sah an ihren gleichfalls verblüfften Mienen, daß die Kommunikation untereinander nicht mehr funktionierte. In dieser Situation war es natürlich nicht gerade hilfreich, daß meine Söhne miteinander oder auch gegen mich konkurrierten. Es war nicht leicht, die Übersicht zu behalten."

Mit 70 Jahren war Bob plötzlich gezwungen, herauszufinden, warum sein Führungsteam nicht mehr miteinander kommunizierte. Dazu mußte er zuerst ehrlich mit sich selbst ins Gericht gehen. Bob kam zu dem Schluß, daß er sich etwas vom Geschäft zurückziehen mußte, um den anderen die nötige Entscheidungsbefugnis und Autorität zu gewähren, die sie für eine vernünftige Erledigung ihrer Arbeit einfach brauchten. Er mußte seine kontrollierende Position aufgeben, damit die anderen eine Chance zur Veränderung erhielten. Sein Sohn Mike formulierte es so: „Er hörte schlagartig auf, ‚Befehle zu bellen', und wurde zum Mentor."

Zwar spricht sie es selten aus, aber die neue Managergeneration weiß meist instinktiv, daß sie sich zuerst ändern muß, nicht die anderen. Solange sie im gleichen Fahrwasser fahren, bleibt alles beim alten. Konzentrieren sie sich darauf, andere zu ändern, beugen sich diese zwar kurzfristig dem Druck, kehren aber bald wieder zu den alten Verhaltensmustern zurück. Mit anderen Worten, wenn Sie Ihre eigene Verhaltensweise ändern, ändert sich in der Folge die der anderen entsprechend.

Bob erklärte, welche Umstellungen er vorgenommen hat: „Ich beschloß, einen Führungsrat einzusetzen, der Vorsitz sollte unter den sechs Führungskräften rotieren. Nun war nicht jeder von dieser Idee überzeugt, denn sie hatten sich daran gewöhnt, stets mir die letzte Entscheidung zu überlassen. Aber ich mußte *unser* System ändern, also auch meine Rolle. Es kam zu einer Auseinandersetzung mit meinem Finanzchef. Er war mit diesem Konzept der geteilten Macht nicht einverstanden. Sein Widerstand war so groß, daß er kündigte. Die anderen sind geblieben, aber sie gingen die Sache nur halbherzig an. Trotzdem sollte meiner Auffassung nach niemand zu lange die alleinige Kontrolle ausüben oder in einer zu großen Machtposition bleiben."

„Wie lange liegt das zurück?" fragte ich.

„Vier Jahre, inzwischen klappt es prächtig", entgegnete Bob. „Der frühere Finanzchef blieb uns als freier Berater erhalten. Er hat in den letzten Jahren auch andere Kellereien beraten und deshalb eine gute Vergleichsmöglichkeit. Vor ein paar Monaten hat er zu mir gesagt, er habe nie an meine Idee geglaubt, aber inzwischen hätte ich ihn überzeugt.

Auch das Problem mit meinen Söhnen wurde durch die Neuorganisation gelöst. Was noch wichtiger ist, die Kommunikation funktioniert wieder reibungslos. Nicht einer trifft eine einseitige Entscheidung. Alle arbeiten zusammen. Jeder hat das Gefühl, zu unserem Erfolg beizutragen. Einer lernt vom anderen."

Obwohl Bob nichts dergleichen erwähnte, vermutete ich, daß dieses Management sich gravierend von seinem früheren Führungsstil unterschied. Ich hakte nach: „Haben Sie die Leistungen und Bemühungen Ihrer Mitarbeiter immer schon gewürdigt und sich darüber gefreut?"

„Nein, nein", antwortete Bob kopfschüttelnd. „Ich habe zwar schon immer sehr viel von den Leuten gefordert. Aber meine Erwartungshaltung habe ich geändert. Ich tadle die Leute jetzt nicht mehr, wenn sie auf eine andere Art an die Dinge herangehen, als ich es mir vorgestellt hatte."

„Dann sind Sie also ein geläuterter Perfektionist?" fragte ich.

„Ganz genau. Und seitdem geht es mir besser. Den Leuten, die mit mir zu tun haben, übrigens auch. Ich bin nicht mehr dauernd enttäuscht, weil ich die Leute jetzt verstehe. Ich habe mich darauf eingestellt, daß sie eben ab und zu einen Fehler machen. Ich konzentriere mich nicht mehr auf ihren Arbeitsstil, sondern unterstütze sie oder mache sie auf mögliche Lösungen aufmerksam. Heute schätze ich meine Mitarbeiter. Dauernde Kritik bringt nichts."

Bei meinen Gesprächen mit Bob habe ich mir oft gewünscht, andere Manager, die 20, 30 oder 40 Jahre jünger als er sind, hätten ebenfalls die Fähigkeit, sich realistisch einzuschätzen. Dann würde vielen bewußt, daß sie sich ändern müssen. Ich fragte mich, was Bob diese Fähigkeit verlieh. Auf einem Umweg kam ich dahinter. Als ich nach dem Grund suchte, warum gerade die Weinkellerei Mondavi zum Trendsetter geworden war, entdeckte ich in den unterschiedlichsten Aktivitäten Bobs einen gemeinsamen Nenner.

„Ich bin nie zufrieden gewesen mit dem, was ich erreicht habe. Kaum bin ich am Ziel, überlege ich mir schon, wie ich es noch besser hätte machen können. Ich habe mich nie auf meinen Lorbeeren ausgeruht", berichtete Bob.

„Sie sind also ständig auf der Suche nach der nächsten Marktlücke, weil Sie glauben, daß Ihre Geschäftspolitik und damit auch Ihr Erfolg einem ständigen Wechsel angepaßt werden muß?" erkundigte ich mich.

„Genau."

Die Veränderungen gingen auch an der Familie nicht spurlos vorbei. Ende der siebziger Jahre, mit 67, wurde Bob geschieden. Monatelang sprachen seine Kinder nicht mehr mit ihm. Bob wußte, daß dies weder für das Geschäft noch für die Familie gut war. Der reibungslose Kommunikationsfluß zwischen den Familienmitgliedern mußte gesichert werden. Aus diesem Grunde treffen sich Bob Mondavi, seine beiden Söhne, seine Tochter und seine geschiedene Frau, die noch immer einen beträchtlichen Anteil an dem Unternehmen hat, zweimal im Jahr. Sie ziehen sich in ein firmeneigenes Landhaus zurück, besprechen die anstehenden Probleme, suchen gemeinsam nach Lösungen und planen die zukünftigen Strategien.

Jeder leitende Angestellte oder Manager, der noch am autoritären Führungsstil hängt, weil er glaubt, er wäre für eine Änderung zu alt, braucht sich nur Robert Mondavi anzusehen. Er ist davon überzeugt, daß ein neuer Führungsstil nicht vom Alter, sondern von der Einstellung abhängt. Man muß nur den Wunsch haben, sich persönlich und beruflich weiterzuentwickeln; sich für andere interessieren, sich selbst besser kennenlernen, denn das hat zur Folge, daß man auch mehr Verständnis für andere Menschen entwickelt.

Macht ohne Position

Die veränderten Organisationsstrukturen, die Beseitigung der autoritären Beziehung Vorgesetzter – Untergebene und die Abschaffung hierarchischer Strukturen erfordern immer dringender Einfluß und Macht, die nicht an eine bestimmte Position gebunden ist.

Als ich mit Jim Garrick, dem Direktor des Center for Sports Medicine, arbeitete, lernte ich Dave Webb kennen. Dave war einer der Oberärzte des Centers und verfügte über eine Gabe, von der viele Männer lernen können – er stand im Einklang mit seiner Macht.

Auf den ersten Blick wirkte Dave mit seinem Spitzbart ein wenig streng. Aber sobald er sprach, fielen seine überlegene Intelligenz und seine nüchterne Sachlichkeit positiv auf.

Dave gab mir eine Kurzbeschreibung von sich. „Ich habe kein Charisma. Niemand dreht sich nach mir um, wenn ich ein Zimmer betrete. Im Grunde halten mich manche Leute, jedenfalls solange ich nichts sage, für einen Idioten. Wenn ich dann spreche, verhalten sie sich schlagartig so, als wäre ich ein Weiser. Dabei bin ich weder das eine noch das andere."

Daves natürliche Führungsgabe wurde mir bewußt, als Jim mir erzählte, wie Dave die Probleme bezüglich der Operationsassistenz gelöst hatte. Jim war der einzige orthopädische Chirurg des Centers. Deshalb hing das Einkommen der fünf Oberärzte wesentlich von der Anzahl der Operationen ab, bei denen sie Jim assistieren durften. Als sich einer der Ärzte bei einer Personalbesprechung über die ungleiche Verteilung der Operationsassistenzen beklagte, verschlechterte sich das Betriebsklima. Aber, wie Jim mir sagte, sprang Dave in die Bresche und klärte die Angelegenheit.

Dave berichtete: „Offen gesagt, war ich der Meinung, daß einige zu selten als Assistenten eingesetzt wurden, und ich wollte auf keinen Fall, daß sich die Klagen ewig hinziehen. Deshalb versuchte ich, eine faire Lösung zu finden. Aber ein Arzt, Al, blieb stur.

In diesem Jahr hatten Al und Bill bei weniger Operationen assistiert als wir anderen. Es ist bei uns zwar so üblich, daß jeder bei seinen eigenen Patienten assistiert, aber trotzdem boten Marie, Mark und ich an, des öfteren auf die Assistenz bei den Operationen unserer eigenen Patienten zu verzichten, damit die beiden anderen mit uns gleichziehen konnten. Aber Al war mit diesem Angebot nicht einverstanden."

Dave läßt sich in seinem Denken und Handeln beständig von seinen Wertvorstellungen und Prinzipien leiten. Dies erklärt seine Sicherheit und Ausgeglichenheit. Dave weiß, wer er ist, und hat es nicht nötig, jemandem etwas vorzuspielen. Er ist ein ehrlicher Mann, dem man vertrauen kann.

Dave erzählte, was dann passierte. „Wir diskutierten weiter und suchten nach Alternativen. Dabei wurde mir bewußt, daß einer der Ärzte versuchte, uns Sand in die Augen zu streuen.

Als ich diesem betreffenden Arzt sagte, daß ich absolut dagegen war, keine konkreten Operationspläne aufzustellen, griff er mich an und sagte, ich sei uneinsichtig und schroff."

Ich fragte mich, ob Dave diese Beschuldigung persönlich genommen oder die versteckte Manipulation erkannt hatte. „Wie haben Sie darauf reagiert?" erkundigte ich mich.

Er beugte sich vor und sagte achselzuckend: „Es war mir egal. Er kritisierte mich nur, weil ich mit dem, was er wollte, nicht einverstanden war." In diesem Augenblick wußte ich, daß Dave Doppelzüngigkeit verabscheute und nicht so leicht auf Manipulationsversuche hereinfiel.

„Wie verhalten Sie sich einem Menschen gegenüber, der versucht, Sie zu manipulieren?" fragte ich.

Lächelnd sagte er: „Jedesmal, wenn derjenige das Zimmer verläßt, überprüfe ich meine Taschen, um sicherzugehen, daß mich diese Schlange nicht ausgenommen hat." Dann erklärte er: „Manipulierende Menschen verscherzen sich die Chance, daß ich sie mag. Ich bleibe weiter direkt. An meinem Verhalten ändert sich nichts."

„Haben Sie gleich gemerkt, daß Sie manipuliert wurden oder wurde Ihnen das erst später bewußt?" wollte ich wissen.

„Als ich nach der Besprechung nach Hause fuhr, war mir ganz klar, daß er mich manipulieren wollte. Ich wußte, wenn ich ihn bei der Besprechung herausgefordert hätte, hätte er sich große Mühe gegeben, das abzustreiten. Zu Hause entwarf ich einen Plan, der meiner Ansicht nach gerecht war und die neuen Regeln berücksichtigte. Am nächsten Tag drückte ich jedem eine Kopie des Plans in die Hand, damit sie darüber abstimmen konnten. Das war das Einfachste."

Nach einer Pause fügte er hinzu: „Meiner Meinung nach verteilte dieser Plan die Operationsassistenz fair und gerecht. Jeder Arzt kam durch die Rotation auf die gleiche Anzahl Operationen. Wir hatten dadurch alle die gleichen Möglichkeiten, aber nicht unbedingt die gleichen Resultate."

Am meisten interessierte mich, warum sich Dave dieses Problems angenommen hatte, denn eigentlich war er dafür gar nicht verantwortlich. Er war nicht stellvertretender Direktor des Centers. Er und seine Kollegen sind gleichberechtigte Partner. Die meisten Menschen versuchen, Konflikten aus dem Weg zu gehen, aber Dave fühlte sich zuständig für dieses Problem. Ich wollte wissen, warum.

Dave erklärte: „Ich wollte Jim helfen. Ich merkte, daß das Problem immer mehr hochgespielt wurde und dachte, Jim könnte Unterstützung gebrauchen. Er hat mir so viel geholfen. Ich tat es aus Loyalität zu ihm."

Das ist nicht die Loyalität eines Jasagers, sondern eines Mannes, der weiß, daß er die Stärken und Schwächen seines Chefs ausbalancieren kann, ohne sich anpassen zu müssen. Dave unterscheidet sich von den „Menschenbeglückern" oder Machthungrigen, weil er keine Konfrontation fürchtet. Er möchte wirklich, daß die Leute das beste aus sich machen. Die „netten Kerls" drücken sich vor einer Konfrontation aus Angst, man würde sie ablehnen. Und die Machthungrigen benutzen Informationen als Waffe gegen andere. Dave Webb glaubt an die Fähigkeit des Menschen, gute Arbeit zu leisten. Es frustriert ihn, wenn Menschen schlechtere Leistungen erbringen, als sie aufgrund ihrer Fähigkeiten leisten könnten. Für ihn bedeutet das, „die Leute machen sich selbst klein."

Dave befürwortet Feedback. Als ich beiläufig erwähnte, daß einige seiner Mitarbeiter besorgt seien, er könnte zuviel Macht an sich reißen, wollte er wissen, um wen es sich handelte. Seine Begründung: „Wenn ich sie nicht verstehe, mache ich meine Arbeit schlecht." Dann fügte er hinzu: „Ich will andere nicht kontrollieren. Deshalb muß ich wissen, welche Bedürfnisse sie haben, wie sie behandelt werden möchten, oder wie ich am besten mit ihnen reden kann."

Dave weiß, daß er es nicht allen Leuten recht machen kann. Er kann unterscheiden, wann er seine Stärken einsetzen und wann er anderen die gleiche Chance bieten muß. Das ist die Basis seiner Macht.

Teamarbeit heute

Oft werde ich gefragt: „Braucht Ihrer Meinung nach eine starke Persönlichkeit schwache Untergebene?"

Meine Antwort: „Nein, nur der Schwache sucht nach noch Schwächeren, denn nur dann erscheint er stark. Wer wirklich stark und sicher ist, hat es nicht nötig, anderen mit seiner Macht zu imponieren. Ganz im Gegenteil, er sucht nach starken Leuten, die ihn herausfordern."

Nun möchte ich Sie mit der Führungsmannschaft der Weinkellerei Guild bekanntmachen: Gerry ist Direktor, Chris ist verantwortlich für die Finanzen, Ron für Marketing und Doug für den Verkauf.

Bei einem zweitägigen Marketing-Seminar hatte ich Gelegenheit, die gute Zusammenarbeit von vier starken Führungskräften zu beobachten. Dieses Team übernahm eine fast bankrotte Weinkellerei und verwandelte sie innerhalb von 18 Monaten in ein gewinnbringendes Unternehmen. Keiner von ihnen verspürt auch nur den geringsten Wunsch, diesen Erfolg für sich zu beanspruchen. Sie betrachten das Resultat als gemeinsamen Erfolg.

Im Gegensatz zu Steve Richards, den wir im vorhergehenden Kapitel kennengelernt haben, zeigt die Führungsmannschaft von Guild Sicherheit und Kompetenz in ihrem jeweiligen Fachgebiet und Vertrauen in die Ideen und die konstruktive Kritik ihrer Kollegen. Diese Männer erwarten nicht ständigen Gleichklang, sondern schätzen gerade ihre Unterschiedlichkeit. Chris sagte zu mir: „Unsere Unterschiedlichkeit steigert die Qualität unserer Arbeit."

Ein Beispiel: Anläßlich einer Besprechung über eine neue Marketingstrategie äußerte Ron Unzufriedenheit über die Diskussion, die seiner Meinung nach in eine ganz falsche Richtung lief. Später sprachen Gerry und Chris Ron darauf an und meinten, es wäre wichtig, über dieses Problem zu reden, ehe die Besprechung am nächsten Tag weiterging. Am nächsten Morgen stand das Thema wieder auf der Tagesordnung. Diesmal gingen Ron und Chris auf ihre Unterschiedlichkeit im Denken und Handeln ein. Nun konnte jeder die Gründe von Rons Mißfallen nachvollziehen, ohne seine Kritik persönlich zu nehmen. Damit hatte jeder Anwesende die Möglichkeit, seine Ideen ohne Ressentiments vorzubringen.

Die Guild-Manager demonstrierten damit ihre Qualitäten: Sie können über Prozesse und Inhalte diskutieren und sich gleichzeitig beides bewußtmachen. Der Prozeß betrifft die Zusammenarbeit der Kollegen. Der Inhalt ist die geleistete Arbeit. Wie oft saßen Sie schon in einer Besprechung, bei der nichts herauskam? Manager, die den Prozeß vernachlässigen, führen wenig effektive Besprechungen, denn sie ignorieren die zugrundliegende Dynamik. Sie glauben, mangelnde Aufmerksamkeit bei allen Teilnehmern würde ein Problem von selbst aus der Welt schaffen.

Die Manager von Guild haben dieselben Wertvorstellungen und Prinzipien: den Wunsch nach Erfolg, keine Angst vor schwierigen Situationen, Vertrauen, Interesse und Respekt gegenüber anderen Menschen. Aber so sehr sich ihre Vorstellungen auch gleichen, so unterschiedlich ist die Art und Weise, wie sie die Dinge anpacken. Gerry zum Beispiel handelt oft spontan, entscheidet schnell und schert sich keinen Deut um Marktanalysen. Er ist auch bei der Konkurrenz für seine Erfolge bekannt. Ron wiederum hat für den Großkonzern Procter and Gamble gearbeitet. Das bedeutet, er plant, ehe er handelt. Er studiert den Markt genau und entwickelt Strategien, um seinen Standpunkt zu untermauern. Doug ist eine gute Mischung aus beiden, während Chris außerordentlich gründlich, fast pedantisch ist.

Gerry gebührt der meiste Verdienst an der praktizierten Teamarbeit. Keiner hat Angst, dem Chef zu widersprechen oder ihn zu kritisieren. Gerry wünschte Transparenz, jeder Mitarbeiter sollte in jeden Arbeitsbereich Einsicht bekommen und sich zu allem eine Meinung bilden können. Darüber redete er anfangs nicht viel, sondern ging einfach mit gutem Beispiel voran.

Chris ist nicht unbedingt der typische Buchhalter. Er hat sich stets bemüht, seine „menschlichen" Fähigkeiten zu entwickeln. In seinem Arbeitsbereich herrscht keine Hierarchie. Er berücksichtigt auch stets den Einfluß, den seine Entscheidungen auf die Angestellten haben könnten. Im Gegensatz zu den meisten seiner Kollegen in anderen Betrieben besteht für ihn das Leben nicht nur aus schwarz und weiß. Er verfügt über einen fast unheimlichen Instinkt was die Führung von Menschen anbelangt.

Ron und Doug, zuständig für Marketing und Verkauf, arbeiten vorbildlich zusammen. Im Gegensatz zu den meisten Marketing- und Verkaufsleuten, die sich um Macht und Kontrolle bekämpfen, sind Ron und Doug ein Team. Manchmal weiß man gar nicht, wer nun eigentlich die Entscheidungen im Bereich Marketing oder im Bereich Verkauf trifft. Manche Leute würden Ron vielleicht als widersprüchlichen Charakter bezeichnen. Auf der einen Seite ist er extrem vernünftig und tatsachenbezogen, auf der anderen Seite begeistert er sich an Menschen, an ihren Motivationen und Bedürfnissen. Doug hat für Konzerne sowohl im Innen- als auch im Außendienst gearbeitet und verbindet mit großem Einfühlungsvermögen die Bedürfnisse der Mitarbeiter mit seinen taktischen Entscheidungen. Da sowohl Ron wie Doug über sehr viel Selbstsicherheit und Selbstbewußtsein verfügen, bereitet es ihnen keine Schwierigkeiten, die Meinung des anderen zu akzeptieren.

In bin eine Anhängerin des Konkurrenzdenkens, aber nicht unter Kollegen im gleichen Betrieb, denn in einem solchen Fall verhindert es produktives und effektives Arbeiten. Als ich Ron und Doug fragte, warum sie keine Konkurrenz entwickelten, gaben mir beide dieselbe Antwort: „Unsere Konkurrenten sind die anderen Firmen auf dem Markt, nicht wir hier im Betrieb." Entscheidend für sie ist, daß die Arbeit so gut wie irgend möglich erledigt wird, und zwar gemeinsam.

Zu unserem zweitägigen Marketing-Seminar lud Gerry auch die beiden Fachleute der Werbeagentur ein, die die Produktwerbung für Guild gestalten und betreuen. „Es ist einfacher, wenn sie gleich aus erster Hand hören, worum es geht, dann muß keiner von uns nochmals die beiden Tage mit ihnen durchsprechen", sagte Gerry zu mir. Diese Einstellung ist nicht überall verbreitet. Obwohl die Werbeagentur für sie arbeitet, haben viele Manager das Gefühl, sie müßten den Prozeß bis zur Entscheidungsfindung geheimhalten und geben den jeweiligen Bearbeitern nur die unbedingt notwendigen Informationen weiter.

Die Manager von Guild haben auch viel Spaß zusammen. Als Ron zu ihnen stieß, war er „der Neue in der Klasse." Die drei anderen hatten gemeinsam schon einige Stürme überstanden und Guild auf den Weg zum Erfolg gebracht. Nach einem langen Arbeitstag saßen Gerry, Chris und Doug eines Abends zusammen und überlegten neue Strategien zur Verkaufsförderung. Chris betrachtete ein Plakat einer Konkurrenzfirma, auf dem eine Frau im Bikini abgebildet war, die, mit Chris Worten, „auf mich wirkt wie eine Morgendämmerung" (dawn = Morgendämmerung und ein weiblicher Vorname). Chris nahm einen Kugelschreiber und schrieb auf das Plakat „Lieber Ron", und darunter „In Liebe, Dawn." Gerry war begeistert: „Das schicken wir ihm nach Hause." Doug meinte: „Dann müssen wir noch ‚Persönlich und vertraulich' draufschreiben und außen ein Herz draufmalen."

Als sie ihm diesen Streich spielten, hielt sich Ron gerade geschäftlich in New York auf. Anscheinend hatte seine Frau das Päckchen geöffnet, denn als er mit ihr telefonierte, spürte er ihre eisige Kälte sogar durch die Telefonleitung. Am nächsten

Morgen meldete eine Sekretärin, die in den Streich eingeweiht war, den Männern, Ron habe angerufen und sich erkundigt, ob eine Dawn im Büro nach ihm gefragt hätte. Als sie das hörten, freuten sie sich wie kleine Kinder.

Wir saßen alle zusammen, als Ron mir die Geschichte erzählte, und sie alle lachten gemeinsam darüber. Monate später analysierten Chris und ich, warum sie das getan hatten. In echt männlicher Manier wollten sie Ron testen und hatten sich gefreut, daß er ihren Test so gut bestanden hatte. „Wir drei hatten die schwere Zeit zusammen durchgemacht, die Firma vor dem Bankrott bewahrt. Ron kam später zu unserem Team und hatte den ganzen Druck, mit dem wir drei anderen konfrontiert waren, nicht miterlebt. Wir wollten ganz einfach sehen, wie er unter Druck reagiert", meinte Chris.

Die Manager von Guild bilden ein Team, dem gemeinsamer Erfolg wichtiger ist, als sich zu profilieren. Alle schätzen die Qualität ihrer beruflichen Beziehung. Ihre Zusammenarbeit erfordert die Übereinstimmung der Strategien und Entscheidungen, aber jeder toleriert die Eigenheiten des anderen.

Wie man seinen Führungsstil ändern kann

Jeder leitende Angestellte oder Manager, der sich ändern will, aber nicht weiß, wie er dabei vorgehen soll, hat mein vollstes Verständnis. Meiner Meinung nach ist es wichtig, zuerst die Einstellung zu ändern und von dem Gedanken Abschied zu nehmen, Macht über andere besitzen zu wollen. Effektivität zeigt sich nicht darin, wie gut Befehle ausgeführt werden. Den vielen Männern, die immer wieder sagen: „Meine Leute hören nicht auf mich" oder „Ich verstehe nicht, warum die Leute heutzutage wegen jeder Kleinigkeit fragen müssen", antworte ich: „Wenn Sie Respekt mit blindem Gehorsam gleichsetzen, werden Sie nie wissen, von wem Sie wirklich respektiert werden. Ein Manager muß sich Respekt durch seine Arbeit verdienen, durch sein Denken und Handeln und nicht durch seine Position. Um es noch deutlicher zu sagen, er darf sich nicht machtlos fühlen oder glauben, er habe die Kontrolle verloren, wenn eine Anordnung nicht sofort ausgeführt wird. Die Mitarbeiter müssen am Entscheidungsfindungsprozeß beteiligt werden, wenn die Entscheidung ihren Arbeitsbereich betrifft."

Der Haken an diesem Thema ist die *Macht*. In der Vergangenheit wurde der Führungsstil durch ganz bestimmte Werte definiert. Als in den Unternehmen noch bürokratisch, statisch und genau kalkulierbar gearbeitet wurde, wies das Management feste Regeln und eine bestimmte Geschäftspolitik auf. In unserer sich schnell wandelnden Zeit ist es jedoch wichtig, daß die Angestellten die Freiheit haben, sofort auf die Bedürfnisse der Kunden einzugehen und notwendige Entscheidungen schnell zu treffen.

Zur Zeit bewundert man visionäre Führungskräfte, über sie wird viel geschrieben, sie sind gefragt. Viele Manager imitieren den charismatischen Erweckungsprediger oder den unternehmerischen Einzelgänger. Aber wir müssen uns von diesen Etiketten freimachen und nur darauf achten, welche Fähigkeiten und Wertvorstellungen in der heutigen Marktsituation Erfolg versprechen.

Vorbilder könnten Männer wie John Rollwagen sein, der „absolut uninteressiert" an der Macht und trotzdem mächtig ist; Bob Mondavi, nach dessen Ansicht es nie zu spät ist, sich zu ändern; Dave Webb, der sich von seinen Wertvorstellungen und Prinzipien leiten läßt; oder die Manager von Guild, die gerade die Unterschiedlichkeiten schätzen, die jeder Kollege mitbringt. Diese Männer demonstrieren das Denken und Handeln, das heute von Führungskräften gefordert wird. Was in der Vergangenheit funktioniert hat, interessiert nicht mehr, nur was heute funktioniert, steht zur Debatte.

Diese Männer verlassen sich auf ihr eigenes Urteilsvermögen. Ihr Grundgedanke ist, wie „wir" die Ziele des Unternehmens erreichen können. Sie lassen sich von ihrem Interesse und Vertrauen in die Mitarbeiter leiten und legen großen Wert auf persönliche Weiterentwicklung. Wenn nötig, übernehmen sie die Führungsrolle, aber sie vermeiden es, anderen Macht oder Einfluß zu entziehen. Sie betrachten ihre Arbeit unter einem strategischen Aspekt, gehen kalkulierbare Risiken ein und bauen auf ihren Erfolgen auf.

Wenn Sie sich ändern wollen, aber nicht genau wissen, wie Sie vorgehen sollen, dann stellen Sie sich die folgenden Fragen. Sie können auch andere darum bitten, sich über Ihren Führungsstil zu äußern, so lernen Sie auch die Meinung Ihrer Mitarbeiter kennen. Basierend auf Ihren Antworten (und den Anregungen anderer), können Sie Ihren ganz persönlichen Weg einschlagen und Ihren neuen Kurs abstecken.

Bewertung meines Führungsstils

1. Welche Wertvorstellungen liegen meinem Führungsstil zugrunde?

2. Wie wichtig ist für mich Kontrolle?

3. Hätte ich „mich selbst" gern zum Chef? Wenn ja, warum? Wenn nein, warum nicht?

4. Akzeptiere ich abweichende Meinungen anderer? Wie zeige ich das?

5. Akzeptiere ich, daß Kollegen einen anderen Führungsstil und eine andere Management-Philosophie haben, oder erwarte ich Übereinstimmung?

6. Welche drei Eigenschaften habe ich mit den Männern aus diesem Kapitel gemeinsam?

7. Wie zeige ich anderen, daß ich sie, ihre Anregungen und ihre Ehrlichkeit schätze?

8. Wie delegiere ich Autorität?

9. Welche Wertvorstellungen würde ich gern in mein Denken und Handeln integrieren?

10. Welche Prinzipien und Wertvorstellungen würde ich gerne ändern?

11. Höre ich anderen aufmerksam zu? Versuche ich ständig, die Oberhand zu behalten?

12. Überlege ich, wie ich andere ändern könnte, anstatt mich auf meine eigene Entwicklung zu konzentrieren?

13. Wer wäre für mich ein gutes Vorbild? Von wem könnte ich lernen?

14. Wen meiner Mitarbeiter oder Kollegen könnte ich um konstruktive Kritik und eine ehrliche Beurteilung meines Führungsstils bitten?

15. Welchen Schritt würde ich gerne zuerst machen? Wie und wann möchte ich damit anfangen?

Es freut mich, daß immer mehr Manager und leitende Angestellte sich über ihre Macht Gedanken machen. Sie zerstören damit die bürokratischen Strukturen, an deren Entstehung sie ursprünglich selbst mitgewirkt haben.

Teil V

Ehefrauen, Geliebte, Kolleginnen ... und Frauen

Kapitel 12

Ein Feind ist in mein Allerheiligstes eingedrungen

Wer glaubt, es fiele den Männern leicht, die veränderte Rolle der Frau in der Gesellschaft zu akzeptieren, irrt sich. Viele Männer geben das allerdings nicht gerne zu – das wäre unmännlich. Manche Männer bezeichnen sogar Geschlechtsgenossen, die sich darüber beklagen, als Chauvinisten. Das ändert aber nichts an der Tatsache, daß fast jeder Mann damit seine Schwierigkeiten hat.

Die aus der veränderten Frauenrolle resultierenden Probleme, ob zu Hause oder am Arbeitsplatz, blieben in der Öffentlichkeit weitgehend unbeachtet oder wurden einfach ignoriert. Ein leitender Angestellter formuliert die männliche Sicht folgendermaßen: „Eines Tages wachst du auf und stellst fest, daß deine heiligsten Stätten zerstört worden sind, weil die Frauen beschlossen haben, daß ihnen das Spiel nicht mehr paßt, und sie die Regeln ändern. Sie waren wütend auf uns, weil wir die Männer waren, zu denen man uns gemacht hat. Sie gaben uns die ganze Schuld an ihrer Misere und an ihrem Unglück – an dem Rollenbild, dem sie entsprechen sollten. Ich kenne meine eigene Frau nicht mehr. Und ich verstehe diese zornigen Frauen im Büro nicht. Man fragt sich erstaunt: ‚Wer ist der Feind in meinem Allerheiligsten?'"

Die auf ihre Karriere dressierten Männer betrachteten die Welt der Arbeit stets als ihr Allerheiligstes. Dort konnten sie ihre Aggressionen ausleben, mit den anderen Jungs arbeiten und spielen und ihre Träume verwirklichen. Ihr Zuhause war ein Allerheiligstes anderer Art – ein Zufluchtsort, an dem sie ihre Wunden lecken konnten, die sie sich im alltäglichen Kampf zugezogen hatten. Diese Rückzugsgebiete wurden infolge der Frauenbewegung zu umkämpften Territorien.

Die meisten Männer sind auf eine Welt vorbereitet worden, in der den Frauen die Aufgabe zugewiesen worden war, sich zu

Hause und am Arbeitsplatz um ihre Bedürfnisse zu kümmern. Die Regeln waren einfach und beiden Geschlechtern vertraut: Frauen hatten stets zur Unterstützung und Fürsorge für Männer da zu sein. Sie waren eines Mannes Anhängsel, Sklavin, Mutter, Krankenschwester und Geliebte.

Viele Männer waren, und sind es möglicherweise noch heute, entschiedene Gegner dieser Veränderungen (der Weigerung der Frauen, ihrem überlieferten Rollenbild auch weiterhin gerecht zu werden). Die Männer hatten die Frauen nicht um diese Veränderung gebeten, und nun sollten sie über Nacht ihr Frauenbild korrigieren. Sperrten sie sich dagegen, beschimpfte man sie als unsensible männliche Chauvinisten.

Der Druck nahm zu, als die Ehefrau auch noch die Geschäftswelt eroberte. Von *ihm* erwartete man selbstverständlich, daß er sich durch *ihr* berufliches Engagement nicht bedroht fühlen sollte. Aber als sie seine Bedürfnisse scheinbar immer mehr vernachlässigte, reagierte er beleidigt und schmollte. Er begann zu klagen und hoffte, sie würde diesen Wink mit dem Zaunpfahl verstehen und auf sein Gekränktsein Rücksicht nehmen. Als sie seine Gefühle völlig ignorierte, rebellierte er und bestand darauf, sie solle ihre Berufstätigkeit aufgeben und sich mehr um die Familie kümmern. Es half alles nichts. In extremen Fällen bedeutete seine Weigerung, die neuen Verhältnisse zu akzeptieren, das Ende seiner Ehe.

Es ist allerdings auch etwas verwirrend. Einmal ist eine Frau die Geliebte des Mannes, die Fürsorgliche oder Freundin. Dann wieder ist sie seine Konkurrentin, seine Vorgesetzte oder Ratgeberin. Viele Männer sind unsicher, wie sie sich der „befreiten Frau" gegenüber verhalten sollen. Sie wissen nicht, wie sie auf die widersprüchlichen Botschaften der Frauen reagieren sollen. Im einen Augenblick wird totale Gleichberechtigung verlangt, im nächsten Augenblick soll ein Mann wieder Kavalier sein. Ein Mann darf zwar das Abendessen bezahlen, aber wehe er beginge anschließend den Fehler, ihr die Autotür aufzuhalten!

Einige Männer schämen sich, weil sie sich von der direkten Konkurrenz einer Frau bedroht fühlen oder sich chauvinistisch verhalten. Zu allem Überfluß stehen sie auch noch unter dem gesellschaftlichen Druck, ihre Gefühle nicht zeigen zu dürfen. Das Problem ist, daß sie niemals darauf vorbereitet wurden, mit dem Neid umzugehen, den eine beruflich erfolgreiche Frau in ihnen auslöst.

Ein Mann meinte: „Ich habe drei Töchter, und ich möchte, daß sie tun können, was immer sie wollen. Mein Wunsch ist es auch, daß sie nicht von einem Mann abhängig sind. Ich weiß, daß meine Frau nicht glücklich darüber ist, daß ich der Versorger bin und ihr das Haushaltsgeld zuteile. Aber wir kannten nichts anderes. Ich sage meinen Töchtern, daß es besser ist, wenn sie für sich selbst sorgen können. Aber im Büro ermutige ich keine der Frauen dazu. Es wäre ja möglich, daß sie ein Projekt übernehmen, das eigentlich ich bekommen *sollte*. Ich halte diese Denkweise selbst für schizophren, aber ich kann es nicht ändern."

Dieser Mann gesteht die Ambivalenz ein, die viele Männer gegenüber finanziell und emotional unabhängigen Frauen empfinden. Männer definierten sich in der Beziehung zu anderen. Genauer gesagt, viele Männer definierten ihre Männlichkeit am Grad der Abhängigkeit und Unterwürfigkeit einer Frau. Geliebt werden und gebraucht werden war für sie ein- und dasselbe. Weil die Frauen unabhängiger geworden sind, bleibt bei zahlreichen Männern das Selbstwertgefühl auf der Strecke.

Ein Mann glaubt, wenn eine Frau ihre eigenen Entscheidungen trifft und ihren Lebensunterhalt selbst verdient, dann habe er die Kontrolle über sie verloren. Kontrollverlust ist für ihn gleichbedeutend mit Kastration.

Es ist vorhersehbar, daß Ende der 90er Jahre das berufstätige Ehepaar die Regel sein wird. Die „befreite" Frau wird bleiben, und der chauvinistische Mann wird deshalb wahrscheinlich verschwinden müssen. Wenn die Männer also emotional überleben und gesunde, positive Beziehungen zu den Frauen, mit denen sie leben und arbeiten, aufbauen wollen, dann bleibt ihnen nichts anderes übrig, als ihre Einstellung zu ändern.

Dieses Kapitel beschäftigt sich mit der Verwirrung, dem Zorn und der Ambivalenz der Männer im Zusammenhang mit dem neuen Rollenbild der Frau. Wir werden ihr Verhältnis zur Sexualität, ihr Bedürfnis, gebraucht zu werden, und ihre Angst vor „klugen" Frauen einmal eingehend betrachten.

Sex im beruflichen Umfeld

„Wir befördern lieber unattraktive Frauen. Es stört viel zu sehr, wenn eine gutaussehende Frau im Sitzungssaal anwesend ist. Ich habe beobachtet, daß dann die Konzentration der Männer nachläßt, und sie sich weniger um die wichtigen Angelegenheiten kümmern", sagte der junge Vorsitzende eines großen Unternehmens.

Viele Männerclubs haben sich geweigert, Frauen aufzunehmen. Der Bohemian Club, zu dessen Mitgliedern u. a. die Politiker George Shultz, Ronald Reagan, Henry Kissinger und aus dem Bereich der Wirtschaft A. W. Clausen, Direktor der Bank of America, Frank Borman, ehemaliger Vorsitzender von Eastern Airlines, und David Packard, Vorsitzender von Hewlett-Packard, gehören, ist bekannt dafür, daß dort die Mitgliedschaft von Frauen strikt abgelehnt wird. Die Clubmitglieder behaupten, sie wollten nicht, daß eine Frau zusieht, wenn die Männer an die Bäume pinkeln.

Einer meiner Freunde, ein Mitglied des Clubs, vertraute mir den wahren Grund an. „Die Männer wollen keine Frauen im Bohemian Club", sagte er, „weil wir dann, anstatt uns mit geschäftlichen Dingen zu befassen und eben miteinander zu reden, wie wir es jetzt tun, alle in einen Wettbewerb treten würden, wer sich als erster mit ihr zu einem Rendezvous im Wäldchen verabredet, egal, ob wir verheiratet sind oder nicht."

Einer meiner Freunde, Gary Moore, erklärte es folgendermaßen: „Männer beurteilen ihren Marktwert nach den Frauen, von denen sie begehrt werden. Für Männer gibt es im Beruf genug Möglichkeiten zu konkurrieren, dazu braucht es nicht noch das Spiel ‚Wer kriegt die Schöne.' Wir wären gezwungen, auch noch in dieser Hinsicht miteinander in Konkurrenz zu treten, dabei wollen wir uns gerade davon hier im Club erholen. In unserer Firma kannst du deine Machtposition ausbauen, je nachdem, mit wessen Sekretärin du ins Bett gehst. Gleichzeitig müssen wir aber auch die Fassade des glücklichen Ehemannes aufrechterhalten, damit der Boß uns für beständig hält."

Meine Verwirrung legte sich erst allmählich, nachdem ich Warren Farrells Äußerungen zu diesem Thema gelesen hatte. Der Autor schreibt: „Jahrzehntelange Studien über Männer haben ergeben, daß die einzige Gemeinsamkeit von Männern aller Schichten ihr Wunsch ist, von den ‚schönsten Frauen' des jeweiligen Kulturkreises begehrt zu werden."

Weiter schreibt er: „Es ist sehr viel weniger verletzend, von einem Sexualobjekt abgelehnt zu werden, als von einem vollwertigen menschlichen Wesen. Wenn also ein Mann eine Frau zum Objekt macht und Sex zu einem Spiel (er nennt es ‚Aufreißen'), dann muß er eine Ablehnung weit weniger ernst nehmen. Er wird sich längst nicht so verletzt fühlen."[1]

Zuerst tat ich mich mit dieser Denkweise sehr schwer, weil ich fälschlicherweise unterstellte, das Gegenteil von attraktiv heiße unattraktiv. Die meisten Männer sehen das allerdings nicht so. Für sie kann das Gegenteil von unattraktiv alle Nuancen von schön bis sexuell anziehend umfassen. Frauen sind für Männer wichtige Faktoren zur Bestimmung ihres Selbstwerts. Ein Mann sagte zu mir: „Wenn eine schöne Frau mich will, dann bedeutet das, daß ich in Ordnung bin."

Gary Moore, Warren Farrell und mein anonymer Freund vom Bohemian Club sagen die Wahrheit. Die Verwirrung der Männer über die widersprüchlichen Botschaften der Frauen („Du darfst zwar das Abendessen bezahlen, aber nicht die Tür aufhalten") reflektiert ihren Konflikt mit ihrer sexuellen Rolle. Man hat ihnen nie beigebracht, Frauen anders als auf der Basis des sexuellen Rollenverhaltens zu betrachten. Langsam wurde mir bewußt, weshalb Männer keine Frauen im Berufsleben haben wollen. Gezwungenermaßen werden sie sich in der Gegenwart von Frauen der überlieferten Regeln bewußt, an die sie sich stets gehalten haben. Plötzlich müssen sie sich die Frage stellen: „Handle ich jetzt als Mann oder als Manager?"

Diese Frage bringt einen anderen wichtigen Aspekt ans Licht: Männer hat man nie dazu angehalten, Verantwortung für ihre Gefühle zu übernehmen. Man lehrte sie, zu externalisieren. Folglich schreiben sie den Ursprung ihrer Gefühle etwas oder jemandem zu. Sie glauben nicht, daß ihre Gefühle auf ihrer eigenen Psyche beruhen. Wenn Männer sagen „Sie macht mich an", drückt das ihre Überzeugung aus, die Frau hätte die Macht, etwas in ihnen auszulösen, doch sie selbst hätten keine Macht über diese Frau.

Als ich 1981 an der Fordham University zusammen mit Dr. Carl Rogers und zwanzig anderen Dozenten einen Kurs abhielt, wurde mir diese Überzeugung der Männer bewußt. Unser Kurs hatte den Titel „Männer und Frauen gemeinsam". Es ging um die Auseinandersetzung mit den Problemen, die Männer und Frauen damals im Umgang miteinander hatten.

Neun Monate vor Beginn des Sommerkurses trafen sich alle beteiligten Dozenten einmal monatlich, um die anstehenden Probleme gemeinsam zu untersuchen. Wir mußten uns unserer eigenen Vorurteile, Ängste, Ressentiments und Enttäuschungen bewußt werden, sonst hätten wir den Kurs nicht mit der nötigen Kompetenz abhalten können.

Jeden Monat beschäftigten wir uns mit den verschiedenen Aspekten in den Beziehungen zwischen Männern und Frauen. Als wir zum Thema sexuelle Macht kamen, hatte ich mein Aha-Erlebnis. Zachary Paulson, ein 36jähriger Universitätsdozent, machte seinem Unwillen über die Frauen Luft, die in die Enklaven des Managements eindringen: „Mit den Frauen kommt auch Sex in das berufliche Umfeld. Sie machen die Männer an, und wir sind machtlos und können nichts dagegen tun."

Stan Halstead, ein 38jähriger Psychologe, provozierte Zachary: „Du glaubst, eine Frau macht dir einen Steifen, ohne dich auch nur zu berühren." Dann wandte er sich an die anderen Männer im Raum und sagte: „Das ist das Problem mit den meisten von uns. Wir wollen nicht die Verantwortung für unsere eigenen Triebe und Gefühle übernehmen. Also machen wir uns von den Frauen abhängig oder glauben, wir seien es. Nachdem ich dahintergekommen bin, daß keine Frau mich anmacht, sondern daß sie mich aufregt, weil ich sie auf eine ganz bestimmte Weise betrachte oder mir ganz bestimmte Vorstellungen über sie mache, hat sich meine Einstellung Frauen gegenüber verändert. Von diesem Moment an hatte ich keine Angst mehr vor ihnen. Sie haben gar nicht die Macht, die ich ihnen zugeschrieben habe."

Beinahe 67 Prozent der befragten Männer waren davon überzeugt, sie könnten ihre sexuelle Reaktion nicht selbst kontrollieren. Ihrer Ansicht nach geschieht das ohne ihren Willen. Wenn mehr Männer entdecken, daß sie über Selbstkontrolle verfügen und keine Frau Macht über sie hat, werden sie in Sitzungssälen und im Schlafzimmer weniger Angst vor Frauen haben. Die Männer müßten bereitwillig mit den Frauen, die sie lieben und mit denen sie befreundet sind, über ihre Gefühle reden. Wenn die Frauen die Angst der Männer vor der Machtlosigkeit verstehen, wird Friede und gegenseitige Unterstützung am Arbeitsplatz die Folge sein, denn dann werden Frauen weniger Zorn und Männer weniger Angst empfinden.

Sie will Eigenverantwortung, aber ich will gebraucht werden

„Sie erledigt ihre Angelegenheiten völlig selbständig und verläßt sich nicht darauf, daß ich alles für sie regle. Ich war selbst überrascht, als ich mich bei der Frage ertappte, ob sie mich noch liebt. Sie braucht mich nicht zum Geldverdienen oder um etwas zu entscheiden. Aber es ist doch so: Entweder liebt sie mich, weil sie mich braucht, oder sie liebt mich nicht, weil sie mich nicht braucht", sagte der Unternehmensberater Tom Pritikin.

Tom ging eine Bindung ein wie viele Männer heute. Er dachte, eine Ehe, in der beide Partner berufstätig sind, wäre angenehm für ihn. Er und seine Frau Jennifer waren drei Jahre verheiratet, als er sie ermutigte, Jura zu studieren. Sie hatte einen logischen, analytischen Verstand und hatte schon auf der High School im Debattierclub geglänzt. Sie wäre schon immer gerne Rechtsanwältin geworden, aber zuerst einmal heiratete sie einen Juristen.

Ich lernte sie kennen, als Jenny bereits fünf Jahre als Anwältin tätig war. Sie hatte eine eigene, sehr gut gehende Kanzlei und verdiente mehr als Tom.

Tom fuhr fort: „Mein Vater war immer der Brötchenverdiener. Das heißt, er hat immer entschieden, was für die Familie am besten war und die Verantwortung für meine Mutter und uns Kinder übernommen. Manchmal habe ich das Gefühl, ich wäre ein Waschlappen, weil ich Jenny nach ihrer Meinung frage. Wir entscheiden gemeinsam. Sie richtet sich nur selten nach meinen Wünschen. Sie sagt, ich solle mir deshalb keine grauen Haare wachsen lassen, sie liebe mich, weil ich ihr bester Freund sei. Ich verstehe sie. Aber ich glaube nicht, daß sie sich vorstellen kann, wie schwierig das für mich ist. Am liebsten würde ich zu ihr sagen: ‚Ich komme mir wichtig und bedeutend vor, wenn du mich nach meiner Meinung fragst und machst, was ich sage. Hör also endlich auf damit, dich so zu benehmen, als kämst du ganz prima ohne mich zurecht.' Aber das könnte ich ihr nie sagen.

Weil Frauen inzwischen über soviel Selbstvertrauen verfügen, müssen wir die Kontrolle aufgeben. Ich finde, es ist nicht fair, daß die eine Seite gewinnt und die andere alles verliert."

Was die Kontrolle anbelangt, hat Tom recht. Es ist nicht fair. Die Männer müssen auf einen sehr wichtigen Aspekt ihres bisherigen Rollenverständnisses verzichten. Die meisten Männer hatten einen Vater als Rollenmodell, der die Entscheidungen für die ganze Familie traf und ihrer Mutter vorschrieb, was zu tun war. Ihre Mütter fügten sich unterwürfig den Forderungen der Ehemänner. Männer kommen sich bedeutend vor, wenn jemand auf sie hört. Sie halten es für ein Zeichen von Schwäche, auf jemand anderen, gar noch auf eine Frau, zu hören. Im Extremfall bedeutet das, ein Mann fühlt sich nur dann als vollwertiger Mann, wenn eine Frau abhängig von ihm ist.

Aber heute bitten Frauen nicht mehr um Erlaubnis. Sie entscheiden für sich allein, für andere und gemeinsam mit ihrem Ehemann. Die Männer müssen also ihre Bedeutung im Leben einer Frau neu definieren.

Manche, die Tom hören, werden denken, er mache sich Sorgen wegen nichts und möchte eine Situation verbessern, die bereits sehr gut eingespielt ist.

Aber das äußere Verhalten eines Menschen kann sich grundlegend von seinen verinnerlichten Überzeugungen unterscheiden. Nicht wenige Menschen – ich gehöre übrigens auch dazu – sind der Meinung, daß das alte Rollenverhalten die Frauen benachteiligt hat. Die alles kontrollierenden Männer müssen ihre Einstellung und ihr Verhalten überdenken und ändern. Dabei sollte allerdings nicht übersehen werden, daß dieser notwendige gesellschaftliche Wandel zu einem Konsens der Geschlechter führen muß und nicht zu einer Konfrontation.

Für Tom spricht, daß er bereit war, über seine Unzufriedenheit mit dem veränderten Rollenverhalten seiner Frau nachzudenken. Er hatte den Mut, zuzugeben, wie und warum er sich der ihm zugewiesenen Rolle nicht gewachsen *fühlte*, obwohl er vom Verstand her genau wußte, daß er sie erfüllen könnte.

Tom und Jenny sprachen offen über den ausgebrochenen Machtkampf, bevor ihnen die Probleme über den Kopf wuchsen. Tom lernte, unter welchem Gesichtspunkt Frauen „Kontrolle" betrachten. Jenny erklärte ihm ihre Gefühle: „Es stimmt nicht, daß ich dich weniger brauche, aber ich brauche dich auf eine andere Art. Ich brauche dich, um gemeinsam *mit* mir nachzudenken, um mit mir die Probleme zu analysieren, die ich mit meinen Klienten habe. Daß ich nicht unterwürfig bin, bedeutet doch nicht, daß ich dich nicht liebe. Ich liebe dich, weil ich bei dir nicht für mein Recht kämpfen muß, mein eigenes Leben zu bestimmen. Ich bin gerne für mich selbst verantwortlich. Und ich liebe dich, weil du mich nicht in eine abhängige Position zwingst, obwohl du das vielleicht gerne möchtest."

Es dauerte noch ein paar Jahre, bis Tom nicht nur vom Verstand, sondern auch vom Gefühl her klar wurde, daß er Unterwürfigkeit und Abhängigkeit nicht mit Liebe verwechseln durfte. Liebe braucht Unabhängigkeit statt Abhängigkeit. Tom entdeckte neue Möglichkeiten, zu lieben und geliebt zu werden. Er und Jenny unterstützen und ermutigen sich gegenseitig bei ihrer emotionalen und beruflichen Weiterentwicklung. Sie fühlen sich nicht bedroht, wenn sie nicht in allen Dingen oder Empfindungen übereinstimmen, sondern wissen ihre Unterschiedlichkeiten und die eigenständige Persönlichkeit des anderen zu schätzen. Sie identifizieren sich als Paar und haben eine Basis gefunden, auf der sich beide wohl fühlen.

In den Hintergrund gerückt

Ein weiterer Grund, warum Männer über die Unabhängigkeit der Frauen nicht gerade glücklich sind, besteht darin, daß ihnen nicht mehr dieselbe Aufmerksamkeit entgegengebracht wird wie früher.

Ein leitender Angestellter von IBM – Kinder auf dem College, Ehefrau wieder berufstätig – sagte: „Es paßt mir nicht, daß sie sich nicht mehr soviel um mich kümmert wie vorher. Ich bin froh, daß sie eine Arbeit gefunden hat, die ihr gefällt. Aber ihr neues Glück ist mein neues Unglück. Abends ist sie zu müde, um mit dem Essen auf mich zu warten. Wenn ich mit ihr reden will, ist sie mit ihren eigenen Angelegenheiten beschäftigt. Seit sie unabhängig ist, bin ich mir meiner Abhängigkeit bewußt."

Männer geben nur sehr ungern zu, daß sie von Frauen abhängig sind. Auch das liegt an ihrer Erziehung. Aber solange sie sich nicht mit der Tatsache, *daß* sie es sind, auseinandersetzen, können sie sich auch nicht aus dieser emotionalen Abhängigkeit befreien. Seit sich viele Frauen ein von ihren Ehemännern oder Partnern unabhängiges Leben aufgebaut haben, müssen sich die Männer daran gewöhnen, manchmal die zweite Geige zu spielen. Aber auch ein Mann, dessen Frau sich zeitweilig in erster Linie um ihre Karriere kümmert, braucht dies nicht als Liebesentzug aufzufassen.

Die emotional abhängigen Männer haben das Verhalten ihrer Frauen zum Wertmaßstab für ihre Anziehungskraft und ihr Selbstwertgefühl gemacht. Lernt ein Mann, sich selbst die emotionale Unterstützung zu geben, die er bisher von seiner Partnerin erfahren hat, dann vertieft sich auch sein emotionales Verständnis für die Frauen. Das hat zur Folge, daß der Aspekt Aufmerksamkeit und Hinwendung eher von der Qualität als von der Quantität bestimmt wird.

Chuck gestand: „Ich bin eifersüchtig auf die Zeit, die meine Frau im Büro verbringt. Bei uns zu Hause war meine Mutter immer für meinen Vater und für uns Kinder da. Ich will mich nicht mit der Wäsche beschäftigen, nur weil sie keine Zeit gehabt hat, dafür zu sorgen, daß ich saubere Socken habe. Wir streiten uns wegen der Socken, aber im Grunde nagt etwas anderes an mir. Ich weiß nicht, wie ich ihr sagen soll, daß ich einfach wissen muß, daß sie mich noch liebt. Wenn sie ihre ganze Energie in ihre Arbeit steckt, dann muß ich mich doch fragen, ob sie mich überhaupt noch liebt. Ich kann ihr nicht sagen, daß ich eine ständige Bestätigung von ihr brauche, denn schließlich muß ich doch der Stärkere in unserer Beziehung sein. Mir geht das auf die Nerven. Ich will ein bißchen Zuwendung und Aufmerksamkeit. Ich will wissen, daß ich wichtig bin."

Ich fragte Chuck, wie er um die von ihm ersehnte Aufmerksamkeit kämpfte. „Ich ziehe mich zurück. Ich sage ihr nicht, daß sie hübsch aussieht, und ich frage sie auch nicht, wie ihr Tag verlaufen ist. Ich warte, bis sie so wütend ist, daß sie mich anschreit, dann gebe ich es ihr zurück. Sie soll am eigenen Leib spüren, was es bedeutet, ignoriert zu werden. Es schmerzt entsetzlich, und ich lasse nicht zu, daß mich irgendeine Frau verletzt!"

Wie viele Männer ging Chuck den falschen Weg. Aus Wut und Schmerz reagierte er mit Liebesentzug. Diese indirekte Art, seine Enttäuschung zu zeigen, trägt zu einer Verschlechterung der Beziehung bei. Wer anderen Schmerz zufügt, weil er sich durch seine oder ihre Verhaltensweise verletzt fühlt, zerstört nur bestehendes Vertrauen und Intimität.

Chuck glaubte, er würde seine Frau für die angebliche Vernachlässigung bestrafen. Er wollte sie fester an sich binden und trieb sie dadurch nur weiter von sich weg. Sein Verhalten sprach eine deutlichere Sprache als seine Worte. Seine Frau fühlte sich zurückgewiesen, wußte aber nicht, warum. Ihrer Meinung nach reagierte er seinen Ärger im Büro an ihr ab.

Männer müssen ihre Bedürfnisse und Erwartungen deutlicher zum Ausdruck bringen. Aber wie Chuck empfinden es viele Männer als Eingeständnis von Schwäche, wenn sie eine Frau um die Befriedigung ihrer emotionalen Bedürfnisse bitten. Ein Mann meinte sogar: „Ich habe gedacht, eine Frau erfaßt mit ihrer Intuition meine Bedürfnisse schon, bevor ich selbst merke, was ich will." Nicht wenige Männer schenken diesem Mythos Glauben. Aber es ist nichts weiter als ein Mythos. Für Frauen ist es schon schwer genug, ihre eigenen Bedürfnisse zu erkennen. Gedankenlesen können sie nicht. Zu einer wechselseitig befriedigenden Beziehung gehören Ehrlichkeit und klar formulierte Erwartungen. Gute Kommunikation ist das A und O für die Lösung der Probleme zwischen Mann und Frau.

Intelligente Frauen am Arbeitsplatz

Im Beruf haben sowohl Männer als auch Frauen den Wunsch nach „Selbstkontrolle". Nur wenige Angestellte befolgen gerne blinden Gehorsam. Wie schon erwähnt, fragen mich Männer ständig: „Ich habe nie an meinem Chef gezweifelt, warum stellen mich meine Mitarbeiter in Frage?"

„Das Spiel, die Anweisungen des Vorgesetzten widerspruchslos zu befolgen, ist aus der Mode gekommen" antworte ich dann. „Die Leute wollen selber denken. Sie möchten Eigenverantwortung. Engagement entsteht nur, wenn man ein Mitspracherecht hat und sich der Arbeit verbunden fühlt."

Männer mögen es nicht besonders, wenn andere Männer ihre Entscheidungen anzweifeln, aber sie sind es gewohnt, damit umzugehen. Schließlich hat schon jeder von ihnen von Zeit und Zeit einen Manipulationsversuch unternommen, um verstärkt Mitsprache zu bekommen. Die männliche Motivation, die einem solchen Verhalten zugrundeliegt, können sie verstehen. Verlangt aber eine Frau mehr Eigenverantwortung, haben sie Schwierigkeiten. Am schlimmsten ist es, wenn sie als Vorgesetzte dazu *berechtigt* ist. Viele Männer sind überzeugte Anhänger des Mythos, Frauen seien für Führungspositionen ungeeignet. Zum Glück für die Frauen wird dieser Mythos zunehmend widerlegt. Doch für Männer ist dieser Prozeß nicht leicht.

Ein Produktmanager bei Procter and Gamble teilte mir im Vertrauen mit: „Als Junge habe ich niemals auf ein Mädchen gehört. Eine gute Schülerin war nach der gängigen Meinung aller Jungen ein Blaustrumpf und nicht ganz normal. Deshalb habe ich auch auf dem College die Studentinnen kaum beachtet. Ich habe eine gescheite Frau geheiratet, aber eine Herausforderung ist sie nicht. Jetzt muß ich mit Frauen zusammenarbeiten, die mich mit ihrer Intelligenz einschüchtern. Irgendwie finde ich es beleidigend, einer Frau Bericht erstatten zu müssen. Schließlich hat man mir beigebracht, Frauen wären weniger fähig und nicht so klug wie Männer. Man wächst in dem Glauben auf, daß man der Hälfte der Menschheit überlegen ist. Aber da hat uns jemand einen Bären aufgebunden, denn viele Frauen sind verdammt clever."

Andere Männer sagten, sie würden sich vor klugen Frauen fürchten. Ein Topmanager vertraute mir an: „Ich hatte eine geschäftliche Unterredung mit der Vizepräsidentin von International Harvester. Sie ist eine kluge und attraktive Frau. Sie ist so schlau, daß es mir schon unheimlich ist. Sie versteht nicht nur, was du sagst, sondern ist dir auch immer schon um zwei Schritte voraus. Sie begreift unheimlich schnell. Viele Frauen kannst du mit irgend etwas abspeisen oder sie sogar übervorteilen, aber nicht alle."

Früher wurden Frauen dazu erzogen, die Willenlosen und Hilflosen zu spielen. Man sagte ihnen, sie dürften die Männer nicht merken lassen, wie klug sie sind. (Manche Frauen spielen dieses Spiel heute noch.) Und Männer übervorteilten die nicht so „klugen" Frauen. Als viele Frauen dieses Rollenverhalten aufgaben, waren die Männer ganz durcheinander. Der Mythos von den „dummen Frauen" entpuppte sich als Täuschung. Es war für die Männer ein schmerzliches Erwachen. Gegenüber einer klugen Frau hat ein Mann das Gefühl, seine Macht zu verlieren. Und wie wir gesehen haben, definiert ein Mann häufig seine Maskulinität über das Ausmaß seiner Kontrolle über andere.

Aber nicht alle Männer fühlen sich von intelligenten Frauen bedroht, und nicht alle definieren sich auf die vorgenannte Weise. Auf einer Konferenz lernte ich Dr. Doug Carmichael kennen. Doug, zwei andere Frauen und ich sprachen bei einem Schlummertrunk über die Tagung.

Doug hörte unseren Kommentaren über die Podiumsdiskussion zu. Ohne Vorwarnung provozierte er uns: „Ich bin überrascht, daß ihr diese Punkte während der Diskussion niemals angesprochen habt. Ihr habt einen hervorragenden Einblick in die Dinge, davon hätte jeder Teilnehmer profitieren können."

Im Laufe unserer Unterhaltung meinte Doug: „Es macht mehr Spaß, mit klugen Frauen zu reden; für mich haben sie mehr Sexappeal. Sie kriegen jede Nuance mit. Man kann viel von ihnen lernen, und wir können ihre Hilfe weiß Gott gebrauchen. Ich glaube, insbesondere nicht sehr gescheite Männer, die immer ‚recht haben' müssen, fühlen sich von klugen Frauen bedroht. Mich hat es nie interessiert, ob man mich für intelligent hält. Ich mußte mir nie beweisen, daß ich klüger bin als andere."

Auch Gary Moore fühlt sich von intelligenten Frauen nicht bedroht. Er sagte: „Intelligenz hat nichts mit dem Geschlecht zu tun. Gehirn ist Gehirn. Manche Menschen sind intelligent und andere nicht. Ich möchte von den Klügsten lernen, egal, ob Mann oder Frau. Ich weiß, daß ich nicht so schnell begreife wie manch anderer Mann oder manche Frau, mit denen ich zusammenarbeite. Aber ich verfüge über andere Fähigkeiten. Mich interessieren Leute nicht, die immer alle Pluspunkte für sich beanspruchen wollen oder glauben, sie könnten alles am besten. Gemeinsam können wir erreichen, was wir alleine nie schaffen würden."

Gary Aussage ist repräsentativ für selbstsichere Männer und ihr Verhältnis zu klugen Frauen. Die Männer, die sich durch kluge Frauen nicht bedroht fühlen, können ihre eigenen Stärken und Schwächen sehr realistisch einschätzen. Sie wissen folglich, wann sie sich auf andere verlassen müssen, das heißt, sie haben Vertrauen zu anderen. Vertrauen haben beinhaltet, Macht aufgeben zu müssen. Diese Männer wissen, daß sich ihre Identität aus vielen Komponenten zusammensetzt, und der Wunsch, andere zu kontrollieren, ist ganz sicher die unwichtigste davon.

Veränderte Erwartungshaltung

Wenn Männer und Frauen ihre gegenseitige Erwartungshaltung ändern, dann wird der Geschlechterkampf aufhören. Wenn Männer und Frauen „lieben" und „geliebt werden" neu definieren, werden sie sich von den Vorstellungen und Erfolgen des andern weniger bedroht fühlen und Selbstsicherheit entwickeln. Ermutigen und unterstützen wir uns gegenseitig bei unserer Weiterentwicklung, anstatt uns einzuschüchtern, können beide Geschlechter davon profitieren.

Kapitel 13

Monogamie ist kein natürlicher Zustand

„Treue ist ein Wort, das Frauen erfunden haben", sagte einer der Männer, mit denen ich sprach.

„Wieso haben Frauen ‚Treue' erfunden?" erkundigte ich mich völlig perplex.

Wie man es auch dreht und wendet, diese Vorstellung entspricht den Tatsachen – jedenfalls in den Köpfen der meisten Männer. Und damit beginnt für viele Frauen das Problem.

Ich hatte darüber eine rege Diskussion mit einem der 43 Männer, die ich längerfristig beobachtete. Dabei stellte ich fest, daß mich meine „Weiblichkeit" daran hinderte, die Worte der Männer in ihrer wahren Bedeutung zu verstehen. Er machte mich darauf aufmerksam, daß ich einen Aspekt der männlichen Sexualität ganz einfach nicht begriffen hatte.

Folgendes war geschehen: Ich hatte ihm das Original dieses Kapitels gegeben. Nachdem er es gelesen hatte, teilte er mir mit, es hätte ihn kaltgelassen, und ich hätte den entscheidenden Punkt nicht berücksichtigt. „Viele Männer haben Affären mit anderen Frauen, und es bedeutet für sie nichts anderes, als zwei schöne Autos zu besitzen. Nicht mehr und nicht weniger. Hören Sie bloß mit Ihrer ewigen Psychologisiererei auf."

Ich war wie betäubt. Zwar hatte ich zuvor schon Ähnliches von anderen Männern gehört, aber langsam dämmerte mir, daß ein Kern Wahrheit darin steckte. Mich als Frau hat man mit Phantasien und Illusionen über Romantik, Liebe und Treue erzogen. Als Psychologin hatte ich über sechzehn Jahre eng mit Männern zusammengearbeitet und wußte, daß es unrealistisch war, Treue von ihnen zu erwarten. Aber als Frau fand ich das „falsch". Die Psychologin wiederum wußte, daß das, was die Männer mir erzählten, „richtig" war.

Dieser Mann machte mir klar, daß ich einen wichtigen Aspekt, nämlich die Biologie vernachlässigt und nur den psychologischen Gesichtspunkt berücksichtigt hatte.

Also machte ich mich wieder an die Arbeit und sprach noch

einmal mit Männern. Ich telefonierte mit einem Astronauten, einem bekannten Filmproduzenten, einigen Millionären, drei Senatoren, sieben Wirtschaftsmagnaten und 23 Topmanagern großer Unternehmen. Anschließend sprach ich mit etlichen eher durchschnittlichen Männern, mit emotional sicheren, finanziell gut gestellten und glücklich verheirateten Männern, die nur mäßig erfolgreich waren.

Ich stellte allen dieselben Frage über Seitensprünge und Treue. Ich hörte dieselben Antworten, aber dieses Mal unterdrückte ich die weibliche Kritikerin in mir. Ich wollte die zugrundeliegenden inneren Mechanismen aufdecken und tieferliegende Gründe für Untreue finden. In manchen Fällen gab es keine. Alle (monogame und polygame) Männer sagten dasselbe. Sie verwiesen auf das Tierreich, in dem Monogamie eine Seltenheit sei und behaupteten, auch sie wären von Natur aus polygam. „Treue ist eine bewußte Entscheidung", sagten die meisten Männer.

Der Astronaut meinte: „Männer können sich für die Monogamie entscheiden, doch das heißt längst nicht, dies wäre ein natürlicher Zustand. Wir unterdrücken dann eben den Sexualtrieb. Denken Sie doch einmal an männliche Tiere, die für eine ganze Herde weiblicher Tiere zuständig sind. Männer wollen mehr als nur eine Frau. Das ist ganz einfach."

Glaubt man den Männern meiner Studie, dann zwingen ihnen die Frauen ihre Ansichten über Treue auf. Unser Nestinstinkt und unser Wunsch nach Ausschließlichkeit verursachen bei Männern Schuldgefühle, wenn sie sich nach einer anderen Frau sehnen.

Vor fast dreißig Jahren, dem Zeitalter der „Zweisamkeit", als Kinsey seine bahnbrechenden Erkenntnisse über das sexuelle Verhalten von Männern und Frauen veröffentlichte, stellten er und seine Mitarbeiter fest, daß außereheliche Erfahrungen keine Seltenheit waren. Gut 50 Prozent der damals befragten Ehemänner hatten noch vor Erreichung ihres vierzigsten Lebensjahres außereheliche Beziehungen. Maggie Scarf schreibt in ihrem Buch „Autonomie und Nähe":

„Alle Schätzungen über außereheliche Aktivitäten muß man vorsichtig bewerten. Es ist immer schwer, exakte Daten über eheliche Untreue zu sammeln, denn normalerweise wird darüber nicht gesprochen. Die meisten Experten halten die ‚auf gewisse Fachkenntnisse gestützten Vermutungen' der Sexualforscher G. D. Nass, R. W. Libby und M. P. Fisher – nämlich, daß gegenwärtig etwa 50 bis 65 Prozent der Ehemänner und 45 bis 55 Prozent der Ehefrauen bis 40 Jahre außereheliche Verbindungen eingegangen sind – für relativ gesichert und glaubwürdig.

Betrachtet man die Statistik der letzten 30 Jahre, so kann man vermuten, daß außereheliche Erfahrungen eher die ‚Regel' als die Ausnahme sind und davon ausgehen, daß sich solche Affären auch in der eigenen Beziehung ereignen. Aber die meisten Menschen tun das nicht. Sie betrachten eine solche Affäre als völlig unerwartetes, katastrophales Ereignis, als niederträchtiges und schändliches Verhalten. Aber trotz dieser weitverbreiteten Meinung, Affären seien etwas Schreckliches, belegen die Daten, daß viele Ehepartner sich genauso verhalten und sich außerehelich engagieren."[1]

Wir wollen hier Affären als länger anhaltende Beziehung zu einer Frau definieren, die Sex und ein gewisses Maß an emotionaler Beteiligung einschließt. Affären für eine Nacht und kurze Begegnungen während einer Geschäftsreise, die eine Nacht oder auch ein paar Tage dauern können, werden meist nur aus reinem sexuellen Vergnügen eingegangen, aus Erregung oder zur Entspannung, solche flüchtigen Begegnungen wollen wir hier nicht als Affären bezeichnen.

Über 66 Prozent der befragten Männer gaben zu, mindestens einmal fremdgegangen zu sein. Nur 18 Prozent behaupteten, ständig treu gewesen zu sein. Das bedeutet, 82 Prozent der Männer in dieser Studie hatten sich zumindest für eine Nacht oder während einer Geschäftsreise mit einer anderen Frau eingelassen. Nur eine kleine Gruppe, nämlich knapp drei Prozent, gaben zu, daß sie Spaß an der Eroberung einer Frau hatten und eine flüchtige Affäre als Beweis betrachteten, noch immer attraktiv und begehrenswert zu sein.

Es war klar, daß ich dieses Thema in meinem Buch berücksichtigen mußte. Zwar konnte ich davon ausgehen, daß manche meiner Freundinnen sich empören würden, aber wenn ich diese Geschichten ausgelassen hätte, wäre das ein Verrat an den Männern gewesen,die sich so ehrlich geäußert und mir einiges über die *existierenden* Unterschiede zwischen Männern und Frauen begreiflich gemacht hatten.

Ich möchte nicht andeuten, *alle* außerehelichen Affären wären nur aufgrund des biologischen Triebs der Männer zustandegekommen. Das stimmt nicht, denn obwohl Affären eindeutig durch biologische Komponenten beeinflußt werden, spielen bei anhaltenden außerehelichen Beziehungen auch die emotionalen Faktoren eine wesentliche Rolle. Trotz der Kritik an meiner „Psychologisiererei" konnte ich die psychologischen Aspekte nicht außer acht lassen. Ich akzeptiere, daß Männer gelegentlichen sexuellen Abenteuern nicht unbedingt dieselbe Bedeutung beimessen wie Frauen. Männer genießen diese Affären mehr auf physischer Ebene. Aber Männer sind keine Tiere!

Weil das Bedürfnis nach emotionaler Intimität zum Gesamtkomplex gehört, konnte ich die männliche Theorie von den „beiden schönen Autos" nicht einfach übernehmen und kehrte zurück zu den psychologischen Bedürfnissen, die Männer in die Arme und Betten anderer Frauen treiben.

Ich kam zu dem Schluß, daß die meisten Männer aus den falschen Gründen geheiratet haben. Und langsam merken sie das selbst. Die Frage, warum Männer ihre Frau geheiratet haben, ist sehr interessant, doch in diesem Kapitel wollen wir untersuchen, warum sie sich mit außerehelichen Affären befassen.

Ich habe geheiratet, weil ...

Nur zehn Prozent der befragten Männer behaupteten, aus Liebe geheiratet zu haben. 90 Prozent heirateten aus praktischen oder selbstsüchtigen Motiven oder aus Unsicherheit. Anders ausgedrückt, 47 Prozent heirateten aus praktischen Erwägungen, 36 Prozent aus Unsicherheit und sieben Prozent aus selbstsüchtigen Motiven. Zwei von drei hatten Affären, nur ein Drittel würde noch einmal dieselbe Frau heiraten.

Bei den 47 Prozent, die aus praktischen Erwägungen geheiratet haben, standen an erster Stelle eine Prestigeheirat, eine

Frau, die ihre Karriere fördern konnte und die Überlegung, es wäre an der Zeit, eine Familie zu gründen.

Die 36 Prozent, deren Entscheidung auf „Unsicherheit" beruhte, nannten einen der beiden folgenden Gründe: Sie glaubten, sie hätten „einen guten Fang" gemacht und hatten Angst, „etwas Besseres" würde nicht mehr kommen, sie wollten eine innere Leere ausfüllen.

Auf den ersten Blick gibt es kaum einen Unterschied zwischen diesen beiden Gründen, aber er besteht. Wir alle werden von Unsicherheit gequält, und es ist nicht ungewöhnlich für Männer und Frauen, einen Menschen zu suchen, der eine innere Leere ausfüllt. Ein leitender Angestellter sagte dazu: „Ich war immer ein introvertierter Typ. Ethel dagegen war temperamentvoll und hübsch, auch sehr mitteilsam. Durch sie fühlte ich mich lebendig. Ich war nicht gesellig, aber ich wußte, in meinem Beruf mußte ich gesellschaftliche Verpflichtungen erfüllen. Ethel hat diese Lücke gefüllt. Ich habe mir gedacht, wir wären ein gutes Team, deshalb machte ich ihr einen Heiratsantrag."

Manche Männer definieren sich durch die Frau, mit der sie zusammenleben. Ihr Wert als Mann hängt vom Aussehen und Ansehen ihrer Ehefrau ab. „Ich habe Nancy geheiratet, weil sie so hübsch war. Meine Kumpels haben mich alle beneidet, weil ich einen so tollen Fang gemacht hatte. Ich war mir nicht sicher, ob ein anderes hübsches Mädchen noch meine Wege kreuzen würde, deshalb dachte ich, ich schnappe sie mir lieber, ehe sie Zeit hat, reiflich darüber nachzudenken."

Wenn Menschen reifer werden, verlieren sie im allgemeinen viele ihrer Unsicherheiten. Wer lange mit einem Menschen zusammenlebt, lernt vom anderen und übernimmt einige seiner Verhaltensweisen. Aus diesem Grund bestehen im Laufe der Zeit manche der ursprünglichen Bedürfnisse nicht mehr. Folgerichtig fragt sich manch einer, warum er an dieser Beziehung festhalten sollte. Er kann die Abhängigkeit, die er einmal selbst wollte, nach einigen Ehejahren ablehnen, oder er geht eine Affäre mit einer Kollegin ein, die ihn so mag, wie er heute ist, während seine Frau ihn noch immer als den „bedürftigen"oder unsicheren Mann behandelt, den sie einmal geheiratet hat.

Die zehn Prozent, die aus Liebe geheiratet haben, nehmen ihre Beziehung oft wichtiger als ihren beruflichen Erfolg. Sie legen großen Wert auf ihr Familienleben und sind der Ansicht, sie müßten mehr als 50 Prozent von sich einbringen, damit die Ehe auch weiterhin eine erfüllte Beziehung bleibt.

Aus Romantik oder Vernunft geschlossene Ehen

Nach 33 Ehejahren liebt Carl Levinson, Direktor eines großen Industrieunternehmens, seine Frau mehr als am Tag der Hochzeit. Ihm war seine Familie schon immer wichtiger gewesen als seine Karriere. Auf einem Flug von Los Angeles nach Atlanta fragte ich ihn, was ihre Ehe all die Jahre zusammenhielt. Er antwortete: „Ich beobachte die Narren um mich herum, die ihre Frauen und Kinder links liegenlassen und glauben, daß sich Kollegen und Geschäftsfreunde ihrer annehmen werden. Jeder ist sich selbst der Nächste. Der einzige Ort, an dem man Schutz und ehrliche Zuneigung findet, ist bei der Familie zu Hause. Aber solange man sich nicht um sie kümmert, ich möchte fast sagen wie um einen Rosengarten, solange bringt sie keine Schönheit und keine Freude in dein Leben. Ich weiß, welchen Rückhalt mir meine Familie bietet, und ich habe ihn nie mißbraucht.

Eine Ehe ist ein Unternehmen, das auf Gegenseitigkeit basiert. Wie sehr sie sich am Anfang auch lieben mögen, beide Partner müssen dafür sorgen, daß die Liebe wächst. Meine Frau bemüht sich immer, daß wir am Abend Zeit füreinander haben. Als die Kinder noch klein waren, haben wir uns die Arbeit geteilt. Je schneller wir sie im Bett hatten, um so mehr Zeit hatten wir füreinander. Wir teilten uns die Pflichten gern. Wenn wir beide sehr beschäftigt waren, hat sie die Kinder gefüttert, bevor wir aßen, damit wir beide wieder Zeit aufholen konnten. Ich habe viel von ihr gelernt, und dafür liebe ich sie."

Ehe ich meine Studie durchführte, war ich ein Opfer des Mythos „Romantik", der besagt, die glücklichsten Ehen wären Verbindungen wahrer Liebe. Inzwischen glaube ich, daß *manche* Ehen, die aus praktischen Gründen geschlossen wurden, beide Partner erfüllen können.

Jack Greggins, ein bekannter Rechtsanwalt, heiratete seine zweite Frau, Robin, weil „sie eine wertvolle Hilfe für meine Karriere und meine gesellschaftlichen Bindungen war." Jack erzählte mir, seine Frau habe ihm gezeigt, wie er sich anziehen sollte, wie er seine geschäftlichen Kontakte pflegen sollte und welche gesellschaftlichen Verpflichtungen seiner Karriere am meisten dienlich seien. Gemeinsam erreichten sie einen gesellschaftlichen Status, um den sie viele Menschen beneiden. Sie fliegen in Privatflugzeugen von Freunden, besuchen Wohltätigkeitsveranstaltungen der High Society und besitzen Häuser in den herrlichsten Gegenden der ganzen Welt. Auf seinem Tisch in seinem Büro liegt ein Album, in das Gesellschaftskolumnen aus Zeitschriften der ganzen Welt eingeklebt sind, in denen er und seine Frau erwähnt werden. An jeder Wand hängen Fotos von Jack mit Berühmtheiten und Politikern.

Jack lud mich in ihr Heim am Central Park in New York ein. Als ich aus dem Fahrstuhl stieg, hielt ich den Atem an. Der Blick über New York und auch die Einrichtung waren überwältigend.

Nach einem längeren Gespräch über die Bedeutung materieller Dinge, sprachen Robin, Jack und ich über die Gründe ihrer Heirat. Robin erklärte: „Liebe spielte keine Rolle. Wir respektierten einander und waren der Meinung, eine Heirat wäre für jeden von uns nur von Vorteil. Wir hatten beide einen Nutzen davon, obgleich die Gründe selbstsüchtig und rein praktischer Natur waren."

Bevor ich mir auf die Zunge beißen konnte, entschlüpfte mir schon die nächste Frage: „Aber Ihr Sexualleben, also, mögen Sie einander sexuell? Empfinden sie Leidenschaft füreinander?"

Robin antwortete zuerst: „Nein, Leidenschaft gibt es so gut wie nicht zwischen uns, aber wir sind beide keine leidenschaftlichen Menschen. Uns sind dieselben Dinge wichtig, und das hält uns zusammen."

Jack entwickelte ihre Ansicht weiter: „Manchmal fragen wir uns, ob mit uns etwas nicht stimmt, weil wir nicht ‚hungrig' aufeinander sind wie anscheinend andere Ehepaare. Aber wenn man beide Seiten gegeneinander abwägt und die Entwicklung der Beziehungen unserer Freunde betrachtet, dann scheinen wir besser gewählt zu haben. Wir sind noch immer zusammen und sie nicht. Ich glaube, das spricht für sich."

Robin sagte abschließend: „Wir sind uns einig, daß es uns nichts ausmacht, wenn unser Sex- und Gefühlsleben manchmal etwas eintönig ist. Jeder von uns ist ein- oder zweimal über die Stränge geschlagen, aber anschließend waren wir nur noch glücklicher darüber, daß wir einander hatten. Diese emotionalen Extratouren verbrauchen zuviel Energie, die dann unseren gemeinsamen Anstrengungen fehlen. Außerdem gefährden sie unsere Beziehung. Es lohnt sich nicht, daß wir das Risiko eingehen und alles aufs Spiel setzen, was wir aneinander haben, nur wegen einer verrückten, leidenschaftlichen Verliebtheit. Ich glaube, wir lieben uns auf eine ruhige Art, die auf gegenseitigen Respekt basiert."

Aber nicht alle Vernunftehen gehen so gut wie die von Jack und Robin. Meist enden diese Ehen vor dem Scheidungsrichter, wenn plötzlich das Herz über den Kopf siegt.

Ken Broderick verkörpert den Manager, der aus praktischen Erwägungen geheiratet hat, die im Laufe der Ehe immer unerheblicher wurden. Er sagte, bei ihm wären alle Vernunftgründe zusammengekommen: „Ich wollte die Karriereleiter nach oben klettern und wußte, dazu muß ich das richtige Drum und Dran besitzen. Die Männer meiner Familie waren alle in Harvard und Yale gewesen. Ich war vor der Universität auf der Vorbereitungsschule in Exeter. Ich brauchte nur noch die ‚richtige' Frau. Deshalb habe ich mich für Angela entschieden. Sie war genau richtig: nicht zu attraktiv, nicht zu klug, nicht zu gesprächig. Sie hatte von nichts zu viel: Deshalb war sie die passende Frau für mich. Im Laufe der Jahre widmete sie ihr Leben meiner Karriere. Sie beklagte sich nie, wenn wir wieder einmal umziehen mußten. Sie sorgte für mich, machte einen guten Eindruck auf meine Kunden und meinen Chef und zog meine Kinder groß. Keine der anderen Frauen, weder die meiner Kollegen noch die meiner Vorgesetzten, fühlte sich jemals von ihr bedroht. Ich habe sie nie geliebt, aber sie ist die perfekte Ehefrau.

Ich fühlte mich immer schuldig, wenn ich daran dachte, wie langweilig sie doch ist. Hätte sie sich nicht für meine Karriere geopfert, wäre sie vielleicht interessanter. Ich habe sogar versucht, mir einzureden, ich würde sie lieben. Aber das ging nicht. Wenn ich das Für und Wider einer Trennung abwäge, dann überwiegen die Punkte, die dafür sprechen. Jetzt, wo ich beruflich das erreicht habe, was ich wollte, möchte ich gerne eine Frau, die ich leidenschaftlich lieben kann."

Männer unterliegen einem großen gesellschaftlichen Druck. Sie sollen in allen Lebensbereichen erfolgreich sein und das Eingeständnis, daß ihre Ehe ein Fehlschlag war, kommt dem

Eingeständnis persönlichen Versagens gleich. Ich glaube, wir sollten in diesem Zusammenhang nicht mehr länger darüber nachdenken, warum eine Beziehung gut geht oder nicht, sondern versuchen zu verstehen, welche Bedürfnisse von Männern in ihrer Ehe nicht erfüllt werden.

Affären erfüllen unbefriedigte Bedürfnisse

Affären oder flüchtige außereheliche Beziehungen erfüllen manchmal unbefriedigte Bedürfnisse der Männer, wie Sex mit einer leidenschaftlichen Partnerin, Anerkennung für Leistungen und Fähigkeiten im Beruf, Bewunderung statt Kritik, das Gefühl von Freiheit und Ungebundenheit, oder ein wenig Aufregung und Sex als Entspannung.

In einer Studie, der 750 Fallgeschichten zugrundeliegen, nannten die klinischen Therapeuten Bernard L. Greene, Ronald R. Lee und Noel Lustig sexuelle Frustration, Neugier, Rache, Langeweile und das Bedürfnis nach Akzeptanz und Anerkennung als häufigste „Ursachen für eine Affäre."

Die meisten Männer glauben, Affären könnten ihre Ehe verbessern oder würden ihr doch zumindest nicht schaden. Ein Seitensprung befriedigt ihre unmittelbaren emotionalen Bedürfnisse, schiebt die Konfrontation mit ehelichen Problemen hinaus oder dient als Flucht aus einer unglücklichen Ehe. Eine Liebesaffäre kann einem Mann helfen, Schuldgefühle zu umgehen, weil er dabei nur in Gedanken die endgültige Trennung von seiner Frau und eine Verweigerung der damit verbundenen Verantwortung vollzieht.

Affären bauen emotionalen Druck ab, der sich in der Ehe angestaut hat. Für die meisten Männer bedeutet ein außereheliches Verhältnis nicht, daß sie ihre Frau danach mehr oder weniger lieben. Oft wird ihnen erst durch eine Affäre klar, was ihnen ihre Frau bedeutet und wieviel sie zu ihrem Erfolg beigetragen hat. Haben sie sich von ihrer Frau entfremdet, halten aber der Kinder wegen an der Ehe fest, dann befriedigen sie ihre emotionalen und sexuellen Bedürfnisse häufig bei einer Geliebten und erfüllen gleichzeitig ihre familiären Verpflichtungen.

Über 68 Prozent der befragten Männer sagten aus, sie hätten das Gefühl, den Frauen falle es schwer, auf die Verletzlichkeit der Männer einzugehen. Aufgrund ihrer Erziehung erwarten Frauen, daß ein Mann immer stark ist. Diese Last ist für die Männer häufig zu schwer. Viele behaupten, ihre Ehe sei nur deshalb kaputtgegangen, weil sie „Schwächen" zeigten. Diesem Problem müssen Männer und Frauen mehr Beachtung schenken.

Als viele Frauen im Zuge der Frauenbewegung ihre persönliche und berufliche Rolle neu definierten, setzten sie die Männer unter den Druck, nun ihrerseits Veränderungen einzuleiten. Die Frauen forderten die Männer zum „Bekenntnis zum Gefühl" auf. Die Anstrengungen der Männer in dieser Richtung erbrachten einige unerwartete Resultate. Ein Ergebnis dieses Prozesses ist, daß die Männer nicht mehr selbstverständlich ihre alte überlieferte Rolle erfüllen und auch nicht mehr alle Erwartungen und Verantwortungen, die sie früher bei einer Heirat widerspruchslos auf sich nahmen, akzeptieren.

In den letzten Jahren habe ich viele Klagen von Männern gehört, Frauen seien gar nicht bereit, den „sensiblen, befreiten Mann" zu akzeptieren. Auch ich habe die Beobachtung gemacht, daß Ehen geschieden wurden, nachdem Männer über ihre früher verborgenen Gefühle gesprochen hatten. Aber die Rolle der Frau bei diesem Problem wurde niemals angesprochen. Dies führte zu der allgemein verbreiteten Überzeugung, Männer seien die Täter und Frauen die Opfer. Manchmal ist jedoch das Gegenteil der Fall.

Ich kenne zwar viele Frauen, die ihre Männer zu einem Bekenntnis ihrer Gefühle ermutigen oder ihnen sogar dabei helfen, aber viele Männer haben mir gesagt, der Prozentsatz dieser Frauen sei nur sehr gering. Nach Ansicht der Männer sind die Frauen nicht bereit, emotional für sie „da zu sein." Der Direktor einer großen Filmgesellschaft faßte es folgendermaßen zusammen: „Ihr Frauen behauptet, ihr wollt, daß wir offener sind, unsere Gefühle zeigen und uns sensibel verhalten, aber das stimmt gar nicht! Fast alle Frauen ziehen sich zurück, wenn wir uns so geben. Sie wollen nicht wirklich, daß wir unsere Gefühle zeigen. Sie wollen nur, daß wir Verständnis für ihre Gefühle haben."

So ungern ich es auch zugebe, ich gehörte auch zu diesen Frauen. Als Psychologin hatte ich nicht die geringsten Schwierigkeiten, gefühlsbetonte Männer zu akzeptieren – ja, sie zu ihren Gefühlen zu ermutigen. Aber wenn ich einfach nur Frau war und mit Männern auf einer persönlichen oder gesellschaftlichen Ebene zusammenkam, fühlte ich mich dabei unbehaglich. Es dauerte eine Weile, bis ich mit der veränderten Verhaltensweise der Männer ganz natürlich umgehen konnte, obgleich es genau das war, was ich mir immer gewünscht hatte. Mein Problem war, daß ich nicht wußte, wie ich mich Männern gegenüber verhalten sollte, die in mancher Hinsicht befreiter waren als ich. Ich mußte erst meine verinnerlichten stereotypen Verhaltensmuster überwinden und lernen, ohne Vorurteile oder Erwartungen spontan zu reagieren.

Anders gesagt, Frauen lassen keine Nähe aufkommen, wenn sie die Gefühle ihrer Männer nicht akzeptieren. Als ich mich mit meinen Freundinnen über diese Gefühle unterhielt, entdeckten sie dasselbe Problem bei sich selbst. Dieser Umstand hatte wesentlichen Anteil an den Problemen in unseren Beziehungen. Wir hatten unsere Phantasien, von einem charmanten Märchenprinzen erobert und umsorgt zu werden, nicht aufgegeben, sondern nur etwas modifiziert. Weil viele Frauen für ihre finanzielle Versorgung keinen Mann mehr benötigen, geben sie den Emotionen immer mehr Gewicht. Frauen suchen bei Männern dasselbe Verständnis wie bei ihren Freundinnen. Sie suchen eine Bindung auf einer tieferen Ebene. An die Stelle der finanziellen Abhängigkeit trat die emotionale Abhängigkeit. Zu Beginn der Frauenbewegung betrachteten meiner Meinung nach die meisten Frauen diesen Aspekt als einen Kampf, den es unbedingt zu gewinnen galt, und weniger als eine gegenseitige Verantwortung.

Aus diesem Grunde war es für Männer ebenso schwer, mit Frauen zurechtzukommen, wie umgekehrt. Ich glaube, es ist an der Zeit, daß Männer sich frei fühlen und über alles sprechen können, was sie quält, ohne Angst, als „männliches Chauvischwein" beschimpft zu werden. Unter diesen Bedingungen würde sich jeder zurückgestoßen fühlen und anderswo nach Akzeptanz suchen. Ein Mann hat genug inneren Druck auszuhalten. Er braucht einen Ort, an dem man ihm zuhört, wo er ganz er selbst sein kann und sagen darf, was er denkt und will. Diese Ehrlichkeit macht Nähe aus.

Es ist ein Fehler zu glauben, Männer würden sich nicht um eine funktionierende Beziehung bemühen. Sie haben nur nicht soviel Erfahrung darin wie Frauen. Früher haben sich Männer, was die Aufrechterhaltung und Pflege einer Beziehung anbelangt, völlig auf ihre Frauen verlassen. Da sie nun aber auch ihre Bedürfnisse und Wünsche berücksichtigt sehen möchten, müssen sie eine aktivere Rolle spielen und mit anderen Menschen darüber sprechen. Aus diesem Grund nehmen immer mehr Männer an Workshops teil, gehen zu einem Eheberater oder sprechen mit Freunden oder Freundinnen: Sie erforschen, welche Art von Beziehung sie eigentlich führen möchten.

Die Wohnung der Geliebten ist für einen Mann meist ein Ort der Entspannung gewesen. Dort konnte er seine Maske fallenlassen und von seinen Bedürfnissen, Träumen und Wünschen sprechen. Seinen ehelichen Pflichten, Rollen und Verantwortungen kam er trotzdem nach.

Anders ist es, wenn ein Mann Angst vor Nähe hat. In einem solchen Fall waren Affären stets eine Flucht vor den mit einer Ehe verbundenen Gefühlen. Wer sich in zwei (oder drei) verschiedenen Beziehungen engagiert, verteilt seine Gefühle auf unterschiedliche Bezugspersonen und sorgt dafür, daß jede Beziehung oberflächlich und „leicht" bleibt. Keine einzige Beziehung erfüllt dann alle Bedürfnisse.

Wenn diese Männer so unglücklich sind, warum lassen sie sich dann nicht scheiden?

Beinahe 80 Prozent der Männer, die Affären gehabt haben, gaben als Grund für das Festhalten an der Ehe an, sie hätten Angst, niemand würde sie auf Dauer so tolerieren wie ihre Ehefrau. Sie sind abhängig von ihr. Trotz der Rücksichtslosigkeiten, die sie ihr antun und die sie sich gefallen läßt, schätzen sie ihre Frau am meisten. Sie haben Spaß mit ihren Freundinnen, aber aus Sicherheitsgründen kehren sie immer wieder zu ihrer Frau zurück. Vielleicht wissen sie nicht, daß ihre Frauen sie nur deshalb sehr selten auf ihre Seitensprünge ansprechen, weil sie selbst Angst davor haben, der Wahrheit über ihre Ehe ins Gesicht zu sehen. Es gilt die unausgesprochen Vereinbarung, daß weder Ehemann noch Ehefrau den Status quo bedrohen werden.

Läßt sich ein Mann scheiden, um mit seiner Geliebten zusammenzuleben, dann wird diese einmal ideale Beziehung mit all den Bürden und Verantwortlichkeiten belastet, denen er entfliehen wollte. Für seine Ehe gilt, daß er zwar nur teilweise Erfüllung bei seiner Frau findet, aber auf viele Aspekte seines Ehe- und Familienlebens doch nur ungern verzichten möchte.

Der bekannte Psychologe Abraham Maslow meinte: „Ein befriedigtes Bedürfnis ist keine Motivation mehr." Werden die Bedürfnisse in einer Affäre befriedigt, sind manche Männer bei der Rückkehr zu ihrer Ehefrau ausgeglichener und glücklicher. Das Pech der Geliebten ist es, daß die Ehefrau die Früchte ihrer Liebe, ihrer Bemühungen und ihrer harten Arbeit erntet.

Nun wollen wir die Bedürfnisse und Konflikte näher betrachten, die Männer veranlassen, eine Affäre anzufangen, und herausfinden, warum sie meist doch wieder zu ihren Ehefrauen zurückkehren.

Sie tut Dinge, die meine Frau ablehnen würde

Für viele Männer beinhaltet der Geschlechtsakt die Angst, Tag für Tag und jeden Augenblick Höchstleistungen erbringen zu müssen. Aber Sex ist eine meßbare, kurzzeitige, greifbare Handlung, und sie wissen sofort, ob sie erfolgreich waren oder versagt haben, ob sie gut oder schlecht waren, ob sie akzeptiert oder zurückgewiesen wurden.

Sex ist für Männer eine Möglichkeit, ihre Gefühle auszudrükken. Männer, die nur ungern über ihre Gefühle reden, lassen ihren Körper sprechen. Manche Männer haben Ehefrauen, die sich nichts aus Sex machen. Ein Mann erzählte mir, seine Frau hätte ihm vorgeschlagen, er solle sich doch eine Freundin suchen, sie wolle nicht mehr mit ihm schlafen. Er hatte immer geglaubt, es wäre seine Schuld, daß er keinen Spaß am Sex hatte. Das änderte sich, als er ein Verhältnis mit einer anderen Frau einging.

Mike, ein gutaussehender, wenn auch leicht übergewichtiger Mann, sagte: „Meine Frau verabscheut Sex. Es ist eigentlich komisch, daß wir vier Kinder haben. Ich war es irgendwann leid, immer abgewiesen zu werden. Eines Abends hat mich dieses niedliche Mädchen auf einer Party angesprochen. Nach einer Weile sagte ich, ich müßte nach Hause gehen, weil meine Familie auf mich warte. Ich wollte ihr unbedingt zu verstehen geben, daß ich verheiratet bin. Ihre Antwort machte mich sprachlos. Sie sagte, wenn ich glücklich verheiratet wäre, dann wäre ich nicht allein hier auf dieser Party. Und wenn ich mit ihr verheiratet wäre, dann wären wir so früh wie möglich nach Hause gegangen.

Ich blieb also auf der Party und unterhielt mich mit ihr. Dann gingen wir zu ihr. Ich hatte Angst, ich würde es nicht bringen – es war schon solange her. Aber kein Problem. Mein lieber Mann, hat das Spaß gemacht. Ich habe überhaupt nicht gewußt, daß Sex so schön sein kann."

Ein anderer Mann gestand mir, daß seine Frau keinen oralen Sex mag. Er wollte nicht mehr länger etwas von ihr verlangen, was ihr zuwider war. „Meine Freundin macht mit mir beim Sex Dinge, die meine Frau ablehnt", sagte er. „Ich habe immer etwas von meiner Frau gefordert, und sie hat es dauernd verweigert. Ich habe ein Problem aus der Welt geschafft, weil ich zu Hause gewisse Dinge nicht mehr fordere, und meine Geliebte befriedigt mich auf jede erdenkliche Weise."

Die „sexuelle Geliebte" bietet die physische Befreiung, die so viele Männer fordern. Sie gehorcht, experimentiert, befriedigt. Wenn nötig, zeigt sie dem Mann, was ihr Spaß macht. Er kommt zu ihr zurück, weil die intimen Zwischenspiele den Druck von den häuslichen Problemen nehmen und ihm helfen, eine Perspektive seiner sexuellen Bedürfnisse zu gewinnen und sexuelles Selbstvertrauen zu entwickeln.

Sie bewundert den Mann, der ich heute bin

Männer, die im Alter zwischen 18 und 22 Jahren geheiratet haben, sind in dieser Kategorie stark vertreten. Wer jung heiratet, hat noch keine voll entwickelte Persönlichkeit und ist sich seiner selbst noch nicht sicher. Aber im Laufe der Jahre und mit zunehmender Erfahrung entwickelt man sich weiter. Das Problem ist nun, daß die Ehefrau ihren Mann noch immer behandelt, als wäre er noch derselbe Junge, den sie einmal geheiratet hat.

Auf meine Frage, welche zusätzlichen Aspekte ein außereheliches Verhältnis bietet, kamen von diesen Männern u. a. folgende Antworten:

„Mit einer anderen Frau bin ich ein anderer Mann."

„Wenn ich meiner Frau etwas von den Problemen im Büro erzählen möchte, dann habe ich nicht den Eindruck, daß sie das besonders interessiert."

„Meine Frau will nicht einsehen, daß ich mich verändert habe. Sie behandelt mich noch immer genauso wie früher."

„Ich habe es aufgegeben, meine Frau mit meinen Erfolgen beeindrucken zu wollen. Sie versteht mich nicht. Meine Freundin arbeitet mit mir zusammen und bewundert genau das an mir, wofür ich mir Anerkennung wünsche."

Diese Männer wurden in dem Glauben erzogen, sie seien die Brötchenverdiener und Ernährer, und diese Rolle verleiht ihrem Leben Sinn und Zweck. Sie definieren sich durch ihre Arbeit und neigen dazu, ihre Anziehungskraft analog zu ihren Leistungen im Beruf zu bewerten. Sie suchen bei ihrer Frau Anerkennung und Würdigung. Erhalten sie das bei ihrer eigenen Frau nicht, aber von einer anderen, dann führt dies häufig zu einer Affäre.

Thomas Doyle heiratete seine Schulfreundin Roxanne. Acht Jahre waren sie befreundet gewesen und gleich nach dem College heirateten sie. Die ersten Ehejahre verliefen in absoluter Seligkeit. Dann entwickelten sie unterschiedliche Interessen, und Thomas begann sich zu fragen, ob er die richtige Frau geheiratet hatte.

Jahrelang „gabelte" er während Geschäftsreisen bei Gelegenheit eine Frau auf. Keine große Sache, dachte er. Dann hatte Thomas zwei sehr enge Beziehungen, eine mit einer guten Freundin von Roxanne, die andere mit seiner Sekretärin. Roxanne kam beide Male dahinter, und ihre Ehe war ernsthaft gefährdet.

Nach seinem zweiten Verhältnis bestand Roxanne darauf, daß sie zu einer Eheberatung gingen, um die Ursache des Problems zu erkennen. Thomas beschwerte sich bei der Eheberaterin: „Wenn ich versuche, Roxanne etwas von der Arbeit zu erzählen, interessiert sie das überhaupt nicht. Sie behandelt mich immer noch so wie damals auf dem College. Aber jetzt sind wir erwachsen. Unser Leben hat sich völlig verändert. Ich habe mich verändert, aber das versteht sie nicht. Einmal sagte sie, sie wünschte sich, wir wären uns noch so nahe wie in den guten alten Zeiten in Michigan. Ich bin es leid, immer in Erinnerungen zu schwelgen. Die Vergangenheit ist vorbei.

Ist es so falsch, daß ich für das, was ich mache, bewundert werden möchte? Ich hatte immer dann eine Affäre, wenn ich mal wieder den Versuch aufgegeben habe, daß sie mich endlich so akzeptiert, wie ich heute bin. Es wäre gelogen, wenn ich behaupten würde, daß ich Roxanne nicht liebe. Ich liebe sie. Aber ich habe das Gefühl, daß sie nicht den liebt, der ich heute bin. Ich weiß, bei meinen Freundinnen war das so. Sie bewunderten mich. Sie haben Eigenschaften an mir geschätzt, von deren Existenz ich nicht einmal etwas wußte. Ihnen habe ich es zu verdanken, daß ich mich heute selbst besser kenne."

Wir haben unterschiedliche Definitionen von lieben und geliebt werden, setzen aber voraus, daß unsere unausgesprochenen Bedürfnisse befriedigt werden. Ist das nicht der Fall, werden wir wütend. Thomas und Roxanne gingen über ein Jahr zur Therapie und wurden sich dabei ihrer gegenseitig unausgesprochenen Erwartungen bewußt. Nur sehr zögernd vertrauten sie einander ihre wahren Bedürfnisse an. Zunehmend konnten sie den Ärger darüber abbauen, daß der andere den eigenen geheimen Erwartungen nicht entsprach. Als sie das geschafft hatten, war es ihnen endlich möglich, auf die tatsächlichen Bedürfnisse des anderen einzugehen.

Roxanne berichtete mir von der wichtigsten Lektion der Eheberatung: „Thomas braucht mich, damit ich ihn in seiner Rolle als Versorger anerkenne. Als ich nicht mehr länger dem jungen Mann nachweinte, den ich einmal geheiratet hatte, sondern ihn als den schätzte, der er heute ist, kamen wir uns näher als je zuvor. Wir Frauen untergraben das Selbstwertgefühl unserer Männer, wenn wir sie in ihrer Rolle nicht gebührend anerkennen. Sie schlagen ihre täglichen Schlachten, und wir bewundern oder loben sie niemals. Statt dessen habe ich mich beklagt, daß er so spät nach Hause kommt. Anscheinend habe ich mich voll darauf konzentriert, daß er mir nie Blumen mitbringt, daß er nicht romantisch ist und mir nie sagt, wie sehr er mich liebt. Es hat lange gedauert, bis ich verstand, daß seine Art, mir seine Liebe zu zeigen, darin besteht, hart zu arbeiten und ein schönes Zuhause für uns zu schaffen. Er meinte, ‚Ich liebe dich', wenn er mich bat, ihn auf seinen Geschäftsreisen zu begleiten."

Thomas erzählte: „Ich dachte, es wäre besser, wenn ich die Probleme aus dem Büro nicht mit nach Hause nehme. Deshalb habe ich nie mit Roxanne darüber gesprochen. Aber ich habe mich fürchterlich über sie aufgeregt, daß sie sich nicht dafür interessiert hat. Dabei habe ich ihr nie erzählt, was mich bedrückt oder welche Schwierigkeiten ich gerade gemeistert hatte. Ich habe mit ihr nie über meine Arbeit gesprochen, aber trotzdem von ihr erwartet, daß sie jede Kleinigkeit und jede Situation genau verstand."

Es gibt viele Ehepaare wie Thomas und Roxanne, die sich während der Schul- oder Studienzeit kennengelernt haben, einige Zeit „zusammen gingen", die gleichen Interessen und Freunde hatten und bei Tag und Nacht unzertrennlich waren. Dann wurden sie erwachsen. Eine Person (normalerweise die Frau) bleibt zu Hause und richtet sich ihr eigenes Leben ein, während der andere hinaus in den „Dschungel" zieht, um für die Familie zu sorgen. Die Zwänge im Beruf sind völlig anders geartet, als die, mit denen die Frau zu Hause zu kämpfen hat. Das Ehepaar lebt sich auseinander. Häufig bleiben der Frau nur die Erinnerungen an die vergangenen Jahre, während der Mann längst ein neues Leben angefangen hat.

Die aufmerksame und ihn bewundernde Geliebte teilt häufig seinen Beruf mit ihm und kann deshalb Eigenschaften an ihm würdigen, von denen seine Gattin nicht einmal etwas ahnt. Die Geliebte kann wichtige Bereiche seines Lebens mit ihm teilen. Sie regt ihn an und fordert ihn heraus. Sie hilft ihm, sich selbst zu entdecken. Solange sie ihn bewundert und herausfordert, wird er immer wieder zu ihr zurückkehren.

Schon ihr Blick sagt mir, daß sie mich wunderbar findet

Eine nörgelnde Frau, die ihren Mann kritisiert und heruntermacht, zerstört langsam aber sicher jegliches Vertrauen, daß er ihr eventuell einmal entgegengebracht hat. Ein solches Verhalten kann dazu führen, daß ein Mann Angst vor seiner Frau bekommt. Nachfolgend ein paar Zitate von Männern, die mit kritisierenden, fordernden Frauen verheiratet sind:

„Ich habe immer das Gefühl, ich müßte meine Frau wie ein rohes Ei behandeln."

„Nichts was ich mache, ist gut genug. Selbst in ihrer Abwesenheit habe ich das Gefühl, sie schaut mir über die Schulter und wartet nur darauf, sauertöpfische Bemerkungen zu machen."

„Ich gebe es nur sehr ungern zu, aber ich bin ein Pantoffelheld, und ich weiß einfach nicht, was ich dagegen unternehmen kann."

Was veranlaßt einen Mann, bei einer nörgelnden Frau zu bleiben? Es mag vielleicht wie eine zu grobe Verallgemeinerung klingen, aber wir heiraten tatsächlich oft einen Menschen, der unseren Eltern ähnlich ist. Unsere Eltern haben uns ihre Art von Liebe gelehrt, deshalb suchen wir im allgemeinen bei unserem Partner genau die Liebe, wie wir sie in unserer Kindheit erfahren haben.

Wenn ein Mensch einen ständig kritisierenden Partner heiratet, dann liegen die Gründe dafür meist in der Kindheit und Jugend verborgen. Wahrscheinlich ist er mit einem kritischen Elternteil aufgewachsen, der ihm nur selten die Liebe, Anerkennung und Zuneigung gegeben hat, die ein Kind braucht. Er ist es also gewohnt, kritisiert zu werden, und akzeptiert Kritik als eine Form von Aufmerksamkeit. Aber das verletzte und abgelehnte Kind sucht elterliche Liebe und Anerkennung. Wenn wir von kritischen Eltern erzogen werden, dann entwickeln wir normalerweise keine positive Meinung über uns. Ein solches Kind hat das Gefühl, daß irgend etwas mit ihm nicht in Ordnung ist, weil seine Eltern es nicht lieben. Es glaubt, wenn es sich vielleicht noch ein bißchen mehr anstrengt und ein wenig besser in der Schule oder beim Sport wird, dann wird man es lieben. Da dieses Problem aus der Kindheit nicht gelöst ist, wird aus einem solchen Jungen ein Mann, der dieselben Verhaltensmuster beibehält, nur daß seine Frau inzwischen seine kritischen Eltern abgelöst hat. Dieser Mann käme nie auf den Gedanken, seine kritisierende Frau zu verlassen, weil er zutiefst davon überzeugt ist, ihre Kritik sei berechtigt.

Ross Bertrand war von Natur aus ein vorsichtiger, zaudernder und schüchterner Mann. Seit seinem fünften Lebensjahr mußte er eine Brille mit dicken Gläsern tragen, die seine grünen Augen unnatürlich vergrößerten. Ross heiratete Patrice, eine schlanke, elegante Frau. Er war sehr anpassungsfähig, und Patrice verfügte über einen eisernen Willen. Sie schimpfte ständig, stellte Forderungen und bezeichnete ihn als Versager.

Ross verteidigte sich kaum, sondern verhielt sich wie eine Schildkröte; er zog seinen Kopf unter das schützende Schild, um Unannehmlichkeiten zu vermeiden. Dabei sehnte er sich so sehr nach Anerkennung. Er versuchte ständig, Patrice alles recht zu machen, aber es gelang ihm nie. Erniedrigt und demoralisiert zog er sich ganz in seinen Panzer zurück. Er ahnte nicht, daß sein Zorn gegen Patrice die Ursache seiner Depression war. Er wurde lethargisch, in sich gekehrt und ängstlich.

Über seinen Beruf als Vertreter einer pharmazeutischen Firma lernte er die Krankenschwester Chris kennen, eine lustige und lebhafte Frau, die ihn zum Lachen brachte. Sie fühlten sich beide sofort zueinander hingezogen, aber er hatte Angst vor dem ersten Schritt. Er starrte sie nur unverwandt an in der Hoffnung, sie würde eine Verabredung vorschlagen, was sie schließlich auch tat. Es entwickelte sich eine wundervolle Liebesgeschichte, die fast ein Jahr dauerte. Chris verhalf Ross zu der Erkenntnis, daß er wirklich charmant und sexy war. Sie liebte an ihm gerade die Eigenschaften eines kleinen Jungen, seine Begeisterungsfähigkeit, die nur sehr wenige Männer zeigen. Er war verspielt und lustig. Chris war der Meinung, Ross könne gar nichts falschmachen. Im Laufe der Zeit gewann er seine Selbstachtung wieder.

Ein an ständige Kritik gewöhnter Mann braucht eine „bedingungslose Geliebte", die ihn umarmt und ihm das Gefühl gibt, er sei wundervoll. Sie sagt ihm, wie gut er aussieht, wie klug und wie lustig er ist. Zu Beginn einer Affäre wird er ihre Liebe auf die Probe stellen, aus Angst, sie könnte dahinterkommen, daß er gar nichts taugt und keine positiven Seiten hat, daß er ihre Zuneigung und Liebe nicht verdient. Manche dieser Männer verlassen eine bedingungslose Geliebte, weil es ihnen einfach unmöglich ist, die positiven Aspekte ihres Selbst zu akzeptieren. Sie haben Angst, sie könnten schließlich selbst von ihren liebenswerten Seiten überzeugt sein. Wieder andere gewinnen ihre Selbstachtung zurück und weigern sich von nun an, sich zu Hause von ihrer Frau weiterhin kritisieren zu lassen. Das kann dazu führen, daß sie ihre Ehefrau sogar verlassen.

Es ist wie Fernsehen, nur ohne Ton

Sie und Ihre Frau haben sehr jung geheiratet. Sie war ein hübsches Mädchen, Sie waren ein unsicherer Junge. Sie war mitteilsam; Sie waren schüchtern. Nun sind zehn, fünfzehn, zwanzig

Jahre vergangen. Jeden Morgen erwachen Sie, drehen sich um und sehen eine Frau an Ihrer Seite liegen, der Sie sich nicht mehr nahe fühlen. Sie sind der Ernährer und Versorger. Sie haben Erfolg. Aber Sie sind nicht glücklich und Ihre Frau ist es auch nicht. Ihr gemeinsames Leben hat sich auf kleine Zänkereien und Angriffe aus dem Hinterhalt reduziert. Ihre Ehe ist nicht gut, und Sie wissen nicht, warum. Sie haben Angst, sich mit dem Problem auseinanderzusetzen, denn wenn Ihnen bewußt wird, was nicht stimmt, dann müssen Sie etwas dagegen unternehmen – vielleicht eine Scheidung in die Wege leiten. Es ist einfacher, den Status quo aufrechtzuerhalten.

Ein ehemaliger Astronaut, in vierter Ehe verheiratet (drei seiner Frauen waren vor der Heirat seine Geliebte gewesen), meinte: „Kaum einer meiner Freunde versteht, warum ich mich immer wieder habe scheiden lassen. Sie bleiben lieber in einer unerfreulichen Ehe, als sich mit dem Problem zu konfrontieren. Deshalb haben sie immer wieder außereheliche Affären. Aber gleichzeitig bemühen sie sich immer noch um die Liebe ihrer Frau. Viele Männer wissen nicht, wie man aufgibt, ohne das als Mißerfolg aufzufassen. Die falsche Frau geheiratet zu haben, bedeutet doch nicht, daß man ein Versager ist."

Für manche Männer, wie unglücklich sie auch sein mögen, kommt eine Scheidung niemals in Betracht. Sie spielen zwar mit dieser Vorstellung und träumen davon. Aber sie werden niemals irgendwelche Schritte in dieser Richtung unternehmen. Dafür gibt es verschiedene Gründe: Religion, Verantwortung, Verpflichtung, Kinder oder Druck von Freunden. Gleichgültig, welcher Grund für ihr Festhalten an der Ehe ausschlaggebend ist, unterschwellig haben sie das Gefühl, versagt zu haben. Und weil sie versagt haben, sind sie ihrer Ansicht nach nicht liebenswert.

In Wahrheit sind diese Männer hinsichtlich ihres Selbstwertgefühls außerordentlich abhängig von ihrer Frau. Männer wurden meist so erzogen, daß sie sich ohne ihre bessere Hälfte nur als unvollständigen Menschen empfinden. „Eine Frau zu haben, gibt mir das Gefühl, ein vollständiger Mensch zu sein", sagten mir die Männer wieder und wieder. Ihre Ehe verleiht ihnen die Identität, die sie brauchen. Leider sehen sich viele Männer nicht getrennt von ihrer Frau, sie definieren sich über die Empfindungen ihrer Frau. Häufig haben sie das erste Mädchen geheiratet, das mit ihnen geschlafen hat, und hatten niemals Sex mit einer anderen Frau. Folglich fehlt ihnen die Erfahrung, daß ein Mensch etwas an ihnen nicht mag, was ein anderer wiederum lieben kann. Sie haben sich nie eine eigene Meinung über sich gebildet und wissen nicht, wer sie wirklich sind. Statt dessen beurteilen sie sich nach den Reaktionen ihrer Frau.

Oft hängt ihr Selbstwertgefühl von den physischen Eigenschaften ihrer Frau oder Freundin ab. Eine solche Abhängigkeit von seiner Frau, von ihrem Aussehen und ihrer Persönlichkeit erzeugt nicht nur ein unrealistisches Selbstbild, sondern ist auch gefährlich. Diese Männer sind meist davon überzeugt, die Meinung ihrer Frau über sie wäre repräsentativ für alle Frauen. Erst wenn sie feststellen, daß eine andere Frau sie anziehend findet, werden sie nachdenklich.

Ein Mann, der seine Frau geheiratet hat, weil sie entzückend und allgemein beliebt war, sagte: „Wenn mich meine Frau, die Übergewicht und keinerlei Ähnlichkeit mehr mit dem niedlichen Mädchen hat, das ich geheiratet habe, zurückweist, warum sollte mich dann eine andere wollen? Ich schäme mich, wenn ich sie auf Betriebsfeste mitnehmen muß. Ich frage mich voller Angst, was die Leute wohl von mir denken, wenn sie mich mit ihr zusammen sehen."

Ein so außerordentlich unsicherer und abhängiger Mann braucht eine „verführerische Geliebte", die den ersten Schritt macht, die ihn ermutigt, die Mittel und Wege findet, damit sie zusammensein können. Er wird nur ansprechbar sein, wenn er sich ihrer Gefühle sicher ist. Aber selbst wenn er sich in eine andere Frau verliebt, wird er seine Ehefrau nicht verlassen. Angst, Unsicherheit und Abhängigkeit binden ihn an sie.

Vom Regen in die Traufe

Der fordernde Mann sieht sich selbst als Bewahrer der Macht. Er diktiert, wann seine Frau machen kann, was sie will. Er sagt zum Beispiel: „Ich habe meiner Frau erlaubt, ab und zu mit ihren Freundinnen Karten zu spielen." Oder: „Ich habe meiner Frau gesagt, daß sie heute abend zu einem Clubtreffen gehen darf und mir kein Abendessen machen muß." Ironischerweise fragen diese Männer auch ihre Frauen um Erlaubnis, weil sie Aspekte ihrer Mutter auf ihre Ehefrau projizieren. Sie sagen etwa: „Ich habe immer das Gefühl, ich muß meine Frau fragen, ob sie einverstanden ist, wenn ich mit meinen Kumpels ausgehe."

Häufig wählen sie eine fordernde Frau, mit der sie um die Macht kämpfen. Oberflächlich betrachtet, erscheinen diese Frauen unterwürfig und mütterlich, aber sie kämpfen versteckt um die Vorherrschaft. Die Beziehung wird durch die ständig stattfindenden Machtkämpfe zusammengehalten. Sie streiten darüber, um welche Zeit gegessen wird, welchen Film sie ansehen wollen, welchen Weg sie zum Supermarkt fahren sollen. Der Streit macht ihnen mehr Spaß als die Sache, um die es geht.

Wenn ein Mann, der eine solche Ehe führt, eine Affäre eingeht, wählt er häufig eine ebenso fordernde Frau wie seine eigene. Anfänglich mag sie unterwürfig erscheinen, aber diese Menschen sind meist manipulierend. Anstatt zu sagen, was sie wollen oder nicht wollen, stimmen sie erst einmal zu und beklagen sich dann hinterher. Motto ist: „Ich sage ihm, was er hören will, aber dann umschmeichle ich ihn oder nörgle, bis er das tut, was ich will."

Typisch für ein solches Verhältnis ist, daß ein Mann, der vor der Verpflichtung und Verantwortung davongelaufen ist und sich in seiner Ehe nicht wohl fühlt, der aber „nicht in Ketten gelegt" werden möchte, plötzlich entdeckt, daß er die Miete seiner Geliebten bezahlt, ihr Lebensmittel und Kleider kauft und sogar Geld zum beliebigen Ausgeben überläßt. Der Kreis hat sich geschlossen – er ist vom Regen in die Traufe gekommen.

Das Problem ist, daß unser Mann, voller Verlangen nach seiner „Pseudo-Freiheit", in Wahrheit die Forderungen mag, die man an ihn stellt. Er wählt die „unterwürfig-fordernde Geliebte", weil er überzeugt ist, daß eine Frau ihn nicht liebt, wenn sie sich nicht beklagt oder besitzergreifend ist.

Ich bumse herum, weil es die anderen auch machen

Manche Männer jagen Frauen nach, weil sie dann wieder die Aufregung ihrer Jugendzeit erleben und sich selbst beweisen wollen, daß sie noch immer begehrenswert sind. Ich glaube diesen Männern, wenn sie behaupten, ein gelegentlicher Seitensprung sei völlig harmlos und habe keine große Bedeutung. Ich glaube auch, daß Affären für eine Nacht eine Möglichkeit sind, Einsamkeit und Unsicherheit für kurze Zeit zu überwinden.

Ein Mann meinte: „Ich bumse nur so zum Spaß herum. Ich langweile mich manchmal einfach. Was ist schon dabei? Ich mache ‚es' niemals zu Hause. Nur wenn ich unterwegs bin."

Ein anderer erzählt, daß er, als er zum erstenmal mit einigen anderen Männern auf Geschäftsreise war, schockiert war, weil der erste Punkt auf der Tagesordnung „Frauen organisieren" hieß. Er ging lieber mit den anderen, weil er nicht gehänselt werden wollte. Auf jeder Geschäftsreise gab er nach, weil er Angst hatte, sie würden ihn sonst als Pantoffelhelden oder Feigling auslachen.

Sehr oft werden harmlose Männer, die gar nicht den Wunsch nach außerehelichen Affären haben, in das Spiel hineingezogen, weil sie sich nicht absondern wollen. Haben sie sich erst einmal an das Eroberungsspiel gewöhnt, finden sie es aufregend. Einige halten es für selbstverständlich, sich beim Sex zu entspannen. Ein Mann erklärte: „Ich tue so, als wäre ich frei und ledig. Dabei vergesse ich die Probleme zu Hause. Das Leben ist eben manchmal langweilig, deshalb suche ich etwas Aufregung. Schließlich macht das kein anderer für mich. Ich möchte meine Frau nicht verletzen. Sie würde mein Bedürfnis, noch immer nichts anbrennen zu lassen, nicht verstehen. Abwechslung ist nun einmal die Würze des Lebens."

Nun kann es aber passieren, daß ein Mann im Glauben, dieses Spiel sei harmlos, plötzlich entdeckt, daß er sich in eine andere Frau verliebt hat, die für ihn nichts anderes sein sollte als ein flüchtiges Abenteuer. Als sie „herumspielten", war das sicher harmlos. Aber wenn ein Mann immer wieder außereheliche Verhältnisse hat, dann teilt er immer weniger mit dem Menschen, mit dem er zusammenlebt. Er läßt sich mit einer Fremden ein und spricht mit ihr über Dinge, die er eigentlich mit seiner Frau teilen sollte. Durch dieses Verhalten schwindet die gegenseitige Bedeutung und Nähe des Ehepartners. Dies kann dazu führen, daß Bedürfnisse nicht mehr befriedigt werden und die Kommunikation entscheidend nachläßt. Eine Ehe, die vor Beginn der „Eroberungsspiele" gut gewesen sein mag oder gut gewesen ist, kann aufgrund der damit verbundenen Vernachlässigung auseinanderbrechen.

Diese Männer glauben, sie selbst und ihre Ehe seien durch „flüchtige" Begegnungen nicht zu erschüttern. Sie wählen Frauen, die ohne Umstände mit ihnen ins Bett hüpfen, sich gerne auf Spesenkosten bewirten lassen und möglicherweise, wenn auch nicht sicher, nicht mehr wollen als ein Abenteuer für eine Nacht. Wenn sich ein Mann in eine solche Frau ernsthaft verliebt, ergeben sich Konflikte. Die uralte Regel, daß man eine Frau nicht achten soll, die gleich am ersten Abend mit einem Mann ins Bett geht, verunsichert die Männer. Wie kann mir etwas an jemandem liegen, den ich nicht respektiere? Zu diesem Konflikt kommt noch das größte Problem jeder Affäre, nämlich, „zwischen zwei geliebten Frauen zerrissen" zu werden. Nur sehr selten bewältigt man einen dieser Konflikte ohne Schaden.

Häufig vermeiden die Männer die Konfrontation mit diesen Konflikten. Sie verlassen der Einfachheit halber die Geliebte und kehren reumütig nach Hause zurück. Diese Treue ist meist nur vorübergehend, denn bald beginnt das alte Spiel wieder von vorn. Sie sind von der damit verbundenen Aufregung abhängig geworden, und es ist einfach eine Möglichkeit, etwas mit den Kumpels gemeinsam zu unternehmen. Mit ihrer Ehefrau haben sie nicht mehr viel gemeinsam und die entstehenden Probleme möchten sie nicht zur Kenntnis nehmen. Sie glauben noch immer, daß sie nur „herumbumsen", weil es die anderen auch tun und reden sich ein, mit ihrer Ehe wäre alles in Ordnung. Bis sie der Tatsache ins Gesicht sehen müssen, daß ihre Ehe, meist aus Mangel an Aufmerksamkeit, am Ende ist, leiden beide Ehepartner. Diese Männer müssen mit ihrem Selbstbetrug Schluß machen und endlich die Kommunikation mit ihrer Frau verbessern.

Wenn Affären nicht mehr helfen

Mit Hilfe von Affären erschaffen sich Männer eine Phantasiewelt, ihre eigene heile Welt. Aber irgendwann kommt der Zeitpunkt, an dem eine Affäre nicht mehr hilft.

Wenn Sie die Gründe für Ihre Untreue nicht herausfinden, werden Sie in Ihrer nächsten Beziehung dasselbe Verhaltensmuster wiederholen. Beobachten Sie, wie sich Ihre Eheprobleme in Ihrer(n) Affäre(n) wiederholen. Wir fühlen uns aus den unterschiedlichsten Gründen zu anderen Menschen hingezogen – einige sind gut, andere weniger. Wir können unserem eigenen Seelenmüll nie davonlaufen, aber wir können ihn bereinigen.

Jack Robinson, 39, stellvertretender Direktor eines Filmstudios, ein Mann mit viel Charisma, erwachte eines Morgens und beschloß, ab sofort mit diesem Spielchen aufzuhören. „Ich konnte mich selbst nicht mehr ausstehen. Ich habe alle belogen, auch mich selbst. Keiner war glücklich, und ich ließ alle diese Menschen wie Marionetten an einer Schnur tanzen. Aber ich hatte nicht das Recht, aus rein egoistischen Gründen das Leben anderer Menschen zu ruinieren.

Beim Frühstück sagte ich meiner Frau, daß ich mit ihr zu einem Eheberater gehen wollte. Sie war am Boden zerstört. Tränen und alles. Sie war in den 19 Jahren, die wir zusammen waren, vollkommen glücklich gewesen. Ich hasse es, wenn ich jemanden verletze, und ich hatte entsprechende Schuldgefühle. Aber lieber wollte ich mich schuldig fühlen, weil ich die Wahrheit gesagt habe, als weiterhin alle zu belügen.

Mein Problem in all den Jahren war, daß ich Konflikten aus dem Weg ging. Ich mag es nicht, wenn ich mich unwohl fühle. Ich habe immer geglaubt, wenn ich dafür sorge, daß alle glücklich sind, dann riskiere ich nicht, daß mich jemand nicht mehr liebt. Wenn sich irgend jemand – und ich meine irgend jemand – über mich ärgert, dann würde ich am liebsten davonlaufen und mich verstecken. Aus diesem Grund hatte ich meine Affären. Immer wenn meine Frau sauer auf mich war, lief ich zu einer anderen. Zu einer, die mich nicht so gut kannte und mich wundervoll fand."

Jack und seine Frau gingen über ein Jahr zur Eheberatung, dann erst hatte er das Gefühl, daß er es nun schaffen würde. Es war eine schwere Zeit. Er erfuhr einiges über sich – Erfreuliches und Unerfreuliches. Jack mußte zugeben, daß er ärgerlich und ungeduldig wurde, wenn Margo nicht schon im voraus intuitiv erahnte, was er wollte. Er bat nur sehr ungern um etwas, also wurde er fordernd. Margo sagte ihm schließlich, daß er ihr fremd geworden sei, und sie gerne stärker an seinem Leben beteiligt wäre. Sie hatte ihn nie nach seinem Leben gefragt, weil sie wußte, daß ihn das belästigte. Auch sie hatte Angst vor Konflikten; deshalb zog sie sich zurück und verweigerte ihm die Erfüllung seiner Bedürfnisse.

Zu Beginn der Eheberatung einigten sie sich, daß sie nicht mit allen Mitteln an ihrer Ehe festhalten würden, wenn die Therapie erfolglos bleiben sollte. Sie schlossen einen Pakt, ein Jahr zusammenzubleiben und anschließend weiterzusehen. Als das Jahr vorüber war, waren beide der Ansicht, daß sie ihre Ehe gerettet hatten und in jedem Fall versuchen wollten, sie sogar noch besser zu machen.

Nicht für alle Männer ist eine Affäre ein möglicher Ausweg aus einer unglücklichen Ehe. Manche Ehepaare sind Meister der Verdrängung. Anstatt ehrlich miteinander über ihre Unzufriedenheit oder Ängste zu sprechen, beschließen sie, ein Kind zu bekommen, um sich näher zu kommen; sie ziehen häufig um oder nehmen ihre Arbeit oder andere Aktivitäten zum Vorwand, um weniger Zeit miteinander verbringen zu müssen.

So erzählte mir zum Beispiel ein Mann, er und seine Frau seien in ihrer vierzehnjährigen Ehe sechzehnmal umgezogen. Nach seiner Schätzung hatte er durchschnittlich zwei Affären pro Jahr. Ein anderes Ehepaar berichtete, daß sie in zehn Jahren viermal umgezogen waren und fünf Kinder hatten, bis sie feststellten, daß alles nichts geholfen hatte und es das Beste wäre, sich scheiden zu lassen. Manche Männer behalten jahrelang dieselbe Geliebte, nur um nicht über die Probleme zu Hause nachdenken zu müssen. Andere wechseln ihre Freundinnen wie die Hemden.

Ein guter Freund von mir rief mich eines Abends an, um mir zu sagen, er überlege, ob er sich von seiner Frau trennen solle. Während unseres zweistündigen Gesprächs vertraute er mir an, wie sehr er sich wünschte, seine Frau würde bei einem Flugzeugabsturz ums Leben kommen oder auf dem Weg ins Büro einem tödlichen Autounfall zum Opfer fallen. Das würde sein Leben sehr erleichtern, meinte er. Aber solche Gedanken haben überwältigende Schuldgefühle zur Folge. Wie soll sich jedoch ein gläubiger katholischer Ehemann von seiner Frau scheiden lassen? fragte er sich. Der gute katholische Ehemann antwortete: „Ich kann nicht." Aber eine innere Stimme sagte: „Ich muß." Er fühlte sich zerrissen und wußte nicht, wie er sich entscheiden sollte.

Nicht alle Männer flüchten in das Reich der Phantasie, manche wägen „vernünftig" das Für und Wider ab. Sie rationalisieren ihre Gefühle mit Gedanken wie: Ich bleibe, bis die Kinder mit der Ausbildung fertig sind. Oder: Ich habe von Zeit zu Zeit Affären, dann läßt der Druck zu Hause nach. Diese Gedankenspiele können sich jahrelang hinziehen.

Es gibt auch weniger dramatische Anzeichen, die man beachten muß. Unglückliche Männer sind nörglerisch, frustriert und werden schnell ungeduldig. Die meisten gestehen sich ihre Unzufriedenheit selbst nicht ein, denn dann müßten sie etwas dagegen unternehmen.

Ob sich Männer also in Phantasien flüchten oder ihre Gefühle mit Vernunft bekämpfen, sie gestehen sich ihre Angst vor einer Konfrontation mit ihren Eheproblemen nicht ein. Meiner Meinung nach gibt es nur eine Möglichkeit, wenn ein Mann feststellt, daß seine Beziehung nicht mehr gut für ihn ist. Er muß den Mut aufbringen, offen über seine Gefühle zu sprechen und jegliche Anstrengung zur Bewältigung der Schwierigkeiten unternehmen. Leider nur zu oft fühlen sich einer oder beide Ehepartner als Versager, wenn die Ehe schiefgeht. Aber gegenseitige Schuldzuweisungen sind nicht das Thema. Vielmehr geht es darum, zu verstehen, warum die Ehe gescheitert ist. Ob man das Problem allein bewältigt oder Hilfe von außen, etwa von einem Geistlichen, einem Eheberater oder Psychologen in Anspruch nimmt, der Zweck dieses introspektiven Prozesses ist einzig und allein: die Bewahrung der Selbstachtung und die Verringerung der Chance, dieselben Fehler nochmal zu machen. Dieser Prozeß kann dazu führen, die Ehe wieder neu aufzubauen oder die Verbindung in beiderseitigem Einverständnis zu lösen. Dann können beide Partner ihr Selbstwertgefühl und ihre Achtung für den anderen bewahren und müssen sich nicht als Versager fühlen.

Nicht alle Beziehungen können gerettet werden, und nicht alle sind es wert. Im nächsten Kapitel wird darüber berichtet, wie sehr unterschiedliche Männer mit ihren Eheproblemen fertiggeworden sind.

Kapitel 14

Sie ist die perfekte Ehefrau, aber ...

Ihnen gehen folgende Gedanken durch den Kopf:

– Wir haben einmal gut zusammengepaßt. Jetzt ist sie die falsche Frau für mich, wir haben nichts mehr gemeinsam. Unsere Wertvorstellungen und Interessen sind zu unterschiedlich geworden.
– Mein Gott, sie erinnert mich an meine Mutter. Genau das wollte ich hinter mir lassen, und nun lebe ich mit ihr. Es macht mir nichts aus, bemuttert zu werden, aber ich möchte trotzdem eine gleichberechtigte Partnerin.
– Sie ist das hübscheste Ding, das man sich vorstellen kann, aber sie reizt mich nicht. Sie ist wirklich die perfekte Ehefrau, man könnte sich keine bessere wünschen, aber sie ist verdammt langweilig.
– Ich war ein unsicherer Junge. Ich konnte nicht glauben, daß sie mich gewählt hatte. Meine Frau war so ein niedliches Mädchen, überall beliebt. Ich konnte mir nicht vorstellen, noch einmal so einen guten Fang zu machen, deshalb habe ich sie geheiratet. Sie hat eine innere Leere in mir ausgefüllt.
– Ich beschloß, sie zu heiraten, weil sie mir bei meiner Karriere helfen konnte. Sie wußte, was von ihr erwartet wurde, und sie konnte gut mit Menschen umgehen. Und hübsch war sie auch noch.

Gut, Sie sind also bereit, zuzugeben, daß Ihnen solche und ähnliche Gedanken schon einmal durch den Kopf gegangen sind ... die Gründe, aus denen Sie und Ihre Frau geheiratet haben, müssen nicht unbedingt auch heute noch für ein Zusammenleben sprechen.
Über 71 Prozent der befragten Männer waren über irgend etwas in der Beziehung zu ihrer Frau unzufrieden. Manche haben festgestellt, daß ihre Frau nicht mit ihnen Schritt gehalten hat. Andere finden ihre Frauen langweilig, uninteressant und reizlos. Wieder andere wissen nicht mehr, was sie eigentlich von

ihrer Frau wollen. Einige gaben zu, daß sie bei der Wahl ihrer Ehefrau keinen Gedanken daran verschwendet hatten, ob sie auch mit ihr befreundet sein könnten, sie wollten nur ganz einfach die „perfekte Ehefrau."

Ich glaube, es gibt einen feinen Unterschied zwischen der Flucht vor einem Problem (seiner Vermeidung) und der Entscheidung zu gehen (der Konfrontation mit der Wahrheit). Probleme müssen über kurz oder lang angesprochen werden. Aber nicht immer kann man sie mit dem betreffenden Partner aufarbeiten. Vor allem muß jeder seinen Teil des Problems bewältigen, den von ihm geleisteten Beitrag zu Verschlechterung der Ehe eingestehen. Zu viele Paare vermeiden die Konfrontation mit ihren Beziehungsproblemen und plädieren gleich für eine Scheidung. Sie möchten eine schnelle Lösung und rennen von einem Partner zum anderen. Das ist keine Problembewältigung. Dann gibt es aber auch das andere Extrem, daß nämlich zu viele Menschen aus den unterschiedlichsten Gründen in unglücklichen Ehen verharren. Einige aus der Angst heraus, man könne sie für labil halten. Andere haben Angst vor dem mit einer Scheidung verbundenen Stigma.

In vielen Büchern bekommen Männer Tips, wie sie ihre Ehe verbessern können, wie sie romantischer werden oder ihr Intimleben interessanter gestalten können. Keines ermutigt zu der Überlegung, ob sie vielleicht aus den falschen Gründen geheiratet haben, und keines nimmt ihnen die Entscheidung ab, ob eine Aussöhnung oder eine Scheidung die bessere Lösung darstellt. Ich möchte Ihnen nachfolgend einmal zeigen, wie manche Männer, mal mehr, mal weniger erfolgreich, mit ihren Beziehungen und/oder Scheidungen zu Rande gekommen sind.

Sie war ganz anders als ich

Sam Frederick heiratete seine Frau, Helen James, weil sie Eigenschaften besaß, die er bewunderte und die ihm seiner Meinung nach fehlten. Helen war eine Kämpfernatur, während Sam sich lieber aus der Schußlinie heraushielt. Sam war leitender Angestellter bei IBM in New York und Helen stellvertretende Rektorin an der State University in Binghamton.

Als sie sich kennenlernten, lief gerade Sams Scheidungsprozeß von seiner ersten Frau. Tief verletzt und mutlos wie er damals war, hatte Sam kein Durchsetzungsvermögen mehr. Als Helen Einzelheiten über die Trennung und das Scheidungsabkommen erfuhr, ging sie an die Decke. „Sie geht mit einem anderen Mann und deinen beiden Kindern durch. Du überläßt ihr zum Dank deine gesamten Ersparnisse und den Erlös aus dem Verkauf des Hauses. Wie kannst du dir gefallen lassen, daß dir diese Frau soviel von dem nimmt, was doch rechtmäßig dir gehört?" schrie sie ihn an. Dann setzte sie eine neue Scheidungsvereinbarung auf, die eine gleiche Teilung des Vermögens und das gemeinsame Sorgerecht für die Kinder einschloß. Sie wußte, daß Sam gerne das Sorgerecht für seinen ältesten Sohn, Robert, wollte, und sie setzte alles daran, um ihm dabei zu helfen.

Sam ging vor Gericht und erhielt das Sorgerecht für Robert, ebenso setzte er die Teilung des Vermögens in zwei gleiche Teile durch. Aber dem Richter, einem konservativen Mann Mitte Sechzig, gefiel die Vorstellung nicht, daß Helen und Sam unverheiratet zusammenlebten. Er war der Meinung, man dürfe den Jungen nicht einem so unmoralischen Lebenswandel aussetzen. Deshalb wurde es Helen untersagt, die Nacht bei Sam zu verbringen. Für Sam war eine Heirat die perfekte Lösung, und ein paar Wochen später fand die Hochzeit statt.

Helen sah gut aus, war aufgeschlossen und freundlich. Sam war schüchtern, sehr klug und Leuten gegenüber, die er nicht kannte, sehr zurückhaltend. „Ich war abhängig von Helen, was gesellschaftliche Kontakte anbelangte. Ich konnte ohne sie zu keiner Cocktailparty gehen", sagte er. Sie lud gerne Gäste ein. Er gestand: „Ohne sie hätte ich es beruflich nicht so weit gebracht. Ich war von ihr abhängig, weil sie so viele Eigenschaften besaß, die mir fehlten."

Ich lernte Sam kennen, als er und Helen sich bereits getrennt hatten. Die ersten drei Ehejahre waren phantastisch. Das letzte Jahr wurde jedoch zu einem Machtkampf. Sams Ideal war ewige Zweisamkeit, und er bestand darauf, daß sie ihre gesamte freie Zeit gemeinsam verbrachten, auch wenn das bedeutete, im selben Zimmer zwei verschiedene Bücher zu lesen. „Sie sagte mir, sie würde mit einer Freundin zum Essen gehen. Ich erwiderte, keine verheiratete Frau ginge in Binghamton abends ohne ihren

Ehemann aus", entrüstete er sich noch in der Erinnerung. „Von da an begann sie zu rebellieren. Sie war nicht zu Hause, wenn ich von der Arbeit kam. Sie gab Geld aus, das wir im Grunde gar nicht hatten. Aber der endgültige Schlag kam, als sie sich in Harvard zu diesem Management-Kurs anmeldete und angenommen wurde. Das hieß, sie würde sechs Wochen von zu Hause weg sein. Ich setzte ihr die Pistole auf die Brust und sagte, sie dürfe nicht gehen. Aber sie ging trotzdem."

Während sie in Harvard war, hatte Sam eine Affäre mit einer seiner Mitarbeiterinnen. Er gestand: „Ich wollte jemanden, der mich nicht herausforderte. Mir war dieses reizende junge Mädchen, das neu in meiner Abteilung war, aufgefallen. Sie hat mich angelächelt. Eines Tages kamen wir ins Gespräch, und sie brachte mich zum Lachen, wie ich schon seit Monaten nicht mehr gelacht hatte. Ich brauchte jemanden, der mich aus meiner Trübsal herausholte. Seit sich Helen mehr um ihre Karriere kümmerte als um unsere Ehe, gab es keinen Grund, der mich daran hätte hindern können. Also verbrachte ich meine Zeit mit Leslee."

Aber Sam ging nicht diskret vor. Er war so wütend auf Helen, daß er wollte, daß sie von der Affäre erfuhr. Deshalb besuchte er mit Leslee Restaurants, wo er mit Sicherheit Freunde und Bekannte treffen würde. Er legte sehr deutliche Fährten, über die Helen nach ihrer Rückkehr aus Harvard förmlich stolpern mußte.

Aber Helen war keine Frau, die sich auf solche Spielchen einließ. Sie hatte das Gefühl, daß dies nur ein weiterer Versuch Sams war, endgültig die Kontrolle zu übernehmen. Sie erklärte ihm, sie würde ihn verlassen, weil sie sonst das Gefühl hätte zu ersticken und keine eigenständige Persönlichkeit mehr zu sein, kein getrenntes Leben von ihm führen zu dürfen. Sie war gerne „Sams Frau", aber sie wollte auch „Helen" bleiben.

Eines Abends war Sam allein zu Hause. Eine Woge von Einsamkeit und Selbstmitleid überschwemmte ihn. Er rief seine Schwester Eileen an und sagte ihr, Helen habe ihn verlassen und wolle die Scheidung. Eileen, 37 Jahre alt, war zum drittenmal verheiratet. Sam war nur vier Jahre jünger, aber nun hatte er schon zwei Ehen hinter sich. Eileen konnte es nicht ertragen, tatenlos zuzusehen, wie ihr jüngerer Bruder ihre Verhaltensmuster wiederholte. Sie hatte immer nach einem Ausweg gesucht, wenn Sam in Schwierigkeiten steckte, und sie bestand darauf, daß er nach New York City kommen und zusammen mit ihr zu einem Therapeuten gehen sollte.

Kurz nach der Scheidung heiratete Sam Leslee. Aber ehe der verhängnisvolle Kreislauf von neuem begann, ging Sam zur Eheberatung. Er wollte herausfinden, warum er ständig Frauen gesucht hatte, die eine innere Leere in ihm füllen sollten.

Verhaltensmuster aus der Vergangenheit

Als Sam und ich gemeinsam seine Vergangenheit durchforschten, erzählte er mir von den Einsichten, die er durch die Eheberatung gewonnen hatte.

Gemäß seiner Therapeutin war Sam darauf programmiert, nach Frauen Ausschau zu halten, die für ihn die Kastanien aus dem Feuer holten, weil seine Schwester sich stets als rettender Engel verhalten hatte. Sie war im Prinzip seine Ersatzmutter gewesen, denn ihre Mutter war ganztags berufstätig und selten bei den Kindern. Diese Lücke füllte seine Schwester.

„Mein ganzes Leben lang habe ich Frauen gesucht, die meinem Leben einen festen Halt geben sollten. Es ist ein Wunder, daß ich es im Beruf so weit gebracht habe", sagte er nachdenklich. Dann blickte er zu Boden und meinte traurig: „Vermutlich habe ich sie auch im Büro ausgenutzt. Mein Leben ist scheinbar voller Frauen, die gar nicht genug für mich tun konnten. Vielleicht finden manche Männer, das wäre kein Grund zur Klage. Aber jetzt funktioniert das alles ja nicht mehr."

Ich fragte: „Haben Sie die Gründe aufgedeckt, warum Sie Helen unterdrückt und letztendlich aus dem Haus getrieben haben?"

Sam antwortete: „Das war die unangenehmste Wahrheit, mit der ich mich auseinandersetzen mußte. Die Therapeutin verhalf mir zu der Einsicht, daß ich mich durch jede außerhäusliche Aktivität von Helen bedroht fühlte. Ich wollte, daß sie eine Halbtagsstelle annahm, dann wäre es ihr nicht so langweilig gewesen. Aber sie sollte immer für mich da sein, wie meine Schwester. Jeden Erfolg von ihr wertete ich als eine Bedrohung. Ich dachte, es wäre ihre Art, mir zu sagen, daß ich nicht liebenswert oder wichtig bin. Helens Liebe zu ihrem Beruf erinnerte mich an meine Mutter, die nie Zeit für uns Kinder gehabt hatte."

Ich kann Sams Gefühlsausbrüche und übertriebene Forderungen verstehen. Für ihn war das der einzige Weg, die Kontrolle zurückzugewinnen. Viele Männer, die mit einer beruflich sehr engagierten Frau verheiratet sind, glauben, sie wären ihr weniger wichtig als ihre Karriere oder andere Interessen. Diese Männer sind hinsichtlich ihres Selbstwertgefühls abhängig von Frauen – Müttern, Schwestern oder Ehefrauen. Ich habe im Laufe meiner Studie viele solcher Männer kennengelernt. Die weitverbreitete Ansicht, Frauen seien stets die Abhängigen in einer Beziehung, erwies sich somit ebenfalls als Mythos.

Sam erklärte: „Für mich kam es nur darauf an, daß jemand für mich da war. Wenn meine Schwester auf der Straße mit ihren Freundinnen spielte oder Verabredungen mit Jungs hatte, dann fühlte ich mich verlassen. Sie hatte mich vergessen. Ich wollte ihre Aufmerksamkeit auf mich lenken, deshalb wurde ich ein Unruhestifter. Sie wurde zwar wütend, aber ich wurde nicht zur Verantwortung gezogen für das, was ich angerichtet hatte. Sie brachte alles wieder in Ordnung."

In vielen Beziehungen übernimmt ein Partner die Rolle des Fürsorglichen und der andere die des Bedürftigen. Aber diese Beziehungen zerbrechen, wenn einer der Partner sich weigert, seine Rolle weiterzuspielen.

Mit das Schlimmste, was ein Mensch einem anderen antun kann, ist, ihm die Verantwortung für sein Leben abzunehmen. Er nimmt ihm damit die Möglichkeit zu lernen, wie er seine Probleme bewältigen und Fehler korrigieren kann. Weil Frauen sich um Sam kümmerten und ihm jegliche Verantwortung abnahmen, kontrollierten sie sein Leben. Oder sie hatten zumindest die Illusion, daß sie die Kontrolle innehatten. Häufig verweigert ein Mensch, der den Bedürftigen und Benachteiligten spielt, nur die Verantwortung, er verlagert seine Schuld nach außen und macht andere für alle seine Fehler verantwortlich. Ihn selbst trifft nie die geringste Schuld.

Sams Schwester Eileen, Helen und Leslee haben es wahrscheinlich nur gut gemeint, doch sie befriedigten ihr eigenes Bedürfnis nach Unentbehrlichkeit und Bedeutung auf Kosten von Sams emotionaler Unabhängigkeit und Selbstachtung.

Sam und Leslee gingen in den ersten beiden Jahren ihrer Ehe zur Eheberatung. Sie wollten ihre Erwartungshaltung herausfinden und hofften auch, sie könnten von vornherein die Fehler vermeiden, die für das Scheitern von Sams früheren Ehen verantwortlich gewesen waren.

Wir alle müssen uns unserer Verhaltensmuster bewußt sein, die wir in eine Beziehung miteinbringen. Unsere Eltern waren unser Rollenmodell und von ihnen lernten wir – oder lernten wir nicht –, wie man mit Liebe umgeht. Zur Überwindung unserer verinnerlichten Verhaltensmuster müssen wir uns unsere eigene Erwartungshaltung in bezug auf eine Beziehung bewußtmachen.

Überprüfung unserer Verhaltensmuster und Erwartungen

Als die Frauen ihre Erwartungshaltung hinsichtlich ihrer Ehe oder Beziehung überprüften, fragten sich auch die Männer nach ihren eigenen Bedürfnissen und Erwartungen und stellten sich den daraus resultierenden Konflikten. Ein Konflikt war der Wunsch, umsorgt und bemuttert zu werden und gleichzeitig eine gleichberechtigte Gefährtin zu haben, mit der man die gleichen Wertvorstellungen und Ziele teilte. Weitere Konflikte: in einer unbefriedigenden Beziehung zu verharren oder die familiären und sozialen Verantwortungen zu verweigern, die eigenen Bedürfnisse und das eigene Wohlbefinden berücksichtigen oder ausschließlich Rücksicht auf die Bedürfnisse und das Wohlergehen anderer zu nehmen.

Nachfolgend ein paar Vorschläge zu einer Überprüfung Ihrer Beziehung:

1. *Machen Sie sich Ihre eigenen Bedürfnisse in der Beziehung bewußt.* Verbringen Sie einige Zeit allein, denken Sie darüber nach, was Sie anfänglich zu diesem Menschen hingezogen hat. Erinnern Sie sich an Zeiten der Zufriedenheit. Bitten Sie Ihre Frau, dasselbe zu tun. Dann sprechen Sie Ihre Erkenntnisse miteinander durch. Einer spricht, der andere hört zu. Dann wechseln Sie die Rollen.

2. *Sprechen Sie über Ihre gegenseitigen Erwartungen.* Denken Sie über die Bedürfnisse, Hoffnungen und Erwartungen

nach, die Sie sich von der Beziehung versprochen haben. Werden Sie nicht mehr erfüllt? Welche unausgesprochenen Erwartungen haben Sie? Welche Träume, über die Sie gerne reden möchten, haben Sie bisher für sich behalten?

3. *Listen Sie auf, womit Sie zufrieden und womit Sie unzufrieden sind.* Schreiben Sie auf ein Stück Papier alle Eigenschaften, die Sie am anderen schätzen. Jeder Satz sollte beginnen mit: „Ich schätze es ...". Auf ein zweites Stück Papier schreiben Sie „Ich lehne ab ...". Sie könnten es zum Beispiel schätzen, daß Ihnen Ihre Frau sehr viel Mitgefühl und Fürsorglichkeit entgegengebracht hat. Gleichzeitig fühlen Sie sich vielleicht von genau diesen Eigenschaften belästigt oder unterdrückt. Oft haben wir über dieselben Eigenschaften zu verschiedenen Zeiten unterschiedliche Ansichten. Es mag vielleicht seltsam klingen, aber die Dinge, die wir anfänglich an einem Menschen sehr geschätzt haben, können uns mit der Zeit nerven.

4. *Überprüfen Sie Ihre gegenseitige Abhängigkeit.* Haben Sie einander als Ausgleich benutzt? Zum Beispiel heiratet ein Mann, der Konfrontationen vermeidet und gerne alles auf die leichte Schulter nimmt, häufig eine aggressive und keine Konflikte scheuende Frau. Wie ist die Rollenverteilung in Ihrer Beziehung? Welche Rollen spielen Sie? Welche Rollen spielt Ihre Frau? Diskutieren Sie miteinander darüber.

5. *Zeigen Sie offen Ihre Gefühle, und suchen Sie keinen Sündenbock.* Wenn Sie über Ihre Gefühle sprechen, vermeiden Sie das Wort „Du". Jeder Satz, der mit einem „Du" beginnt, ist wie ein erhobener Zeigefinger. Gebrauchen Sie die „Ich"-Form. „Ich fühle mich verletzt", statt „Du hast mich verletzt". „Ich" bedeutet das Annehmen der Eigenverantwortung, während „Du" dem anderen die Schuld gibt und oft eine Verteidigungshaltung, Wut und Schmerz provoziert.

6. *Schreiben Sie auf, welche Punkte für den Fortbestand der Beziehung und welche für eine Trennung sprechen.* Listen Sie wie ein Finanzbuchhalter Aktiva und Passiva auf. Nehmen Sie vier Blatt Papier. Auf das erste schreiben Sie: Plus für ein Zusammenbleiben. Auf das zweite: Minus für ein Zusammenbleiben. Auf das dritte: Plus für Alleinsein. Und auf das vierte: Minus für Alleinsein.

Mit dieser Übung betrachten Sie Ihre Beziehung objektiv, ohne Ihre Unzufriedenheiten auf ihre Frau zu schieben. Danach können Sie beurteilen, was Ihrer Meinung nach für Ihre Ehe und/oder eine Scheidung spricht. Das versetzt Sie in die Lage, aus objektiver Distanz eine Entscheidung in einer sehr subjektiven, persönlichen Situation zu fällen.

Diese Übung kann Ihnen bei der Vermeidung vieler häufig gemachter Fehler helfen. Außerdem trägt sie dazu bei, daß Sie ehrlich zu sich selbst sind, Ihre eigenen Wahrheiten entdecken und Selbsttäuschung vermeiden.

Ich habe mich selbst zum Narren gehalten

Peter Dart, ein Mann mit privilegiertem Background, heiratete Gayle, seine Freundin aus der Schulzeit. Sie waren beide in Bloomfield Hills, Michigan, aufgewachsen. Sie ging nach Vassar, er nach Harvard. Anschließend besuchten beide die Universität von Stanford. Sie machte ihren Abschluß als Lehrerin und er seinen MBA (Master of Business Administration). Mit 40 wurde Peter Direktor einer großen Firma, die Halbleiter herstellte. Sie hatten drei reizende Kinder und führten ein ideales Leben. Gayle studierte weiter und promovierte in Philosophie. Später bekam sie eine Stelle als Rektorin einer Schule. Peter war stolz auf ihre berufliche Laufbahn und betrachtete sie als hervorragende Mutter und Ehefrau.

Peter hielt sich an die vorgeschriebenen Regeln. Das ging jahrelang gut, aber plötzlich wurde Peter bewußt, daß es nicht das war, was er wollte. Wie viele Männer, war er wie gelähmt von der im Grunde ungewollten Erkenntnis und konnte nicht handeln, weil „ich es hasse, Menschen zu verletzen."

Er fühlte sich wie ein Märtyrer, der die Sicherheit und das Glück anderer über seine eigenen Bedürfnisse stellte. Statt sich scheiden zu lassen, ertrug er sein unglückliches Leben weitere zwei Jahre, um seiner Frau und den Kindern Schmerz zu ersparen. Das einzige Problem dabei war, daß seine Vernunftgründe niemanden recht überzeugten.

Peter erfuhr dies auf eine sehr unangenehme Art. Eines Tages spielte er mit seinem jüngsten Sohn im Hof Federball. Peter war nicht besonders guter Stimmung und schien keine rechte Lust zum Spielen zu haben. Sein Sohn wurde böse und schrie ihn an: „Nur weil du Mami nicht mehr leiden kannst, ist das doch kein Grund, mich so gleichgültig zu behandeln. Wir wissen, daß du und Mami einander nicht mehr mögt. Kannst du jetzt auch uns Kinder nicht mehr leiden?"

„Ich setzte mich hin und weinte", sagte Peter. „Ich wollte den Kindern niemals weh tun, aber genau das habe ich getan. In diesem Augenblick wußte ich, daß es nicht darum ging, ob ich die Familie verlasse oder nicht. Es ging nur noch um das Wie."

Sehr häufig glauben Ehepaare wie Peter und Gayle, sie könnten für Familie, Freunde und Fremde eine harmonische Fassade aufrechterhalten – aber die Umwelt merkt trotzdem, was los ist. Alle, außer dem Ehepaar, durchschauen das Theater. Es gibt zu viele verräterische Anzeichen. Unterdrückte Feindseligkeit und Unzufriedenheit treten auf die seltsamste Art zutage: Abfällige Kommentare über den Partner im Beisein anderer, Ärger mit den Kindern, wenn man in Wirklichkeit auf sich selbst wütend ist, oder häufige Abwesenheit von zu Hause, weil man „im Beruf so eingespannt ist."

Es stimmt schon, eine Scheidung ist eine sehr schmerzliche Angelegenheit und verursacht Schuldgefühle. Viele Menschen gehen verletzt aus ihr hervor. Gerade Kinder leiden am meisten unter einer Scheidung. Aber Ehepaare, die nur der Kinder wegen zusammenbleiben, tun ihnen keinen Gefallen. Kinder müssen von Eltern erzogen werden, die einander lieben und nicht nur tolerieren. Ist es fair, wenn ein Kind einen emotional ständig abwesenden Vater hat? Viele Männer gehen zur Arbeit, ehe ihre Kinder aufstehen und kommen erst nach Hause, wenn sie schon wieder im Bett liegen. Sie sind körperlich anwesend, erfüllen ihre Rolle als Ernährer, aber nicht die des Ehemanns oder Vaters.

Wer glaubt, die Kinder würden das nicht merken, irrt sich. Viele Kinder verübeln es ihren Eltern, wenn sie in einem gefühlsmäßigen Vakuum erzogen werden. Solange sie klein sind, können sie diese Gefühle noch nicht artikulieren. Ich habe jedoch mit vielen Männern zwischen 23 und 35 Jahren gesprochen, die sich wünschten, ihre Eltern hätten sich scheiden lassen oder sich mit den Problemen auseinandergesetzt, denn dann hätten sie wohl ein besseres Vorbild gehabt. Nun gehen diese Männer zum Therapeuten, um die Verhaltensmuster, die sie sich durch die Nachahmung der Interaktion ihrer Eltern angewöhnt haben, rückgängig zu machen.

Eine Scheidung, im Prinzip bereits das in Betracht ziehen einer Scheidung, erfordert emotionale Stärke und Mut, und den bringen nur wenige Männer auf. Die „Ethik der Verantwortung" ist ihnen so in Fleisch und Blut übergegangen, daß allein der Gedanke, Frau oder Familie zu verlassen, große Schuldgefühle auslöst. Diese Männer haben Angst, von anderen als labile „Verantwortungsverweigerer", die sich vor Verpflichtungen drücken und denen man deshalb auch keine Autorität im Beruf zutrauen kann, verurteilt zu werden. Da die meisten Männer so erzogen worden sind, daß sie eine Scheidung als Zeichen von Schwäche und/oder Versagen ansehen, hält sie der Druck der Umwelt – ob ausgesprochen oder nicht – von einer notwendigen Veränderung in ihrem Leben ab.

Ich bitte diese Männer, die folgenden Fragen zu beantworten: Verlängern Sie den Schmerz, weil Sie sich von den Menschen, mit denen Sie zusammenleben, zurückziehen und sie ablehnen, oder sprechen Sie das Problem an und geben damit allen die Möglichkeit, ein neues Leben aufzubauen? Leiden Ihre Kinder weniger, wenn Sie sie verlassen, oder wenn Sie mit Eltern in einem Haus leben, die einander nicht mehr lieben?

Diese Fragen sind nicht leicht zu beantworten. Man muß sich mit Schuld und Schmerz konfrontieren. Manche Männer glauben, die Zeit würde schon alle Probleme lösen. Aber Konflikte muß man direkt angehen, und bei Unvereinbarkeiten in einer Beziehung müssen Kompromisse geschlossen werden. Nachfolgend werden wir erfahren, wie Männer die Frage „Soll ich bleiben oder gehen?" beantwortet haben.

Soll ich bleiben oder gehen?

Diese Frage quält den verheirateten Mann, der zwischen seiner Familie und einer Geliebten hin und her pendelt. Es fällt ihm schwer, sich von seiner Geliebten zu trennen, und das Leben zu Hause, dem er entfliehen möchte, wiederaufzunehmen. Bei seiner Familie verspürt er eine schmerzliche Leere, weil er sich nach dem Menschen sehnt, den er liebt.

Bill O'Dell kennt diesen Konflikt nur zu gut. Groß, mit schwarzen, welligen Haaren, klaren blaugrünen Augen und einem kantigen irischen Kinn, wirkt er auf viele Frauen ausgesprochen anziehend. Er genießt die Vorteile seines guten Aussehens, ja man könnte sogar meinen, er nutze es schamlos aus.

Als sehr junger Mann hatte Bill nicht im Traum daran gedacht, sich in eine der Frauen, die ihm über den Weg liefen, zu verlieben. Er spielte gerne den Playboy. Seiner Meinung nach würde er zur rechten Zeit schon ein „nettes" Mädchen finden, mit dem er eine Familie gründen könnte, aber in seiner Jugend wollte er nichts anbrennen lassen. Leider verläuft das Leben nicht immer so, wie wir uns das wünschen. Als Bill 22 war, lernte er Peggy kennen, ein nettes katholisches Mädchen, das natürlicher und intelligenter war als die anderen, mit denen er sonst zu tun hatte. Ihm gefiel ihre Unabhängigkeit. Er erinnerte sich: „Im Rückblick muß ich sagen, sie war nicht leicht zu kriegen. Zum erstenmal hat mich ein Mädchen so behandelt, als würde es sich nichts aus mir machen. Ich konnte es nicht fassen. Peggy wurde zu einer Herausforderung."

Sie kannten sich bereits vier Monate, als Bill zum erstenmal Peggys Wohnung betrat. Einen Monat später war sie schwanger. Bill, tief religiös, war klar, daß er Peggy nun heiraten mußte. Die Kirche würde ihm eine andere Haltung nie vergeben. Für den Katholiken Bill kam auch eine Abtreibung nicht in Frage. Nebenbei bemerkt, waren 1964 Abtreibungen auch noch illegal. Also heirateten die beiden.

Bill paßten seine neuen Pflichten von Anfang an nicht. „Zum Teufel, wenn ich mich durch dieses kleine Mißgeschick aufhalten lasse. Vom ersten Tag unserer Ehe an trieb ich mich herum. Ich hatte in den 17 Jahren, die wir jetzt verheiratet sind, ständig Affären."

Bill arbeitete im Außendienst für eine Computerfirma. Oft war er drei oder vier Tage in der Woche beruflich unterwegs. Er beklagte sich nie darüber, denn so konnte er den Schürzenjäger spielen und gleichzeitig seine häuslichen Verpflichtungen mühelos bewältigen. Peggy war eine gute Frau und bekam alle zwei Jahre ein Kind. An ihrem siebten Hochzeitstag hatten sie vier temperamentvolle Jungen, die im Haus herumtobten.

Bill wechselte von einem Bett ins nächste. Frauen waren für ihn Objekte zur Befriedigung seines Egos und seiner sexuellen

Bedürfnisse. Als er dieses Spiel jahrelang getrieben hatte, sagte Bill zu mir: „Ich erinnere mich nicht, wann mir die Erleuchtung kam, aber schlagartig wurde mir klar, daß die Frauen mich ebenso wie ich sie zur Stärkung ihres eigenen Selbstwertgefühls benutzten. Von da an kam ich mir vor wie ein gutaussehender Gebrauchsgegenstand, gut genug für eine schnelle Nummer. Sie erzählten mir, ihre Freundinnen wären eifersüchtig, weil sie einen so ‚heißen Typ' aufgerissen hätten. Sie machten sich nicht die geringste Mühe, mich wirklich kennenzulernen."

Alles änderte sich, als er eine Frau kennenlernte, die von ihm nicht weiter beeindruckt schien. Bonnie Bedford, leicht übergewichtig und mittelgroß, und Bill lernten sich bei einer geschäftlichen Besprechung kennen. Er flirtete mit Bonnie, aber sie ging nicht darauf ein. Er schien ihr gleichgültig zu sein. Das war natürlich eine Herausforderung für ihn. Bill war ständig hinter ihr her. Aber sie biß nicht an.

Eines Abends gingen Bonnie, ihr Chef und Bill in ein elegantes und romantisches Restaurant. Ihr Chef entschuldigte sich früh und ließ Bonnie und Bill, die noch beim Dessert waren, allein zurück. Bonnie wußte nicht, daß Bill ihren Chef gebeten hatte, zeitig zu gehen. Er erzählte mir: „Ich wollte nicht aufgeben. Sie war ledig, stark, interessant. Ich wollte sie. Ich mußte die Karten mischen, und ich wußte, daß ihr Chef auch fremdging. Er hatte Verständnis für mich. Ich wollte diese Runde nicht verlieren."

Schließlich gab Bonnie Bills Werbung nach und befand sich plötzlich mittendrin in einer romantischen Liebesaffäre. Bill berichtete: „Wir kannten uns ungefähr fünf Monate, als ich entdeckte, daß ich sonderbare Gefühle für dieses Mädchen empfand. Ich konnte mich nicht erinnern, jemals so etwas erlebt zu haben." „So etwas" entpuppte sich als „Liebe". Bill war hingerissen.

Bonnies Einstellung machte Bill verrückt. Sie nahm ihre Beziehung nicht allzu ernst. Sie sagte zu ihm: „Du bist ein guter katholischer Junge, und du hast deine Frau geheiratet, weil dir deine Religion das befohlen hat. Deshalb habe ich meine Zweifel, daß du dich jemals meinetwegen scheiden läßt. Nehmen wir es, wie es kommt, und genießen wir unsere gemeinsame Zeit."

Bill konnte nicht so lässig damit umgehen. Er liebte Bonnie und wollte ständig mit ihr zusammensein. Ihre Affäre dauerte vier Jahre. In dieser Zeit merkte Bill, daß er keine flüchtigen Abenteuer mehr wollte, wenn er eine wechselseitig befriedigende Beziehung mit einem geliebten Menschen dafür eintauschen konnte. Er war ziemlich überrascht, daß ihm andere Frauen gleichgültig geworden waren. Zum erstenmal war für Bill Monogamie keine unmögliche Vorstellung.

An einem bestimmten Punkt zog Bill sogar eine Scheidung in Erwägung, um mit Bonnie zusammenleben zu können. „Ich wollte meine Familie verlassen und mit ihr zusammenleben. Aber meine Kumpels rieten mir dringend davon ab. Vielleicht hatten sie Angst, sie müßten dann auf mich verzichten. Wir waren eine Clique unglücklich verheirateter Männer und trieben uns gemeinsam herum.

Ich haßte mich, weil ich nicht stark genug war, mich von meinen Kumpels zu distanzieren. Ich haßte mich, weil ich auf den Priester hörte und nicht auf mein Gefühl. Alle meine Freunde wußten, daß Bonnie mich erledigt hatte, und sie hänselten mich. Ich wollte ihnen beweisen, daß sie im Unrecht waren, und bumste eine toll aussehende Kleine. Aber als ich sie im Bett hatte, ging bei mir nichts. Gott sei Dank haben sie das nie rausgekriegt. Ich wollte nur mit Bonnie zusammensein. Es fiel mir schwer, Peggy weiterhin zu ‚bedienen'. Ich machte es nur, weil ich es für meine eheliche Pflicht hielt.

Ohne Bonnie fühlte ich mich immer einsam. Ich brauchte meine Kumpels, mit denen ich zusammengearbeitet habe. Dann passierte etwas Schreckliches. Ich wurde Leiter der Marketingabteilung und damit ihr Vorgesetzter. Über Nacht waren wir nicht mehr gleichgestellt. Ich riß auch weiterhin Frauen mit ihnen auf, denn dabei waren wir noch gleichgestellt. Ich brauchte sie.

Aber wir waren nicht mehr dieselben. Seit ich mich in Bonnie verliebt hatte, war ich nicht mehr hinter den Weibern her – außer, wenn ich mit den Kumpels unterwegs war. Ich tat alles, was in meiner Macht stand, damit sie mich weiterhin als einen der ihren akzeptierten. Ich konnte sie doch nicht verraten. Wir waren ein Haufen unglücklich verheirateter Männer, die um die Krone des königlichen Deckhengstes wetteiferten. Es war uns egal, mit wem wir ins Bett gingen. Ich glaube, keiner von uns hat je daran gedacht, in einem leeren Bett zu schlafen. Der Außendienst macht so einsam. Manchmal ist es besser, man hat einen warmen Körper zum Schmusen, um seine Sorgen zu vergessen, anstatt sich vollaufen zu lassen.

Während dieser Zeit hatte ich das Gefühl, eine gespaltene Persönlichkeit zu sein. Ich war ein anderer Mensch bei meiner Familie als in der Firma und ein Dritter, wenn ich mit Bonnie zusammen war. Es machte mich verrückt. Manchmal verbrachte ich drei oder vier Nächte mit Bonnie. Ich sagte Peggy, ich wäre geschäftlich unterwegs, obwohl es nicht stimmte. Oder anstatt gleich eine Geschäftsreise anzutreten, blieb ich noch eine Nacht bei Bonnie und nahm die erste Morgenmaschine. Es ging soweit, daß sich keiner mehr auf mich verlassen konnte. Meine Schuldgefühle wurden unerträglich. Ich haßte mich wegen dieses Versteckspielens. Ich versprach, zum Essen daheim zu sein, aber dann fuhr ich zu Bonnie und aß mit ihr. Peggy kümmerte sich um das Haus und erzog die Kinder. Ich hatte versprochen, den Wasserhahn zu reparieren, war aber zu erschöpft, deshalb sagte ich zu Peggy, sie solle den Klempner anrufen. Sogar meine Kinder stellten fest, daß sie nicht mehr mit mir rechnen konnten.

Ich liebe meine Kinder. Nach der Geburt unseres ältesten Sohnes, Tommy, hatte ich das Gefühl, Peggy würde mich ausschließen. Vor unserer Hochzeit war sie immer so aufmerksam gewesen. Es tat weh, daß sie nun ihre ganze Zeit dem Kind widmete und mich vernachlässigte. Dann hatten wir vier Kinder, und Peggy hatte für mich weder Zeit noch Energie übrig.

Ich habe versucht, alle möglichen Gründe zu finden, die gegen eine Beziehung zu Bonnie sprachen. Ich listete alles auf, was mir an ihr nicht gefiel: dicker Hintern, nicht gerade charmant, zu klein, nicht hübsch genug. Nichts half! Jedesmal, wenn sie drohte, mich zu verlassen, rannte ich wie ein Schoßhündchen hinter ihr her. Ich konnte einfach nicht auf sie verzichten. Ich habe nie jemanden so geliebt wie Bonnie, vorher nicht und nachher nicht.

Bonnie war schon einmal ähnlich verliebt gewesen. Ich konnte sie nicht verlassen, obwohl ich mich nie scheiden lassen würde. Ich mußte sie für mich behalten. Ich wollte nicht auf dieses herrliche Gefühl verzichten und hatte Angst, daß ich mich nie wieder so verlieben würde. Doch so sehr ich mich auch nach dem Zusammensein mit ihr sehnte, meine Schuldgefühle trieben mich immer wieder zu Peggy und den Kindern zurück.

Einmal bekam Bonnie einen Eifersuchtsanfall. Sie hatte sich in die Vorstellung hineingesteigert, daß Peggy das bessere Los gezogen hätte. Ich konnte sie nicht davon überzeugen, daß ich sie bevorzugte und ihr mein Bestes gab. In ihrer Wut rief Bonnie bei Peggy an. Ich war wie gelähmt, als sie die Nummer wählte. Ich saß da, und sie sagte: ‚Ich wünschte, Sie wären tot.' Ich saß da und wünschte ebenfalls, Peggy wäre tot. Dann wäre mein Leben einfach.

Als ich nach Hause zurückkam, war ich sehr unsicher. Ich hatte Angst vor der Reaktion meiner Kumpels. Manchmal fragte ich mich, ob Bonnie vielleicht eines Morgens aufwachen würde und dahinterkäme, daß ich ein Idiot war. Ich blieb bei Peggy, weil sie die schlimmsten Seiten von mir kannte und sich alles gefallen ließ. Jahrelang habe ich geträumt, daß ich gehen könnte, wenn die Kinder erst groß wären. Aber jedesmal habe ich mich wieder gefangen. Vielleicht werden Peggy und ich zusammen alt werden. Unser Groll und unser Schmerz binden uns aneinander."

Fünf Jahre nach der Trennung von Bonnie traf ich Bill zufällig. Wir unterhielten uns sehr lange. Er war ein geschlagener und gedemütigter Mann. In der Zwischenzeit hatte er ein eigenes Geschäft gegründet, mit dem er aber bald Pleite gegangen war. Er hatte ein wenig Übergewicht und alterte nicht mit der Würde, die ich von ihm erwartet hätte. Bill hat sich niemals mit seinen Gefühlen oder Bedürfnissen auseinandergesetzt. Mittlerweile hatte ihn Peggy verlassen, und er war mit einer anderen Frau zusammen. Er hatte noch drei weitere Freundinnen in verschiedenen Städten.

Leider hat sich Bill nie zu einer Entscheidung durchgerungen. Hätte er sich mit seinen Problemen auseinandergesetzt, anstatt sich ständig in Affären zu flüchten, wäre seine Ehe vielleicht noch intakt. Noch wichtiger aber scheint mir, daß Bill dann möglicherweise hätte verhindern können, sein altes Verhaltensmuster zu wiederholen.

Emotionale Erpressung

Mark Sullivan war ein netter katholischer Bursche aus Ohio. Er heiratete seine Schulfreundin, Kathy. Sie war hübsch, natürlich und gescheit. Mark und Kathy heirateten mit 18 Jahren und ließen sich mit 36 scheiden, hatten also gut die Hälfte ihres Lebens gemeinsam verbracht.

Mark grämte sich sehr über seine gescheiterte Ehe. Er war seinen Problemen immer davongelaufen und hatte sich vehement in die Arbeit gestürzt. Als er plötzlich durch einen unvorhergesehenen Umstand Zeit für sich hatte und auf seine zahlreichen Ablenkungsmanöver verzichten mußte, wurde er sich der Realität in seiner Ehe bitter bewußt und konnte sie nicht mehr verdrängen.

Das Unternehmen, bei dem Mark als leitender Angestellter beschäftigt war, hatte finanzielle Schwierigkeiten und bot deshalb jedem Mitarbeiter, der bereit war, seine Stellung aufzugeben, eine Abfindung an. Weil Mark über 15 Jahre bei dieser Firma beschäftigt gewesen war, erhielt er eine beträchtliche Abfindung. Schon jahrelang hatte er gemeinsam mit einem Kollegen mit Grundstücken spekuliert und zur Zeit des kalifornischen Grundstückbooms sehr viel Geld verdient. Er hatte immer von einem eigenen Geschäft geträumt, und jetzt bot sich die Gelegenheit dazu. Er eröffnete mit einem Partner eine Immobilienfirma.

Einige Monate später stellten Mark und ich fest, daß seine Ehe schon seit Jahren nur noch auf dem Papier bestand. Aber wie die meisten Ehepaare mußten auch Mark und Kathy erst verschiedene Entwicklungsstadien durchlaufen, ehe sie sich endlich die Wahrheit eingestanden. So hatten sie zum Beispiel überlegt, noch ein Kind zu bekommen, verwarfen aber die Idee, weil ihre einzige Tochter, Katie, bereits zehn Jahre alt war. Sie dachten, der Altersunterschied wäre zu groß. Dann zogen sie um und zögerten auf diese Weise die Konfrontation mit der Wahrheit noch weiter hinaus. Kathy machte Karriere und wurde schließlich Abteilungsleiterin in einem großen Konzern. Beide stürzten sich in ihren Beruf und verbrachten wenig Zeit gemeinsam. So ließ sich ihr Dilemma leichter ertragen. Das einzige Ablenkungsmittel, auf das sie verzichteten, war eine Affäre. Allerdings dachten beide von Zeit zu Zeit daran.

Mark reichte die Scheidung ein. Er hatte mit seiner Immobilienfirma ein Vermögen verdient und wußte, daß er nach den kalifornischen Gesetzen die Hälfte davon Kathy abtreten mußte. Wie die meisten Männer war auch Mark von dieser Vorstellung nicht gerade begeistert. Wie für viele andere Männer bedeutete dieser Angriff auf sein Vermögen einen Angriff auf seine Identität. Aber aus einer Kombination von Schuld- und Mitgefühl heraus, verwarf Mark den Vorschlag seines Rechtsanwalts, gerichtlich um einen größeren Anteil zu kämpfen. Für diese Entscheidung bewunderte ich Mark.

Kathy war völlig verzweifelt. Sie wollte nicht einsehen, daß sie sich auseinandergelebt hatten. Auch ihm war dieses Eingeständnis schwergefallen, aber Kathy weigerte sich, überhaupt darüber nachzudenken, geschweige denn, die Tatsachen zu akzeptieren. Sie drohte mit Selbstmord, sie versuchte, ihre Tochter gegen den Vater aufzuhetzen, und sie überzeugte Marks Mutter, die bei ihnen wohnte, daß er sie mit dieser Entscheidung „umbrachte". Als sie sich trennten, zog Marks Mutter zu Kathy und sprach fast zwei Jahre lang kein Wort mehr mit ihrem Sohn.

Im ersten Jahr nach der Trennung unterhielt ich mich häufig mit Mark. Kathy hörte mit ihren Intrigen nicht auf, und er fühlte sich sehr schuldig. Die Zeit verging, und Mark fühlte sich noch immer verantwortlich für Kathys Schmerz. Sie hatte ihn davon überzeugt, daß er allein an allem schuld war. Seine Zustimmung zur Teilung des Vermögens hatte sein Schuldgefühl nicht besänftigt. Bereitwillig akzeptierte er Kathys Argument, er wäre nicht fair gewesen.

Die Situation hatte sich auch drei Jahre nach der Scheidung nicht verändert. Zwei Tage vor den jährlichen Verhandlungen über die Einkommensteilung traf ich mich mit Mark zum Mittagessen. Mark sah vollkommen erschöpft aus. „Haben Sie geschlafen?" erkundigte ich mich.

„Kaum", erwiderte er. „Kathy scheint es sehr schlecht zu gehen, und es ist alles meine Schuld. Sie droht noch immer mit Selbstmord. Immer wieder sagt sie, ich sei ein unverantwortlicher Scheißkerl, weil ich mich vor meinen Verpflichtungen gedrückt habe. Anscheinend weint Katie jede Nacht, weil ich die Familie verlassen habe. Kathy behauptet, ich hätte es ihr nie gedankt, daß sie ihre Karriere jahrelang mir zugunsten zurückgestellt hätte. Sie hat Katie gegen mich eingenommen, und meine Mutter redet kaum einmal ein Wort mit mir."

Ich fragte: „Stimmt es denn, daß sie so viele Opfer für sie gebracht hat?" Mark nickte.

„Gut, wenn Sie meinen", fuhr ich fort. „Ich vermute allerdings, Sie haben ihr keine Pistole an die Schläfe gehalten oder sie in irgendeiner Form bedroht, falls sie nicht mit Ihnen umzieht. Also hören Sie endlich damit auf, die gesamte Schuld bei sich zu suchen. Frauen versuchen leider nur zu oft, ihren Männern wegen irgendwelcher für sie gebrachten Opfer Schuldgefühle einzureden. Aber 50 Prozent dieser Opfer beruhen auf einer freiwilligen eigenen Entscheidung. Fallen Sie nicht auf diese Manipulationsversuche herein. Haben Sie im Laufe Ihrer Ehe nie Opfer gebracht?"

Seine Augen leuchteten auf. „Sie haben recht", entgegnete er. „Ich habe allerdings einige Opfer gebracht. Als ich abends aufs College ging, mußte ich tagsüber arbeiten und Geld verdienen. Kathy hat nach mir studiert, und ich habe ihr gesagt, daß ich sie selbstverständlich unterstütze. Mir war es verhaßt gewesen, ständig zwischen Arbeit und Studium hin- und herzupendeln, und das wollte ich ihr auf jeden Fall ersparen. Ich habe auf eine Beförderung verzichtet, damit sie in Ruhe ihre Ausbildung beenden kann, ohne die Universität zu wechseln."

„Ich freue mich, daß Sie langsam einsehen, daß sie beide für ihre Ehe Opfer gebracht haben. Jedenfalls bis Ihnen das Opfer – Ihr Glück – zu groß wurde. Aber sie wollte, daß Sie sich weiterhin an die alten Regeln halten, obwohl Sie das Recht haben, sich weiterzuentwickeln. Alle Ehen bauen auf Kompromissen auf, das war auch in Ihrer Ehe nicht anders." Ich machte eine Pause und beobachtete Marks Reaktion. Wieder nickte er zustimmend.

„Sagen Sie mir, wenn ich Ihnen zuviel zumute", meinte ich, „aber wir sollten uns einmal näher mit Ihren Schuldgefühlen befassen."

„Nein, reden Sie nur weiter. So langsam dämmert es mir, wie Sie mich eingeschüchtert hat", antwortete Mark.

„Gut. Ich möchte das Thema Schuld ansprechen. Sie sind für all ihr Elend und ihren Schmerz verantwortlich. Übrigens glaube ich nicht, daß Sie daran auch nur die geringste Schuld trifft, aber ich weiß, daß Sie anderer Meinung sind, also lassen wir das. Aber wir stimmen hoffentlich darin überein, daß Sie nicht mehr länger für alles verantwortlich sind. Ich möchte Ihnen meine Argumente in Schwarzweißmalerei vorbringen, Zwischentöne wollen wir in diesem Fall einmal außer acht lassen.

Erstens, Sie haben sich nicht mit Marjorie befreundet, weil Sie Kathy verletzen wollten. Sie haben fast ein Jahr keine Beziehung zu einer Frau aufgenommen. Ihre Wunden sind inzwischen verheilt. Sie haben Kathy nicht wegen einer anderen Frau verlassen. Sie beide hatten ein Jahr nach der Trennung keinen festen Partner. Aber im Unterschied zu Kathy haben Sie das Ende Ihrer Ehe ganz offensichtlich als einen Neuanfang betrachtet.

Zweitens, inzwischen sind Sie seit beinahe drei Jahren geschieden. Wenn Kathy noch immer leidet, ist das allein ihr Problem. Die Ursache ihres Leids liegt drei Jahre zurück. Sie haben sich stets sehr bemüht, alles ordentlich und anständig abzuwickeln; Sie haben ihr ein Haus überlassen, das eigentlich Ihrer Firma, also auch Ihrem Partner, gehört. Sie ist selbst schuld an ihrem ewigen Kummer. Wenn sie gerne leidet, so ist das ihre Sache. Aus Schuldgefühl und Mitleid schlagen Sie sich noch immer mit der Vergangenheit herum. Kathy hetzte jahrelang Ihre Tochter gegen Sie auf. Wieso erzählen Sie mir gar nichts über den Schmerz, den sie Ihnen damit zugefügt hat? Seit Monaten schlafen Sie kaum, weil Katie all die Lügen glaubt, die Kathy über Sie erzählt. Finden Sie es nicht schrecklich, Ihre Tochter wie eine Schachfigur gegen Sie einzusetzen und einem unschuldigen dreizehnjährigen Mädchen soviel unnötigen Kummer zu bereiten?

Nun komme ich zum letzten Punkt von Kathys jahrelangen Manipulationen – dem „Im-Stich-lassen". Sie haben die beiden nicht im Stich gelassen. Sie haben für sie gesorgt, die Beziehung hat nur eine andere Form angenommen. Man hat Sie, wie alle Männer, zum Versorger, Ehemann und Vater erzogen. Wenn Sie nun eine Verantwortung verweigern, dafür aber eine andere übernehmen, dann beschuldigt man Sie der Verantwortungslosigkeit. Wenn sich Menschen durch Ihr Verhalten verletzt fühlen, behauptet man, Sie hätten sie im Stich gelassen. Bei jeder Scheidung ist dies der Punkt, den die Männer am schwersten akzeptieren. Aber eine bewußte Entscheidung für eine Verantwortung ist durchaus rechtens. Sie können die Übernahme einer Verantwortung akzeptieren, aber eine andere ablehnen. Und wenn Sie die eine ablehnen, etwa Ihre Rolle als Ehemann und Vater, dann bleibt Ihnen noch immer die Verantwortung, allen Beteiligten gegenüber fair, einfühlsam und ehrlich zu handeln. Inzwischen haben Sie die Beziehung zu Ihrer Tochter und zu Ihrer Mutter wieder in Ordnung gebracht. Und besagt es denn gar nichts, daß auch Ihre Mutter langsam genug von Kathys Manipulationen hat?"

Ich lehnte mich zurück und wartete schweigend. Nach einer langen Pause blickte Mark auf. „Ich glaube, langsam werde ich wütend", sagte er lächelnd.

Ich streckte die Arme aus und rief: „Hallelujah, es hat auch nur drei Jahre gedauert. Jetzt können wir unsere ganze Aufmerksamkeit auf Ihre Rechte, Ihre Opfer und Ihre Verletzungen richten."

Eine Woche später rief mich Mark an und berichtete, er habe die Einkommensverteilung besser gehandhabt als in der Vergangenheit. „Ich weiß, Sie haben versucht, mein stures Beharren auf meinen Schuldgefühlen zu durchbrechen. Ich möchte Ihnen nur sagen, daß ich endlich begriffen habe, was Sie mir zu sagen versuchten. Es ist mir klar geworden, daß ich ihr nach der Trennung kein Leid mehr zugefügt habe. Jetzt bin ich wütend und nicht mehr bereit, dauernd nur der nette Kerl zu sein. Je mehr sie mich einzuschüchtern versucht, um so mehr ziehe ich mich zurück." Nach einer langen Pause fügte Mark hinzu: „Wenn sie mich immer noch beschuldigt, ich würde ihr stets Leid zufügen, dann soll sie doch."

Ich wehre mich dagegen, daß man Frauen in materiellen Angelegenheiten bezüglich des Unterhalts nach einer Scheidung belügt oder benachteiligt. Allerdings sollten Männer nicht unter dem Druck manipulierter Schuldgefühle auf etwas verzichten, was rechtmäßig ihnen gehört. Vor allem sollten sich Männer nicht ständig emotional für andere verantwortlich fühlen. Ich sage es den Männern zwar nicht gern, aber so viel Macht haben sie gar nicht.

Im folgenden drei einfache Schritte zur Vermeidung emotionaler Erpressung und der daraus resultierenden Schuldgefühle.

Wie vermeide ich emotionale Erpressung

1. *Sie sind nicht verantwortlich für die Gefühle anderer Menschen.* Jeder entscheidet selbst, wie er auf eine bestimmte Situation reagiert. Es ist ein Trugschluß, daß man für seine eigenen Gefühle nicht verantwortlich ist. Wenn jemand ver-

sucht, Sie als allmächtig hinzustellen, dann sagen Sie sich: „Ich habe nicht soviel Macht, und ich habe keine Schuld."

2. *Definieren Sie Ihre Verantwortung und Ihre Rolle neu.* Für Ihren Seelenfrieden ist es wichtig, daß Sie sich bei einer Trennung fair verhalten und sich nicht einfach aus Ihren Verpflichtungen stehlen. Vater zu sein, bedeutet zum Beispiel, jeden Abend zu Hause zu sein. Wenn Sie von Ihrer Familie getrennt leben, müssen Sie andere Möglichkeiten finden, um Ihren Vaterpflichten nachzukommen. Sie könnten jeden Tag einmal anrufen und einmal in der Woche einen Besuch machen. Wenn Sie auf eine Möglichkeit verzichten müssen, legen Sie Ihrer Handlungsweise neue Kriterien zugrunde.

3. *Gestatten Sie sich, wütend zu sein.* Das heißt nicht, daß Sie nun ständig im Zorn handeln sollen. Aber Sie dürfen sich nicht in Schuldgefühle verstricken. Jede Scheidung oder Trennung ist unerfreulich und für alle Betroffenen sehr schmerzlich, auch für Sie selbst. Aber Sie haben ebenso wie die anderen emotionale Rechte. Sie können sich nur wohl fühlen, wenn Sie mit Ihren Gefühlen im Einklang leben. Fragen Sie sich: Mit welchen Mitteln schüchtert mich der andere ein? Gibt es einen vernünftigen Grund, mich irgendwelcher Manipulationen zu beschuldigen?

Nicht die Frage „Soll ich oder soll ich nicht" ist entscheidend, sondern die Frage „Wie verlasse ich sie?"

Eine Trennung oder Scheidung gehört mit zu den schwierigsten Entscheidungen, die ein Mensch treffen muß. Die Folgen sind stets Schmerz, Schuldgefühle und Angst. Auch Ambivalenz, Einsamkeit und Enttäuschung hängen damit zusammen.

Wie schon erwähnt, betrachten zu viele Menschen eine Scheidung oder gescheiterte Beziehung als persönliches Versagen. Ich neige eher zu einer anderen Ansicht. Ich möchte nicht unbedingt behaupten, daß wir bei der Wahl des Ehepartners Fehler machen, denn was uns anfänglich zu einem Menschen hingezogen hat, war zu diesem Zeitpunkt richtig für uns. Ich glaube, Menschen spüren unbewußt, welche Bedürfnisse der andere erfüllt. Das muß nicht auf den ersten Blick sichtbar sein, aber im

Laufe der Zeit kristallisieren sich die Gründe für die Anziehungskraft eines bestimmten Menschen deutlich heraus.

Ich empfehle vor der Entscheidung für eine Scheidung oder Trennung meist eine sorgfältige Analyse der Gründe, aus denen zwei Menschen anfänglich zusammengekommen sind, der Bedürfnisse, die einmal erfüllt, nun aber nicht mehr erfüllt werden, und der unvermeidbaren Enttäuschung, die daraus resultierte. Die folgenden Fragen tragen zur Klärung bei.

Zusammenbleiben oder sich trennen?

1. Was hat Sie am meisten zueinander hingezogen?
2. Aus welchem Grund haben Sie geheiratet?
3. Würden Sie denselben Menschen wieder heiraten?
4. Welche Ihrer Bedürfnisse wurden im Laufe der Jahre erfüllt?
5. Was haben Sie am anderen am meisten geschätzt? Was am wenigsten?
6. Wann hat sich Ihre Ansicht über den anderen geändert?
7. In welchen Lebensbereichen besteht keine Übereinstimmung (Kindererziehung, Geld, Beruf, Wertvorstellungen, Religion, gemeinsame Verantwortung etc.)?
8. Betrachten Sie sich als gute Freunde?
9. Wie sprechen Sie (wenn Sie es tun) miteinander über Erfolge, Versagen, Leistungen, Interessen, Ideen, Gefühle, Wertvorstellungen, Wut, Traurigkeit und Enttäuschungen?
10. Welche Argumente sprechen für einen Fortbestand der Ehe? Welche sprechen für eine Trennung?

Kapitel 15

Warum hat sie mich verlassen?

Dieses Kapitel sollten alle Männer besonders beachten, die Interesse an der Rettung ihrer Ehe oder Beziehung haben, oder die verstehen wollen, was Frauen von Männern erwarten.

Er ist nie schuld

Als Gordon eines Abends von einer anstrengenden Geschäftsreise nach Hause kam, fand er Carol mit aufgeschnittenen Pulsadern in der Badewanne. Carol wurde ins Krankenhaus gebracht. Sie überlebte.

Vor ihrem Selbstmordversuch hatte Carol alles Erdenkliche versucht, um Gordon auf den schlechten Zustand ihrer Ehe aufmerksam zu machen. Zuerst flehte sie ihn an, mit ihr zu einer Eheberatung zu gehen. Er lehnte ab. Dann schrie sie, weinte und schmollte. Als er auch darauf nicht reagierte, streikte sie; sie weigerte sich zu kochen, zu putzen, Gäste zu empfangen oder sich hübsch zu machen. Dieser Schuß ging nach hinten los. Er wurde wütend und verweigerte ihr das Haushaltsgeld. Carol erzählte mir, daß sich dieser Zustand monatelang hinzog.

Mit ihrem Selbstmordversuch erkämpfte sie sich schließlich seine Aufmerksamkeit, aber es war zu spät. Carol wollte die Ehe nur noch beenden.

„Ich verließ Gordon, weil ich es satt hatte, mich zu prostituieren. Alles, was er mir gab, war ein Dach über dem Kopf, zugegeben ein hübsches Dach, aber was solls? Und Sex, doch nur, wenn er wollte. Alles andere kann man vergessen. Ich hatte Gewehr bei Fuß zu stehen, auf ihn zu warten und für seine Wohltaten dankbar zu sein", sagte Carol voller Abscheu.

„Auch nach meinem Selbstmordversuch kam er nicht für einen Augenblick auf den Gedanken, er könnte an einem unserer Probleme schuld sein. Die Psychiater sagten ihm, ich müsse mit diesem Problem selbst fertigwerden. Also war ja mit ihm alles in Ordnung. Erst als sich die Kinder weigerten, irgend etwas mit ihm zu unternehmen, fragte er sich verdutzt, ob an meinen Klagen vielleicht doch etwas drangewesen sei."

Als ich mit Gordon sprach, informierte er mich: „Ich habe gut für sie gesorgt. Ich weiß nicht, worüber sie sich aufgeregt hat. Ich muß im Büro viel Druck aushalten. Ich brauche nicht auch noch Theater zu Hause. Ich erledige meine Arbeit in der Bank. Ihre Arbeit besteht darin, mir nach einem anstrengenden Tag ein friedliches Leben zu bereiten. Warum kann sie das nicht verstehen?"

Und dann, fast als wäre es eine plötzliche Eingebung, fügte Gordon hinzu: „Wissen Sie eigentlich, daß reihenweise Frauen darauf warten, die Frau eines Bankdirektors zu sein? Es ist für mich kein Problem, eine andere zu finden, die ihren Platz einnimmt."

Wie viele erfolgreiche und mächtige Männer glaubt Gordon, daß ihn persönliche Probleme nicht erschüttern können. Diese Männer haben keinen Bezug mehr zur Realität. Sie sind von Menschen umgeben, die sie anbeten, man sagt ihnen, was sie hören wollen und zweifelt nie an ihnen. Sie sind davon überzeugt, sie könnten nichts falsch machen. Beklagt sich also jemand über sie, ist es für diese Männer ganz selbstverständlich, daß es sich evtl. um ein Problem des Betreffenden handeln kann, jedenfalls ganz bestimmt nicht um ihres.

Passiver Widerstand

„Sie sagte, daß sie sich scheiden lassen wolle. Sie sei es endgültig leid, immer die Starke in unserer Ehe zu sein. Ich wußte nicht, was ich dazu sagen sollte, also willigte ich in die Scheidung ein. Dann warf sie mir noch an den Kopf, daß sie sich in den letzten Jahren mit mir nur gelangweilt hat. Zum erstenmal ahnte ich, daß sie unglücklich gewesen war. Ich konnte es nicht fassen. Wie konnte sie unglücklich sein, wenn ich glücklich war?" grübelte Jim Reilly, ein erfolgreicher New Yorker Bankier.

Jims Frau, Suzanne, beruflich selbst erfolgreich als Literaturagentin tätig, erzählte mir ihre Version: „Ich habe ihm gesagt, wir hätten Schwierigkeiten und müßten etwas ändern, aber er hörte überhaupt nicht zu. Oder er tat so, als würde er zuhören und gab irgendwelche Lippenbekenntnisse ab – ,Ja, Liebling, ich kann mir vorstellen, daß du frustriert bist. Ich will versuchen, mich ein wenig zu ändern.' Es hat sich nie etwas geändert! Jim wird mir nie sagen, was er denkt. Wir haben kaum über irgend etwas Wichtiges gesprochen. Ich möchte mehr über ihn wissen. Seit 18 Jahren sind wir zusammen, und ich kenne diesen Mann nicht."

Suzanne, die es leid war, tauben Ohren zu predigen, verließ Jim. Er war am Boden zerstört. „Ich hätte nicht geglaubt, daß sie es wirklich macht. Ich dachte, sie wäre so eine typisch emotionale Frau, deshalb ließ ich sie toben und räsonieren. Ich war ganz sicher, daß sich das nach ein paar Tagen wieder legen würde. Anscheinend habe ich mich geirrt. Es wurde nicht besser, es wurde schlechter", sagte er und schüttelte in vollkommenem Unverständnis den Kopf.

Leider entscheiden sich viele Männer für passiven Widerstand, anstatt sich aktiv um ihre Ehe zu kümmern. Spätestens wenn ein Mann feststellt, daß seine Hinhaltetaktik nicht mehr akzeptiert wird, muß er lernen, mit seinen Gefühlen umzugehen und seiner Ehefrau gegenüber einfühlsamer zu werden.

In den Armen eines anderen Mannes

Robert Pryor war völlig durcheinander. Er hatte herausgefunden, daß seine Frau eine Affäre mit seinem Erzfeind unterhielt. „Es wäre mir lieber gewesen, wenn es mein bester Freund gewesen wäre. Ich kann mir nicht vorstellen, sie an jemanden zu verlieren, den ich nicht ausstehen kann. Ich verstehe überhaupt nicht, warum sie sich nach einem anderen umgesehen hat, sie hatte doch alles zu Hause", behauptete er.

Zumindest hatte Robert die Geistesgegenwart, sie zu fragen: „Warum bist du fremdgegangen?"

„Wenn du mich so aufmerksam behandelt hättest, wie du für mich gesorgt hast, wäre ich vielleicht gar nicht in Versuchung geraten. Aber du denkst, alles was ich brauche, ist ein kleiner Klaps und ein bißchen Sex. Und mehr habe ich nicht bekommen – Sex und ein paar Klapse. Um die Katze hast du dich mehr gekümmert", bekam Robert von Annette als Antwort zu hören.

Als Robert ihre zwölf gemeinsamen Jahre Revue passieren ließ, merkte er, daß er sie als selbstverständlich hingenommen und manchmal sogar gönnerhaft behandelt hatte. Vor allem hatte er sich nie bemüht, Annette sexuell zu befriedigen. Annette sagte ihm: „Du hast geschnarcht, und ich habe mich in den Schlaf geweint. Ich war so verletzt und wütend. Ich fand es widerwärtig, nur zu deinem Vergnügen benutzt zu werden."

Robert nahm sich ihre Unzufriedenheit zu Herzen, aber es war zu spät. Annette verließ Robert und zog zu seinem Erzfeind, dem Mann, den sie liebte und der sie liebte.

Monate später sagte er zu mir: „Warum hat mir nie jemand gesagt, daß Männer und Frauen so verschieden sind? Frauen wollen verführt werden. Ich denke an Sex und werde steif. Das Schlimmste ist, ich habe einfach nie daran gedacht, sie zu befriedigen. Ich war überzeugt davon, Frauen würden mit Romantik nur hereingelegt, wissen Sie, entweder Sex oder Liebe. Aber sie wollen Romantik. Wir Männer wollen den Sex und Frauen wollen geliebt werden."

Nach einer Pause fügte Robert reumütig hinzu: „Inzwischen habe ich mich geändert. Ich bin jetzt mit einer Frau zusammen, die mir sagt, was sie will, und die mich immer darauf aufmerksam macht, wenn ich in meine alte Verhaltensweise zurückfalle."

Robert Pryor verdeutlicht die männliche Einstellung zum Sex. Je mehr Männer ich über Sex habe reden hören, desto häufiger begann ich mich zu fragen, ob sie jemals in Betracht gezogen haben, Sex einfach aus Spaß zu betreiben. Zu viele machen daraus einen Wettbewerb, ein Eroberungsspiel, betrachten es als eine Möglichkeit, ihre Potenz zu beweisen, und definieren sich über Sex. Ich habe einen Mann gefragt: „Was ist beim Sex wichtig für Sie? Hat der Orgasmus eine große Bedeutung oder genießen Sie ganz einfach die Zärtlichkeiten?"

Er schaute mich von oben herab an und antwortete: „Na, der Orgasmus natürlich."

Warum eine Frau in ihrer Ehe unzufrieden ist

Suzanne, Carol und Annette gehören zu den 36 Frauen, die ich im Zusammenhang mit meiner Studie befragt habe. Entweder sprachen die Frauen bereitwillig mit mir nach einem festgelegten Interview oder unsere Unterhaltung entwickelte sich spontan, zum Beispiel, wenn ich versuchte, ihre Männer zu Hause telefonisch zu erreichen. Ein paar wollten nichts mit mir zu tun haben, weil sie meine beratende Zusammenarbeit mit ihrem Ehemann als Bedrohung empfanden. Die zu einem offenen und ehrlichen Gespräch bereiten Frauen waren großartig und ermöglichten mir wichtige Einblicke in die charakteristischen Probleme zwischen Mann und Frau.

An dieser Stelle habe ich einen Brief einer dieser Frauen aufgenommen. Ihr Schmerz, ihre Enttäuschung und ihr Verständnis sagen allen Männern und Frauen mehr, als ich je theoretisch vermitteln könnte.

Liebe Jan,
Ich freue mich, daß Tim und ich die Gelegenheit hatten, mit Ihnen zu sprechen. Ich glaube nicht, daß noch irgend etwas unsere Ehe retten kann. Ich vermute, Tim möchte gar keine Veränderung. Er steht auf dem Standpunkt, ich müßte mich ändern, mich mehr anpassen. Wie steht es denn mit seiner Anpassung?

Ich möchte nicht, daß andere Männer und Frauen dieselben Fehler machen wie wir. Das Scheitern einer Ehe (oder Beziehung) kann verhindert werden, wenn man sich etwas Zeit nimmt und über die unterschiedlichen Bedürfnisse der Partner nachdenkt. Anschließend kann man die notwendigen Kompromisse eingehen.

Ich weiß nicht, warum Tim nie verstanden hat, wie sehr ich ihn liebte, obwohl ich es ihm immer wieder gesagt habe. Ich habe diesen Mann so sehr geliebt, daß ich alles für ihn getan habe. Er mochte gerne gestärkte Hemden und haßte es, wenn die Wäscherei diese Arbeit machte. Also wusch und stärkte ich seine Hemden, ganz genau so, wie er sie gerne hatte. Er aß nicht gerne auswärts, das hing mit seinem Beruf zusammen. Also kochte ich zu Hause seine Lieblingsgerichte.

Das alles tat ich, obwohl ich berufstätig war und eine Karriere anstrebte. Ich will mich nicht beklagen, verstehen Sie mich bitte nicht falsch. Ich war gerne Tims Frau. Und wenn Tims Frau sein bedeutete, daß ich den Haushalt machen mußte, dann tat ich das selbstverständlich.

Ich bin gerne nach Hause gekommen und habe alle diese Dinge für ihn erledigt. Wir hatten Gott sei Dank eine Haushälterin, denn ohne sie hätte ich es wahrscheinlich nicht geschafft. Aber ich machte alle die besonderen Extrasachen, die Tim gern hatte.

Wir waren lange Zeit zusammen (nach heutigen Maßstäben). Nach vierzehn gemeinsamen Jahren kann jeder die angefangenen Sätze des anderen zu Ende sprechen. Er wußte immer, daß er sich in jeder Hinsicht auf mich verlassen konnte. Das Problem war, daß ich für Tim zur Selbstverständlichkeit geworden bin, und das nahm ich ihm übel, ich kam mir benutzt vor.

Anfangs erwähnte ich Tim gegenüber nie, daß ich unglücklich war (erster Fehler). Statt dessen setzte ich ein strahlendes Gesicht auf und versuchte ständig, ihm eine Freude zu machen. Ich hielt es für besser, den Ärger zu schlucken und nichts zu sagen. Ich dachte: „Wenn ich ihn glücklich mache, dann sind wir glücklich." Völlig falsch! So ging es nicht.

Ich beklagte mich bei meinen Freundinnen. Nach einer Weile sagte mir meine Freundin Elaine, ich solle Tim sagen, was mir nicht paßte oder endlich den Mund halten. Als mir klar wurde, daß ich wirklich mit ihm sprechen mußte, belegte ich einen Kurs zur Selbstbehauptung und Stärkung des Selbstwertgefühls, um mich auf die Aussprache vorzubereiten. (Ich wollte es unbedingt richtig machen, damit das Schiff nicht unterging.)

Ich dachte, ich sage Tim auf eine nette Art, daß ich mich freuen würde, wenn wir einige Dinge in unserer Beziehung ändern würden. Ich war berufstätig und kümmerte mich um Tim, Tims Karriere und das Haus. Ich wollte die Pflichten neu verteilen. Ihm paßte das nicht. Er beschuldigte mich, ich würde mich nicht an die Spielregeln halten. Meiner Meinung nach entwickeln und ändern sich zwei Menschen während ihres gemeinsamen Lebens. Tim bestand darauf, daß alles so bleibt wie immer.

Damit war ich nicht einverstanden. Als ich meine Wünsche endlich äußerte, schmollte er. Er kam nach Hause und sprach stundenlang kein Wort mit mir. Er wußte, wie sehr mich das aufregte. Ich mußte mich furchtbar zusammennehmen, um nicht loszuheulen. Dann fing er an, mit seinen Kumpels auf ein paar Drinks zu gehen. Aus den paar Drinks wurden immer mehr. Er wußte genau, wie sehr ich es haßte, wenn er betrunken war. Ich nahm mein ganzes Selbstbewußtsein zusammen und sagte ihm, wie ich mich fühlte. Es war ihm gleichgültig. Er kümmerte sich nicht darum. Nachdem meine „Selbstbehauptung" nicht funktionierte, begann ich zu schreien. Manchmal warf ich ihm Dinge an den Kopf, die ich später bereute.

Den schwersten Schlag versetzte er mir im Zusammenhang mit meinem Beruf. Meine Firma war Sponsor einer Wohltätigkeitsveranstaltung. Ich hatte Kunden eingeladen. Mein Chef und seine Frau waren da. Tim war natürlich unglücklich, als ihn die Leute fragten, ob er mein Mann wäre. Es war Salz in seine Wunden, als sie ihm sagten, was für eine wunderbare Frau ich sei.

Tim betrank sich und verließ die Wohltätigkeitsveranstaltung. Ich fühlte mich gedemütigt. Ich hatte es satt, meinen Ärger zu unterdrücken, und als ich nach Hause kam, stellte ich ihn zur Rede. Er wollte nichts davon hören. Ich habe versucht, eine Superfrau zu sein, doch es war umsonst.

Ich versuchte, mit Tim zu sprechen. Wissen Sie, wir haben nie richtig miteinander gesprochen, über Gefühle, Gedanken, Geheimnisse und all diese Sachen. Deshalb dachte ich, wir müßten endlich ein bißchen mehr voneinander wissen. Aber Tim wollte nicht darüber reden. Er wollte, daß alles beim alten blieb. Er hatte nichts dagegen, daß ich berufstätig war und mein Gehalt die Hälfte unseres Einkommens ausmachte, daß ich das Haus versorgte, mich um ihn kümmerte und ansonsten den Mund hielt. Ich bin auch nur ein Mensch, und ich hatte es satt, immer nur nett zu sein.

Wir stritten die ganze Nacht. Am nächsten Tag ging ich zu einem Eheberater. Ich erzählte ihm von unserem Streit und meinem Versuch, ein paar eingefahrene Rollen und die Pflichtverteilung in unserer Beziehung zu verändern, und ich berichtete von Tims Widerstand. Ich wollte irgend etwas unternehmen, damit sich die Situation besserte.

Es ist fast unglaublich, was mir dieser Fachmann erzählte. Er sagte, ich müßte lernen, meine Interessen noch stärker zu vertreten und tat so, als hätte ich mich in all den Jahren nur von Tim herumkommandieren lassen. Er warnte mich auch davor, daß ein Bestehen auf meinen Wünschen wahrscheinlich nur einen Gewinner hervorbringen würde: mich. Ich müßte mich darauf einstellen, Tim durch diesen Entwicklungsprozeß zu verlieren.

Ich war entschlossen, das zu verhindern. Tim und ich waren zwei reife erwachsene Menschen, wir konnten damit fertigwerden. (Wer ist wohl der Optimist und wer der Pessimist in unserer Beziehung?) Also ging ich nach Hause und bat Tim um ein Gespräch. Tim schlug vor, wir sollten zusammen schlafen und alles wäre erledigt. Auf diese Weise hat er unsere Probleme immer behandelt.

Warum verstehen Männer nicht, daß wir Frauen ein wenig gefühlsmäßige Aufmerksamkeit brauchen? Ein wenig macht schon viel aus. Ich fragte mich, warum er mir nie sagte, daß er mich liebte. Sie werden nicht glauben, was er geantwortet hat: „Wenn ich dich nicht lieben würde, hätte ich dich nicht geheiratet. Warum mußt du dich bloß dauernd rückversichern?"

Im Bett ist es das gleiche. Ich brauche einfach ein kleines Vorspiel. Für ihn gibt es nur alles oder nichts. So oft hatte ich überhaupt nichts davon. Warum versteht er nicht, daß ich manchmal ein wenig körperliche Aufmerksamkeit wünsche, und damit meine ich nicht eine Frage wie: Sollen wir es in der Missionarsstellung machen?

Ich habe immer geglaubt, zum Sex gehörten zwei Menschen. Ich glaube, Tim war der Meinung, dazu braucht man nur einen aktiven Partner und einen Körper. Von mir wurde erwartet, daß ich etwas vorspielte, wenn er sich mit meinem Körper selbstbefriedigte. Ich bat ihn einmal, mich doch vorher ein wenig in Stimmung zu bringen, weil er mir sonst weh tat. Anstatt mich aufzuheizen, schrie er mich an. Er beschuldigte mich, ich würde ihn als schlechten Liebhaber hinstellen.

„Wer spricht denn von einem Liebhaber?" fragte ich (zweiter Fehler). „Ich habe den Eindruck, du willst irgend etwas bumsen, das sich möglichst nicht bewegt", fügte ich hinzu (dritter Fehler).

Ich will Ihnen sagen, warum ich mich beschwerte. Er weiß nicht einmal, wie man Händchen hält. All diese Jahre faßte er mich mit schlaffen Fingern an, und ich beschloß, endlich etwas zu sagen. Ich weiß nicht mehr, mit welchen Worten ich es sagte, aber es war etwas in der Art, daß unsere Hände mehr in Berührung kommen sollten. Tim antwortete: „Das braucht's nur im Bett." Und ich erinnere mich, daß ich darauf geantwortet habe: „Du irrst dich. Es muß außerhalb vom Bett passieren, dann klappt es im Bett besser."

Dieser Zwischenfall machte mir klar, daß dieser Mann gar nicht den Wunsch hatte, mir körperlich nahe zu sein. Er wollte mich nur zu seiner sexuellen Befriedigung. Wenn ich doch nur anderen Männern bewußtmachen könnte, wie wichtig Küsse und Händchenhalten sind. Tim küßte mich nicht einmal beim „Bumsen". Er hat es höchstens getan, um sich in Stimmung zu bringen. Wie bringt man einem Mann das Küssen bei?

Weil ich nicht mit Tim reden konnte, verbrachte ich mehr Zeit mit meinen Freundinnen. Ich brauchte jemanden, dem ich vertrauen konnte, und meine Freundinnen waren für mich da. Einer meiner Freunde, Tom, verstand mich auch sehr gut. Ich wünschte mir so sehr, daß ich mit Tim so hätte sprechen können wie mit Tom. Ein paar meiner Freundinnen schlugen mir vor, ich solle ihn verlassen. Daran wollte ich nicht einmal denken.

Ich ging weiterhin zu diesem Psychiater. Es gefiel mir gar nicht, was ich herausfand. Tim hat mich nie als einen vollwertigen Menschen betrachtet. Ich bin seine Mutter gewesen, seine Tellerwäscherin und Haushälterin, sein Kindermädchen und seine Hure. Ich war so mutig, Tim mit diesen „Einsichten" zu konfrontieren (vierter Fehler, im Endeffekt positiv).

Tim gab zu, daß er mich brauchte. Aber er verstand den Unterschied zwischen einem Menschen und einer Sklavin nicht. Er sagte zu mir, sein Vater habe niemals mit seiner Mutter über irgend etwas diskutiert, warum also sollte er das tun. Seine Mutter hatte an seinen Vater niemals solche Forderungen gestellt, also warum tat ich das. Sein Vater war der Herr im Haus und so wollte er das auch sein.

Ich versuchte zu erklären, warum ich zwischen uns Vertrauen und Nähe schaffen wollte, Tim interessierte das nicht. Wie konnten wir uns nahekommen, wenn Tim nicht einmal mit mir über Dinge sprechen wollte, die ihm wichtig waren? Ich habe es Ihnen nie gesagt, aber ich habe abgetrieben, weil ich wußte, daß unsere Ehe nicht gerade gut war. Wir mußten zuerst unsere Ehe in Ordnung bringen, und ein Kind hätte das verzögert. Ich wollte eine glückliche Ehe, ehe wir Kinder in die Welt setzten.

Als ich nicht mehr vorgab, daß zwischen Tim und mir alles bestens stand, erzählten mir meine Freundinnen, wie schlecht es mit ihren Ehemännern und Freunden lief. Wir hatten alle scheinbar die gleichen Gründe zur Klage. Eine meiner Freundinnen sagte, ihr Mann wäre genauso wie Tim.

Glauben Sie, Sie könnten irgend etwas von dem, was ich Ihnen erzähle, für Ihre Studie gebrauchen? Hoffentlich halten Sie mich nicht für anmaßend, aber ich würde mich freuen, wenn ich Ihnen helfen könnte.

Erstens: Männer und Frauen scheinen sehr unterschiedliche Ansichten über Liebe und Sex zu haben. Die Männer, die ich kenne, wollen dafür geliebt werden, daß sie das Geld ins Haus bringen. Sie wollen, daß wir sie für ihre Leistungen im Beruf bewundern, halten diesen Bereich ihres Lebens aber unter Verschluß. Dabei ist es doch völlig unmöglich, Fähigkeiten anzuerkennen, von deren Existenz man nicht einmal etwas ahnt. Jetzt ist mir klar, warum Männer mit Kolleginnen Affären haben: Diese Frauen schwänzeln täglich um sie herum und bewundern sie.

Wie kann ich ihm sagen, was für ein wunderbarer Diplomat er ist, wenn er mir nicht einmal verrät, wie sein Tag verlaufen ist? Wie kann ich hauchen „Oh, was bist du mächtig", wenn er mir nicht sagt, welche Verantwortung auf ihm lastet oder was für Schwierigkeiten er gemeistert hat? Wenn Männer bereit wären, ihre guten und schlechten Tage mit uns zu teilen, dann könnten auch wir darüber staunen, wie wunderbar sie sind; aber solange sie uns nichts sagen, können wir nicht auf sie eingehen.

Zweitens: Wer immer ihnen gesagt hat, Nähe bedeute die Aufgabe von Freiheit, hat sie belogen. Wenn sie sich nicht so viele Sorgen darüber machen würden, immer stark zu sein und die Oberhand zu behalten, dann könnten sie sich uns gegenüber offener verhalten. Ich erwarte gar nicht, alles von und über Tim zu wissen, aber ich möchte verstehen, wie er denkt, und warum er so empfindet.

Das Problem ist nur, daß er es selbst nicht weiß, wie also sollte er mir etwas darüber sagen? Wenn Männer sich selbst kennen würden, dann könnten sie *uns* helfen, *sie* zu verstehen.

Drittens: Männer sollten endlich aufhören, uns als Sexobjekte zu betrachten. Einige meiner Freundinnen drücken sich so oft es geht vor diesen „ehelichen Pflichten". Wir wollen einen Mann, der unsere Ideen und Interessen teilt. Wir wollen einen Gefährten. Wir wollen einen Mann, der unser bester Freund und Vertrauter ist. Sie müssen nicht alles mit uns teilen, aber genug, damit ein gemeinsames Band entsteht, damit wir uns wenigstens in mancher Hinsicht gemeinsam weiterentwickeln können.

Den Berichten meiner Freundinnen über ihre Ehemänner entnehme ich, daß Männer sich bemühen sollten, weniger grob, unsensibel oder gehetzt zu sein. Männer sollten ihre Frauen fragen, wie sie berührt werden möchten und was ihnen gefällt. Aber das tun sie nicht. Sie brauchen eine Frau, die ihnen beibringt, wie sie die sexuellen Bedürfnisse einer Frau befriedigen können.

Wenn sie uns nicht mehr länger als reine Sexobjekte betrachten, sondern merken, daß wir verletzbare menschliche Wesen sind, die Wärme, Liebe und Zuneigung brauchen und bereit sind, auch dasselbe zu geben, dann könnten sie wahrscheinlich bessere Liebhaber werden. Mit ‚besser' meinen wir nicht, uns fünfzehn verschiedene neue Positionen beizubringen. Wir meinen mehr Zärtlichkeit, Zuneigung, Zeit und Interesse.

Viertens: Die Berufstätigkeit der Frauen ist eine bleibende Tatsache, und die Männer müssen das Gefühl der Bedrohung überwinden. In den ersten Jahren unterstützte mich Tim bei meiner Karriere. Aber als ich dann tatsächlich Erfolg hatte, fühlte er sich bedroht. Ich weiß nicht, warum. Er ist auf seinem Gebiet mindestens ebenso erfolgreich.

Ich habe für Tim alles getan. Er hätte es nicht besser haben können, wenn ich den ganzen Tag zu Hause geblieben wäre. Aber er wollte einfach nicht, daß ich mich außer für ihn noch für etwas anderes interessiere. Es wäre ihm lieber gewesen, wenn ich bedürftig und abhängig geblieben wäre. Als ich meine Abhängigkeit überwinden wollte, brachte ihn das auf die Palme.

Ich sagte ihm immer wieder, daß ich berufstätig bin, weil es mir Spaß macht, für mich selbst zu sorgen – *Großer Fehler!* Er dachte, wenn ich ihn nicht mehr brauche, würde ich ihn weniger lieben. Tim verstand nicht, daß ich ihn deshalb nur noch mehr liebte. Ich brauchte ihn nur weniger. Gebrauchtwerden und Liebe ist für Männer ein und dasselbe, aber für immer mehr Frauen trifft das nicht mehr zu. Männer müssen uns endlich als vollständige Individuen betrachten, die eine andere entwickelte Persönlichkeit lieben möchten.

Ich weiß nicht, wie ich diesen Brief abschließen soll. Ich mußte jemandem meine Gefühle mitteilen und ich muß auch daran glauben können, daß ich vielleicht damit anderen Männern und Frauen helfen kann (wenn ich schon Tim nicht helfen konnte).

Sagen Sie allen Frauen: „Sprecht rechtzeitig über eure Bedürfnisse. Wartet nicht, bis euch das Problem über den Kopf wächst, sondern macht den Mund auf, solange ihr noch etwas dagegen unternehmen könnt. Laßt euch nicht von eurem Mann einschüchtern, wenn ihr eine Veränderung wünscht." Sagen Sie ihnen, daß es verständlich ist, wenn die Männer wütend werden, aber daß sie damit fertigwerden müssen.

Und sagen Sie den Männern, daß wir ihnen den schlechtesten Dienst erwiesen haben, weil wir solange die kleinen Dummchen gespielt haben. Aus diesem Grund mußten sich die Männer niemals anstrengen und Interesse für uns entwickeln. Wir haben uns unserer Langeweile und Unzufriedenheit immer lächelnd unterworfen. Wir Frauen haben sie zum Narren gehalten, das war nicht fair.

Wir haben sie akzeptiert, so wie sie eben waren, voller Dankbarkeit, daß wir einen Mann abbekommen hatten, und sie nie wissen lassen, was wir in Wirklichkeit von ihnen erwarteten. Sagen Sie ihnen, wir wünschen uns, daß sie sexuell interessanter werden, sich weiterentwickeln und weniger ihr Bedürfnis nach abhängigen Frauen hätscheln. Wir möchten, daß sie unsere Gefährten und Freunde sind!

Kapitel 16

Sie ist das Beste, was mir in meinem Leben passiert ist

In den vorhergehenden Kapiteln haben wir über Beziehungsprobleme gesprochen. Nun wollen wir uns glücklichen Beziehungen zuwenden.

Ob Sie es glauben oder nicht, es gibt tatsächlich glücklich verheiratete Männer und Frauen. Die Zeit, die ich mit diesen Paaren verbracht habe, stellte den erfreulichsten Teil der Arbeit an meiner Studie dar. Zunächst möchte ich auf die Kriterien eingehen, die ich für dieses Kapitel aufgestellt habe.

Erstens: Jedes Ehepaar mußte seit mindestens 15 Jahren verheiratet sein oder zusammengelebt und später geheiratet haben. Die meisten der Paare leben seit mindestens 20 Jahren, einige mehr als 35 Jahre zusammen. Ein Ehepaar bildet eine Ausnahme. Es ist ihre zweite Ehe, und sie sind seit über 10 Jahren zusammen.

Zweitens: Ich habe mit jedem der vorgestellten Ehepaare Stunden, Tage und Wochen verbracht. Die Interviews verliefen meist entspannt und zwanglos. Gelegentlich nahm ich an gesellschaftlichen Ereignissen teil, um zu beobachten, wie sich die Partner gegenseitig beeinflußten. Mit einem Paar verreiste ich für eine Woche. Zwei leben in meiner Heimatstadt, so konnte ich sehr viel Zeit mit ihnen verbringen, sie in vielen Situationen beobachten und über einige Jahre hinweg Eindrücke sammeln.

Jedes Paar beantwortete die Fragen allein und/oder gemeinsam. Ein paar Fragebeispiele: Was bedeutet Ihnen Ihre Ehe? Was ist der wichtigste Aspekt Ihrer Beziehung? Warum haben Sie geheiratet? Welche Gefühle haben Sie für Ihren Partner? Warum halten Sie an der Ehe fest? Wie gehen Sie mit Problemen und Konflikten um, die zwischen Ihnen entstehen? Warum, glauben Sie, ist Ihre Ehe glücklich?

Ich möchte mit der Antwort auf die letzte Frage beginnen. Alle Paare haben sechs Eigenschaften genannt, die anscheinend eine glückliche Ehe ausmachen:

1. Freunde sein
2. Sich der Beziehung verpflichtet fühlen
3. Gegenseitiges Geben, Unterstützen und füreinander Sorgen
4. Unabhängigkeit/Eigene Interessen und Freunde
5. Gemeinsame Interessen
6. Kommunikation.

Leo Tolstoi meinte: „Alle glücklichen Familien gleichen sich." Er hatte recht. Alle diese Paare denken, fühlen und handeln, was ihre Ehe betrifft, gleich. Nachfolgend möchte ich näher auf jede dieser Eigenschaften eingehen, die diesen glücklichen Paaren so viel bedeuten.

Sehr gute Freunde

„Mit keinem anderen Menschen möchte ich soviel Zeit verbringen wie mit ihr", sagte John Mayer, Architekt einer großen Baufirma. „Das heißt nicht, daß ich keine anderen Freunde habe. Ich habe ein paar Freunde, und sie sind mir auch wichtig. Aber Veronica ist mein bester Freund."

„Warum ist Ihr Partner Ihr bester Freund?" fragte ich jedes Paar. Die meisten hatten bis zu diesem Augenblick nie darüber nachgedacht. Sie hatten nur gewußt, daß es so war.

„Ich mag Veronica", sagte John. „Sie ist spontan, lebenslustig und sehr interessant. Wir sind jetzt fast 26 Jahre zusammen, und ich kann mich nicht erinnern, daß ich mich jemals mit ihr gelangweilt hätte. Selbst wenn sie mit einem anderen verheiratet wäre, hätte ich sie gerne als Freundin. Unsere Freundschaft besteht aus etwas anderem als aus Liebe und Anziehung, die wir natürlich auch füreinander empfinden. Sie macht einen ganz besonderen Teil unserer Beziehung aus.

Es gibt noch einen anderen, sehr wichtigen Aspekt. Ich mag auch andere Menschen, vielleicht genauso sehr wie sie. Aber ich vertraue niemandem so wie Veronica. Sie verurteilt oder kritisiert mich nicht. Ich erzähle ihr etwas und weiß genau, sie wird es nie gegen mich verwenden. Ich weiß, daß sie mein Vertrauen nie mißbrauchen wird. Das Schönste daran ist, daß ich sie niemals darum bitten muß, nichts weiterzusagen. Es ist ganz selbstverständlich, daß sie meine Probleme für sich behält."

John machte eine kleine Pause und spielte mit dem Briefbeschwerer auf seinem Schreibtisch. „Ich habe eigentlich noch nie darüber nachgedacht. Über Vertrauen meine ich. Ich glaube, aus diesem Grund würde keiner von uns sich auf eine Affäre einlassen, und deshalb diskutieren wir niemals, wenn wir verärgert sind. Wir wollen auf keinen Fall das Vertrauen zerstören, das wir uns über die Jahre aufgebaut haben."

Dann sagte John: „Entschuldigen Sie bitte, ich möchte Veronica anrufen, und ihr sagen, wie sehr ich diese Eigenschaft an ihr schätze. Ich möchte wissen, ob sie darüber genauso denkt."

Ich wußte es, denn ich hatte mich am Vormittag mit ihr unterhalten. Sie hatte sehr ähnliche Gefühle zum Ausdruck gebracht.

Als wir uns in ihrem Büro trafen, charakterisierte Veronica ihre Beziehung folgendermaßen: „Wir sind die besten Freunde. Zwei meiner besten Freundinnen kenne ich schon seit dem Kindergarten. Obwohl ich sie länger kenne, und wir uns unglaublich nahestehen, zeige ich ihnen nicht alle meine Gefühle. Bei John schäme ich mich nie für meine Gefühle. Wir vertrauen einander von ganzem Herzen.

Verstehen Sie mich bitte nicht falsch. John ist nicht mein ein und alles, und ich erwarte auch gar nicht, daß er das sein kann. Deshalb brauche ich auch meine Freundinnen Gina und Lois. John ist für mich da, was die wichtigsten Bereiche anbelangt."

Als John den Telefonhörer auflegte, strahlte er vor Freude. Er berichtete mir, was ich an diesem Vormittag schon gehört hatte. Es war keine Überraschung. Ob ich mit den Paaren gemeinsam oder mit jedem der Partner einzeln sprach, stets herrschte Übereinstimmung, ein Gleichklang der Gefühle und Freude an ihrer Beziehung.

Diese Gemeinsamkeit resultiert aus dem tiefen Interesse und echten Engagement für den Partner. Jeder bleibt für den anderen interessant und teilt seine Gedanken und Gefühle mit ihm. In erster Linie bedeutet das natürlich, den Menschen, mit dem man sein Leben teilt, gern zu haben, ihn zu akzeptieren und ihm zu vertrauen.

Sich einander verpflichtet fühlen

„Ich möchte *nicht* ohne sie sein", sagte Charles Loewenberg zu mir. Wir saßen in ihrem sonnendurchfluteten Eßzimmer mit Blick auf die Golden Gate Bridge in San Francisco.

Charles Kommentar war die prompte Antwort auf meine Frage: „Warum haben Sie geheiratet?"

Charles und Nancy waren seit 20 Jahren verheiratet – die zweite Ehe für Charles, die erste für Nancy. Sie hatten sich schon einige Zeit vorher gekannt. Nancy hätte gern früher geheiratet, aber Charles wollte nicht. Erst als er befürchtete, er würde sie vielleicht verlieren, entschloß er sich zur Ehe.

Nancy meinte folgendes dazu: „Chuck hatte gerade eine Ehe hinter sich. Er wollte partout nicht noch einmal heiraten. Doch ich wollte, daß unsere Beziehung eine Zukunft hat. Deshalb brachte ich das Thema immer wieder aufs Tapet."

Charles ergänzte: „Danach trug ich keinen Ehering. Natürlich benutzte ich die Ausrede, daß ich einfach keinen Schmuck mag. In Wahrheit war es so, daß ich mich meiner Ehe einfach nicht verpflichtet fühlen wollte."

Nach fünf Jahren kapitulierte Charles vor der Tatsache, daß er verheiratet war. An ihrem zehnten Hochzeitstag trug er seinen Ehering. Und nun fühlt er sich der Ehe zu mehr als 100 Prozent verpflichtet.

Kürzlich feierten sie auf ihrem Schloß in Frankreich ihren zwanzigsten Hochzeitstag. 75 Freunde aus allen Teilen der Welt kamen angereist, um gemeinsam mit ihnen zu feiern. Das Fest begann am Samstagmittag und endete bei Sonnenaufgang am Sonntagmorgen. Alle ihre Freunde bewundern ihre Ehe, schätzen aber auch jeden der beiden Partner als eigenständige Persönlichkeit.

Charles meinte: „Viele unserer Freunde fragen uns, warum unsere Ehe so glücklich ist. Sie behaupten, wir wären das glücklichste Ehepaar, das sie kennen, und würden die beste Ehe führen, die sie sich vorstellen können. Nancy und ich haben darüber gesprochen und uns überlegt, woran das liegen könnte.

Ein entscheidender Unterschied zu vielen unserer Freunde besteht darin, daß sie in bezug auf ihre Ehe oder Beziehung Gedanken hegen wie ‚Das kann nicht immer so weitergehen.'

Wie kann man eine dauerhafte Ehe erwarten, wenn man sich nicht einander verpflichtet fühlt?"

Nancy nickte beifällig und sagte: „Wir sind uns in diesem Punkt einig. Scheidung ist einfach keine Möglichkeit für uns. Wenn man sich entschieden hat und sich einem Menschen verpflichtet fühlt, dann muß man bereit sein, an der Beziehung zu arbeiten."

Charles und Nancy nannten die beiden grundlegenden Aspekte für eine Beziehung gegenseitiger Verpflichtung. Erstens, „Flucht" gilt für sie nicht als Möglichkeit zur Lösung ihrer Konflikte und Probleme; zweitens muß jedem Partner klar sein, daß man auch schwere Zeiten miteinander durchstehen muß, wenn die Ehe dauern soll.

„Wir lösen unsere Probleme rasch", meinte Charles. „Ich bin sehr tolerant. Nancy hat mehr Prinzipien und reagiert oft ein wenig strenger. Sie hat sehr viele Dinge, die sie entweder mag oder nicht mag. Anfangs konnte ich mit Nancys Jähzorn nicht umgehen. Jetzt denke ich mir, Nancy ist eben Nancy."

Dann erzählte mir Nancy eine Geschichte, die mir Charles schon vor einigen Wochen berichtet hatte. „Eines Tages regte ich mich fürchterlich über Charles auf, und er sagte zu mir: ‚Brüll mich nicht so an!' Ich sagte ihm: ‚Ich brülle nicht!' Seitdem kann er mit meinen ‚emotionalen Reaktionen' besser umgehen."

Charles fügte hinzu: „Wie ich schon vor ein paar Wochen erwähnte habe, wurde mir bewußt, daß Nancy ernsthaft der Meinung war, sie würde nicht schreien. Das war eben ihre Art. Ich machte mir klar, daß Nancy eben Nancy ist und verurteilte sie nicht mehr. Von diesem Augenblick an nahm ich ihre Ausbrüche nicht mehr persönlich."

Charles gebrauchte sehr häufig die Worte „Nancy ist eben Nancy." Alle glücklich verheirateten Paare hatten eine Möglichkeit gefunden, die Unterschiedlichkeit des andern zu akzeptieren, das heißt, den anderen als Menschen zu akzeptieren. Akzeptanz ist der wesentliche Bestandteil einer auf gegenseitiger Verpflichtung beruhenden Beziehung.

Charles und Nancy meinten: „Wir verurteilen einander nie. Wir helfen uns bei der Überwindung unserer individuellen Schwierigkeiten. Wenn zum Beispiel Nancy ein persönliches

Problem nicht bewältigt, dann bewältigen *wir* es nicht. Und umgekehrt. Wir harmonieren eigentlich immer. Und deshalb werden wir mit auftauchenden Problemen schnell fertig. Aus diesem Grund stellt keiner von uns die Stärke und Dauer unserer Beziehung in Frage."

Geben, unterstützen und sorgen

„Ich bin vor ein paar Stunden gerade aus Japan zurückgekommen", erklärte mir Ed Fogelman, „aber wenn Mikey eine ihrer Partys anberaumt hat, dann gehe ich hin, egal, wie müde ich bin."

Mikey, seine Frau Michelle Kelly, war PR-Beraterin. Wir waren alle zur Restauranteröffnung eines ihrer Kunden eingeladen. Ein Freund stellte mich ihrem Ehemann vor, denn seine Firma hatte die Absicht, mich als Beraterin zu engagieren.

Ein paar Wochen später aßen wir gemeinsam mit dem Kelly/Fogelman-Clan zu Abend. Manchmal hätte ich Ed und Michelle gerne auf Video aufgenommen, um anderen zu zeigen, was es bedeutet, den Partner zu unterstützen und fürsorglich zu behandeln. Sie kümmern sich um das Wohlbefinden des andern und bewundern einander sehr. Jeder von ihnen ist überzeugt, der andere wäre das Beste, was ihm im Leben passieren konnte.

Sowohl für Michelle als auch für Ed ist es die zweite Ehe. Als Michelle Ed kennenlernte, hatte er als nervöse Reaktion auf den Scheidungsstreß eine schlimme Schuppenflechte.

Ich saß in ihrer Küche, Ed bereitete das Essen für das Barbecue vor und erzählte: „Als ich Mikey kennenlernte, rieb sie mir gleich meine Arme mit der Heilsalbe ein. Meine Ex-Frau hatte mich immer wie einen Aussätzigen behandelt, wenn die Krankheit zum Ausbruch kam."

Michelle warf ein: „Es war schlimm. Er hatte solche Schmerzen. Ich wollte, daß er merkt, wie viel er mir bedeutet, und daß er keinen Grund hat, sich abgelehnt zu fühlen."

Ich könnte unzählige solcher Beispiele über das Zusammenleben von Ed und Michelle anführen. Von diesem Paar kann man lernen, daß die Unterstützung des Partners und die Bereitschaft zu geben sich auf vielfältige, greifbare Art ausdrücken kann. Unterstützung bedeutet, sich für Dinge zu interessieren, die man normalerweise vernachlässigen würde. Zum Beispiel ist Ed alles andere als ein Salonlöwe. Aber Michelle unterhält sich gern mit Gott und der Welt. Viele Ehemänner weigern sich in so einem Fall, das gesellschaftliche Leben ihrer Frau zu teilen. Aber Ed weiß, daß dies nur einen kleinen Bereich ihrer gesamten Beziehung darstellt und nicht wichtig genug ist, um ein Problem daraus zu machen. Ed hält sich nicht abseits, weil er weiß, daß Mikey Freude an Gesellschaften hat.

Mit der Bereitschaft zu geben ist nicht „kaufen" gemeint. Nach meinen Beobachtungen schenken viele wohlhabende Männer ihren Frauen Schmuck, Pelzmäntel oder teure Reisen, um vor anderen damit prahlen zu können: „Schau her, was ich mir alles leisten kann. Schau her, wie erfolgreich ich bin." Ein solches Verhalten ist nicht gemeint.

Wirkliches Geben bedeutet, sich selbst zu geben, seine Zeit, seine Energie, sein Interesse. Ed, der von der Zeitverschiebung sehr müde war, ging trotzdem zur Party seiner Frau. Ein solches Verhalten gibt zwei Menschen das Gefühl der Sicherheit.

Unabhängigkeit

Charles Loewenberg erzählte: „Aus irgendeinem Grund habe ich immer sehr ungern um Erlaubnis gefragt. Ich hasse es, wenn ich bitten muß ‚Darf ich dies und jenes tun?' Es ist mir sehr schwergefallen, wenn ich Nancy anrufen und ihr sagen mußte: ‚Ich bleibe noch irgendwo eine Stunde.' Ich war sicher, daß sie dann böse auf mich sein würde. Um eine Konfrontation zu vermeiden, habe ich deshalb nicht immer Bescheid gesagt. Das machte natürlich alles noch schlimmer."

Nancy fügte hinzu: „Er wollte mich nicht anrufen, weil er wußte, daß ich jähzornig bin." Nach einer kurzen Pause fuhr sie fort: „Wissen Sie, bei meinen Eltern ist so etwas nie vorgekommen. Sie waren immer zu zweit. Ich habe es stets so gesehen, daß die Zeit, die er mit anderen verbrachte, unserer Beziehung

‚gestohlen' wurde. Als ich erst einmal akzeptiert hatte, daß Chuck eben so ist wie er ist, fühlte ich mich nicht mehr so unsicher."

„Nancys Unabhängigkeit hatte sehr positiven Einfluß auf unsere Beziehung", warf Charles ein. „In den ersten siebeneinhalb Jahren unserer Ehe war das ganz anders."

Ich sah zu Nancy hinüber. Sie nickte zustimmend. „Ich war so unsicher und wollte ihn nicht mit anderen teilen. Er unterstützte diese Unsicherheit, weil er sich nicht änderte. Je mehr sich unsere Beziehung weiterentwickelte und stärker wurde, desto leichter konnte ich das Getrenntsein von ihm ertragen. Ich habe begriffen, daß ich meine eigenen Freundschaften pflegen muß."

Nancy war inzwischen eine außerordentlich unabhängige Frau geworden, der man nicht zutraute, daß sie früher einmal so unsicher gewesen sein sollte. Anscheinend hatte Nancy ihre eigene Stärke gerade wegen Charles *mangelnder Bereitschaft* entwickelt, ein williges Opfer ihrer Unsicherheit zu werden. Im Grunde ist es für eine Frau sehr ungewöhnlich, ihre Stärken innerhalb der Ehe zu entwickeln. Die meisten Frauen haben das Gefühl, sie müßten eine Beziehung aufgeben, um sich selbst zu finden und zu verwirklichen.

Nicht alle Männer sind so selbstsicher wie Charles. Viele fühlen sich durch die Unabhängigkeit ihrer Frau bedroht. Charles war der Meinung, je mehr Freiheit Nancy hatte, desto mehr Freiheit genoß er selbst. Auf diese Weise überwand Charles die Angst vor dem Verlust seiner Freiheit. Es fiel ihm jetzt leichter, Nancy zu fragen, ob ihr etwas nicht paßte, wenn er dies und jenes tat, und er hatte wesentlich weniger Angst, wenn er sie anrief und ihr sagte, daß es später werden würde, weil er nach dem Tennis noch ein wenig mit seinen Freunden zusammensitzen wollte.

Jeder Mensch hat ein anders geartetes Bedürfnis nach Nähe und Eigenständigkeit. In dieser Hinsicht gibt es für keine Beziehung ein Patentrezept. Der Grad der Unabhängigkeit und das Bedürfnis nach Freiheit muß im Laufe der Zeit durch Versuche und Fehlschläge entdeckt und berücksichtigt werden.

Alle der glücklich verheirateten Paare, mit denen ich sprach, hielten diesen Aspekt für besonders wichtig, die Lösungen variieren jedoch. Zum Beispiel verreiste ein Paar sehr gerne, doch weil sie sehr unterschiedliche Sportarten betrieben, machten sie oft allein Ferien. Ein anderes Paar, bei dem die Frau ein größeres Bedürfnis nach Freiheit hatte als ihr Mann, verbrachte jedes Wochenende gemeinsam, unter der Woche unternahm sie oft etwas mit ihren Freunden.

Alle befragten Ehepaare stimmten der folgenden Behauptung zu: „Weil jeder von uns eigene Freunde und eigene Interessen pflegt, bleibt unsere Beziehung interessant, außerdem trägt es dazu bei, daß wir uns gegenseitig schätzen."

Gemeinsame Interessen

„Er ist mein Gefährte", meinte Tara Jacobs. „Es macht soviel Spaß, mit ihm zusammen zu sein. Wir lachen dauernd und über die albernsten Dinge. Wenn ich versuche, jemandem zu erzählen, was für eine herrliche Zeit wir gerade miteinander verbracht haben, dann schaut man mich an, als wäre ich verrückt."

Warren Jacobs, ein sehr kultivierter, distinguierter Herr, machte kaum den Eindruck, als ob er seine Zeit mit Albernheiten vertrödelte. Das täuscht! Er sagte mir: „Manchmal bleiben wir bis um drei Uhr in der Nacht auf und erzählen uns Witze oder erfinden welche. Dann lachen wir, weil wir nicht wissen, ob wir lustig oder lächerlich sind."

Es war herrlich, daß sie nach 24 Ehejahren noch dazu fähig waren. Warren war 68 und Tara 46. Wegen des Altersunterschieds hatten beide ihre eigenen Freunde und Interessen. Aber Tara und Warren erklärten übereinstimmend: „Die Jahre trennen uns nicht. Zeitlich mag es da einen Unterschied geben, aber psychologisch sehen wir keinen."

„Die meisten Menschen können sich nicht vorstellen, daß ich mein gewaltiges Tagespensum schaffe", erläuterte Warren. „Es gibt nur einen Menschen, der an einem Tag mehr zustandebringt als ich, und das ist Tara. Ich habe oft darüber nachgedacht, warum wir so gut zusammenpassen, und ich habe entdeckt, daß wir die gleiche Energie haben. Diese Übereinstimmung, unsere gemeinsamen Interessen und auch unsere unterschiedlichen Interessen und Freunde, halten unsere Ehe so lebendig."

Sie arbeiteten beide in der gleichen Branche. Zwar waren ihre Aufgabengebiete unterschiedlich (Warren war Vorsitzender eines großen Industrieunternehmens, Tara leitete die Berufsgenossenschaft dieses Industriezweigs), aber natürlich bestand ein gemeinsames Interesse an der Branche und an der Lösung der anstehenden Probleme.

Außer ihrer Arbeit liebten sie Reisen, gutes Essen und kulturelle Veranstaltungen.

Ihre Geschäftsreisen quer durch die USA hinderten sie nicht daran, wenn das Wochenende näherrückte, miteinander zu telefonieren und einen Treffpunkt zu vereinbaren: „Wir treffen uns in New York. Ich möchte unbedingt das Restaurant ausprobieren, von dem ich neulich gelesen habe, und dann würde ich gerne das neue Off-Broadway Theaterstück ansehen."

Von sämtlichen Flughäfen schickten sie einander Postkarten. „Das ist inzwischen so etwas wie ein Ritual geworden", sagte Tara. In ihrer Garage bewahrte sie dreizehn Schachteln mit Postkarten auf, die sie sich in ihrer 24jährigen Ehe geschickt hatten.

„Wir stehen uns sehr nahe", erklärte Warren. „Wir halten es nicht aus, getrennt zu sein. Es gibt so viele Kleinigkeiten, die ich ihr mitteilen oder mit ihr besprechen möchte. Sie fehlt mir, sogar wenn ich nur einen Tag weg bin. Unsere Zeit ist so kostbar, und wir wollen sie nicht mit einem langweiligen Essen mit Kunden oder Geschäftsfreunden verschwenden, wenn wir statt dessen zusammen sein können."

Tara stimmte zu. „Selbst wenn wir uns lieben, können wir nicht genug voneinander kriegen. Sie dürfen diese Abhängigkeit allerdings nicht mit ‚Klammern' verwechseln. Es ist nur so, daß wir soviel miteinander teilen möchten und nicht genug Zeit dafür haben. Ich habe oft gedacht, wir haben soviel grundsätzliche Gemeinsamkeiten, daß sie sich wie von selbst vervielfältigen.

Je mehr wir miteinander reden und je mehr wir gemeinsam unternehmen, um so mehr Gemeinsamkeiten entdecken wir."

Nähe ist eine weitere wichtige Voraussetzung für eine gute Ehe. Das Gefühl der Nähe basiert auf gegenseitigem Vertrauen und entwickelt sich aus den Gemeinsamkeiten des Paares. Die glücklich verheirateten Paare hatten im Gegensatz zu den unglücklichen Ehepaaren keine Angst vor Nähe. Sie hatten den intensiven und beständigen Wunsch, sich im Laufe der Jahre immer näherzukommen.

Kommunikation

Diesen äußerst wichtigen Aspekt habe ich mir bis zuletzt aufgehoben, denn er zieht sich wie ein roter Faden durch alle bereits beschriebenen Beziehungen.

Ohne Kommunikation gibt es kein Verständnis, keine Nähe, keine Bereitschaft zu Geben. In gewisser Weise besteht meiner Meinung nach ein geschlechtsspezifischer Unterschied in der Art der Kommunikation. Die *meisten* Männer kommunizieren miteinander in Form gemeinsamer Aktivitäten, während viele Frauen miteinander über ihre Gefühle und Gedanken reden.

Bei den glücklich verheirateten Paaren besteht dieser geschlechtsspezifische Kommunikationsunterschied nicht. Sie reden gerne mit einander. Es ist ein Mythos (der ausnahmsweise zutrifft), daß Frauen zur Kommunikation erzogen werden. Sie bauen ihre Beziehungen auf gemeinsamen Gesprächen, auf Offenheit und emotionaler Unterstützung auf. Wie in diesem Kapitel beschrieben, können auch Männer über diese Eigenschaften verfügen.

Ich habe im Rahmen meiner Studie viele Männer kennengelernt, die den Mythos „Ein richtiger Mann schweigt" ablehnen. Die meisten dieser Männer haben ein großes Bedürfnis, über ihre Empfindungen und Gedanken zu sprechen. Wenn sie es nicht tun, liegt das mehr daran, daß diese Fähigkeit nicht gefördert wurde, als an einer generellen Verweigerung der Kommunikation. Sobald sie gelernt hatten, über ihre Gefühle zu reden und ihre kommunikativen Fähigkeiten verbessert hatten, wurden aus vielen Männern sehr offene und aufgeschlossene Gesprächspartner.

Ob glücklich verheiratet oder nicht, 87 Prozent der befragten Männer behaupteten, Kommunikation sei die wichtigste Voraussetzung für eine gute Beziehung, ob nun zu Angestellten, Mitarbeitern, Kunden oder innerhalb der eigenen Familie. Die glücklich verheirateten Paare vertraten einstimmig diese Meinung.

„Wenn wir nicht miteinander geredet hätten, hätten wir die schweren Zeiten nicht gemeinsam durchgestanden", sagte Warren Jacobs.

Die Kommunikationsbemühungen der Männer verdienen sehr viel mehr Anerkennung als bisher. 63 Prozent meiner Gesprächspartner sagten mir, ihre Frau oder Freundin habe ihnen beigebracht, über ihre Gefühle zu sprechen. Frauen dürfen nicht gleich ungeduldig werden und nicht zuviel auf einmal erwarten. Ich kenne etliche Frauen, die es satt haben, Lehrerin, Mutter und Fürsorgerin zu sein. Aber wir dürfen nicht vergessen, daß wir auch von den Männern gelernt haben, und ich glaube, es ist an der Zeit, daß wir ihnen nun unser Wissen und unsere Fähigkeiten vermitteln.

Was Männer noch lernen müssen, ist das Zuhören. Bisher sind sie konditioniert, eher Unterbrecher als Zuhörer zu sein. Doch wer andere verstehen will, muß zuhören können.

Die Männer, die eine gute Ehe führen, wissen das. Immer wieder erzählten sie mir, daß es ihnen nur durch aufmerksames Zuhören gelungen ist, größeres Verständnis für ihre Frau zu entwickeln. Umgekehrt haben sie allerdings auch das Gefühl, daß ihre Frau ihnen zuhört.

Warren erzählte mir, wie Tara ihm das Zuhören beibrachte. „Jeden Abend sprechen wir über das, was sich ereignet hat. Ganz spontan, ohne vorher groß zu überlegen. Einmal waren wir beide geschäftlich in Miami. Als ich ins Hotel zurückkam, fragte mich Tara, wie mein Tag gewesen wäre. Ich sagte, gut, und fragte sie dann höflich, wie es denn ihr ergangen sei. Sie unterbrach mich und sagte: ‚Ich möchte wissen, wie dein Tag wirklich war. Erzähl mir bitte etwas mehr. Dann sage ich dir, was bei mir passiert ist.' Von da an hörten wir einander richtig zu. Und es ist eine gute Gewohnheit daraus geworden."

Kommunikation besteht nicht nur aus Worten, man muß auch auf das achten, was nicht ausgesprochen wird. Ein Seufzer kann zum Beispiel bedeuten, daß der andere zum Reden ermutigt werden muß.

Hier ein anderes Beispiel: Ihre Frau bittet Sie um einen Martini – wenn das sehr selten vorkommt, dann sollten Sie sie fragen, was los ist. Kommunikation ist das Wissen, daß man ohne Angst vor Strafe sagen kann, was immer man denkt.

Der Direktor einer großen Filmgesellschaft hat einmal zu mir gesagt: „Frauen glauben wirklich, daß sie gerne sensible Männer haben möchten, wenn wir gefühlvoll sind, laufen sie uns allerdings davon."

Die häufigste Klage der unglücklich verheirateten, Affären nicht abgeneigten Männer war folgende: „Ich kann nicht mit ihr reden. Ich möchte, daß sie zuhört und mich versteht. Sie muß nicht meine Angelegenheiten regeln. Nur zuhören und mit mir über die Dinge sprechen, die mir im Kopf herumgehen."

In allen guten Beziehungen wollte keine der Frauen einen starken und schweigsamen Mann. Sie waren selbst emotional stark und lehnten das Spiel vom hilflosen Frauchen ab. Wenn ihr Partner Sorgen hatte, wollten sie wissen, was los war. Keiner der Männer hatte das Gefühl, er müßte John Wayne imitieren.

Was empfinden Sie füreinander?

Ich habe einige Fragen zusammengestellt, die Sie sich selbst beantworten und als Grundlage für eine Diskussion mit dem Partner benutzen können. Lassen Sie sich Zeit und denken Sie sorgfältig über Ihre Antworten nach. Vielleicht bitten Sie Ihre Frau dasselbe zu tun. Ich empfehle Ihnen, zunächst sorgfältig über Ihre Antworten nachzudenken und erst dann gemeinsam darüber zu sprechen. Die Antworten offenbaren Ihre Gefühle füreinander, Ihre gegenseitige Verpflichtung und die Bedürfnisse, die erfüllt werden. Darüber hinaus vermitteln sie Einsichten in die Bereiche, die verbessert werden müssen.

Beurteilen Sie Ihre Ehe

1. Haben Sie einander gern? Was an Ihrem Partner mögen Sie? Wie oft erwähnen Sie Dinge, die sie aneinander schätzen?

2. Haben Sie schon an „Flucht" gedacht, wenn etwas nicht funktionierte? Oder denken Sie: Scheidung ist keine Möglichkeit, ich werde eine andere Lösung finden?

3. Sind Sie stolz auf Ihren Partner? Inwiefern?

4. Akzeptieren Sie die Fehler Ihres Partners? Wie machen Sie das? Welche Eigenschaften können Sie nur sehr schwer akzeptieren?

5. Wie zeigen Sie dem anderen Ihr Interesse?

6. Wie wichtig sind Ihnen eigene Freunde und eigene Interessen? Besteht in Ihrer Ehe in diesem Punkt Übereinstimmung oder hat einer ein größeres Bedürfnis nach Nähe bzw. Unabhängigkeit?

7. Haben Sie Spaß zusammen? Inwiefern? Gibt es etwas, das Sie gerne gemeinsam machen möchten, aber bis jetzt noch nicht getan haben?

8. Wann haben Sie das letzte Mal zusammen gelacht? In welcher Situation?

9. Welche gemeinsamen Interessen bestehen zwischen Ihnen?

10. Haben Sie sich immer etwas zu sagen oder sitzen Sie stundenlang schweigend nebeneinander?

Teil VI

Die Maske abnehmen –

Der Weg zum ehrlicheren Leben

Statt Liebe, Geld oder Ruhm gebt mir die Wahrheit.
Henry David Thoreau

Schlußbetrachtung

Mehr als zehn Jahre meines Berufslebens habe ich größtenteils dieser Studie gewidmet. Die Gespräche mit Männern über ihre innersten Empfindungen haben mich davon überzeugt, daß die Mythen, mit denen wir Männer beschreiben und definieren, weitgehend falsch sind. Männer gebrauchen diese Mythen wie eine Maske. Wenn sie diese Maske abnehmen, kommt ihr wahres Selbst zum Vorschein: Sie sind suchende, verletzliche, erregte, nachdenkliche menschliche Wesen.

In den letzten zehn Jahren haben sich die Männer mit Riesenschritten verändert. Hätte ich diese Schlußbetrachtung noch vor fünf Jahren geschrieben, hätte ich nicht mit soviel Hoffnung und Optimismus in die Zukunft geblickt. Der Wandel im privaten und beruflichen Leben vieler Männer übertrifft alles, was ich mir je vorstellen konnte. Ich muß Shere Hites negativen Äußerungen über die Männer entschieden widersprechen, denn ich traf viele Männer, die bereitwillig über ihre Gedanken und Gefühle sprachen. Meiner Meinung nach befinden sie sich in einem hoffnungsvollen Aufbruch zu einem besseren Verständnis ihrer eigenen Persönlichkeit und den Bedürfnissen und Wünschen anderer.

Noch vor fünf Jahren mußten Männer, um erfolgreich zu sein, die überlieferten Regeln unbedingt einhalten, auf Freiheit und Kontrolle über ihre Arbeit verzichten. Heute fördern viele Unternehmen die unternehmerischen Fähigkeiten ihrer Angestellten. Vor fünf Jahren versuchten die meisten Angestellten, vor ihrer Arbeit und ihren persönlichen Problemen davonzulaufen, weil sie meinten, das Eingeständnis eines Problems wäre ein Zeichen von Schwäche. Heute bitten mich viele Manager um Beratung, weil sie ihren Führungsstil ändern wollen.

Nicht im Traum hätte ich mir vorzustellen gewagt, daß mich einmal Spitzenmanager engagieren würden, damit ich sie auf ihre Führungsfehler aufmerksam mache. Jetzt suchen sie dieses

Feedback. Sie möchten wissen, was sie verbessern können und wie diese Verbesserungen durchgeführt werden sollen. Sie stehen meinen Hinweisen aufgeschlossen gegenüber und sind auch für Anregungen ihrer Mitarbeiter dankbar. Fast könnte man sagen, sie bitten um Hilfe, damit sie endlich ihre Masken abnehmen und ihre schwachen Punkte aufdecken dürfen, die sie bisher hinter der schützenden Fassade ihrer Titel und Machtpositionen versteckt gehalten hatten.

Sie reagieren wohlwollend auf die Wahrheit, was natürlich nicht heißt, daß sie sich nicht verletzt fühlen und in Verlegenheit geraten, wenn gewisse Schwächen zur Sprache kommen. Aber sie akzeptieren sie als einen Teil ihrer Persönlichkeit. Damit geben sie ihren Mitarbeitern wiederum das Gefühl, auch sie so anzunehmen, wie sie sind. Ein Manager kann unmöglich die Schwächen anderer akzeptieren, wenn ihm dies mit seinen eigenen Unzulänglichkeiten nicht gelingt. Wer selbst keine Ahnung hat, was in ihm vorgeht, projiziert die eigene Verwirrung und Unzufriedenheit auf andere. Nur Manager, die Selbstachtung und Eigenliebe entwickelt haben, sind fähig, auch andere Menschen aufrichtig zu achten und zu lieben. Diese Männer können andere zu persönlichen und beruflichen Erfolgen anspornen.

An dieser Stelle möchte ich darauf hinweisen, daß meine Ansichten konträr zu den Grundsatzgedanken von Luther und Calvin, aber auch von Kant und Freud laufen, die Eigenliebe mit Egoismus gleichsetzen. Danach ist es eine Tugend, andere zu lieben, sich selbst zu lieben, ist dagegen eine Sünde. Ich erwähne das, weil viele der befragten Männer gedanklich auf dieser Linie lagen. Doch Liebe zu anderen und Eigenliebe entwickeln sich nur wechselseitig.

Ich stimme eher mit Erich Fromm, dem bedeutenden Psychoanalytiker, überein. Er schreibt in seinem Buch „Die Furcht vor der Freiheit": „Wenn er nur andere ‚lieben' kann, kann er überhaupt nicht lieben."[1]

Die Männer der Zukunft haben ihr Leben ins Gleichgewicht gebracht. Diese Männer messen Ehe und Beziehungen große Bedeutung bei und behandeln zwischenmenschliche Belange ungezwungen und mit Selbstvertrauen. Diese Männer haben sich Eigenliebe erarbeitet.

Sie freuen sich über die Weiterentwicklung anderer. Als Führungskräfte schaffen sie eine Atmosphäre, in der sich ihre Mitarbeiter wohl fühlen, ihre eigenen Entscheidungen fällen, Verantwortung übernehmen, neue Wege ausprobieren und Veränderungen vornehmen können.

Die Männer, die in diesem Buch zu Wort kamen, haben durch die Konfrontation mit „bleibenden" Wahrheiten ihre stille Verzweiflung überwunden. Der Weg zu Zufriedenheit und Selbstachtung war mühsam und dauerte oft länger als erhofft. Das Resultat ist jedoch jede leidvolle Minute und jeden überstandenen Konflikt wert. Diese Männer haben alte Verhaltensmuster abgelegt und können anderen als Vorbild dienen. Sie haben Möglichkeiten in die Tat umgesetzt, von denen immer noch viele Männer kaum zu träumen wagen.

Sie nahmen ihre Masken ab und gaben ihr Innerstes preis. Damit bieten sie anderen Männern Trost und zeigen ihnen, daß sie mit ihren Gefühlen nicht allein sind. Diese Männer möchten andere zum Nachdenken über ihre Wertvorstellungen, Verhaltensmuster und Bedürfnisse anregen. Ich hoffe, daß sie Ihnen dabei helfen können, eigene Antworten auf Ihre Fragen zu finden und festzustellen, was für Sie, und nur für Sie allein, wichtig ist.

Anmerkungen

Kapitel 1:

1. *Yankelovich, Daniel.* New Rules: Searching for Self-fulfillment in a World Turned Upside Down. New York: Random House, 1981
2. *Ray, Michael und Rochelle Myers.* Creativity In Business. New York: Doubleday and Co., 1986
3. *Sheehy, Gail.* In der Mitte des Lebens. Die Bewältigung vorhersehbarer Krisen. Frankfurt/Main: Fischer Taschenbuch Verlag, 1986

Kapitel 3:

1. *Maccoby, Michael.* The Leader: A New Face for American Management. New York: Ballantine, 1983
2. *Gaylin, Willard.* Feelings: The Vital Signs. New York: Harper & Row, 1979

Kapitel 4:

1. *May, Rollo.* Die Erfahrung „Ich bin". Sich selbst entdecken in den Grenzen der Welt. Paderborn: Junfermann, 1986
2. *Caylor Martha.* Unveröffentlicht

Kapitel 12:

1. *Farrell, Warren.* Why Men Are the Way They Are: The Male-Female Dynamic. New York: McGraw-Hill, 1986

Kapitel 13:

1. *Scarf, Maggie.* Autonomie und Nähe. München: Heyne, 1988

Schlußbetrachtung

1. *Fromm, Erich.* Die Flucht vor der Freiheit. Berlin: Ullstein Taschenbuch Verlag, 1983